ANA FRANCISCA **PINTO DIAS**

ANA JÚLIA SILVA **ALVES GUIMARÃES**

ANDRÉ GONÇALO **DIAS PEREIRA**

ANNA CAROLINA **PINHO**

ARTHUR PINHEIRO **BASAN**

FERNANDA DALTRO **COSTA KNOBLAUCH**

JESSYCA BEATRIZ **RODRIGUES LOPES**

2023

JOÃO ALEXANDRE SILVA **ALVES GUIMARÃES**
RODRIGO VITORINO SOUZA **ALVES**
ORGANIZADORES

PREFÁCIO
ALEXANDRE SOUSA **PINHEIRO**

JOÃO ALEXANDRE SILVA **ALVES GUIMARÃES**

JOÃO VICTOR **ARCHEGAS**

JOSÉ HENRIQUE DE **OLIVEIRA COUTO**

JOSÉ LUIZ DE MOURA **FALEIROS JÚNIOR**

LUCIANA FERNANDES **BERLINI**

NAIARA APARECIDA **LIMA VILELA**

ROMUALDO BAPTISTA **DOS SANTOS**

TATIANE MENDES **FERREIRA**

OS DIREITOS HUMANOS E A ÉTICA NA ERA DA INTELIGÊNCIA ARTIFICIAL

Dados Internacionais de Catalogação na Publicação (CIP) de acordo com ISBD

D598
    Direitos Humanos e a Ética na era da Inteligência Artificial / Ana Francisca Pinto Dias ... [et al.] ; coordenado por João Alexandre Silva Alves Guimarães, Rodrigo Vitorino Souza Alves. - Indaiatuba, SP : Editora Foco, 2023.

    232 p. ; 17cm x 24cm.

    Inclui bibliografia e índice.

    ISBN: 978-65-5515-817-5

    1. Direito. 2. Direitos Humanos. 3. Ética. 4. Inteligência Artificial. I. Dias, Ana Francisca Pinto. II. Guimarães, Ana Júlia Silva Alves. III. Pereira, André Gonçalo Dias. IV. Pinho, Anna Carolina. V. Basan, Arthur Pinheiro. VI. Knoblauch, Fernanda Daltro Costa. VII. Lopes, Jessyca Beatriz Rodrigues. VIII. Guimarães, João Alexandre Silva Alves. IX. Archegas, João Victor. X. Couto, José Henrique de Oliveira. XI. Faleiros Júnior, José Luiz de Moura. XII. Berlini, Luciana Fernandes. XIII. Hildebrandt, Mireille. XIV. Vilela, Naiara Aparecida Lima. XV. Santos, Romualdo Baptista dos. XVI. Ferreira, Tatiane Mendes. XVII. Alves, Rodrigo Vitorino Souza. XVIII. Título.

2023-1599
                    CDD 341.4   CDU 341.4

Elaborado por Vagner Rodolfo da Silva – CRB-8/9410

Índices para Catálogo Sistemático:

1. Direitos Humanos 341.4

2. Direitos Humanos 341.4

ANA FRANCISCA
PINTO DIAS

ANA JÚLIA SILVA
ALVES GUIMARÃES

ANDRÉ GONÇALO
DIAS PEREIRA

ANNA CAROLINA
PINHO

ARTHUR PINHEIRO
BASAN

FERNANDA DALTRO
COSTA KNOBLAUCH

JESSYCA BEATRIZ
RODRIGUES LOPES

JOÃO ALEXANDRE
SILVA **ALVES GUIMARÃES**

RODRIGO VITORINO
SOUZA **ALVES**

ORGANIZADORES

PREFÁCIO
ALEXANDRE
SOUSA
PINHEIRO

JOÃO ALEXANDRE SILVA
ALVES GUIMARÃES

JOÃO VICTOR
ARCHEGAS

JOSÉ HENRIQUE DE
OLIVEIRA COUTO

JOSÉ LUIZ DE MOURA
FALEIROS JÚNIOR

LUCIANA FERNANDES
BERLINI

NAIARA APARECIDA
LIMA VILELA

ROMUALDO BAPTISTA
DOS SANTOS

TATIANE MENDES
FERREIRA

OS DIREITOS HUMANOS E A ÉTICA NA ERA DA INTELIGÊNCIA ARTIFICIAL

2023 © Editora Foco

Organizadores: João Alexandre Silva Alves Guimarães e Rodrigo Vitorino Souza Alves
Autores: Ana Francisca Pinto Dias, Ana Júlia Silva Alves Guimarães, André Gonçalo Dias Pereira,
Anna Carolina Pinho, Arthur Pinheiro Basan, Fernanda Daltro Costa Knoblauch,
Jessyca Beatriz Rodrigues Lopes, João Alexandre Silva Alves Guimarães, João Victor Archegas,
José Henrique de Oliveira Couto, José Luiz de Moura Faleiros Júnior, Luciana Fernandes Berlini,
Naiara Aparecida Lima Vilela, Romualdo Baptista dos Santos e Tatiane Mendes Ferreira
Diretor Acadêmico: Leonardo Pereira
Editor: Roberta Densa
Assistente Editorial: Paula Morishita
Revisora Sênior: Georgia Renata Dias
Capa Criação: Leonardo Hermano
Diagramação: Ladislau Lima e Aparecida Lima
Impressão miolo e capa: DOCUPRINT

DIREITOS AUTORAIS: É proibida a reprodução parcial ou total desta publicação, por qualquer forma ou meio, sem a prévia autorização da Editora FOCO, com exceção do teor das questões de concursos públicos que, por serem atos oficiais, não são protegidas como Direitos Autorais, na forma do Artigo 8º, IV, da Lei 9.610/1998. Referida vedação se estende às características gráficas da obra e sua editoração. A punição para a violação dos Direitos Autorais é crime previsto no Artigo 184 do Código Penal e as sanções civis às violações dos Direitos Autorais estão previstas nos Artigos 101 a 110 da Lei 9.610/1998. Os comentários das questões são de responsabilidade dos autores.

NOTAS DA EDITORA:

Atualizações e erratas: A presente obra é vendida como está, atualizada até a data do seu fechamento, informação que consta na página II do livro. Havendo a publicação de legislação de suma relevância, a editora, de forma discricionária, se empenhará em disponibilizar atualização futura.

Erratas: A Editora se compromete a disponibilizar no site www.editorafoco.com.br, na seção Atualizações, eventuais erratas por razões de erros técnicos ou de conteúdo. Solicitamos, outrossim, que o leitor faça a gentileza de colaborar com a perfeição da obra, comunicando eventual erro encontrado por meio de mensagem para contato@editorafoco.com.br. O acesso será disponibilizado durante a vigência da edição da obra.

Impresso no Brasil (07.2023) – Data de Fechamento (07.2023)

2023
Todos os direitos reservados à
Editora Foco Jurídico Ltda.
Rua Antonio Brunetti, 593 – Jd. Morada do Sol
CEP 13348-533 – Indaiatuba – SP

E-mail: contato@editorafoco.com.br
www.editorafoco.com.br

PREFÁCIO

1 – Com a organização de João Alexandre Silva Alves Guimarães e de Rodrigo Vitorino Souza Alves é dada à estampa a importante obra "Os Direitos Humanos e a Ética na Era da Inteligência Artificial."

Relativamente às fontes utilizadas pelos diversos autores, há a sublinhar que para além da Constituição Federal e legislação brasileira – em especial a Lei Geral de Proteção de Dados Pessoais (LGPD) e o Marco Civil da Internet – são estudados textos aprovados pela União Europeia – com natural realce para o Regulamento Geral sobre Proteção de Dados – textos normativos de Direito interno de Estados da União Europeia (com enfase em Portugal) e Tratados e Acordos internacionais.

A amplitude de fontes permite a elaboração de um trabalho completo com largueza de perspetivas normativas. Aspetos que podem ser citados respeitam: (i) ao exame das consequências do "universo digital" no desenvolvimento do Direito contemporâneo, desenvolvendo, nomeadamente, temas como a inteligência artificial (que dá título à obra), a robótica, o "revenge porn", os desenvolvimentos do *big data* e à criação de algoritmos; (ii) à construção da proteção de dados como direito fundamental pela jurisprudência do Supremo Tribunal Federal, assim como pela doutrina brasileira; (iii) a matérias que oscilam, designadamente, entre a saúde, a educação, o direito do consumo e, de forma, muito acentuada a responsabilidade civil.

A obra revela a preocupação, em diversos textos, em transmitir o desenvolvimento histórico de institutos jurídicos de forma a conhecer "moldes de representação jurídica" que contribuem para a explicação de posições jurídicas na atualidade. Tal sucede, por exemplo, com o estudo que avalia a conexão entre o direito ao esquecimento e a inteligência artificial.

2 – No capítulo da inteligência artificial, é transversal a procura de uma definição ou de uma caracterização que permitam determinar aspetos fundamentais aptos a integrar uma nova dogmática jurídica eivada de novos problemas. Aqui o debate centra-se em torno das áreas de risco, da autoaprendizagem da máquina, sempre com o elemento humano a montante, e com a capacidade de através da automatização se obterem resultados na produção de informação, não captáveis pelo ser humano.

Os textos publicados advertem para a necessidade de fixar os caminhos e os desafios da inteligência artificial sem que seja colocado em risco a desagregação do "radicalmente humano".

3 – É frequente, nos textos apresentados, estabelecer a relação os desenvolvimentos do universo digital e a proteção de dados pessoais incidindo sobre *big data*, *machine learning*, a definição de perfis e a adoção de decisões automatizadas.

As dificuldades do tratamento da inteligência artificial no domínio da responsabilidade civil estão competentemente desenvolvidas ao logo da obra e delas decorre o afastamento das hermenêuticas contruídas com base na personalidade jurídica.

Em conclusão, a obra que temos a honra de prefaciar representa um esforço atualizado, acompanhando os mais recentes desenvolvimentos normativos e doutrinários, sobre temas que ocuparão o futuro das nossas sociedades a que o Direito tem que responder.

A par de introduzir o leitor a matérias que, para muitos, ainda são novas, o presente livro apresenta um importante grau de profundidade que será, certamente, repercutido em fituras trabalhos académicos e em peças judiciais.

Alexandre Sousa Pinheiro

Professor Universitário e Advogado.

APRESENTAÇÃO

A presente obra coletiva é resultante do Grupo de Estudos em Direitos Humanos, Ética e Inteligência Artificial (IA) realizado pelo Laboratório de Direitos Humanos (LabDH), com o objetivo de promover investigação em temas atinentes à aplicação dos Direitos Humanos nas tecnologias à base de IA. Estabelecido em 2012 na Faculdade de Direito da Universidade Federal de Uberlândia, o LabDH tem suas ações de pesquisa estruturadas por meio de três linhas, a saber: "Direitos Humanos, Empresa e Sustentabilidade"; "Direitos Humanos, Tecnologia e Inovação"; e, "Direitos Humanos, Cidadania e Desenvolvimento".

Voltando-se aos novos desafios impostos aos direitos humanos, essa obra é palco para discussões e aprofundamentos sobre variados temas importantes, com foco principal a aplicação dos Direitos Humanos e Fundamentais no desenvolvimento, nas plataformas e serviços realizados à base de Inteligência Artificial, reunindo várias discussões como Cirurgia Estética, Responsabilidade Civil, Direito à saúde, Decisões Automatizadas, Direito do Consumidor, Direito ao Esquecimento, Direito a inclusão e educação digital, entre outros.

Com a participação de pesquisadores de referência em suas áreas de investigação, esta rica coletânea oferece ao leitor a oportunidade de se atualizar em algumas das mais relevantes discussões a respeito dos direitos humanos aplicados à Inteligência Artificial, com abordagens que se desenvolvem a partir do direito brasileiro, do direito estrangeiro e comparado, e do direito internacional dos direitos humanos.

Desejamos uma boa leitura!

Os coordenadores.

João Alexandre Silva Alves Guimarães

Doutorando em Direito pela Universidade de Coimbra. Pesquisador do Laboratório de Direitos Humanos (LabDH).

Rodrigo Vitorino Souza Alves

Professor Adjunto da Faculdade de Direito da Universidade Federal de Uberlândia. Pesquisador Líder do Laboratório de Direitos Humanos (LabDH).

SUMÁRIO

PREFÁCIO

Alexandre Sousa Pinheiro V

APRESENTAÇÃO

João Alexandre Silva Alves Guimarães e Rodrigo Vitorino Souza Alves VII

CIRURGIA ESTÉTICA E INTELIGÊNCIA ARTIFICIAL: IMPLICAÇÕES ÉTICAS

Fernanda Daltro Costa Knoblauch e André Gonçalo Dias Pereira 1

DO DIREITO FUNDAMENTAL À PROTEÇÃO DE DADOS PESSOAIS E A RESPON-
SABILIDADE CIVIL DOS PROFISSIONAIS LIBERAIS

Luciana Fernandes Berlini 19

IMPACTOS DAS TECNOLOGIAS DIGITAIS SOBRE A FRUIÇÃO DOS DIREITOS
SOCIAIS À SAÚDE, À EDUCAÇÃO E AOS BENEFÍCIOS

Romualdo Baptista dos Santos 35

DECISÃO ALGORITMA ENTRE ÉTICA E DIREITO NUMA PERSPECTIVA EUROPEIA

Anna Carolina Pinho 55

DESAFIOS DO MERCADO DIGITAL PARA O DIREITO DO CONSUMO: *BIG
DATA*, *PROFILING* E PERSONALIZAÇÃO DE PREÇOS COM BASE EM DECISÕES
AUTOMATIZADAS

Ana Francisca Pinto Dias 77

É POSSÍVEL EXISTIR DIREITO AO ESQUECIMENTO NA ERA DA INTELIGÊNCIA
ARTIFICIAL?

João Alexandre Silva Alves Guimarães e Ana Júlia Silva Alves Guimarães 111

DA MERA INCLUSÃO À NECESSÁRIA EDUCAÇÃO DIGITAL: TECNOLOGIA E
DIREITOS HUMANOS COMO VETORES DA EFETIVA CIBERCIDADANIA

José Luiz de Moura Faleiros Júnior 129

DIREITOS FUNDAMENTAIS, TECNOLOGIA E EDUCAÇÃO: NOVOS DESAFIOS EDUCACIONAIS

Tatiane Mendes Ferreira e Jessyca Beatriz Rodrigues Lopes...................................... 153

CONSTITUCIONALISMO DIGITAL, TECNOAUTORITARISMO E DIREITOS HUMANOS: UMA ANÁLISE A PARTIR DO PARADOXO DO PODER CONSTITUINTE

João Victor Archegas.. 167

REVENGE PORN: A CLÁUSULA GERAL DE TUTELA DA PESSOA NO CÓDIGO CIVIL E A (DES) NECESSIDADE DO MARCO CIVIL DA INTERNET

José Henrique de Oliveira Couto e Arthur Pinheiro Basan.. 179

EU, ROBÔ

Naiara Aparecida Lima Vilela 201

1
CIRURGIA ESTÉTICA E INTELIGÊNCIA ARTIFICIAL: IMPLICAÇÕES ÉTICAS

Fernanda Daltro Costa Knoblauch

Doutoranda em Direito pela Universidade de Coimbra. Mestre em Família na Sociedade Contemporânea pela Universidade Católica de Salvador. Especialista em Direito e Prática Previdenciária pela Faculdade Baiana de Direito. Pós-Graduanda em Direito de Família na Universidade de Coimbra. Pós-Graduanda em Direito Médico na Universidade de Coimbra. Bacharel em Direito pela Universidade Federal da Bahia. Advogada. Email: fernandaknoblauch@gmail.com

André Gonçalo Dias Pereira

Professor da Faculdade de Direito, Universidade de Coimbra. Investigador do Instituto Jurídico. Diretor do Centro de Direito Biomédico. Vice-Presidente do Conselho Nacional de Ética para as Ciências da Vida.

Sumário: 1. Introdução – 2. Aplicações da inteligência artificial em cirurgia estética; 2.1 Melhorar a tomada de decisões clínicas e facilitar a medicina personalizada; 2.2 Aumentar a produtividade e a eficiência da pesquisa por meio de automação, modelagem e descoberta; 2.3 Facilitar a aquisição de conhecimento durante a residência médica – 3. Implicações éticas da implementação da inteligência artificial em cirurgia estética; 3.1 A ética dos dados; 3.2 A ética dos algoritmos; 3.3 A ética das práticas – 4. Conclusões – 5. Referências.

1. INTRODUÇÃO

Por inteligência artificial (IA), entende-se que é um campo da ciência emergente, que utiliza computadores para realizar determinadas tarefas em velocidade e escala inatingíveis pelo ser humano, por meio da criação de programas de computador inteligentes, ou máquinas inteligentes. A utilização do termo IA é corretamente feita quando uma máquina imita as funções cognitivas humanas, sendo capaz de simular a capacidade de pensamento abstrato de um ser humano, entendendo e interpretando dados, aprendendo de forma criativa e dedutiva a tomar decisões enquanto se adapta às circunstâncias do meio.[1-2]

---

1. LEVITES, H.A., THOMAS, A.B., LEVITES, J.B., ZENN, M.R. The Use of Emotional Artificial Intelligence in Plastic Surgery. Plast Reconstr Surg. 2019 Aug;144(2):499-504. doi: 10.1097/PRS.0000000000005873. PMID: 31348367. p. 499.

2. LIANG, X; YANG, X; YIN, S; MALAY, S; CHUNG, K.C; MA, J; WANG, K. *Artificial Intelligence in Plastic Surgery: Applications and Challenges*. Aesthetic Plast Surg. 2021 Apr;45(2):784-790. doi: 10.1007/s00266-019-01592-2. Epub 2020 Jan. 2. PMID: 31897624. p. 01.

Desde já, há que se traçar a diferenciação entre robótica e IA existem muitos robôs que não usam IA, assim como existem muitas realizações de IA exclusivamente no domínio do software. A criação de robôs que usam IA intersecta aquelas duas áreas e costuma designar-se por Robótica Inteligente. Em linguagem muito simplificada, poder-se-á dizer que em um robô inteligente a componente física (o "corpo") é objeto da Robótica enquanto a componente de software de decisão (a "mente") é objeto da IA.[3] No mundo da saúde, podem-se encontrar alguns exemplos de IA sem robô (app de dermatologia) e de robô com IA (auxiliar de pessoas com autismo).

Devido aos constantes avanços na programação de softwares, na velocidade de processamento de dados e de capacidade de armazenamento, os computadores adquiriram competência sobre-humana em vários domínios, dos quais o campo da medicina estética não é uma exceção.[4] Desta forma, e considerada a necessidade de se obter, analisar e utilizar imensa quantidade de dados na resolução de casos clínicos, ou mesmo na predição de resultados de intervenções médicas, verifica-se a relevância de se aproveitar do grande potencial da IA nesta seara.

A utilização da IA para a realização de tarefas cognitivas usuais do cirurgião plástico, quais sejam diagnóstico, planejamento de caso e avaliação perioperatória[5] simplifica o trabalho deste, permitindo que o mesmo possa aumentar a sua produtividade, ao mesmo tempo que proporciona maior satisfação aos seus pacientes.[6-7] As ferramentas de tomada de decisão baseadas em IA também apresentam um enorme potencial em melhorar os resultados cirúrgicos, já que a abordagem computadorizada e automatizada dos dados permite que seja feita uma análise preditiva mais apurada, que, em esforço conjunto com a expertise e conhecimento do cirurgião, levam a um melhor desempenho da profissão.[8]

Cabe aos cirurgiões adaptarem-se à tendencia crescente de 'big data', de forma que possam explorar os recursos tecnológicos na prestação de cuidados de saúde mais eficientes, e com melhores resultados cirúrgicos.[9] Ocorre que a utilização da IA deve se pautar em

---

3. Sempre se deve destacar o papel do matemático Alan Turing na origem deste saber. A designação "Inteligência Artificial" foi cunhada em 1956, numa *workshop* fundadora realizada por um grupo de cientistas da computação no Dartmouth College, nos EUA. Por seu turno, a Robótica é um ramo das Engenharias que se dedica à criação de máquinas programáveis (robôs) capazes de interagir com o mundo físico de forma a executar uma sequência de ações de forma autónoma ou semi-autónoma. Cf. FERREIRA, Ana Elisabete, Responsabilidade civil extracontratual por danos causados por robôs autónomos, *Revista Portuguesa do Dano Corporal*, Dez 2016.

4. LIANG. et al. Op. cit. 2021, p. 01.

5. Período de tempo que se inicia com a decisão, pelo cirurgião, da indicação da operação, e vai até o momento da alta hospitalar e retorno do paciente às suas atividades normais.

6. Boczar D, Sisti A, Oliver JD et al. *Artificial intelligent virtual assistant for plastic surgery patient's frequently asked questions: a pilot study*. Ann Plast Surg. 2020;84:e16-e21. https://doi.org/10.1097/SAP.0000000000002252.

7. KIM, Y. J; KELLEY, B. P; NASSER, J. S; CHUNG, K. C. *Implementing Precision Medicine and Artificial Intelligence in Plastic Surgery*: Concepts and Future Prospects. Plastic and Reconstructive Surgery – Global Open: March 2019 – v. 7, Issue 3, p e2113 doi: 10.1097/GOX.0000000000002113.

8. JARVIS, T; THORNBURG, D; REBECCA, A.M; TEVEN, C.M. Artificial Intelligence in Plastic Surgery: Current Applications, Future Directions, and Ethical Implications. Plast Reconstr Surg Glob Open. 2020 Oct 29;8(10):e3200. doi: 10.1097/GOX.0000000000003200. PMID: 33173702; PMCID: PMC7647513. p. 05.

9. KANEVSKY, J; CORBAN, J; GASTER, R; KANEVSKY, A; LIN, S; GILARDINO, M. *Big Data and Machine Learning in Plastic Surgery*: A New Frontier in Surgical Innovation. Plast Reconstr Surg. 2016. May;137(5):890e-897e. doi: 10.1097/PRS.0000000000002088. PMID: 27119951. p. 890.

critérios éticos e jurídicos, de forma que sejam assegurados os direitos de todos os envolvidos nesta relação, sobretudo no que se refere aos aspectos do consentimento informado.

Desta forma, há que se identificar as potenciais aplicações da IA em cirurgia estética, bem como as implicações éticas que podem advir desta relação.

2. APLICAÇÕES DA INTELIGÊNCIA ARTIFICIAL EM CIRURGIA ESTÉTICA

Contemporaneamente, a medicina tem vindo a ser confrontada com uma nova exigência que não a de aliviar a dor e o sofrimento, antes a de responder a desejos pessoais (as técnicas de procriação medicamente assistida, a medicina do envelhecimento etc.). Do ponto de vista bioético, lê-se o sintoma de uma medicina do conforto.[10]

A medicina é intensamente desafiada pelas ciências da computação e pela economia digital. Identificam-se várias áreas como determinantes da medicina do futuro, nas quais o potencial da IA para ganhar terreno na prestação de cuidados de saúde se revela vasto. Destacam-se os temas relativos à IA, ao processo clínico eletrônico, aos medicamentos personalizados, à cirurgia robótica, ao atendimento personalizado e à medicina preditiva. A interação entre a genética, os big data e a inteligência artificial afigura-se colossal e irá transformar o mundo da prestação de cuidados de saúde.

Por sua vez, ao se pensar nas possibilidades de integração da IA à cirurgia estética, há que se verificar como essas ferramentas podem ser aplicadas na prática. São três os principais argumentos a favor da utilização da IA em cirurgia estética, quais sejam: a) melhorar a tomada de decisões clínicas e facilitar a medicina personalizada; b) aumentar a produtividade e a eficiência da pesquisa por meio de automação, modelagem e descoberta e c) facilitar a aquisição de conhecimento durante a residência médica.[11]

2.1 Melhorar a tomada de decisões clínicas e facilitar a medicina personalizada

A medicina personalizada traduz-se na implementação de um modelo de apoio médico personalizado e adaptado a cada indivíduo, possível graças aos avanços biotecnológicos, especialmente ao nível da sequenciação genômica.[12] Por meio da medicina personalizada se pretende: (1) identificar doenças mais cedo (diagnóstico precoce), (2) reduzir os encargos do tratamento e (3) adequar o tratamento ao doente (farmacogenômica), afastando-se das "imprecisões na terapêutica", em que se estima que em elevadas percentagens os medicamentos não produzam os efeitos desejados aquando da prescrição.[13]

---

10. AZEVEDO, Stella Zita de. Para uma bioética da finitude: presença e ausência de uma reflexão sobre temporalidade e vulnerabilidade humanas. In: CURADO, Manuel; MONTEIRO, Ana Paula (Coord.). *Saúde e cyborg: Cuidar na era biotecnológica*, Edições Esgotadas, 2019, p. 52.

11. LIANG. et al. Op. cit., 2021, p. 01-02.

12. FIGUEIREDO, Eduardo, *Direito da Nanobiotecnociência*, Almedina, 2021, p. 62 ss.

13. SCHORK, Nicholas J. *Personalized medicine: Time for one-person trials*. Nature 520, 609-611 (2015). https :// doi.org/ 10.1038/520609a.

A IA assume nesta nova medicina personalizada uma extrema importância, pois a capacidade e rapidez de análise da IA supera – de longe – a capacidade humana.[14] A IA pode ser utilizada para criar aplicativos para concluir tarefas que antes exigiam uma entrada humana significativa, melhorando a eficiência em uma ampla variedade de campos.[15] Com efeito, a medicina dos 4 Ps (preventiva, preditiva, personalizada e proativa) tem na IA uma força motriz, de forma que é concebível que a IA venha a ser empregada para a maioria dos processos de diagnóstico e de tomada de decisão em um futuro próximo, transformando a saúde como a conhecemos.

Há que se pensar na correlação entre a medicina personalizada e as cirurgias estéticas. Neste diapasão, há que se referir que os cirurgiões plásticos, por muitas vezes, se deparam com casos clínicos que não têm uma solução clara, para os quais o tratamento ideal irá requerer um modelo de decisão abrangente que integre vários fatores de influência, como dados clínicos e sociodemográficos, e também que seja fácil de usar, apresentando possibilidades e soluções em tempo hábil e de forma precisa.[16] Pensando neste exemplo, temos que existem várias subdisciplinas de IA clinicamente aplicáveis à medicina, quais sejam: a) *Machine Learning, Deep Learning,*[17] *Natural Language Processing*[18] e *Facial Recognition Technology.*[19]

Neste ponto, refere-se ao aprendizado de máquina (*Machine Learning*, ou ML), que descreve aplicativos que podem coletar dados e descobrir associações por meio de reconhecimento de padrões entre diversas variáveis que interagem entre si.[20] O ML é frequentemente usado de forma intercambiável com a inteligência artificial, mas é mais precisamente um componente dela. A base do ML é que, em vez de precisar ser ensinada a fazer tudo passo a passo, as máquinas, se puderem ser programadas para pensar

---

14. FERREIRA, Ana Elisabete; PEREIRA, André Dias. Uma ética para a medicina pós-humana: propostas ético-jurídicas para a mediação das relações entre humanos e robôs na saúde. In: ROSENVALD, Nelson; MENEZES, Joyceane Bezerra de; DADALTO, Luciana. *Responsabilidade civil e medicina*. Indaiatuba: Foco, 2020.

15. JARVIS. et al. Op. cit., 2020, p. 01.

16. LIANG. et al. Op. cit., 2021, p. 02.

17. A *deep learning* (DL) também possui diversas aplicações em cirurgia plástica, como, por exemplo, avultado em um estudo que utilizou um repositório disponível publicamente contendo mais de 18.000 fotografias antes e depois da rinoplastia, no qual uma rede neural pode classificar corretamente o status da rinoplastia em 85% das imagens testadas, apresentando um nível de sensibilidade e especificidade equivalente aos residentes e assistentes de otorrinolaringologia e cirurgia plástica. BORSTING, E; DESIMONE, R; ASCHA, M; ASCHA, M. (2020). Applied Deep Learning in Plastic Surgery: Classifying Rhinoplasty With a Mobile App. The Journal of craniofacial surgery, 31(1), 102-106. https://doi.org/10.1097/SCS.0000000000005905.

18. Para avaliar a percepção pública da cirurgia plástica, pesquisadores utilizaram uma técnica de PNL chamada hedonometria para analisar tweets sobre cirurgia plástica ocorridos entre 2012 e 2016, enfatizando o potencial de tais aplicativos para influenciar as estratégias de marketing e a percepção pública da cirurgia plástica. CHOPAN, M; SAYADI, L; CLARK, E. M; MAGUIRE, K. (2019). Plastic Surgery and Social Media: Examining Perceptions. Plastic and reconstructive surgery, 143(4), 1259-1265. https://doi.org/10.1097/PRS.0000000000005445.

19. JARVIS. et al. Op. cit., 2020, p. 01.

20. NOORBAKHSH-SABET, N; ZAND, R; ZHANG, Y; ABEDI, V. (2019). Artificial Intelligence Transforms the Future of Health Care. *The American journal of medicine*, 132(7), 795-801. https://doi.org/10.1016/j.amjmed.2019.01.017.

como nós, e a dar origem a comportamentos inteligentes, podem aprender a trabalhar observando, classificando e aprendendo com seus erros.[21-22]

Os aplicativos comuns de ML incluem modelos de classificação e previsão, que se enquadram na subcategoria de aprendizado supervisionado, que empregam algoritmos programados para identificar ou prever um resultado utilizando-se de dados de treinamento.[23-24] O aprendizado por reforço é uma técnica de ML que pode ser usada para encontrar o plano de tratamento ideal, considerados os riscos e benefícios de curto e longo prazo. O aprendizado por reforço implica o aprendizado por meio de tentativas repetidas usando o feedback do agente para otimizar as reações diante de diferentes estados.[25]

Por exemplo, utilizando-se uma forma de aprendizado supervisionado, um classificador automatizado para beleza facial foi treinado tendo por base características faciais extraídas de 165 imagens de rostos femininos atraentes, apontados por árbitros humanos. Algoritmos avaliaram um conjunto de atributos descritivos, que neste particular, incluíram diferentes proporções faciais, objetivando determinar características faciais atraentes mais intimamente relacionadas às variáveis-alvo pós-operatórias. Esse aplicativo pode servir como uma ferramenta preditiva para estimar a beleza percebida de um paciente após uma cirurgia estética, fornecendo uma medida quantitativa para definir expectativas e possivelmente desencorajar os pacientes a se submeterem a procedimentos que ofereçam pouca melhora ou que não compensem os riscos cirúrgicos.[26]

Neste ponto, importante comentar que, consoante defendido pela OMS, os sistemas de IA devem ser cuidadosamente projetados para refletir a diversidade de ambientes socioeconômicos e de saúde e ser acompanhados por formação em competências digitais e envolvimento da comunidade. Além disso, adverte que os sistemas treinados principalmente em dados coletados de indivíduos em países de rendimento elevado podem não funcionar bem para indivíduos em ambientes de rendimentos baixos e médios.

Atualmente, tem-se que os conjuntos de dados de ML precisam ser grandes e os bancos de dados de pesquisa de ensaios clínicos usados com frequência são em grande parte derivados de populações majoritárias. Por isso, os algoritmos resultantes podem ser mais propensos a falhar quando aplicados a grupos de pacientes mal atendidos e, portanto, possivelmente sub-representados.[27] O mesmo vale para os softwares de ML aplicados à cirurgia estética, que devem ser equipados com imagens de pessoas de di-

---

21. LEVITES. et al. Op. cit., 2019, p. 499.
22. LEVITES. et al. Op. cit., 2019, p. 500.
23. KANEVSKY. et al. Op. cit., 2016, p. 891.
24. JARVIS. et al. Op. cit. 2020, p. 02.
25. Por exemplo, em relação à possibilidade de formação de queloide, o aprendizado de reforço gera planos de tratamento com base na entrada de dados clínicos prévios do paciente. (LIANG. et al. Op. cit., 2021, p. 03).
26. GUNES, H; PICCARDI, M. *Assessing facial beauty through proportion analysis by image processing and supervised learning*. International Journal of Human-Computer Studies Volume 64 Issue 12 December, 2006, p 1184-1199. https://doi.org/10.1016/j.ijhcs. 2006.07.004.
27. SAFDAR, N.M; BANJA, J.D; MELTZER, C.C. Ethical considerations in artificial intelligence. Eur J Radiol. 2020 Jan;122:108768. doi: 10.1016/j.ejrad.2019.108768. Epub 2019 Nov 23. PMID: 31786504. p. 01.

ferentes etnias e com características distintas, para que não seja apontado apenas um padrão de beleza eurocêntrico e desconectado da realidade de muitos indivíduos que buscam intervenções estéticas. A diversidade deve ser mantida e respeitada no treinamento das máquinas.

Note-se que modelos de IA treinados com dados de imagem adquiridos de uma configuração podem generalizar mal quando postos em prática em outros locais com novos pacientes. O uso de modelos baseados em dados de treinamento que não são representativos da população podem comprometer o desempenho e a confiança em seu uso. Assim, as reavaliações do desempenho do algoritmo em novas configurações podem exigir a adição de dados de treinamento de origem local.[28]

Em outro exemplo de como as técnicas de ML podem ter utilidade na cirurgia estética, vê-se a possibilidade de utilização de um software de ML incorporado a uma tela de montagem na cabeça, podendo prever como uma mama pode parecer no espaço tridimensional com base em possíveis mudanças na posição do implante, isto no curso da cirurgia. Assim, o sistema pode ser treinado para identificar características da estética da mama, como simetria, posição do mamilo, plenitude do polo superior e grau de ptose, otimizando os resultados estéticos e minimizando o trauma e o tempo de operação.[29-30]

Ressalta-se que a utilização destas ferramentas pode auxiliar o cirurgião plástico em sua atuação, não funcionando como um substitutivo à expertise médica; entretanto, asseguram maiores garantias e uma maior uniformidade nos resultados das cirurgias estéticas.[31]

Em se falando nos resultados das cirurgias estéticas, há que se ressaltar a relevância da tecnologia de reconhecimento facial, e da sua empregabilidade na seara estética. A tecnologia de reconhecimento facial representa a aplicação combinada de reconhecimento de padrões e análise de imagens usando computadores, de forma a se obter medidas biométricas exclusivas, que podem ser usadas para interpretar características faciais.[32]

À medida que as tecnologias de reconhecimento facial se tornam mais sofisticadas, elas podem apresentar utilidade na apreciação das intervenções estéticas na face, ser-

---

28. SAFDAR. et al. Op. cit., 2020, p. 02.
29. KANEVSKY. et al. Op. cit., 2016, p. 895. Revisaram as aplicações de ML em vários ramos da cirurgia plástica, incluindo queimaduras, microcirurgia e craniofacial. Em conclusão, os autores afirmaram que o ML poderia ajudar os cirurgiões a descobrir padrões que podem não ser aparentes na análise de grupos de dados menores, complementando assim o processo de tomada de decisão.
30. Para mais exemplos, sugere-se a consulta a JARVIS. et al. Op. cit., 2020, p. 04.
31. Com os volumes de dados de pacientes gerados em todos os domínios da cirurgia plástica e o surgimento de grandes bancos de dados, tais como o *National Surgical Quality Improvement Program* e o *Tracking Operations and Outcomes for Plastic Surgeons*, para armazenar essas informações, os cirurgiões plásticos podem se beneficiar de objetivos semelhantes e abordagens de ML orientadas a dados. KANEVSKY. et al. Op. cit., 2016, p. 892.
32. ZUO, K. J; SAUN, T. J; FORREST, C. R. (2019). *Facial Recognition Technology*: A Primer for Plastic Surgeons. Plastic and reconstructive surgery, 143(6), 1298e–1306e. PMID: 31136498, https://doi.org/10.1097/PRS.0000000000005673. p. 1298.

vindo como uma métrica entre as expectativas do paciente antes da cirurgia, o resultado potencialmente alcançado, o resultado efetivamente alcançado e o desempenho do cirurgião no caso concreto. Assim, o surgimento de uma ferramenta que possa, de forma objetiva, quantificar o grau de satisfação do paciente, tem sua relevância assegurada.[33]

2.2 Aumentar a produtividade e a eficiência da pesquisa por meio de automação, modelagem e descoberta

Para além das melhorias na prestação do atendimento médico e cirúrgico proporcionadas pela IA, há que se verificar que a sua utilização também é útil em outros campos científicos dos quais destacam-se agora as pesquisas em cirurgia plástica. São três benefícios principais:

I) Interpretação automatizada de dados clínicos complexos, incluindo estudos de imagem para fazer previsões extremamente precisas em um menor lapso temporal. A utilização de recursos e ML no processamento e extração de padrões em grandes conjuntos de dados demonstra como os pesquisadores podem se utilizar das ferramentas de automação para economizar tempo e recursos, sem perda da qualidade e da precisão.

A utilização da IA na análise de imagens pode facilitar a detecção precisa de pontos de referência na face e na superfície corporal, simulando também os efeitos esperados da cirurgia, de forma a tornar mais fácil a localização de marcos anatômicos importantes em imagens médicas, elementos fundamentais ao desenho pré-operatório e na comparação dos resultados pós-operatórios. Isso poderia padronizar a metodologia da pesquisa levando a uma maior reprodutibilidade das técnicas, para além de auxiliar na tomada de decisões clínicas que levem a um aumento da satisfação do paciente, que está intimamente relacionada às expectativas com aquele procedimento.[34-35]

II) Aplicação do ML ao *big data* para interpretar relações complicadas e ainda não descobertas entre variáveis e resultados clínicos.[36] No campo da cirurgia estética, esta aplicação pode ser útil na tentativa de se minorar os efeitos da álea na obtenção dos resultados esperados, aproximando os resultados da predição realizada antes da intervenção cirúrgica.

III) Aumento da possibilidade de descoberta de novos recursos, informações, padrões, estruturas e conexões, por meio da manutenção de um banco de dados contendo todos os materiais existentes, bem como os hipotéticos, de forma que os cientistas pos-

---

33. Ibidem, 2019, p. 1303.
34. Por exemplo, essa técnica pode ser aplicada para aprimorar imagens de superfície 3D em cirurgia plástica, para avaliar objetivamente o volume, a simetria e a forma da mama em cirurgias reconstrutivas e estéticas da mama. O'Connell, R. L; Stevens, R. J; Harris, P. A; Rusby, J. E. (2015). Review of three-dimensional (3D) surface imaging for oncoplastic, reconstructive and aesthetic breast surgery. Breast (Edinburgh, Scotland), 24(4), 331–342. https://doi.org/10.1016/j.breast.2015.03.011.
35. LIANG. et al. Op. Cit. 2021, p. 04.
36. MJOLSNESS, E; DECOSTE, D. (2001). Machine Learning for Science: State of the Art and Future Prospects. Science, 293(5537), 2051–2055. http://www.jstor.org/stable/3084550.

sam encontrar materiais pré-projetados de forma menos dispendiosa e com economia de tempo.[37-38]

Em cirurgia plástica, frequentemente faz-se necessária a utilização de implantes, que precisam ser feitos com materiais facilmente moldados ou moldáveis, fixáveis, inertes, não cancerígenos, não inflamatórios, não alergênicos e de fácil acesso; entretanto, muitos dos materiais atualmente disponíveis apresentam riscos de infecção, exposição e extrusão.[39] Pelos métodos tradicionais de pesquisa, leva-se de 15 a 20 anos desde a descoberta do material até a criação de um produto seguro e comercializável; com a utilização da IA com foco na descoberta de material, foi possível encurtar este processo em um ou dois anos.[40]

Resumidamente, tem-se que o algoritmo procura a matéria ideal após estabelecer a função pretendida do material necessário. À medida que a técnica de descoberta de material guiada por IA amadurece, implantes sintéticos melhores e mais seguros podem ser projetados para uso em cirurgia plástica.[41]

Desta forma, tem-se a relevância da IA na realização de predições, interpretação de resultados e descoberta de novos materiais cirúrgicos, aperfeiçoando, assim, a prestação da atividade médico-cirúrgica por meio do desenvolvimento da pesquisa neste campo.

2.3 Facilitar a aquisição de conhecimento durante a residência médica

Uma terceira forma de aplicação da IA no campo da cirurgia plástica é a sua utilização na transmissão e construção do conhecimento ainda na etapa acadêmica, no momento de formação dos futuros cirurgiões. Em certo sentido, a IA é paradoxal. As profissões mais intelectuais são as mais ameaçadas: a radiologia está mais ameaçada que a cirurgia; a patologia clínica encontra-se mais ameaçada que a enfermagem. Ameaça, não no sentido do seu desaparecimento, mas na necessidade de uma readaptação e uma reaprendizagem médica.

Desta forma, entende-se que a familiaridade com as ferramentas de IA deve se iniciar ainda durante a faculdade, bem como na residência médica, de forma que o treinamento dos profissionais leve em conta entendimentos básicos sobre de big data, recursos de IA e aplicações dessas ferramentas para tomada de decisões clínicas e fornecimento de assistência médica personalizada. Há que se estudar, também, os aspectos éticos que permeiam o debate, para que estejam cientes dos prós e contras desses processos.[42] Assim, a IA deixa de ser enxergada como uma ameaça por estes profissionais, passando a

---

37. CURTAROLO, S; HART, G; NARDELLI, M; MINGO, N; SANVITO, S; LEVY, O. The high-throughput highway to computational materials design. Nature Mater 12, 191-201 (2013). https://doi.org/10.1038/nmat3568.
38. LIANG. et al. Op. cit. 2021, p. 03.
39. CHOE, KS; STUCKI-MCCORMICK, SU. Chin augmentation. Facial Plastic Surgery : FPS. 2000 ;16(1):45-54. DOI: 10.1055/s-2000-7325. PMID: 11802346.
40. ASPURU-GUZIK, Alán; PERSSON, Kristin. 2018. Materials Acceleration Platform: Accelerating Advanced Energy Materials Discovery by Integrating High-Throughput Methods and Artificial Intelligence. Mission Innovation: Innovation Challenge 6. http://nrs.harvard.edu/urn-3:HUL.InstRepos:35164974.
41. LIANG. et al. Op. cit. 2021, p. 04.
42. LIANG. et al. Op. cit. 2021, p. 05.

ser entendida como um complemento de suas funções, um auxílio bem-quisto e bem empregado.

Para além dos estudos, ferramentas de IA podem ter utilidade na integração dos registros intraoperatórios, tais como as etapas e técnicas utilizadas durante a cirurgia, bem como os achados e imagens pós-operatórios. Por meio da construção de um banco de dados que inclua e identifique as técnicas e abordagens cirúrgicas, a IA pode ser utilizada para identificar quais técnicas levam a determinados resultados específicos, sejam eles desejáveis ou não.[43] Desta forma, o aprendizado pode ser melhor direcionado na correção de falhas ou imperfeições, e na conformação a um guia de melhores práticas.

3. IMPLICAÇÕES ÉTICAS DA IMPLEMENTAÇÃO DA INTELIGÊNCIA ARTIFICIAL EM CIRURGIA ESTÉTICA

Face à crescente utilização da IA na condução das relações de saúde, há que se afirmar a possibilidade de que a relação médico-paciente seja interpelada por (não tão) novos desafios, tais como: I) a proteção do laço social, II) a proteção de dados pessoais e III) a privacidade, incluindo das informações genéticas, bem como IV) o direito de manter uma interface humana em situações de vulnerabilidade relacionadas com a doença, V) a autonomia do doente face à possibilidade de ser tratado por um robô, e VI) a própria autonomia do médico no âmbito que uma recente submissão quase acrítica aos resultados informáticos.[44]

No tocante aos procedimentos de cirurgia estética, e a necessidade de construção e análise de bancos de dados contendo informações e fotos sensíveis aos indivíduos, sobressaem-se os problemas relativos à proteção dos dados pessoais e da privacidade dos indivíduos.

Neste sentido, rememora-se a Declaração Universal de Bioética e Direitos Humanos de 2005 da UNESCO, em que se apresentam vários princípios fundamentais da bioética condensados num texto único.[45] Apresentam-se nesta Declaração[46] diversos princípios, dos quais, por pertinência temática, destacam-se os artigos 3º (Dignidade Humana e Direitos Humanos), 4º (Efeitos benéficos e efeitos nocivos), 6º (Consentimento) e 9º (Vida privada e confidencialidade).

---

43. KANEVSKY. et al. Op. cit., 2016, p. 896.
44. RODOTÁ, Stefano. *La vita e le regole* – tra diritto e non Diritto. Milano: Feltrinelli, 2006.
45. Aprovada na 33ª Sessão da Conferência Geral da UNESCO realizada em Paris, onde foi aprovada por aclamação pela unanimidade dos 191 países componentes da UNESCO. Atualização • Rev. Bioét. 26 (4) • Oct-Dec 2018 • https://doi.org/10.1590/1983-80422018264270.
46. GARRAFA, Volnei. Apresentação da Declaração Universal sobre Bioética e Direitos Humanos. Esclarece: "O teor da Declaração muda profundamente a agenda da bioética do Século XXI, democratizando-a e tornando-a mais aplicada e comprometida com as populações vulneráveis, as mais necessitadas. (...) [A Declaração configura] mais um instrumento à disposição da democracia no sentido do aperfeiçoamento da cidadania e dos direitos humanos universais."

Destaca-se também que, em 2019, a Comunicação da Comissão ao Parlamento Europeu, ao Conselho, ao Comité Económico e Social Europeu e ao Comité das Regiões – Aumentar a confiança numa inteligência artificial centrada no ser humano – apresentou os seguintes princípios para a IA: I) Iniciativa e controlo por humanos; II) Robustez e segurança; III) Privacidade e governação dos dados; IV) Transparência; V) Diversidade, não discriminação e equidade; VI) Bem-estar societal e ambiental e VII) Responsabilização.

A Lei 27, de 17 de maio de 2021, conhecida como "Carta Portuguesa de Direitos Humanos na Era Digital", no seu artigo 9º, trata especificamente sobre o uso da inteligência artificial e de robôs.

Desta forma, há que se verificar como estão sendo abordadas as questões relativas à privacidade e a proteção dos dados pessoas dos indivíduos no que se refere ao uso da IA em cirurgia estética. Hodiernamente, tem-se colocado em evidência novos danos causados pela IA: designadamente o dano da privacidade. Assim, urge revisitar e reforçar os direitos dos pacientes à face da IA,[47] designadamente o direito ao consentimento informado[48] e o direito à proteção de dados pessoais.[49]

Neste diapasão, Kohli e Geis apontam que as questões éticas em sistemas de IA podem ser subdivididas em três categorias: dados, algoritmos e práticas. A ética dos dados engloba a geração, o registro, a curadoria, o processamento, a disseminação, o compartilhamento e o uso dos dados. A ética dos algoritmos diz respeito a inteligência artificial, aos agentes artificiais, ao ML e ao DL. E, por fim, a ética das práticas inclui os aspectos da inovação responsável, de programação, de *hacking* e mesmo os códigos profissionais para formular e apoiar soluções moralmente boas.[50]

3.1 A ética dos dados

No subgrupo da ética dos dados, verifica-se que são trabalhados problemas que dizem respeito ao consentimento informado, a privacidade e a proteção de dados, a propriedade dos dados, a objetividade e a lacuna entre aqueles que têm ou não recursos para gerenciar e analisar grandes conjuntos de dados.[51] Importa-nos falar sobre o consentimento, por hora.

Na moderna medicina, com recurso a IA, o consentimento informado é um instrumento de transparência e de criação de um laço social, preferencialmente com

---

47. No mesmo sentido, MISTRETTA, Patrick. Intelligence Artificielle et Droit de la Santé. 2019, p. 317 que refere o direito de acesso aos cuidados de saúde, o direito à não discriminação, o direito à informação, o direito ao consentimento e – do lado dos deveres do doente – o dever de cooperação.
48. Cf. artigo 5º da Convenção sobre os Direitos do Homem e a Biomedicina *e* o artigo 157 do Código Penal.
49. Sobre a matéria, vide, PEREIRA, Alexandre L. Dias, Proteção de Dados e Segurança Informática no Setor da Saúde – o papel dos responsáveis pela proteção de dados no Direito da União Europeia. *Cadernos Ibero-americanos de Direito Sanitário*, n. 2/2021.
50. KOHLI, M; GEIS, R. Ethics, Artificial Intelligence, and Radiology. Journal of the American College of Radiology. 2018 Sep;15(9):1317-1319. doi: 10.1016/j.jacr.2018.05.020. Epub 2018 Jul 14. PMID: 30017625. p. 01.
51. MITTELSTADT, B. D; FLORIDI, L. (2016). The Ethics of Big Data: Current and Foreseeable Issues in Biomedical Contexts. Science and engineering ethics, 22(2), 303-341. https://doi.org/10.1007/s11948-015-9652-2.

humanos.[52] O consentimento informado assume-se como o instrumento moderno privilegiado para o reforço desse elo dialógico; o esclarecimento como base da transparência e da confiança nesta relação social, com IA.[53] Desta forma, percebe-se a necessidade de que os acordos de uso de dados tornem-se parte do documento padrão de consentimento informado.[54]

Mais ainda, com foco em manter a qualidade e a segurança no uso dos dados, tanto para os provedores quanto para os usuários de dados, é ainda recomendado que os acordos de uso de dados incluam também os terceiros que contribuíram para a existência do registro de saúde digital do paciente, quais sejam os provedores de dados e terceiros agregadores de dados.[55-56]

Por exemplo, cita-se o caso dos atuais algoritmos de reconhecimento facial, que são desenvolvidos especificamente para melhorar o desempenho após a cirurgia plástica e são treinados utilizando-se de bancos de dados faciais construídos a partir de fotografias publicamente disponíveis obtidas antes e após a cirurgia. Note-se que é prática relativamente comum ver cirurgiões plásticos postando fotos de antes e depois on-line com o consentimento do paciente; entretanto, tal consentimento pode ser insuficiente, e, neste caso, os cirurgiões devem estar cientes da possibilidade de que essas fotos possam ser compiladas em conjuntos de treinamento de dados para o desenvolvimento de futuras tecnologias de reconhecimento facial, obtendo o consentimento do paciente também para esta prática.[57]

Um outro problema ético diz respeito ao difícil equilíbrio entre a manutenção da privacidade das informações pessoais do paciente ante à necessidade de treinamento da IA no que diz respeito à habilidade de realizar predições médicas. De fato, para se confirmar a veracidade ou não de uma previsão feita por IA, seria necessário acompanhar o paciente ao longo do tempo; entretanto, com a eliminação dos dados do paciente e a anonimização, se faz impossível esta situação.[58] Por exemplo, seria importante acompanhar pacientes de cirurgias plásticas ao longo dos anos para que se construísse um banco de dados que pudesse auxiliar a IA a prever a relação entre os resultados da cirurgia e o envelhecimento natural dos pacientes. Questionam-se se não haveria uma nova maneira eu possibilitasse equilibrar a necessária privacidade do paciente sem, entretanto, comprometer os avanços da IA que significassem uma melhora na prestação dos cuidados de saúde para todos.

---

52. Sobre a temática, recomenda-se a leitura de PEREIRA, André Gonçalo Dias. *O consentimento informado na relação médico-paciente* – Estudo de Direito Civil. Faculdade de Direito da Universidade de Coimbra, 2004, 422 p.
53. Vai, pois, no bom sentido o *Manifesto* – Um compromisso nacional para uma transformação digital centrada no ser humano, apresentado pela APDSI – Associação Para o Desenvolvimento da Sociedade de Informação, em 24 fev. 2021. Disponível em: https://apdsi.pt/produto/manifesto-um-compromisso-nacional-para-uma-transformacao-digital-centrada-no-ser-humano/.
54. KOHLI & GEIS. Op. cit., 2018, p. 01.
55. LIANG. et al. Op. cit. 2021, p. 05.
56. JARVIS. et al. Op. cit. 2020, p. 05-06.
57. ZUO. et al. Op. cit., 2019, p. 1304.
58. KOHLI & GEIS. Op. cit., 2018, p. 01.

3.2   A ética dos algoritmos

Os algoritmos de inteligência artificial são em parte formados por dados, de forma que os aspectos da ética dos dados também se aplicam na ética dos algoritmos. Por sua vez, na ética dos algoritmos, as principais preocupações são: segurança, transparência e alinhamento de valor.[59]

Os sistemas autônomos e inteligentes devem ser seguros e protegidos ao longo de suas vidas operacionais, podendo ser verificados quando for necessário, aplicável e viável. Embora os potenciais benefícios do ML para o campo da cirurgia plástica sejam evidentes, para aplicar com segurança os achados obtidos com essa tecnologia, os médicos devem estar cientes de suas limitações,[60] não confiando cegamente nos resultados ofertados pela IA quando estes se mostrarem duvidosos ou mesmo desconexos da realidade.

O ML tem sido criticado por exibir características de "caixa preta", com algoritmos que fornecem pouca ou nenhuma justificativa para os resultados fornecidos, sendo a lógica utilizada pelo programa um mistério tanto para os médicos quanto para os engenheiros que as construíram.[61] A medida que modelos de ML mais opacos são desenvolvidos para estudar e simular cenários clínicos complexos, fica mais difícil prevenir ou detectar deficiências dos algoritmos.[62]

Desta forma, a preocupação com a segurança dos algoritmos perpassa também pela preocupação com a sua transparência. Em muitos modelos de ML, embora seja fácil ver o que o algoritmo está fazendo e os resultados apresentados, pode não ser fácil entender por que ele chega a uma conclusão. Para superar esses desafios, foi sugerido que futuros algoritmos de ML possam ser programados para incluir justificativas para suas decisões.[63] Assim, resguarda-se o médico e o paciente de danos advindos de decisões obscuras do algoritmo, que possam levar a resultados indesejáveis, como uma decisão médica incorreta ou uma predição imprecisa.

O terceiro ponto é a necessidade do alinhamento de valor: é de responsabilidade dos desenvolvedores e dos utilizadores dos sistemas de ML tê-los sempre otimizados, para que seja possível alcançar os melhores resultados em benefício dos pacientes. É sabido que os sistemas autônomos e inteligentes tentam otimizar o que quer que sejam construídos para fazer, incluindo a si mesmos; é necessário que seja possível a reconstrução de versões prévias do algoritmo, que apresentem as versões exatas dos conjuntos de dados usados. O controle de versão é o processo de rastreamento de alterações em um artefato de software, incluindo algoritmos. Faz-se necessário um maior rigor no controle

---

59.   KOHLI & GEIS. Op. cit., 2018, p. 02.

60.   KANEVSKY. et al. Op. cit., 2016, p. 896.

61.   FOSTER, K.R; KOPROWSKI, R; SKUFCA, J.D. Machine learning, medical diagnosis, and biomedical engineering research – commentary. Biomed Eng Online. 2014 Jul 5;13:94. doi: 10.1186/1475-925X-13-94. PMID: 24998888; PMCID: PMC4105825.

62.   LIANG. et al. Op. cit., 2021, p. 05.

63.   NESTA. Machines that learn in the wild: Machine learning capabilities, limitations and implications. Disponível em: https://www.nesta.org.uk/report/machines-that-learn-in-the-wild-machine-learning-capabilities-limitations-and-implications/. Acesso em: 28 jul. 2022.

das versões, incluindo na inclusão de dados para testes, treinamento e validações dos modelos de IA.[64]

A garantia de qualidade dos dados inseridos em algoritmos de IA, principalmente quando a intenção é proporcionar um melhor resultado no tratamento do paciente em cirurgia estética, também é motivo de preocupação. Os conjuntos de dados usados para treinar os sistemas de ML devem ser representativos da população a que se destinam, conforme dito anteriormente. Os provedores devem se esforçar para otimizar os dados e algoritmos para melhor beneficiar seus pacientes.[65]

Em um futuro próximo, a estreita colaboração com o campo da ciência da computação será a chave para criar e implementar ferramentas de IA para resolver desafios clínicos, de pesquisa e educação em medicina. Os provedores e os médicos devem estar abertos a aprender com e a partir de máquinas em busca de melhores resultados e de uma maior satisfação dos pacientes.

3.3   A ética das práticas

A ética das práticas, por fim, informa o código de conduta para pessoas e organizações envolvidas com todo o ciclo de vida dos produtos de inteligência artificial, incluindo inovação, pesquisa, design, construção, implementação, uso de produção e até mesmo a aposentadoria do produto ou sistema.[66]

Neste ponto, é importante lembrar que a IA não é absoluta e que requer supervisão humana. Além disso, importante frisar que os médicos devem continuar engajados na tomada de decisões compartilhadas com os pacientes, usando as informações de risco e recompensa dos modelos de IA apenas como complemento deste processo. A IA deve ser usada para aprimorar, não substituir, o julgamento clínico, e os seus utilizadores devem entender as limitações dos modelos de IA.[67]

Desde já, assevera-se que a IA é incapaz de se envolver em conversas de alto nível com os pacientes, nem é capaz de construir a confiança e o senso de empatia necessários para obter a aliança terapêutica essencial ao relacionamento médico-paciente.[68] A utilização da IA não pode e nem deve substituir o processo de tomada de decisão compartilhada que é essencial para o atendimento ideal ao paciente. Os cirurgiões devem se precaver para que vínculo criado com os pacientes seja mantido, e que as decisões sejam tomadas em conjunto; recordem-se que em medicina estética, estamos diante da vontade do paciente como fator determinante do surgimento e manutenção da relação médico-paciente. Adotando-se uma postura ética na utilização da IA, ve-

---

64. KOHLI & GEIS. Op. cit., 2018, p. 01-02.
65. JARVIS. et al. Op. cit., 2020, p. 05-06.
66. KOHLI & GEIS. Op. cit., 2018, p. 02.
67. LIANG. *et al.* Op. cit., 2021, p. 05.
68. Krittanawong C. (2018). The rise of artificial intelligence and the uncertain future for physicians. European journal of internal medicine, 48, e13-e14. https://doi.org/10.1016/j.ejim.2017.06.017.

rifica-se que não há um comprometimento da relação humana travada entre médico e paciente.

Ainda em se tratando de ética das práticas, sabe-se que uma das mais relevantes dimensões de grande progresso da IA na área da saúde é o tratamento como *big data* da informação disponível no processo clínico eletrônico e nas bases de dados de exames complementares de diagnóstico (imagiologia, patologia clínica), acompanhando a revolução genética leva à revolução da bioinformática.

Assim, há que se ter atenção à necessidade de proteção da privacidade informacional por medidas de segurança de dados que garantem que precauções razoáveis sejam tomadas para evitar que informações de saúde protegidas sejam acessadas por indivíduos que não têm direito a elas ou precisam conhecê-las. Especialmente em aplicações de IA, entidades clínicas e de negócios devem proteger esses dados de hackers, bem como tomar cuidado para não colocar dados protegidos em servidores inseguros ou vulneráveis. Ocorre que o uso de grandes bancos de dados – um elemento básico dos modelos de AI – ilustra como o ML e a proteção de privacidade podem ter objetivos contrapostos.[69]

Neste diapasão, e face à hiper informação e padronização que os *big data* associados à IA proporcionam, convém ao médico expor estas situações ao paciente, de forma franca, para que seja garantido à pessoa humana a o direito à proteção de dados pessoais (incluindo o direito ao apagamento de dados), como dimensão do direito a estar "fora da rede". Apenas ante ao consentimento informado livre, esclarecido e especificado, imagens de um paciente podem ser inseridas nos bancos de dados aos quais a IA tem acesso.

A confidencialidade assume ainda maior importância num tempo em que a informação clínica é entregue a sistemas informáticos expostos a grandes riscos de ataques por parte de empresas de *big data*, que usam a informação como o petróleo do século XXI, donde o reforço das precauções e a proteção dos dados pessoais assume extrema relevância atualmente. Por isso, a União Europeia produziu o Regulamento Geral de Proteção de Dados (RGPD)[70] e, em Portugal, foi publicada a Lei 58/2019, de 8 de agosto, que procura compatibilizar a organização jurídica nacional com o novo RGPD. A regulação e a proteção dos biobancos assume uma especial importância neste tempo de investigações na área da bioinformática.[71]

---

69. SAFDAR. et al. Op. cit., 2020, p. 02.
70. Regulamento (UE) 2016/679 do Parlamento Europeu e do Conselho, de 27 de abril de 2016, relativo à proteção das pessoas singulares no que diz respeito ao tratamento de dados pessoais e à livre circulação desses dados e que revoga a Diretiva 95/46/CE (Regulamento Geral sobre a Proteção de Dados).
71. "Em um futuro não muito distante, cada paciente será cercado por uma nuvem virtual de bilhões de pontos de dados que definirão exclusivamente seu histórico médico passado e seu status atual de saúde. Bilhões de pontos de dados de centenas de milhões de indivíduos para gerar algoritmos para ajudar a prever as futuras necessidades clínicas de cada paciente." COLIJN, C; JONES, N; JOHNSTON, I.G; YALIRAKI, S; BARAHONA, M. Toward Precision Healthcare: Context and Mathematical Challenges. Front Physiol. 2017 Mar 21;8:136. doi: 10.3389/fphys.2017.00136. PMID: 28377724; PMCID: PMC5359292.

4. CONCLUSÕES

O desenvolvimento e a utilização da Inteligência Artificial e de seu componente de *Machine Learning* na área de abrangência das cirurgias estéticas oferece uma série de vantagens, que se avultam tanto no atendimento clínico, quanto na pesquisa e na educação dos futuros profissionais.

Tem-se entre os principais objetivos da implementação da IA em saúde a automação de tarefas clínicas de rotina, tais como a análise de um grande volume de dados clínicos numéricos ou visuais e também a resolução de desafios clínicos e de pesquisa complexos, que podem levar à descoberta de novas informações ao agilizar a aquisição de evidências disponíveis. Fala-se também de sua utilidade para a predição de resultados e a facilitação do desenvolvimento das práticas, seja pela propositura de novos materiais, seja pela catalogação das melhores práticas cirúrgicas.

Com isso, busca-se otimizar o tempo e a prática dos médicos, ao invés de substituí-los. Os algoritmos gerados por computador complementam o trabalho dos cirurgiões, auxiliando no processo de tomada de decisões, mas não sobressaem a um profissional capacitado e treinado no exercício de suas funções. A incorporação da IA nas diversas áreas de clínica, pesquisa e educação possibilita aos profissionais um maior leque de possibilidades, que passam pelos acréscimos no conhecimento, nas habilidades e nas ferramentas para facilitam o aprimoramento do atendimento aos pacientes, com soluções personalizadas, integradas e rápidas aos problemas cotidianos. Desta forma, ao reduzir os índices de esgotamento médico por meio da automação de tarefas clínicas de rotina, possibilita-se que os médicos dediquem mais tempo à construção da relação intersubjetiva entre médico e paciente.

Ao incorporar a IA em seus consultórios, os cirurgiões plásticos modernos podem redefinir a especialidade enquanto solidificam seu papel como líderes na vanguarda do avanço científico em cirurgia. Esta incorporação, entretanto, deve ser feita com base em critérios éticos, e dentro dos limites legais. Há que se repensar e readequar os institutos jurídicos do consentimento informado e da proteção de dados pessoais, de forma a que resguardem os direitos dos desenvolvedores, utilizadores e pacientes, reequilibrando a relação, de forma que se consiga conciliar os avanços informáticos com a proteção dos dados dos pacientes.

5. REFERÊNCIAS

ASPURU-GUZIK, Alán; PERSSON, Kristin. 2018. *Materials Acceleration Platform*: Accelerating Advanced Energy Materials Discovery by Integrating High-Throughput Methods and Artificial Intelligence. Mission Innovation: Innovation Challenge 6. http://nrs.harvard.edu/ urn-3:HUL.InstRepos:35164974.

AZEVEDO, Stella Zita de. Para uma bioética da finitude: presença e ausência de uma reflexão sobre temporalidade e vulnerabilidade humanas. In: CURADO, Manuel; MONTEIRO, Ana Paula (Coord.). *Saúde e cyborg*: cuidar na era biotecnológica, Edições Esgotadas, 2019.

BOCZAR, D; SISTI, A; OLIVER, J. D; HELMI, H; RESTREPO, D. J; HUAYLLANI, M. T; SPAULDING, A. C; CARTER, R; RINKER, B. D; FORTE, A. J. *Artificial intelligent virtual assistant for plastic surgery pa-*

tient's frequently asked questions: a pilot study. Ann Plast Surg. 2020;84:e16-e21. https://doi.org/10.1097/SAP.0000000000002252.

BORSTING, E; DESIMONE, R; ASCHA, M; ASCHA, M. (2020). Applied Deep Learning in Plastic Surgery: Classifying Rhinoplasty With a Mobile App. *The Journal of craniofacial surgery*, 31(1), 102–106. https://doi.org/10.1097/SCS.0000000000005905.

CHOE, KS; STUCKI-MCCORMICK, SU. *Chin augmentation. Facial Plastic Surgery*: FPS. 2000 ;16(1):45-54. DOI: 10.1055/s-2000-7325. PMID: 11802346.

CHOPAN, M; SAYADI, L; CLARK, E. M; MAGUIRE, K. (2019). *Plastic Surgery and Social Media*: Examining Perceptions. Plastic and reconstructive surgery, 143(4), 1259-1265. https://doi.org/10.1097/PRS.0000000000005445.

COLIJN, C; JONES, N; JOHNSTON, I.G; YALIRAKI, S; BARAHONA, M. *Toward Precision Healthcare*: Context and Mathematical Challenges. Front Physiol. 2017 Mar 21;8:136. doi: 10.3389/fphys.2017.00136. PMID: 28377724; PMCID: PMC5359292.

CURTAROLO, S; HART, G; NARDELLI, M; MINGO, N; SANVITO, S; LEVY, O. *The high-throughput highway to computational materials design*. Nature Mater 12, 191-201 (2013). https://doi.org/10.1038/nmat3568.

FERREIRA, Ana Elisabete. Responsabilidade civil extracontratual por danos causados por robôs autónomos. *Revista Portuguesa do Dano Corporal*, dez. 2016.

FERREIRA, Ana Elisabete; PEREIRA, André Dias. Uma ética para a medicina pós-humana: propostas ético-jurídicas para a mediação das relações entre humanos e robôs na saúde. In: ROSENVALD, Nelson; MENEZES; Joyceane Bezerra de; DADALTO, Luciana. *Responsabilidade civil e medicina*. Indaiatuba: Foco, 2020.

FIGUEIREDO, Eduardo. *Direito da nanobiotecnociência*. Almedina, 2021.

FOSTER, K.R; KOPROWSKI, R; SKUFCA, J.D. *Machine learning, medical diagnosis, and biomedical engineering research* – commentary. Biomed Eng Online. 2014 Jul 5;13:94. doi: 10.1186/1475-925X-13-94. PMID: 24998888; PMCID: PMC4105825.

GARRAFA, Volnei. *Apresentação da Declaração Universal sobre Bioética e Direitos Humanos*. Disponível em: https://bvsms.saude.gov.br/bvs/publicacoes/declaracao_univ_ bioetica_dir_hum.pdf. Acesso em: 26 jun. 2022.

GUNES, H; PICCARDI, M. Assessing facial beauty through proportion analysis by image processing and supervised learning. *International Journal of Human-Computer Studies*. v. 64, Issue 12, p 1184-1199. Dec. 2006. https://doi.org/10.1016/j.ijhcs. 2006.07.004.

JARVIS, T; THORNBURG, D; REBECCA, A.M; TEVEN, C.M. *Artificial Intelligence in Plastic Surgery*: Current Applications, Future Directions, and Ethical Implications. Plast Reconstr Surg Glob Open. 2020 Oct 29;8(10):e3200. doi: 10.1097/GOX.0000000000003200. PMID: 33173702; PMCID: PMC7647513.

KANEVSKY, J; CORBAN, J; GASTER, R; KANEVSKY, A; LIN, S; GILARDINO, M. *Big Data and Machine Learning in Plastic Surgery*: A New Frontier in Surgical Innovation. Plast Reconstr Surg. 2016 May;137(5):890e-897e. doi: 10.1097/PRS.0000000000002088. PMID: 27119951.

KIM, YOU J; KELLEY, BRIAN P; NASSER, JACOB S; CHUNG, KEVIN C. *Implementing Precision Medicine and Artificial Intelligence in Plastic Surgery*: Concepts and Future Prospects. Plastic and Reconstructive Surgery – Global Open: March 2019 – v. 7, Issue 3, p. e2113 doi: 10.1097/GOX.0000000000002113.

KOHLI, M; GEIS, R. Ethics, Artificial Intelligence, and Radiology. *Journal of the American College of Radiology*. 2018 Sep;15(9):1317-1319. doi: 10.1016/j.jacr.2018.05.020. Epub 2018 Jul 14. PMID: 30017625.

KRITTANAWONG C. (2018). The rise of artificial intelligence and the uncertain future for physicians. *European journal of internal medicine*, 48, e13-e14. https://doi.org/10.1016/j.ejim.2017.06.017.

LEVITES, H.A; THOMAS, A.B; LEVITES, J.B; ZENN, M.R. *The Use of Emotional Artificial Intelligence in Plastic Surgery.* Plast Reconstr Surg. 2019 Aug;144(2):499-504. doi: 10.1097/PRS.0000000000005873. PMID: 31348367.

LIANG, X; YANG, X; YIN, S; MALAY, S; CHUNG, K.C; MA, J; WANG, K. *Artificial Intelligence in Plastic Surgery:* Applications and Challenges. Aesthetic Plast Surg. 2021 Apr;45(2):784-790. doi: 10.1007/s00266-019-01592-2. Epub 2020 Jan. 2. PMID: 31897624.

MISTRETTA, Patrick. *Intelligence Artificielle et Droit de la Santé.* Chapitre 12, p. 309-332. In: BENSAMOUN, Alexandra; LOISEAU, Grégoire. *Droit de l'Inteligence Artificielle.* França: editora: LGDJ, 2019. v. 15.

MITTELSTADT, B. D; FLORIDI, L. (2016). *The Ethics of Big Data: Current and Foreseeable Issues in Biomedical Contexts.* Science and engineering ethics, 22(2), 303-341. https://doi.org/10.1007/s11948-015-9652-2.

MJOLSNESS, E; DECOSTE, D. (2001). *Machine Learning for Science:* State of the Art and Future Prospects. Science, 293(5537), 2051-2055. http://www.jstor.org/stable/3084550.

NOORBAKHSH-SABET, N; ZAND, R; ZHANG, Y; ABEDI, V. (2019). Artificial Intelligence Transforms the Future of Health Care. *The American journal of medicine,* 132(7), 795-801. https://doi.org/10.1016/j.amjmed.2019.01.017.

O'CONNELL, R. L; STEVENS, R. J; HARRIS, P. A; RUSBY, J. E. (2015). *Review of three-dimensional (3D) surface imaging for oncoplastic, reconstructive and aesthetic breast surgery.* Breast (Edinburgh, Scotland), 24(4), 331-342. https://doi.org/10.1016/j.breast.2015.03.011.

PEREIRA, Alexandre L. Dias. Proteção de dados e segurança informática no setor da saúde – o papel dos responsáveis pela proteção de dados no Direito da União Europeia. *Cadernos Ibero-americanos de Direito Sanitário,* v. 10, n. 2 (2021): (ABR./JUN. 2021). DOI: https://doi.org/10.17566/ciads.v10i2.772.

PEREIRA, André Gonçalo Dias. *O consentimento informado na relação médico-paciente* – estudo de Direito Civil. Faculdade de Direito da Universidade de Coimbra, 2004.

RODOTÁ, Stefano. *La vita e le regole* – tra diritto e non Diritto. Milano: Feltrinelli, 2006.

SAFDAR, N.M; BANJA, J.D; MELTZER, C.C. *Ethical considerations in artificial intelligence.* Eur J Radiol. 2020 Jan;122:108768. doi: 10.1016/j.ejrad.2019.108768. Epub 2019 Nov 23. PMID: 31786504. https://doi.org/10.1016/j.ejrad.2019.108768.

SCHORK, Nicholas J. *Personalized medicine:* Time for one-person trials. Nature 520, 609-611 (2015). https://doi.org/10.1038/520609a.

ZUO, K. J; SAUN, T. J; FORREST, C. R. (2019). *Facial Recognition Technology:* A Primer for Plastic Surgeons. Plastic and reconstructive surgery, 143(6), 1298e-1306e. PMID: 31136498, https://doi.org/10.1097/PRS.0000000000005673.

Diplomas legais

CÓDIGO PENAL PORTUGUÊS.

MINISTÉRIO PÚBLICO PORTUGUÊS. *Convenção sobre os Direitos do Homem e a Biomedicina.* Disponível em: https://gddc..pt/sites/default/files/documentos/instrumentos/ convencao_protecao_dh_biomedicina.pdf. Acesso em: 22 jul. 2022.

PARLAMENTO EUROPEU. *Regulamento (UE) 2016/679 do Parlamento Europeu e do Conselho,* de 27 de abril de 2016, relativo à proteção das pessoas singulares no que diz respeito ao tratamento de dados pessoais e à livre circulação desses dados e que revoga a Diretiva 95/46/CE (Regulamento Geral sobre a Proteção de Dados).

UNESCO. *Declaração Universal sobre Bioética e Direitos Humanos.* Aprovada na 33ª Sessão da Conferência Geral da UNESCO realizada em Paris, onde foi aprovada por aclamação pela unanimidade dos 191 países componentes da UNESCO. ATUALIZAÇÃO • Rev. Bioét. 26 (4) • Oct-Dec 2018 • https://doi.org/10.1590/1983-80422018264270.

Sites de apoio

APDSI – Associação Para o Desenvolvimento da Sociedade de Informação. *Manifesto* "Um compromisso nacional para uma transformação digital centrada no ser humano". 24 de fevereiro de 2021. Disponível em: https://apdsi.pt/produto/manifesto-um-compromisso-nacional-para-uma-transformacao-digital-centrada-no-ser-humano/. Acesso em: 1º ago. 2022.

NESTA. *Machines that learn in the wild*: Machine learning capabilities, limitations and implications. Disponível em: https://www.nesta.org.uk/report/machines-that-learn-in-the-wild-machine-learning-capabilities--limitations-and-implications/. Acesso em: 28 jul. 2022.

2
DO DIREITO FUNDAMENTAL À PROTEÇÃO DE DADOS PESSOAIS E A RESPONSABILIDADE CIVIL DOS PROFISSIONAIS LIBERAIS

Luciana Fernandes Berlini

Pós-doutora em Direito das Relações Sociais pela UFPR. Doutora e Mestre em Direito Privado pela PUC/Minas. Professora Adjunta do Curso de Direito da Universidade Federal de Ouro Preto. Professora do Curso de Direito Médico do IEC – PUC/Minas. Vice-presidente da Comissão de Responsabilidade Civil da OAB/MG. Membro fundadora do IBERC. Autora de livros e artigos jurídicos. Advogada. Lattes: http://lattes.cnpq.br/8274959157658475. Orcid: https://orcid.org/0000-0001-5379-974X. E-mail: lucianaberlini@gmail.com.

Sumário: 1. Introdução – 2. Direito fundamental à proteção de dados – 3. Responsabilidade civil na lei geral de proteção de dados; 3.1 Responsabilidade civil do agente de tratamento por violação da norma; 3.1.1 Quando o agente de tratamento é de grande porte; 3.1.2 Quando o agente de tratamento é de pequeno porte; 3.2 Responsabilidade civil do agente de tratamento por descumprimento do dever geral de segurança – 4. Responsabilidade civil do profissional liberal como agente de tratamento de dados – 5. Considerações finais – 6. Referências.

1. INTRODUÇÃO

A disciplina jurídica da proteção de dados no Brasil recebe maior enfoque com a elevação do direito à proteção dos dados pessoais à categoria de direito fundamental autônomo.

Dessa forma, interessa ao presente trabalho a análise da eficácia horizontal e diagonal da proteção dos dados, especialmente quando o tratamento de dados é realizado por profissional autônomo, haja vista que a maior parte dos profissionais liberais brasileiros não está vinculada formalmente a sociedades empresárias.

Assim, o itinerário de proteção de dados pessoais a ser percorrido nessa investigação perpassa, portanto, pela necessária averiguação da responsabilidade do agente de tratamento de dados, especialmente analisados neste trabalho quando quem exerce a função de controlador é o profissional liberal.

Se qualquer dado coletado pelo profissional dentro da relação estabelecida com seu cliente possibilita a identificação da pessoa, tais dados merecem proteção constitucional e, em caso de violação das normas protetivas ou do dever geral de segurança, o agente poderá ser responsabilizado.

Ocorre, no entanto, que o sistema de responsabilidades trazido pela Lei de Proteção de Dados (LGPD) fomentou acalorada discussão da doutrina sobre sua natureza e ainda não há uma definição do tema, nem mesmo pela jurisprudência. A incerteza sobre o sistema de responsabilização, por sua vez, não pode ensejar prejuízos aos titulares de dados, como também não pode ensejar a inviabilidade do exercício profissional de quem exerce suas atividades de forma autônoma.

Neste cenário, a presente pesquisa propõe a adoção do sistema escalonado de responsabilidades, coerente com a realidade brasileira e sustentável frente a disciplina jurídica da responsabilidade civil já conhecida.

2. DIREITO FUNDAMENTAL À PROTEÇÃO DE DADOS

A proteção de dados enquanto direito fundamental foi afirmada pelo Supremo Tribunal Federal em 2020,[1] mas apenas com o advento da Emenda Constitucional 115/2022 elevou-se a proteção de dados à categoria de direito fundamental autônomo e explícito, com a inclusão do inciso LXXIX ao rol do artigo 5º da Constituição.[2]

A alteração constitucional promovida pela EC 115/2022 amplia a proteção de dados e, ainda garante maior segurança normativa ao fixar a competência privativa da União para organizar, fiscalizar e legislar sobre proteção e tratamento de dados pessoais.

Assim, nos moldes da autonomia constitucional alcançada pela proteção de dados, salienta-se que sua eficácia ocorre não apenas em relações verticais formadas quando o agente de tratamento de dados é o poder público, como também nas hipóteses em que o agente de tratamento de dados é o particular, em referência à eficácia horizontal e diagonal[3] dos direitos fundamentais.

Reveste-se, portanto, de notória ambivalência a proteção de dados, ora em sua dimensão subjetiva, afastando a indevida ingerência estatal no tratamento de dados, ora em sua dimensão objetiva, garantindo, por exemplo, a privacidade e a autodeterminação informativa também nas relações privadas, reclamando a conscientização de diversos setores, inclusive dos profissionais liberais.

Antes de adentrar no que há de mais tormentoso nessa temática, é preciso estabelecer algumas premissas para nortear a tese pretendida.

A primeira delas é que a Constituição estabelece que a proteção de dados se dará na forma da lei, tal norma jurídica trata-se da Lei Geral de Proteção de Dados (LGPD). Dessa forma, a complexa tarefa de analisar a responsabilidade civil nas hipóteses de

---

1. Brasil. Supremo Tribunal Federal. Ação Direta de Inconstitucionalidade 6.387. Requerente: Conselho Federal da OAB. Relatora: Min. Rosa Weber. Brasília, DF, 06 de maio de 2020d. Disponível em: http://portal.stf.jus.br/processos/downloadPeca.asp?id=15344949214&ext=.pdf. Acesso em: 07 jul. 2022.

2. Art. 5º. Todos são iguais perante a lei, sem distinção de qualquer natureza, garantindo-se aos brasileiros e aos estrangeiros residentes no País a inviolabilidade do direito à vida, à liberdade, à igualdade, à segurança e à propriedade, nos termos seguintes:
   (...) LXXIX – é assegurado, nos termos da lei, o direito à proteção dos dados pessoais, inclusive nos meios digitais".

3. GAMONAL, Sergio Contreras. *De la eficacia horizontal a la diagonal de derechos fundamentales en el contrato de trabajo*: una perspectiva latinoamericana. Latin American. Legal Studies. v. 3. 2018.

violação de dados e descumprimento do dever geral de segurança será feita tendo como pano de fundo a LGPD, embora a proteção nela não se esgote e seja necessário recorrer ao diálogo das fontes.

Nesse contexto, a segunda será a análise da responsabilidade civil escalonada, aplicada à proteção de dados, sistema especial que se justifica pelos diferentes critérios de imputação trazidos pela LGPD, como também pela natureza jurídica variável do agente de tratamento de dados, conforme será apresentado posteriormente.

3. RESPONSABILIDADE CIVIL NA LEI GERAL DE PROTEÇÃO DE DADOS

A LGPD estabelece que a proteção de dados pessoais se aplica tanto às pessoas físicas, quanto às jurídicas, quando o uso de dados tem objetivo comercial, como é o caso da relação que se estabelece, por exemplo, entre o advogado e o cliente.

A questão atinente ao sistema de responsabilidade civil decorrente da LGPD, como supracitado, ainda não está clara no ordenamento jurídico brasileiro, motivo de grande divergência doutrinária.

Para evitar um posicionamento precipitado, em um esforço didático de reunir as posições doutrinárias divergentes, três correntes distintas de responsabilidade civil se destacam, resumidamente apresentadas a seguir.

A primeira[4] delas afirma que a responsabilidade civil se trata de uma responsabilidade subjetiva, pela ausência da expressão "independentemente de culpa" e pelos deveres impostos pela LGPD.

> Se o que se pretende é responsabilizar os agentes, independentemente de culpa de fato, não faz sentido criar deveres a serem seguidos, tampouco responsabilizá-los quando tiverem cumprido perfeitamente todos esses deveres. A lógica da responsabilidade objetiva é outra, completamente diferente: não cabe discutir cumprimento de deveres, porque, quando se discute cumprimento de deveres, o que no fundo está sendo analisado é se o agente atuou ou não com culpa.[5]

A segunda entende que a responsabilização trazida pela LGPD se fundamenta na teoria objetiva,[6] em razão da sua similaridade com o Código de Defesa do Consumidor (CDC) e pelo risco da atividade de tratamento de dados.

---

4. Como expoentes: TORCHIA, Bruno Martins; MACHADO, Tacianny Mayara Silva. A responsabilidade subjetiva prevista na Lei Geral de Proteção de Dados e a relação jurídica entre o controlador e o encarregado de proteção de dados. In: DAL POZZO, Augusto Neves; MARTINS, Ricardo Marcondes (Coord.). *LGPD e administração pública*: uma análise ampla dos impactos. São Paulo: Thomson Reuters, 2020. E TEPEDINO, Gustavo; TERRA, Aline de Miranda Valverde; GUEDES, Gisela Sampaio da Cruz. *Fundamentos de Direito Civil* – Responsabilidade civil. Rio de Janeiro: Forense, 2020. v. 4.

5. GUEDES, Gisela Sampaio da Cruz; MEIRELES, Rose Melo Vencelau. Término do tratamento de dados. In: TEPEDINO, Gustavo; FRAZÃO, Ana; OLIVA, Milena Donato. *Lei Geral de Proteção de Dados Pessoais e as suas repercussões no direito brasileiro*. 2. ed. São Paulo: Thomson Reuters Brasil, 2020. p. 229.

6. CAPANEMA, Walter Aranha. *A responsabilidade civil na Lei Geral de Proteção de Dados*. Disponível em: https://www.tjsp.jus.br/download/EPM/Publicacoes/CadernosJuridicos/ii_6a_responsabilidade_civil.pdf?d=637250347559005712. Acesso em: 14 jul. 2022.

Por fim, a terceira corrente estabelece uma teoria eclética, que defende um sistema especial de responsabilização. No entanto, cabe antecipar que dentro dessa corrente os posicionamentos doutrinários não são uníssonos, os balizamentos dessa corrente são trazidos de forma distinta pelos autores, mas em comum adotam uma sistemática de imputação que foge do sistema clássico de responsabilidade subjetiva e objetiva.[7]

Grande parte da discussão sobre a natureza jurídica da responsabilidade civil decorre do fato de não haver entendimento jurisprudencial específico e sólido sobre o tema, como também pela opção do legislador em não fazer referência à culpa na LGPD.

> Na LGPD não há previsão de exclusão da culpa análoga a essa do CDC ("independentemente da existência de culpa"). Contudo, como a previsão da circunstância da época em que o serviço foi prestado foi o que deu origem à disposição da LGPD, é possível conceber que o critério almejado é, assim como no CDC, mais rigoroso do que o da culpa.[8]

Seja na redação do caput do artigo 42, no qual "o controlador ou o operador que, em razão do exercício de atividade de tratamento de dados pessoais, causar a outrem dano patrimonial, moral, individual ou coletivo, em violação à legislação de proteção de dados pessoais, é obrigado a repará-lo". Seja no segundo critério de imputação trazido pela LGPD, no parágrafo único do artigo 44, quando estabelece que "responde pelos danos decorrentes da violação da segurança dos dados o controlador ou o operador que, ao deixar de adotar as medidas de segurança previstas no art. 46 desta Lei, der causa ao dano". Em nenhum dos dispositivos há referência à modalidade de responsabilidade adotada, muitas interpretações são sustentáveis por esta razão.

De forma objetiva, filia-se o presente trabalho à terceira corrente, em que há a constatação de um novo regime de responsabilidade civil trazido pela LGPD, mas com uma nova proposta.

Nessa linha de raciocínio, adere-se à "polissemia da responsabilidade civil", tendo em vista que a noção de responsabilidade não deve se limitar à reparação dos danos, uma vez que a referência legislativa diz respeito a boas práticas e a um dever geral de segurança. Observa-se, assim, a opção legislativa de fomentar a prevenção dos danos a partir de determinados tipos de comportamentos, o que pode ser observado pelos diversos dispositivos que estabelecem condutas para os agentes de tratamento, balizando de forma ética comportamentos e níveis de segurança.

> Aliás, a multifuncionalidade da responsabilidade civil não se resume a uma discussão acadêmica: a perspectiva plural da sua aplicabilidade à LGPD é um bem-acabado exemplo legislativo da necessidade de ampliarmos a percepção sobre responsabilidade civil. Não se trata tão somente de um

---

7. DRESCH, Rafael de Freitas Valle; FALEIROS JÚNIOR, José Luiz de Moura. Reflexões sobre a responsabilidade civil na Lei Geral de Proteção de Dados (Lei 13.709/2018). In: ROSENVALD, Nelson; DRESCH, Rafael de Freitas Valle; WESENDONCK, Tula. (Org.). *Responsabilidade civil*: novos riscos. Indaiatuba: Foco, 2019, v. 1, p. 82.

8. BIONI, Bruno; DIAS, Daniel. Responsabilidade civil na proteção de dados pessoais: construindo pontes entre a Lei Geral de Proteção de Dados Pessoais e o Código de Defesa do Consumidor. *Civilistica.com*. a. 9, n. 3, Rio de Janeiro, 2020. Disponível em: http://civilistica.com/responsabilidade-civil-na-protecao-de-dados-pessoais/. Acesso em: 13 jul. 2022.

mecanismo de contenção de danos, mas também de contenção de comportamentos. Transpusemos o "direito de danos" e alcançamos uma responsabilidade civil para muito além dos danos.[9]

No entanto, o entendimento aqui proposto traz, de forma inédita e específica, novas balizas para esta compreensão da responsabilidade civil e delimita sua incidência para os profissionais liberais e demais agentes de tratamento de pequeno porte.[10]

Nesta breve e importante consideração sobre o mote legislativo e os rumos pretendidos nessa investigação, de não engessar a responsabilidade civil em sua função reparatória/compensatória, cumpre, ainda assim, enfrentar a polêmica relacionada à natureza jurídica da responsabilidade civil com mais detalhes.

Isso porque, nos casos em que ocorrer danos aos titulares em virtude do tratamento de dados, quando há violação da norma, exsurge o dever de reparar e, nesse momento, será necessário definir se a responsabilização se fundamentará na culpa ou se ela poderá ser desconsiderada. Em uma hipótese ou outra, o desafio persiste, uma vez que a construção dos pressupostos também não se afigura pacífica.

Propõe-se, assim, um sistema escalonado de responsabilidades, que leva em consideração a natureza do agente de tratamento de dados, bem como os diferentes critérios de imputação trazidos pela LGPD, capazes de deflagrar a responsabilidade civil.

Dessa forma, a proposta apresentada surge de uma inconsistência localizada durante a pesquisa. Parece desarrazoado defender que a responsabilização de um profissional liberal, por exemplo, ocorra nos mesmos moldes de responsabilização de um grande grupo econômico, ou que as exigências de governança, investimento em tecnologia e segurança da informação para proteção de dados possam ser pensadas nos mesmos parâmetros. Ao menos não é essa a lógica que se extrai do sistema de responsabilidades previsto no ordenamento jurídico brasileiro, seja o previsto na Constituição,[11] Código Civil,[12] Código de Defesa do Consumidor[13] ou na própria interpretação dada à LGPD, como será apurado neste trabalho.

Nesse momento, é preciso retomar a noção constitucional da eficácia horizontal e diagonal dos direitos fundamentais. Verifica-se que a vulnerabilidade do titular de dados não é a mesma quando se está diante de um agente de pequeno ou grande porte.

---

9. ROSENVALD, Nelson. A polissemia da responsabilidade civil na LGPD. *Migalhas de Proteção de Dados*. Disponível em: https://www.migalhas.com.br/coluna/migalhas-de-protecao-de-dados/336002/a-polissemia-da--responsabilidade-civil-na-lgpd. Acesso em: 10 jul. 2022.
10. Art. 2º Para efeitos deste regulamento são adotadas as seguintes definições:
    I – agentes de tratamento de pequeno porte: microempresas, empresas de pequeno porte, startups, pessoas jurídicas de direito privado, inclusive sem fins lucrativos, nos termos da legislação vigente, bem como pessoas naturais e entes privados despersonalizados que realizam tratamento de dados pessoais, assumindo obrigações típicas de controlador ou de operador. Brasil. Resolução CD/ANPD 2, de 27 de janeiro de 2022. Aprova o Regulamento de aplicação da Lei 13.709, de 14 de agosto de 2018, Lei Geral de Proteção de Dados Pessoais (LGPD), para agentes de tratamento de pequeno porte. Disponível em: https://in.gov.br/en/web/dou/-/resolucao-cd/anpd-n-2-de-27-de-janeiro-de-2022-376562019. Acesso em: 20 jul. 2022.
11. Trata de forma objetiva a responsabilidade civil ambiental e a do empregador, por exemplo.
12. Diferencia a responsabilidade em subjetiva e objetiva, em razão do risco da atividade.
13. Excepciona a responsabilidade civil dos profissionais liberais, exigindo prova de culpa.

O poder de grandes grupos que tratam em larga escala dados sensíveis, por exemplo, é muito maior que de um médico que trata de forma rudimentar dos dados de seus poucos pacientes.

Com efeito, a reflexão proposta demanda um tratamento diferenciado para o exercício de direitos fundamentais por parte do titular de dados, clamando ora por uma eficácia horizontal, ora por uma eficácia diagonal em relação ao controlador de dados. Sem descartar, contudo, embora fuja do recorte deste trabalho, a eficácia vertical da proteção de dados, uma vez que o Estado também pode ser o controlador.

Para apresentar os contornos dessa responsabilidade especial aqui defendida, foram adotados os seguintes critérios de escalonamento:

a) Se a hipótese for de violação de norma, nos termos dos artigos 42[14] e 44[15] da LGDP, será necessário verificar a natureza jurídica do agente de tratamento de dados, se de grande ou de pequeno porte, para determinar o sistema de responsabilidade civil aplicado a cada um.

b) Se, no entanto, o nexo de imputação for a violação do dever geral de segurança, artigos 44[16] e 46[17] da LGPD, será outro o sistema de responsabilidade.

Para alcançar a racionalização dos critérios pretendidos, passa-se à análise de cada um dos sistemas de responsabilidade a partir do escalonamento sugerido.

3.1 Responsabilidade civil do agente de tratamento por violação da norma

3.1.1 Quando o agente de tratamento é de grande porte

O recorte proposto nesta pesquisa volta-se para o enfrentamento da aplicação da responsabilidade civil quando o advogado viola o direito fundamental à proteção de dados de seu cliente. Nessa perspectiva, o objetivo não alcança as sociedades de advogados, grandes escritórios e pessoas jurídicas, de um modo geral. Mas, para a devida compreensão da teoria da responsabilidade escalonada, ora proposta, necessária se faz a apresentação dos fundamentos que a diferenciam do sistema de responsabilidade pensado para os profissionais liberais.

---

14. Art. 42. O controlador ou o operador que, em razão do exercício de atividade de tratamento de dados pessoais, causar a outrem dano patrimonial, moral, individual ou coletivo, em violação à legislação de proteção de dados pessoais, é obrigado a repará-lo.
15. Art. 44. O tratamento de dados pessoais será irregular quando deixar de observar a legislação (...).
16. Art. 44. O tratamento de dados pessoais será irregular quando (...) não fornecer a segurança que o titular dele pode esperar, consideradas as circunstâncias relevantes, entre as quais:

    I – o modo pelo qual é realizado;

    II – o resultado e os riscos que razoavelmente dele se esperam;

    III – as técnicas de tratamento de dados pessoais disponíveis à época em que foi realizado.

    Parágrafo único. Responde pelos danos decorrentes da violação da segurança dos dados o controlador ou o operador que, ao deixar de adotar as medidas de segurança previstas no art. 46 desta Lei, der causa ao dano.
17. Art. 46. Os agentes de tratamento devem adotar medidas de segurança, técnicas e administrativas aptas a proteger os dados pessoais de acessos não autorizados e de situações acidentais ou ilícitas de destruição, perda, alteração, comunicação ou qualquer forma de tratamento inadequado ou ilícito.

A Autoridade Nacional de Proteção de Dados (ANPD), ao estabelecer diretrizes para os agentes de tratamento, estabelece que, quando se trata de uma pessoa jurídica, a organização é o controlador para os fins da LGPD. De modo que esta assume a responsabilidade pelos atos praticados em seu nome, por ser quem estabelece as regras para o tratamento de dados pessoais a serem executadas por seus representantes ou prepostos.[18]

Indo além, a ANPD publicou a Resolução CD/ANPD 02, aprovando o regulamento de aplicação da LGPD para agentes de tratamento de pequeno porte.[19] Tal regulamento, de forma bastante objetiva, estabelece critérios para diferenciar agentes de pequeno e grande porte e, consequentemente, a aplicação diferenciada da lei nestas hipóteses.

Muito embora a regulamentação não tenha feito referência expressa à responsabilização civil, entende-se que o tratamento diferenciado proposto pela ANPD para o cumprimento das normas afeta a compreensão e imputação de responsabilidade. De tal sorte que a responsabilidade escalonada, a partir desses critérios, condiz com o escopo normativo trazido pela ANPD e é condizente com as várias funções que a responsabilidade pode e deve assumir.

Assim, para atingir este escopo, o presente capítulo se coaduna com o entendimento de que quando o agente de tratamento de dados é de grande porte[20] e comete um dano ao titular dos dados, sua responsabilidade se encontra no âmbito da teoria objetiva, fundada no risco da atividade e, portanto, prescinde de culpa.

A atividade de tratamento de dados[21] é, por excelência, uma atividade que traz riscos de danos para seus titulares, seja em razão de incidente de segurança ou "situações acidentais ou ilícitas de destruição, perda, alteração, comunicação ou qualquer forma de tratamento inadequado ou ilícito".[22]

> Cuando se alude al riesgo derivado del tratamiento de datos personales ha de tenerse en cuenta que estos riesgos son múltiples, de conformidad con las previsiones del Considerando 75 del RGPD, a tenor del cual los riesgos para los derechos y libertades de las personas físicas, de gravedad y probabilidad variables, pueden deberse al tratamiento de datos que pudieran provocar daños y perjuicios físicos, materiales o inmateriales, en particular en los casos en los que el tratamiento pueda dar lugar a problemas de discriminación, usurpación de identidad o fraude, pérdidas financieras, daño para la

---

18. Autoridade Nacional de Proteção de Dados. Guia Orientativo para Definições dos Agentes de Tratamento de Dados Pessoais e do Encarregado. Brasil, 2022. Versão 2.0. Disponível em: https://www.gov.br/anpd/pt-br/documentos-e-publicacoes/Segunda_Versao_do_Guia_de_Agentes_de_Tratamento_retificada.pdf. Acesso em: 18 jul. 2022.
19. Brasil. Resolução CD/ANPD 2, de 27 de janeiro de 2022. Aprova o Regulamento de aplicação da Lei 13.709, de 14 de agosto de 2018, Lei Geral de Proteção de Dados Pessoais (LGPD), para agentes de tratamento de pequeno porte. Disponível em: https://in.gov.br/en/web/dou/-/resolucao-cd/anpd-n-2-de-27-de-janeiro-de-2022-376562019. Acesso em: 20 jul. 2022.
20. A definição de agentes de grande porte não é feita pelo regulamento, motivo pelo qual sua definição é elaborada por exclusão, a partir da definição do que são agentes de pequeno porte.
21. O artigo 5º, inciso X, da LGPD define como tratamento de dados toda operação realizada com dados pessoais, como as que se referem a coleta, produção, recepção, classificação, utilização, acesso, reprodução, transmissão, distribuição, processamento, arquivamento, armazenamento, eliminação, avaliação ou controle da informação, modificação, comunicação, transferência, difusão ou extração.
22. Artigo 46, LGPD.

reputación, pérdida de confidencialidad de datos sujetos al secreto profesional, reversión no autorizada de la seudonimización o cualquier otro perjuicio económico o social significativo; en los casos en los que se prive a los interesados de sus derechos y libertades o se les impida ejercer el control sobre sus datos personales; en los casos en los que los datos personales tratados revelen el origen étnico o racial, las opiniones políticas, la religión o creencias filosóficas, la militancia en sindicatos y el tratamiento de datos genéticos, datos relativos a la salud o datos sobre la vida sexual, o las condenas e infracciones penales o medidas de seguridad conexas; en los casos en los que se evalúen aspectos personales, en particular el análisis o la predicción de aspectos referidos al rendimiento en el trabajo, situación económica, salud, preferencias o intereses personales, fiabilidad o comportamiento, situación o movimientos, con el fin de crear o utilizar perfiles personales; en los casos en los que se traten datos personales de personas vulnerables, en particular niños; o en los casos en los que el tratamiento implique una gran cantidad de datos personales y afecte a un gran número de interesados.[23]

A imputação da obrigação objetiva, portanto, decorrerá do risco no tratamento de dados pessoais e servirá como substrato de densidade normativa a ser alcançado pela LGPD, especialmente o artigo 42. Assim, poderá justificar a obrigação de indenizar do agente de tratamento, independentemente de culpa.

Bruno Bioni, em consonância com que se está a defender, afirma que a responsabilidade civil trazida pela LGPD é calcada na teoria do risco, chamando à atenção para o fato de que se espera mais dos agentes de tratamento de dados cujas atividades apresentam um risco maior, com a necessidade de um calibramento mais intenso para quem, por exemplo, trata de dados sensíveis em grande volume.[24]

Essa perspectiva de imputação objetiva com lastro no risco deve considerar, portanto, não apenas a natureza ou o volume das operações, mas o grau de risco[25] e a própria qualificação do agente de tratamento.

---

23. LAGO, José Manuel Busto. La responsabilidad civil y su función de tutela del derecho a la protección de los datos personales: una visión desde el derecho de la unión europea. *REJUR*. v. 5, n. 10, p. 1-60, jul./dez. 2021.

24. BIONI, Bruno; DIAS, Daniel. Responsabilidade civil na proteção de dados pessoais: construindo pontes entre a Lei Geral de Proteção de Dados Pessoais e o Código de Defesa do Consumidor. *Civilistica.com*. a. 9, n. 3, Rio de Janeiro, 2020. Disponível em: http://civilistica.com/responsabilidade-civil-na-protecao-de-dados-pessoais/. Acesso em: 22 jul. 2022.

25. Art. 4º Para fins deste regulamento, e sem prejuízo do disposto no art. 16, será considerado de alto risco o tratamento de dados pessoais que atender cumulativamente a pelo menos um critério geral e um critério específico, dentre os a seguir indicados:
   I – critérios gerais:
   a) tratamento de dados pessoais em larga escala; ou
   b) tratamento de dados pessoais que possa afetar significativamente interesses e direitos fundamentais dos titulares;
   II – critérios específicos:
   a) uso de tecnologias emergentes ou inovadoras;
   b) vigilância ou controle de zonas acessíveis ao público;
   c) decisões tomadas unicamente com base em tratamento automatizado de dados pessoais, inclusive aquelas destinadas a definir o perfil pessoal, profissional, de saúde, de consumo e de crédito ou os aspectos da personalidade do titular; ou
   d) utilização de dados pessoais sensíveis ou de dados pessoais de crianças, de adolescentes e de idosos.
   § 1º O tratamento de dados pessoais em larga escala será caracterizado quando abranger número significativo de titulares, considerando-se, ainda, o volume de dados envolvidos, bem como a duração, a frequência e a extensão geográfica do tratamento realizado.

3.1.2 Quando o agente de tratamento é de pequeno porte

Noutro giro, há que se verificar a tormentosa situação do profissional liberal quando atua como agente de tratamento. Tal possibilidade é confirmada, inclusive, pela ANPD ao afirmar que

> Uma pessoa natural poderá ser controladora nas situações em que é a responsável pelas principais decisões referentes ao tratamento de dados pessoais. Nessa hipótese, a pessoa natural age de forma independente e em nome próprio – e não de forma subordinada a uma pessoa jurídica ou como membro de um órgão desta. É o que ocorre, por exemplo, com os empresários individuais, os profissionais liberais (como advogados, contadores e médicos) e os responsáveis pelas serventias extrajudiciais.[26]

Assim, quando há violação da norma por parte de um profissional liberal, como por exemplo o advogado que atua como controlador, causando dano ao seu cliente, a responsabilização deve ser lastreada na culpa e, portanto, em sua configuração subjetiva.

Dessa forma, o primeiro fundamento para sustentar a tese apresentada baseia-se na lógica do Código de Defesa do Consumidor (CDC), que tem por regra a teoria objetiva de responsabilidade civil, mas estabelece em seu artigo 14, § 4º, que "a responsabilidade pessoal dos profissionais liberais será apurada mediante a verificação de culpa." A própria LGPD faz referência à utilização do microssistema consumerista, quando afirma no artigo 45 que "as hipóteses de violação do direito do titular no âmbito das relações de consumo permanecem sujeitas às regras de responsabilidade previstas na legislação pertinente".

O atento leitor infere, nesse momento, que a relação que se estabelece entre advogado e cliente não é uma relação de consumo, motivo pelo qual o fundamento não se aplicaria.

O raciocínio aqui empregado se pauta no fundamento de que, se até quando incide o CDC (que tem como regra a teoria objetiva) os danos causados por profissionais liberais enquadram-se no sistema de responsabilidade subjetiva, com mais razão de ser, demanda-se culpa quando se está fora do CDC. Assim, os profissionais liberais, ainda que não estejam em uma relação de consumo respondem subjetivamente.

O segundo fundamento visa afastar um problema que o primeiro não soluciona, qual seja, há um sistema de responsabilização próprio trazido pela legislação especial

---

§ 2º O tratamento de dados pessoais que possa afetar significativamente interesses e direitos fundamentais será caracterizado, dentre outras situações, naquelas em que a atividade de tratamento puder impedir o exercício de direitos ou a utilização de um serviço, assim como ocasionar danos materiais ou morais aos titulares, tais como discriminação, violação à integridade física, ao direito à imagem e à reputação, fraudes financeiras ou roubo de identidade. Brasil. Resolução CD/ANPD 2, de 27 de janeiro de 2022. Aprova o Regulamento de aplicação da Lei 13.709, de 14 de agosto de 2018, Lei Geral de Proteção de Dados Pessoais (LGPD), para agentes de tratamento de pequeno porte. Disponível em: https://in.gov.br/en/web/dou/-/resolucao-cd/anpd-n-2-de-27-de-janeiro--de-2022-376562019. Acesso em: 20 jul. 2022.

26. Autoridade Nacional de Proteção de Dados. Guia Orientativo para Definições dos agentes de tratamento de dados pessoais e do encarregado. Brasil, 2022. Versão 2.0. Disponível em: https://www.gov.br/anpd/pt-br/documentos-e-publicacoes/Segunda_Versao_do_Guia_de_Agentes_de_Tratamento_retificada.pdf. Acesso em: 18 jul. 2022.

de proteção de dados e, portanto, se não se trata de relação de consumo, não necessariamente será responsabilidade subjetiva.

Portanto, entende-se que ainda que o intérprete não se convença da necessidade de demonstrar culpa para responsabilizar o profissional liberal, utilizando a lógica do CDC, a interpretação dada em recente regulamento sobre a flexibilização das normas de proteção de dados para agentes de tratamento de pequeno porte, indica a necessidade de aplicação de um sistema diferenciado de responsabilidade civil para os profissionais liberais que se enquadram nessa categoria.

A insistência pela manutenção do elemento culpa visa a minimizar uma desproporcional medida de responsabilização para o agente de tratamento de pequeno porte, que faz o tratamento de dados de forma artesanal, que não manipula muitos dados, que não tem capacidade econômica para fazer todos os investimentos de segurança trazidos pela legislação e que também não teria condições de arcar com indenização oriunda de imputação objetiva, na maior parte dos casos.

Há que se ressaltar ainda que, nos casos de violação da legislação de proteção de dados, seja o agente de tratamento de grande ou pequeno porte, será possível a inversão do ônus da prova, no processo civil, como estabelece a LGPD: "a favor do titular dos dados quando, a seu juízo, for verossímil a alegação, houver hipossuficiência para fins de produção de prova ou quando a produção de prova pelo titular resultar-lhe excessivamente onerosa."[27]

A conformação da responsabilidade civil subjetiva com a possibilidade de inversão do ônus da prova, nos termos apresentados, revela-se condizente com a proteção dos dados pessoais de titulares e, ao mesmo tempo, não inviabiliza a atuação dos profissionais liberais.

3.2 Responsabilidade civil do agente de tratamento por descumprimento do dever geral de segurança

O último espectro do escalonamento de responsabilidade civil advém da política adotada pela LGPD, que, de forma bastante incisiva, elenca inúmeras medidas a serem seguidas pelos agentes de tratamento na tentativa de inibir práticas que tragam riscos aos titulares de dados.[28]

Assim, verifica-se que a inobservância de tais práticas acarreta responsabilidade. De tal forma que responderá pelos danos decorrentes da violação da segurança dos dados o agente de tratamento que, ao deixar de adotar as medidas de segurança previstas no artigo 46 da LGPD, der causa ao dano.[29]

---

27. Artigo 42, § 2º, da LGPD.
28. "Os sistemas utilizados para o tratamento de dados pessoais devem ser estruturados de forma a atender aos requisitos de segurança, aos padrões de boas práticas e de governança e aos princípios gerais previstos nesta Lei e às demais normas regulamentares." Artigo 49 da LGPD.
29. Artigo 44, parágrafo único, da LGPD.

Significa dizer que, para além da tutela da responsabilidade civil pelos danos decorrentes da violação aos deveres de cautela e proteção da segurança dos dados, o legislador cuidou de estabelecer um critério geral de prevenção que deve ser efetivo. O artigo 50, § 1º, da LGPD apresenta extensa lista de requisitos para a aferição da concretude prática de um programa de integridade que, se existente, certamente deverá ser considerado para a delimitação da extensão de eventuais danos e para a apuração de responsabilidades, com possibilidade de mitigação.[30]

Dessa forma, entende-se que a tentativa de coibir condutas que comprometam a segurança dos dados denota uma preocupação do legislador com os riscos potenciais do tratamento de dados, elucidando a função precaucional há muito defendida por Nelson Rosenvald,[31] que na LGPD pode ser identificada pelo fomento às boas práticas.

O ponto fundamental dessa constatação é evidenciado pela consagração de um dever geral de segurança, extraído do artigo 46 da lei. Significa dizer que, mais que tutelar a responsabilidade civil pelos danos decorrentes da violação aos deveres de zelar pela segurança dos dados, o que fez o legislador foi estabelecer um critério geral de imputação lastreado na verificação e demonstração do defeito, manifestado na quebra de legítimas expectativas quanto à segurança dos processos de coleta, tratamento e armazenagem de dados.[32]

Dentro da seara da responsabilidade escalonada proposta, a imputação de responsabilidade, por este último critério, não faz distinção entre agente de tratamento enquanto de grande ou de pequeno porte em relação ao nexo de imputação, que será vinculado ao dever de segurança. Há, todavia, diferença em relação ao nível de segurança a ser perseguido.

Isso porque os requisitos e exigências de segurança serão mais brandos para os agentes de tratamento de pequeno porte, que poderão estabelecer uma política simplificada de segurança da informação. Tal política deve levar em consideração os custos de implementação, bem como a estrutura, a escala e o volume das operações do agente de tratamento de pequeno porte.

Art. 13. Os agentes de tratamento de pequeno porte podem estabelecer política simplificada de segurança da informação, que contemple requisitos essenciais e necessários para o tratamento de dados pessoais, com o objetivo de protegê-los de acessos não autorizados e de situações acidentais ou ilícitas de destruição, perda, alteração, comunicação ou qualquer forma de tratamento inadequado ou ilícito.

§ 1º A política simplificada de segurança da informação deve levar em consideração os custos de implementação, bem como a estrutura, a escala e o volume das operações do agente de tratamento de pequeno porte.

---

30. MARTINS, Guilherme Magalhães; FALEIROS JÚNIOR, José Luiz de Moura. Segurança da informação e governança como parâmetros para a efetiva proteção de dados pessoais. *Revista do Ministério Público*. v. 78, p. 157-164, Rio de Janeiro, 2020.

31. ROSENVALD, Nelson. *As funções da responsabilidade civil*: a reparação e a pena civil. 3. ed. São Paulo: Saraiva, 2017.

32. DRESCH, Rafael de Freitas Valle; FALEIROS JÚNIOR, José Luiz de Moura. Reflexões sobre a responsabilidade civil na Lei Geral de Proteção de Dados (Lei 13.709/2018). In: ROSENVALD, Nelson; DRESCH, Rafael de Freitas Valle; WESENDONCK, Tula. (Org.). *Responsabilidade civil*: novos riscos. Indaiatuba: Foco, 2019, v. 1, p. 82.

§ 2º A ANPD considerará a existência de política simplificada de segurança da informação para fins do disposto no art. 6º, X e no art. 52, § 1º, VIII e IX da LGPD.[33]

Portanto, o que se observa é que o regulamento estabelece uma nítida diferença de tratamento e exigências quando se trata de agentes de pequeno porte, até porque não seria razoável tratar de forma igual realidades tão distintas.[34]

Posto que foi apresentada a última parte da responsabilidade escalonada dos agentes de tratamento, na qual a imputação objetiva decorre do dever de segurança, com as circunstâncias diferenciadoras dos agentes de pequeno porte, cumpre investigar as especificidades da responsabilidade civil do profissional liberal frente ao direito constitucional de seus clientes à proteção de dados.

4. RESPONSABILIDADE CIVIL DO PROFISSIONAL LIBERAL COMO AGENTE DE TRATAMENTO DE DADOS

Apresentados os parâmetros objetivos para alocação escalonada de responsabilidades, em sistemática interpretação normativa, verifica-se que a responsabilidade pelas atividades de tratamento de dados pessoais será, em regra, do controlador.

Caso se tratar de uma relação entre profissional liberal e cliente, será ele o controlador. No entanto, pouco se trata sobre a responsabilidade civil dos agentes de tratamentos de dados quando estes são profissionais liberais, mas se a LGPD se aplica aos processos de tratamento de dados de toda e qualquer pessoa, física ou jurídica, em que a relação estabelecida tem, em regra, interesse econômico, o direito fundamental dos clientes à proteção de dados também deverá ser observado.

Compete ao profissional autônomo, nessa medida, a responsabilidade pelo tratamento de dados, na qualidade de controlador do fluxo de dados, especialmente em relação às decisões sobre a coleta, finalidade, acesso, compartilhamento, processamento, segurança, armazenamento e exclusão dos dados dos clientes. Será ele o controlador, pois terá o poder de decisão sobre o tratamento dos dados.

Nesse ponto, o profissional liberal deve estar atento à sua realidade, para facilitar o mapeamento e controle dos riscos inerentes à sua atividade de tratamento de dados.

---

33. Brasil. Resolução CD/ANPD 2, de 27 de janeiro de 2022. Aprova o Regulamento de aplicação da Lei 13.709, de 14 de agosto de 2018, Lei Geral de Proteção de Dados Pessoais (LGPD), para agentes de tratamento de pequeno porte. Disponível em: https://in.gov.br/en/web/dou/-/resolucao-cd/anpd-n-2-de-27-de-janeiro-de-2022-376562019. Acesso em: 20 jul. 2022.

34. Art. 12. Os agentes de tratamento de pequeno porte devem adotar medidas administrativas e técnicas essenciais e necessárias, com base em requisitos mínimos de segurança da informação para proteção dos dados pessoais, considerando, ainda, o nível de risco à privacidade dos titulares de dados e a realidade do agente de tratamento. Brasil. Resolução CD/ANPD 2, de 27 de janeiro de 2022. Aprova o Regulamento de aplicação da Lei 13.709, de 14 de agosto de 2018, Lei Geral de Proteção de Dados Pessoais (LGPD), para agentes de tratamento de pequeno porte. Disponível em: https://in.gov.br/en/web/dou/-/resolucao-cd/anpd-n-2-de-27-de-janeiro-de-2022-376562019. Acesso em: 20 jul. 2022.

A tão arraigada cultura de que quanto mais informações tiver, é melhor, deve ceder espaço para uma mínima coleta de dados. Dessa forma, somente deverão ser coletados os dados essenciais à prestação dos serviços, sempre atrelados à sua finalidade e com consentimento específico do titular dos dados. Certamente o profissional precisará revisar seus contratos para se adequar às exigências sobre as especificidades do consentimento do cliente para o tratamento de dados.

Há que se ressaltar, ainda, que a proteção de dados preconizada pelo legislador também abrange os dados coletados de forma física, ao contrário do que se possa imaginar. Exatamente por isso, é preciso estar atento ao fato de que o risco relacionado aos dados físicos é maior, haja vista que o controle dessas informações é, normalmente, mais difícil de ser feito.

Em caso de violação das normas de proteção de dados ou do descumprimento do dever geral de segurança o profissional será o responsável, excepcionalmente, a responsabilidade recairá sobre o operador.

A noção de solidariedade trazida pela LGPD só alcança os profissionais liberais que contratam um operador (pessoa física ou jurídica), ainda assim, a responsabilidade é em regra do controlador e, excepcionalmente, do operador (contabilidade, por exemplo), que porventura viole a legislação ou descumpra as instruções do controlador.[35]

Ainda no que tange à solidariedade, "aquele que reparar o dano ao titular tem direito de regresso contra os demais responsáveis, na medida de sua participação no evento danoso".[36]

Entende-se que por ser o profissional liberal um agente de tratamento de pequeno porte, dispõe de tratamento diferenciado e não estará obrigado, por exemplo, a indicar encarregado pelo tratamento de dados pessoais. Mas, optando pela não indicação, deverá disponibilizar um canal de comunicação com o titular de dados para atender o disposto no art. 41, § 2º, I da LGPD, de forma a se adequar à política de boas práticas e governança trazidas pela LGPD.[37]

Outra observação importante é que mesmo sendo de pequeno porte, não poderão se beneficiar do tratamento jurídico diferenciado os agentes que realizam tratamento de alto risco para os titulares, auferiram receita bruta superior ao limite estabelecido no art. 3º, II, da Lei Complementar 123, de 2006 ou, no caso de *startups*, no art. 4º, § 1º,

---

35. Art. 42, § 1º A fim de assegurar a efetiva indenização ao titular dos dados:

    I – o operador responde solidariamente pelos danos causados pelo tratamento quando descumprir as obrigações da legislação de proteção de dados ou quando não tiver seguido as instruções lícitas do controlador, hipótese em que o operador equipara-se ao controlador, salvo nos casos de exclusão previstos no art. 43 desta Lei;

    II – os controladores que estiverem diretamente envolvidos no tratamento do qual decorreram danos ao titular dos dados respondem solidariamente, salvo nos casos de exclusão previstos no art. 43 desta Lei.

36. Parágrafo quarto, artigo 42, da LGPD.

37. Artigo 13. Resolução CD/ANPD 2, de 27 de janeiro de 2022. Aprova o Regulamento de aplicação da Lei 13.709, de 14 de agosto de 2018, Lei Geral de Proteção de Dados Pessoais (LGPD), para agentes de tratamento de pequeno porte. Disponível em: https://in.gov.br/en/web/dou/-/resolucao-cd/anpd-n-2-de-27-de-janeiro--de-2022-376562019. Acesso em: 20 jul. 2022.

I, da Lei Complementar 182, de 2021; ou pertençam a grupo econômico de fato ou de direito, cuja receita global ultrapasse os limites referidos.[38]

Tais peculiaridades são compatíveis com a noção defendida de que a vulnerabilidade e o poder econômico, por exemplo, ensejam a distinção do direito à proteção de dados em relação à sua eficácia horizontal e diagonal, atraindo normativa jurídica específica, seja em relação ao tratamento diferenciado como de pequeno porte, seja pela inversão do ônus da prova, ou ainda pela ampliação ou redução das medidas de segurança.

Assim, a imputação de responsabilidade, dentro do que foi apresentado, deverá observar os critérios de escalonamento racionalizados no tópico anterior.

Como visto anteriormente, o profissional liberal é considerado agente de tratamento de pequeno porte e, nessa medida, a responsabilização civil será subjetiva, quando houver violação das normas de proteção, dentro do que a LGPD preconiza em seus artigos 42 e 44.

De outro modo, o critério de imputação será objetivo, quando o profissional deixar de cumprir medidas de segurança, conforme estabelecem os artigos 44 e 46 da LGPD.

> Prever a responsabilização e a prestação de contas como princípio demonstra a intenção da Lei em alertar os controladores e os operadores de que são eles os responsáveis pelo fiel cumprimento de todas as exigências legais para garantir todos os objetivos, fundamentos e demais princípios nela estabelecidos. E não basta somente pretender cumprir a Lei, é necessário que as medidas adotadas para tal finalidade sejam comprovadamente eficazes. Ou seja, os agentes deverão, durante todo o ciclo de vida de tratamento de dados sob sua responsabilidade, analisar a conformidade legal e implementar os procedimentos de proteção dos dados pessoais de acordo com a sua própria ponderação de riscos.[39]

Cumprirá ao profissional, nessa medida, não apenas observar a legislação, mas também fornecer a segurança que seu cliente pode esperar, especialmente em relação a forma de tratamento, consentimento, finalidade, riscos e resultados esperados.

Para exemplificar, um advogado que atua com o Direito Médico ou Direito das Famílias acaba por tratar dados sensíveis, que demandam camadas adicionais de segurança e, portanto, aumentam o dever de diligência do advogado. O cenário de responsabilização do advogado, desse modo, contempla as flexibilizações oriundas do regulamento de agentes de pequeno porte apresentadas aqui.

Por fim, dentro do sistema escalonado de responsabilização defendido, resta ainda mencionar, que incidirão as eximentes de responsabilidade previstas no artigo 43, que independentemente do critério de imputação de causalidade e da natureza do agente de tratamento terão cabimento, quais sejam:

---

38. BRASIL. Resolução CD/ANPD 2, de 27 de janeiro de 2022. Aprova o Regulamento de aplicação da Lei 13.709, de 14 de agosto de 2018, Lei Geral de Proteção de Dados Pessoais (LGPD), para agentes de tratamento de pequeno porte. Disponível em: https://in.gov.br/en/web/dou/-/resolucao-cd/anpd-n-2-de-27-de-janeiro--de-2022-376562019. Acesso em: 20 jul. 2022.

39. VAINZOF, Rony. Disposições Preliminares. In: MALDONADO, Viviane Nóbrega; BLUM, Renato Opice. *Lei Geral de Proteção de Dados comentada*. 2. ed. rev., atual e ampl. São Paulo: Thomson Reuters Brasil, 2020. p. 166-167.

Art. 43. Os agentes de tratamento só não serão responsabilizados quando provarem:

I – que não realizaram o tratamento de dados pessoais que lhes é atribuído;

II – que, embora tenham realizado o tratamento de dados pessoais que lhes é atribuído, não houve violação à legislação de proteção de dados; ou

III – que o dano é decorrente de culpa exclusiva do titular dos dados ou de terceiro.

Dessa forma, as eximentes de responsabilidade poderão ser utilizadas, mesmo nas hipóteses de imputação objetiva, tendo em vista que no Brasil a teoria objetiva não é pura, ou seja, admite excludentes de responsabilidade em todos os casos apresentados.

5. CONSIDERAÇÕES FINAIS

O caminho percorrido ao longo deste trabalho, dentro do recorte epistemológico proposto, inaugura uma nova perspectiva escalonada para a responsabilidade civil.

Dessa forma, o repensar dessa responsabilidade, a partir da figura do advogado enquanto profissional liberal, escancara a necessidade de parâmetros distintos de imputação de responsabilidade que sejam adequados à natureza jurídica do agente de tratamento de dados, ao volume de dados tratados, ao risco inerente a estes dados e à observância das medidas de segurança por parte dos agentes.

Um sistema de responsabilidades que se funda muito mais em sua função precaucional que propriamente reparatória, mas que dela não pode se desincumbir, sob pena de violação ao direito fundamental do titular de dados pessoais.

Se a proteção constitucional pode ser pensada em relação ao poder público e em relação aos particulares, neste último caso, há que se tratar de maneira diferenciada a proteção de dados de particulares que estejam em igualdade de condições com o agente de tratamento (eficácia horizontal), dos particulares que estejam em um nível de poder diferente (eficácia diagonal).

Assim, desapegando do sistema clássico de responsabilidades e acatando a perspectiva de um novo regime trazido por relevante doutrina, a proposta de responsabilidade escalonada, racionalizada no presente capítulo, sugere a imputação objetiva para agentes de tratamento de grande porte, com fundamento na teoria do risco; defende a responsabilidade subjetiva para os agentes de tratamento de pequeno porte, com o aproveitamento das definições trazidas pelo regulamento publicado pela ANPD e, por fim, reforça o entendimento de uma imputação objetiva oriunda da quebra do dever geral de segurança, com as especificações e ressalvas trazidas ao longo do texto.

De tudo que se apresentou, a responsabilidade civil do profissional liberal, no contexto da proteção de dados, traz segurança para o cliente, compromissos e responsabilidades por parte do agente de pequeno porte que atua como controlador e, em sua sistemática escalonada, permite um tratamento equilibrado de responsabilidades, que mitiga os danos sem inviabilizar o exercício profissional.

6. REFERÊNCIAS

BRAGA NETTO, Felipe; FARIAS, Cristiano Chaves de; ROSENVALD, Nelson. *Novo tratado de responsabilidade civil*. 2. ed. São Paulo: Saraiva, 2017.

BRASIL. Resolução CD/ANPD 2, de 27 de janeiro de 2022. Aprova o Regulamento de aplicação da Lei 13.709, de 14 de agosto de 2018, Lei Geral de Proteção de Dados Pessoais (LGPD), para agentes de tratamento de pequeno porte. Disponível em: https://in.gov.br/en/web/dou/-/resolucao-cd/anpd-n-2-de-27-de--janeiro-de-2022-376562019. Acesso em: 20 jul. 2022.

BRASIL. Autoridade Nacional de Proteção de Dados. Guia orientativo para definições dos agentes de tratamento de dados pessoais e do encarregado. Brasil, 2022. Versão 2.0. Disponível em: https://www.gov.br/anpd/pt-br/documentos-e-publicacoes/Segunda_Versao_do_Guia_de_Agentes_de_Tratamento_retificada.pdf. Acesso em: 18 jul. 2022.

BIONI, Bruno Ricardo. *Proteção de dados pessoais*: a função e os limites do consentimento. Rio de Janeiro: Forense, 2019.

BIONI, Bruno; DIAS, Daniel. Responsabilidade civil na proteção de dados pessoais: construindo pontes entre a Lei Geral de Proteção de Dados Pessoais e o Código de Defesa do Consumidor. *Civilistica.com*. a. 9, n. 3, Rio de Janeiro, 2020. Disponível em: http://civilistica.com/responsabilidade-civil-na-protecao-de-dados-pessoais/. Acesso em: 22 jul. 2022.

CAPANEMA, Walter Aranha. *A responsabilidade civil na Lei Geral de Proteção de Dados*. Disponível em: https://www.tjsp.jus.br/download/EPM/Publicacoes/CadernosJuridicos/ii_6a_responsabilidade_civil.pdf?d=637250347559005712. Acesso em: 14 jul. 2022.

DRESCH, Rafael de Freitas Valle; FALEIROS JÚNIOR, José Luiz de Moura. Reflexões sobre a responsabilidade civil na Lei Geral de Proteção de Dados (Lei 13.709/2018). In: ROSENVALD, Nelson; DRESCH, Rafael de Freitas Valle; WESENDONCK, Tula. (Org.). *Responsabilidade civil*: novos riscos. Indaiatuba: Foco, 2019.

FALEIROS JÚNIOR, José Luiz de Moura; MARTINS, Guilherme Magalhães. Segurança da informação e governança como parâmetros para a efetiva proteção de dados pessoais. *Revista Do Ministério Público*. v. 78, p. 157-164, Rio de Janeiro. 2020.

GAMONAL, Sergio Contreras. *De la eficacia horizontal a la diagonal de derechos fundamentales en el contrato de trabajo*: una perspectiva latinoamericana. Latin American. Legal Studies. 2018. v. 3.

GUEDES, Gisela Sampaio da Cruz; MEIRELES, Rose Melo Vencelau. Término do tratamento de dados. In: TEPEDINO, Gustavo; FRAZÃO, Ana; OLIVA, Milena Donato. *Lei Geral de Proteção de Dados Pessoais e as suas repercussões no direito brasileiro*. 2. ed. São Paulo: Thomson Reuters Brasil, 2020.

LAGO, José Manuel Busto. La responsabilidad civil y su función de tutela del derecho a la protección de los datos personales: una visión desde el derecho de la unión europea. *REJUR*. v. 5, n. 10, jul./dez. 2021.

ROSENVALD, Nelson. *As funções da responsabilidade civil*: a reparação e a pena civil. 3. ed. São Paulo: Saraiva, 2017.

ROSENVALD, Nelson. A polissemia da responsabilidade civil na LGPD. *Migalhas de Proteção de Dados*. Disponível em: https://www.migalhas.com.br/coluna/migalhas-de-protecao-de-dados/336002/a-polissemia-da-responsabilidade-civil-na-lgpd. Acesso em: 10 jul. 2022.

TORCHIA, Bruno Martins; MACHADO, Tacianny Mayara Silva. A responsabilidade subjetiva prevista na Lei Geral de Proteção de Dados e a relação jurídica entre o controlador e o encarregado de proteção de dados. In: DAL POZZO, Augusto Neves; MARTINS, Ricardo Marcondes (Coord.). *LGPD e administração pública*: uma análise ampla dos impactos. São Paulo: Thomson Reuters, 2020.

VAINZOF, Rony. Disposições Preliminares. In: MALDONADO, Viviane Nóbrega; BLUM, Renato Opice. *Lei Geral de Proteção de dados comentada*. 2. ed. rev., atual e ampl. São Paulo: Thomson Reuters Brasil, 2020.

3
IMPACTOS DAS TECNOLOGIAS DIGITAIS SOBRE A FRUIÇÃO DOS DIREITOS SOCIAIS À SAÚDE, À EDUCAÇÃO E AOS BENEFÍCIOS

Romualdo Baptista dos Santos

Pós-doutorado em Direitos Humanos, Sociais e Difusos pela Universidade de Salamanca – USAL. Doutor e Mestre em Direito Civil pela Universidade de São Paulo – USP. Especialista em Direito Contratual e Direito de Danos (Contratos y Daños) pela Universidade de Salamanca – USAL. Professor convidado em cursos de graduação e pós-graduação. Autor e coautor de várias obras e artigos jurídicos. Ex-Procurador do Estado de São Paulo. Advogado.

Sumário: 1. Introdução – 2. Direitos sociais previstos nos principais instrumentos internacionais sobre direitos humanos – 3. A descrição da modernidade até o advento da "era digital" – 4. O advento da denominada "era digital" – 5. Dificuldades de acesso dos grupos vulneráveis aos direitos sociais no Brasil – 6. Educação digital para promoção da dignidade humana em face das novas tecnologias – 7. A metodologia dos direitos humanos para a formulação de políticas públicas em face das novas tecnologias – 8. Conclusões – 9. Referências.

1. INTRODUÇÃO

Os principais instrumentos internacionais sobre direitos humanos proclamam uma série de direitos básicos e fundamentais, como à vida, à saúde, à educação, à alimentação, à moradia, à segurança pessoal, voltados para a plena realização da dignidade humana.

De outro lado, é dado da realidade que o processo de modernização do mundo produziu imensos benefícios para a humanidade, mas também trouxe muitos problemas que se converteram em riscos para a existência humana. No quadrante atual da modernidade, o advento de tecnologias digitais conduz a um processo de virtualização da realidade que afeta o exercício de direitos consagrados nos instrumentos internacionais sobre direitos humanos.

O presente estudo tem por objetivo investigar em que medida o advento das tecnologias digitais compromete a fruição de direitos fundamentais, ditos direitos sociais, especialmente pelos grupos sociais mais vulneráveis.

A hipótese central da pesquisa é a de que, a despeito das vantagens e benefícios, as tecnologias digitais podem se mostrar discriminatórias e excludentes em relação aos grupos sociais mais vulneráveis, prejudicando ou até mesmo inviabilizando o acesso a direitos básicos, como a saúde, a educação e os benefícios assistenciais.

O método de investigação é o dedutivo teórico e o procedimento de pesquisa é exploratório e qualitativo. A partir da análise dos textos normativos internacionais, busca-se identificar os principais direitos tutelados e, com base no exame de trabalhos doutrinários, procura-se demonstrar os desdobramentos da modernidade, o surgimento da sociedade de risco, da sociedade tecnológica e da sociedade da informação, até o advento da fase atual, denominada provisoriamente como "sociedade digital". Na segunda parte da pesquisa são levantados dados e informações sobre os fatores que dificultam e impedem o acesso dos grupos sociais mais vulneráveis aos direitos básicos tutelados pelos tratados internacionais. Por fim, cotejando os estudos realizados, conclui-se pelo emprego dos conhecimentos e da metodologia dos direitos humanos, como forma de preservar a dignidade humana perante o avanço das novas tecnologias.

Por razões metodológicas, a pesquisa se restringe ao cenário brasileiro, com ênfase sobre as dificuldades de acesso à saúde, à educação e aos benefícios assistenciais durante a pandemia da Covid-19.

2. DIREITOS SOCIAIS PREVISTOS NOS PRINCIPAIS INSTRUMENTOS INTERNACIONAIS SOBRE DIREITOS HUMANOS

Os principais instrumentos internacionais sobre direitos humanos proclamam uma série de direitos básicos e fundamentais, como à vida, à saúde, à educação, à alimentação, à moradia, à segurança pessoal, voltados para a plena realização da dignidade humana.

O artigo XXII da Declaração Universal dos Direitos Humanos – DUDH, de 1948, proclama que "Todo ser humano tem igual direito de acesso ao serviço público do seu país" (artigo XXI, 2). Em seguida, diz que "Todo ser humano, como membro da sociedade, tem direito à segurança social, à realização pelo esforço nacional, pela cooperação internacional e de acordo com a organização e recursos de cada Estado, dos direitos econômicos, sociais e culturais indispensáveis à sua dignidade e ao livre desenvolvimento da sua personalidade" (artigo XXII). Adiante, afirma que "Todo ser humano tem direito a um padrão de vida capaz de assegurar-lhe, e a sua família, saúde e bem-estar, inclusive alimentação, vestuário, habitação, cuidados médicos e os serviços sociais indispensáveis, e direito à segurança em caso de desemprego, doença, invalidez, viuvez, velhice ou outros casos de perda dos meios de subsistência em circunstâncias fora de seu controle" (artigo XXV).[1]

De maneira mais específica, o Pacto Internacional dos Direitos Econômicos, Sociais e Culturais – PIDESC dispõe sobre o direito ao trabalho e à sindicalização (arts. 6, 7 e 8), à seguridade social (art. 9), à proteção da família (art. 10); à segurança alimentar (art. 11), à saúde física e mental (art. 12), à educação (arts. 13 e 14), à participação na vida cultural e no progresso científico (art. 15).[2] Esses mesmos direitos são reconhecidos pelo

---

1. ONU. *Declaração Universal dos Direitos Humanos (DUDH), 1948.* Disponível em: https://www.ohchr.org/sites/default/files/UDHR/Documents/UDHR_Translations/por.pdf. Acesso em: 05 jul. 2022.
2. ONU. *Pacto Internacional dos Direitos Econômicos, Sociais e Culturais (PIDESC), 1966.* Disponível em: https://www.ohchr.org/sp/professionalinterest/pages/cescr.aspx. Acesso em: 05 jul. 2022.

ordenamento jurídico brasileiro, tanto pela Constituição Federal quanto pela legislação ordinária, alcançando o patamar de direitos fundamentais.[3]

Para os propósitos deste trabalho, destacamos os direitos à saúde, à educação e aos benefícios assistenciais, previstos no art. 6º, *caput* e parágrafo único, da Constituição. Trata-se de direitos sociais não somente guarnecidos pela Constituição como proclamados pelos instrumentos internacionais sobre direitos humanos.

Cançado Trindade relata a dificuldade de implementação dos direitos econômicos, sociais e culturais, uma vez que, até o final de 2018, apenas 24 dos 169 Estados-partes haviam subscrito o Protocolo Facultativo aberto para assinaturas desde 2013. No entanto, esse autor também defende que tais direitos são perfeitamente exigíveis, seja no âmbito da jurisdição interna, seja no âmbito das cortes internacionais, tanto que o Comitê de Direitos Econômicos, Sociais e Culturais recebeu 64 petições individuais, entre os anos de 2014 e 2019, das quais 5 foram apreciadas, 14 declaradas inadmissíveis, 6 descontinuadas e 39 pendem de apreciação. Das 5 petições apreciadas, 4 decisões reconheceram violações ao PIDESC.[4]

Por seu turno, Víctor Abramovich e Christian Courtis sustentam que, em sua maior parte, os direitos econômicos, sociais e culturais se apresentam como obrigações de fazer, mas em muitos casos se manifestam como obrigações de não fazer. Em todo caso, os autores definem esses direitos como "um complexo de obrigações positivas e negativas que cabem ao Estado", razão pela qual são perfeitamente exigíveis, tanto no plano interno quanto no internacional.[5]

Disso resulta que os direitos à saúde, à educação e aos benefícios assistenciais são proclamados pelos principais pactos e convenções internacionais e tutelados pela Constituição brasileira, cabendo ao Estado dar-lhes efetividade, assegurando o acesso das pessoas a esses direitos em sua plenitude.

3. A DESCRIÇÃO DA MODERNIDADE ATÉ O ADVENTO DA "ERA DIGITAL"

A modernidade pode ser entendida como um modo de vida resultante das transformações políticas, sociais e econômicas iniciadas desde o Renascimento (sécs. XIV

---

3. CF, art. 6º São direitos sociais a educação, a saúde, a alimentação, o trabalho, a moradia, o transporte, o lazer, a segurança, a previdência social, a proteção à maternidade e à infância, a assistência aos desamparados, na forma desta Constituição. Parágrafo único. Todo brasileiro em situação de vulnerabilidade social terá direito a uma renda básica familiar, garantida pelo poder público em programa permanente de transferência de renda, cujas normas e requisitos de acesso serão determinados em lei, observada a legislação fiscal e orçamentária.

4. CANÇADO TRINDADE, Antônio Augusto. A proteção internacional dos direitos econômicos, sociais e culturais: evolução, estado atual e perspectivas. In: Cançado Trindade, Antônio Augusto; Barros Leal, César (Coord.). *O desafio dos direitos econômicos, sociais e culturais*. Fortaleza: FB Editora, 2019. p. 79-125, especialmente p. 123-124.

5. ABRAMOVICH, Víctor; COURTIS, Christian. *Los derechos sociales como derechos exigibles*. Madrid: Trotta, 2002. p. 21-25 e 37-47. Confira-se, em igual sentido: ABRAMOVICH, Víctor; COURTIS, Christian. Hacia la exigibilidad de los derechos económicos, sociales y culturales: estándares internacionales y criterios de aplicación ante los tribunales locales. Disponível em: http://www.oda-alc.org/documentos/1366995147.pdf. Acesso em: 12 fev. 2022.

a XVI), desenvolvidas no Iluminismo (sécs. XVII e XVIII) e que se consolidou a partir da virada do século XVIII para o século XIX, quando ocorreu a Revolução Francesa.[6]

Esse modo de vida se caracteriza, antes de tudo, pela ruptura com o paradigma da religiosidade e pela assunção do paradigma da racionalidade humana, que postula a ordenação racional de todas as dimensões da vida humana, na política, nas artes, na ciência, na filosofia. A modernidade emerge como a idade do progresso e da evolução, isto é, como uma era que aponta para um futuro pleno de realizações. Livres das amarras do pensamento cristão, os seres humanos seriam capazes de evoluir infinitamente, baseados na própria razão.[7]

No entanto, a modernidade é a era da razão, mas é também a era da aceleração da vida. Já ao final do século XIX, importantes pensadores perceberam o estremecimento das bases da modernidade, uma vez que o primado da razão logo se converteria em racionalismo e a propensão ao progresso conduziria ao progressismo e ao superlativismo.[8] Tais advertências foram reafirmadas pelos pensadores da denominada Escola de Frankfurt, entre os quais destacamos Theodor Adorno e Max Horkheimer.[9] A ocorrência de duas Guerras Mundiais na primeira metade do século XX é a constatação de que a razão humana não seria capaz de fornecer todas as respostas aos problemas da vida, fazendo-se necessária a reformulação das bases da modernidade sob a égide dos direitos humanos e da tutela da pessoa humana.[10]

Enquanto fatores que marcam a modernidade, o progressismo, o evolucionismo e o superlativismo traduzem as ideias de avanço, de aperfeiçoamento e de aumento. O progressismo significa que a humanidade avança em direção ao futuro, "sempre em frente", conforme os versos de Renato Russo,[11] embora não se saiba exatamente aonde quer chegar. O evolucionismo transmite a ideia de aperfeiçoamento constante dos seres humanos e de suas criações, como se tudo o que vem depois fosse melhor do que aquilo que existiu no passado. O superlativismo é a confusão entre a qualidade e a quantidade, no sentido de que quanto maior, melhor.

De acordo com Zygmunt Bauman, a modernidade se divide em três fases: a pré- -modernidade é a fase do *wetware,* em que os seres humanos eram presos à terra e ao local de nascimento, com pouca ou nenhuma possibilidade de locomoção, de modo que

---

6. BITTAR, Eduardo Carlos Bianca. *O direito na pós-modernidade e reflexões frankfurtianas.* 2. ed. Rio de Janeiro: Forense Universitária, 2009. p. 33-42.
7. BITTAR, Eduardo Carlos Bianca. *O direito na pós-modernidade e reflexões frankfurtianas,* cit., p. 42-86.
8. NIETZSCHE, Friedrich Wilhelm. *O nascimento da tragédia.* Trad. J. Guinsburg. São Paulo: Companhia das Letras, 2007. p. 108 e 109; FREUD, Sigmund. *O mal-estar na civilização, novas conferências introdutórias e outros textos.* Trad. Paulo César de Souza. São Paulo: Companhia das Letras, 2010. p. 13-122.
9. ADORNO, Theodor Wiesengrund e Horkheimer, Max. *Dialética do esclarecimento.* Trad. Guido Antônio de Almeida. Rio de Janeiro: Jorge Zahar Editor, 1985. p. 20-23 e 99-138. Ver também: HORKHEIMER, Max. *Eclipse da razão.* Trad. Sebastião Uchoa Leite. São Paulo: Centauro, 2002. p. 9-62.
10. BITTAR, Eduardo Carlos Bianca. *O direito na pós-modernidade e reflexões frankfurtianas,* cit., p. 93-99 e 283-288.
11. TEMPO perdido. Intérprete: Legião Urbana. Compositor: Renato Russo. *Single* do álbum Dois. [*S. l.*]: EMI, 1986.

as atividades eram realizadas diretamente pelas mãos humanas ou, no máximo, com auxílio de força animal; na fase do *hardware,* que corresponde à primeira modernidade, os seres humanos desenvolvem tecnologia que lhes possibilita a locomoção mais rápida e a realização das tarefas com o auxílio de máquinas e equipamentos, operando-se o vencimento das distâncias e a ocupação dos espaços; a era do *software* é marcada pelo surgimento dos computadores e da internet, que acelera as formas de comunicação, tornando desnecessária a transposição de distâncias e operando-se a supressão do tempo e do espaço.[12]

A modernidade se desdobra em camadas, renova-se e se transforma, mantendo, porém, sua base de racionalidade e seu sentido de progressismo, evolucionismo e superlativismo. Ao término da Segunda Guerra Mundial, produziu-se um estado geral de desilusão e descrença no projeto de modernidade, a ponto de alguns autores apregoarem o "fim da história", o fracasso do "processo civilizatório europeu" ou o término da modernidade e o surgimento de uma nova era, denominada pós-modernidade.[13] No entanto, o que se seguiu foi a reorganização da racionalidade humana, sob o paradigma da dignidade humana e dos direitos humanos, a fim de evitar a repetição de tragédias como a do Holocausto, mantidas no mais as bases fundantes da própria modernidade: progressismo, evolucionismo e superlativismo. Isso revela outra importante face da modernidade, que é a sua resiliência.[14]

O que há de errado com a modernidade?

Um aspecto inquietante no projeto moderno é a ideia de infinitude e, portanto, de incompletude da vida, que mantém as pessoas presas a uma espécie de espiral, em uma busca infindável, que causa toda sorte de perturbações psíquicas, como a angústia, a ansiedade e a depressão.[15] A mesma inquietação se projeta no coletivo, mantendo as pessoas envolvidas em uma busca interminável, a bordo de um projeto ilusório que avança sem direção, sem destino, rumo ao infinito, sob a premissa de que a racionalidade humana é capaz de oferecer respostas para todos os problemas da vida.[16]

---

12. BAUMAN, Zygmunt. *Modernidade líquida.* Trad. Plínio Dentzien. Rio de Janeiro: Jorge Zahar Editor, 2001. p. 128-138.
13. HELLER, Agnes; FEHÉR, Ferenc. *A condição política pós-moderna.* Trad. Marcos Santarrita. 2. ed. Rio de Janeiro: Civilização Brasileira, 2002. p. 12-18 e 23; KAUFMANN, Arthur. *La filosofía del derecho en la posmodernidad.* Trad. Luís Villar Borda. 2. ed. Bogotá: Temis, 1998. p. 2-11.
14. A teoria do agir comunicativo, de Jürgen Habermas, apresenta-se como uma tentativa de resgate do papel emancipatório da razão humana (HABERMAS, Jürgen. *Teoria do agir comunicativo, 1:* racionalidade da ação e racionalização social. Trad. Paulo Astor Soethe. Revisão técnica de Fábio Beno Siebeneichler. São Paulo: WMF Martins Fontes, 2012. p. 19-30).
15. "Numa sociedade de compradores e numa vida de compras, estamos felizes enquanto não perdemos a esperança de sermos felizes." "A felicidade genuína, adequada e total sempre parece residir em algum lugar à frente: tal como o horizonte, que recua quando se tenta chegar mais perto dele." "Se a felicidade pode ser um estado, só pode ser um estado de excitação estimulado pela incompletude" (BAUMAN, Zygmunt. *A arte da vida.* Trad. Carlos Alberto Medeiros. Rio de Janeiro: Jorge Zahar Editor, 2008. p. 24-25, 32 e 43).
16. SANTOS, Boaventura de Souza. *Reconhecer para libertar:* os caminhos do cosmopolitismo multicultural. Rio de Janeiro: Civilização Brasileira, 2003; SANTOS, Boaventura de Souza. *La reinvención del Estado plurinacional.* Santa Cruz de la Sierra: Cenda-Cejis-Cedib, 2007.

A ocorrência das grandes guerras no século XX e o crescimento das desigualdades sociais e da violência em suas diversas formas de manifestação são demonstrações eloquentes das fissuras do projeto moderno. Outra evidência de que o primado da razão pode se revelar problemático é o fato de que os desenvolvimentos científicos e tecnológicos alcançados nos últimos 100 anos produziram benefícios extraordinários para a humanidade, mas trouxeram consigo a degradação ambiental e criaram riscos para a própria sobrevivência da humanidade. A sociedade tecnológica é também a sociedade do risco.[17]

Uma importante reflexão a ser feita é a de que, na primeira modernidade, a humanidade lutava para conquistar os espaços, dominar o mundo, desenvolver a ciência e a tecnologia, em busca de evolução e progresso, os quais foram alcançados e se transformaram em riscos para a vida humana. No entanto, a humanidade insiste na premissa de que a razão humana é capaz de oferecer respostas para esses problemas, por meio da ciência e da tecnologia. Recorrendo a uma linguagem do mundo do boxe, podemos dizer que neste momento a humanidade se encontra "nas cordas". Se, na primeira modernidade, a humanidade lutava pelo progresso, agora luta para se defender dos efeitos do progresso.

Diante das características expostas acima, tem-se a impressão de que a modernidade caminha para o colapso inevitável, como consequência lógica da aceleração da vida, do progressismo, do evolucionismo e do superlativismo. Fato é que até o presente momento a racionalidade humana tem dado conta de equilibrar a tensão constante entre o risco e o colapso. Em alguns momentos, o projeto moderno mostra sinais de exaurimento, mas logo se recompõe, reformula e regenera. A modernidade se mostra resiliente.[18]

Sem embargo, a modernidade avança em seus desdobramentos, inaugurando uma nova fase, marcada pelo surgimento das redes sociais e das plataformas digitais, sob a rubrica de "era digital".

4. O ADVENTO DA DENOMINADA "ERA DIGITAL"

O desenvolvimento da ciência e da tecnologia ao longo do século XX deu origem ao que se convencionou chamar "sociedade tecnológica", que também corresponde à denominada "sociedade do risco". Paralelamente, a ciência e a tecnologia possibilitaram a aceleração dos meios de comunicação, com o surgimento dos computadores pessoais e da internet, ensejando a formulação da denominada "sociedade da informação".

A sociedade da informação se caracteriza pela integração e conectividade, de modo que todas as pessoas em todas as partes do mundo se encontram conectadas à rede de informações instantâneas.[19] Sua formulação está diretamente relacionada ao surgimento da internet, a partir da década de 1970, na mesma quadra em que surgiram

---

17. Entre os autores que descrevem a formulação da sociedade de risco, confira-se: Beck, Ulrich. *Sociedade de risco: rumo a uma outra modernidade*. Trad. Sebastião Nascimento. São Paulo: Editora 34, 2010. passim.
18. BAUMAN, Zygmunt. *Ética pós-moderna*. Trad. Marcus Penchel. Rio de Janeiro: Jorge Zahar Editor, 1999. p. 50-54.
19. Ver nota 12, supra.

os computadores pessoais e os telefones celulares, que tornaram possível a comunicação interpessoal, instantaneamente, a despeito de qualquer distância física. O passo seguinte foi a integração da internet com o sistema de telefonia celular, que representou uma transformação espetacular, pois cada pessoa, em cada parte do planeta, tornou-se um ponto de conexão passível de rastreamento.[20]

Outros fatores convergem para a configuração de uma sociedade integrada pela informação, como o surgimento das plataformas digitais, que capturam, armazenam e disponibilizam informações sobre todos os assuntos e sobre todas as pessoas, convertendo-se em verdadeiras enciclopédias virtuais. Há também a instalação de sistemas de câmeras de monitoramento, tanto pelos particulares em suas residências quanto pelo próprio poder público, a fim de monitorar o que acontece nas vias públicas. Além disso, o incremento da tecnologia dos telefones celulares, com câmeras cada vez mais poderosas e eficientes, transformou cada usuário em um vigilante a serviço do sistema.

Esse sistema conduz inexoravelmente ao armazenamento de dados relativos a fatos e pessoas, os quais podem ser objeto de utilização indevida e se prestam ao controle da vida alheia. O armazenamento de dados é, ademais, incrementado pelas relações comerciais, principalmente as de consumo, visto ser praticamente impossível nos dias atuais realizar qualquer transação comercial sem preenchimento de um cadastro e sem fornecimento de um mínimo de dados pessoais.

Podemos perceber também que os sistemas de informação são dialógicos, no sentido de que conversam entre si, permitindo o cruzamento de dados, com aprimoramento das informações relativas a fatos e pessoas. Em muitos casos, ao realizar uma transação comercial, basta fornecer o nome completo ou o número de um documento porque os demais dados pessoais já se encontram armazenados no sistema.

O que se passa no presente momento é uma corrida pela captura de dados pessoais pelas plataformas digitais, o que aponta para a formulação de uma sociedade digital. No entanto, acendem-se todos os alarmes para os riscos que este processo de digitalização representa para as pessoas e para a vida em sociedade. Há riscos de vulneração dos direitos da personalidade, particularmente a privacidade e a intimidade, bem como risco de esvaziamento da personalidade mediante supressão da vontade humana pelas decisões emanadas dos algoritmos. Sobretudo, diante da concentração de poder pelas plataformas digitais, há risco de dominação política e econômica.

A esse respeito, Yuval Harari lembra que "Uma vez que a IA toma decisões melhor do que nós sobre carreiras e até sobre relacionamentos, nosso conceito de humanidade pode mudar". Porém, prossegue o autor, "Quando a autoridade passa de humanos para algoritmos, não podemos mais ver o mundo como o campo de ação de indivíduos au-

---

20. Manuel Castels escreve: "Una sociedad red es aquella cuya estructura social está compuesta de redes potenciadas por tecnologías de la información y de la comunicación basadas en la macroeletrónica" (CASTELLS, Manuel. *La sociedad red:* una visión global. Trad. Francisco Muñoz de Bustillo. Madrid: Ed. Alianza, 2006. p. 27).

tônomos esforçando-se para fazer as escolhas certas. Em vez disso, vamos perceber o universo inteiro como um fluxo de dados..."[21]

Também Shoshana Zuboff destaca que o desenvolvimento da sociedade da tecnologia e da informação corroeu os níveis de confiança social interpessoal, bem como de confiança nas autoridades e nas instituições. O vazio provocado pela desconfiança social é preenchido pelo poder, que, no caso do capitalismo de vigilância, é o poder instrumentário, que substitui as relações sociais por máquinas.[22] A mesma autora explica que o capitalismo de vigilância se assenta na captura da experiência humana como matéria-prima gratuita, a partir da qual se ignoram os direitos, interesses, consciência e entendimento dos indivíduos. A experiência humana é convertida em dados comportamentais, que são apropriados gratuitamente e revelam conteúdos, cujo conhecimento confere o poder de decidir.[23]

Frank Pasquale lembra a máxima segundo a qual "conhecimento é poder" e aponta a falta de transparência dos algoritmos e das plataformas digitais, consideradas verdadeiras "caixas-pretas", cercadas de segredos e de complexidade. Decisões que antes eram tomadas com base na reflexão humana agora são feitas automaticamente por *softwares* cujos processos são absolutamente incognoscíveis pelas pessoas.[24]

Neste contexto, surgem sérias preocupações a respeito do risco digital e dos processos de dominação política e econômica. Segundo Byung-Chul Han, a digitalização envolve um processo de "psicopolítica digital" que avança desde a vigilância passiva para o controle ativo, conduzindo a uma crise da liberdade e da autonomia. O *Big-data* permite alcançar um conhecimento de dominação que interfere e influencia a psique em nível pré-reflexivo.[25]

Em *Metamorfose do mundo,* Ulrich Beck lembra que as pessoas em geral não têm consciência do risco digital porque não se trata de catástrofe física e real, mas de risco imaterial que não interfere fisicamente em suas vidas.[26] Por isso, compartilham espontaneamente seus dados, informações e experiências, bem como autorizam que essas informações sejam utilizadas para tomada de decisões pelo algoritmo. No entanto, o mesmo autor adverte para o risco da emergência de um verdadeiro "império digital", que não se baseia na força militar nem tenta integrar territórios aos seus domínios, mas "exerce controle amplo e intenso, profundo e de vasto alcance".[27]

---

21. HARARI, Yuval Noah. *21 lições para o século 21*. Trad. Paulo Geiger. São Paulo: Companhia das Letras, 2018. p. 82-83.
22. ZUBOFF, Shoshana. *A era do capitalismo de vigilância*: a luta por um futuro humano na nova fronteira do poder. Tradução de George Schlesinger. Rio de Janeiro: Intrínseca, 2020. p. 435-436.
23. ZUBOFF, Shoshana. *A era do capitalismo de vigilância*, cit., p. 210-211.
24. PASQUALE, Frank. *The black box society*: the secret algorithms that control money and information. Cambridge: Harvard University Press, 2016. p. 3-9.
25. HAN, Byung-Chul. *Psicopolítica*: o neoliberalismo e as novas técnicas de poder. Trad. Maurício Liesen. Belo Horizonte, Ayiné, 2018. p. 23.
26. BECK, Ulrich. *A metamorfose do mundo*: novos conceitos para uma nova realidade. Trad. Maria Luíza X. de A. Borges. Revisão técnica de Maria Cláudia Coelho. Rio de Janeiro: Zahar, 2018. p. 185.
27. BECK, Ulrich. *A metamorfose do mundo*: novos conceitos para uma nova realidade. Obra citada, cit., p. 188.

Também Stefano Rodotà revela preocupação no sentido de que a sociedade da informação deveria evoluir para uma sociedade do conhecimento e do saber, em que os dados coletados e armazenados possam servir, por exemplo, para a definição de políticas públicas relacionadas com a educação, a saúde, a segurança etc., em vez de caminhar para uma sociedade de vigilância, que se presta ao controle e à classificação discriminatória das pessoas.[28]

Entre os autores brasileiros, Nelson Rosenvald chama a atenção para o esvaziamento da personalidade que ocorre mediante corrosão da vontade humana pela vontade ditada pelos algoritmos.[29] Em sentido semelhante, Ana Frasão adverte que a falta de transparência e o crescente poder das plataformas digitais representa sérios riscos para a privacidade, para a autonomia e para a formação da consciência dos usuários.[30]

O que se encontra em questão diante da digitalização da sociedade é a centralidade da pessoa humana na ordem jurídica e social, enquanto sujeito dotado de autonomia para realizar escolhas e tomar decisões. A denominada "era digital" surge como desdobramento lógico da aceleração da sociedade da informação e, apropriando-se gratuitamente dos dados sobre a experiência humana, logo se converte em centro de controle e de tomada de decisões que desconsidera a autonomia humana.

Uma das consequências desse fenômeno de digitalização da sociedade é que as pessoas são esvaziadas de sua capacidade de tomar decisões e passam a depender das decisões tomadas pelos sistemas de informações para realizar suas atividades básicas, como comer, trabalhar, estudar, comprar e interagir com as demais pessoas. Não bastasse, as pessoas passam a depender do sistema para acessar serviços privados, a exemplo das plataformas de comercialização de produtos; e públicos, como os sistemas de educação, de saúde, de declaração e pagamento de tributos, de previdência e assistência social. Em síntese, as pessoas passam a depender do acesso às plataformas digitais para exercer os direitos básicos de cidadania.

Um passo além, conforme lembrado por Bárbara Brasil, com base nas lições de Byung-Chul Han, a captação e o armazenamento de dados conduzem a um "conhecimento de dominação" que atua diretamente na psique, influenciando-a em nível reflexivo. Segundo a autora, "este quadro deixará todos mais expostos a uma enxurrada de

---

28. RODOTÀ, Stefano. *A vida na sociedade de vigilância*: a privacidade hoje. Organização, seleção e apresentação de Maria Celina Bodin de Moraes. Trad. Danilo Doneda e Luciana Cabral Doneda. Rio de Janeiro: Renovar, 2008. p. 137-139.
29. ROSENVALD, Nelson. A LGPD e a despersonalização da personalidade. *Migalhas,* 12 ago. 2021. Disponível em: https://www.migalhas.com.br/coluna/migalhas-de-protecao-de-dados/350374/a-lgpd-e-a-despersonalizacao-da-personalidade. Acesso em: 29 ago. 2022. Confira-se também: ROSENVALD, Nelson. Quatro conceitos de responsabilidade civil para a 4ª revolução e o capitalismo de vigilância. *In:* EHRHARDT JÚNIOR, Marcos (Coord.). *Direito civil*: futuros possíveis. Belo Horizonte: Fórum, 2022. p. 175-206.
30. FRASÃO, Ana. Plataformas digitais, *big-data* e riscos para os direitos da personalidade. In: MENEZES, Joyceane Bezerra de; TEPEDINO, Gustavo (Coord.). *Autonomia privada, liberdade existencial e direitos fundamentais.* Belo Horizonte: Fórum, 2019. p. 333-349.

manipulações guiadas com precisão e paulatinamente se confiará aos algoritmos cada vez mais tarefas, de modo que as pessoas perderão a capacidade para tomar decisões".[31]

5. DIFICULDADES DE ACESSO DOS GRUPOS VULNERÁVEIS AOS DIREITOS SOCIAIS NO BRASIL

O surgimento da era digital traz diversos benefícios para a vida em sociedade, mas aponta para o esvaziamento da personalidade, mediante supressão da autonomia humana pelas decisões algorítmicas. Na esteira desse mesmo processo, as pessoas se veem presas aos sistemas de informações mantidos pelas plataformas digitais, dos quais são cada vez mais dependentes para realizar suas atividades cotidianas e para exercer os direitos básicos de cidadania.

O Brasil é um dos países mais conectados do mundo, mas há uma parcela significativa da população que ainda se encontra fora do mundo informatizado e digitalizado. De acordo com levantamento realizado pelo IBGE, no ano de 2019, o uso da internet alcançava 82% dos domicílios no Brasil, ultrapassando o percentual de 88% nas áreas urbanas de maior densidade populacional, conforme demonstra o gráfico abaixo. A maior parte dos acessos é feita por celular e tem como finalidade o uso de aplicativos de comunicação interpessoal.[32]

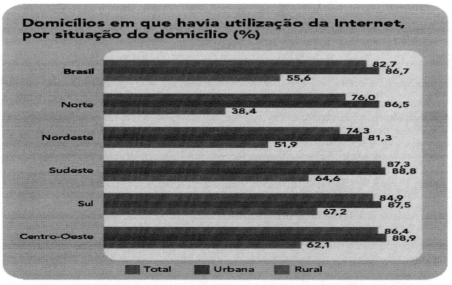

---

31. BRASIL, Bárbara Dayana. Os direitos humanos como fundamento da proteção de dados pessoais. *In*: COPETTI, Daniela Cravo; JOBIM, Eduardo; FALEIROS JÚNIOR, José Luiz de Moura. *Direito público e tecnologia*. Indaiatuba: Foco, 2022. p. 37-57, especialmente p. 43.
32. BRASIL. Instituto Brasileiro de Geografia e Estatística (IBGE). Uso de internet, televisão e celular no Brasil. *IBGE Educa*, [s. d.]. Disponível em: Disponível em: https://educa.ibge.gov.br/jovens/materias-especiais/20787-uso-de-internet-televisao-e-celular-no-brasil.html. Acesso em: 31 ago. 2022.

No entanto, esses números expressivos devem ser analisados sob o ângulo de visão das desigualdades sociais. Se, de um lado, mais de 80% dos domicílios têm acesso à internet, isso significa que entre 12% e 20% não estão conectados. Quem são essas pessoas? São exatamente aquelas atingidas por alguma forma de vulnerabilidade, como os mais pobres, os idosos, os que residem em áreas isoladas, os que vivem nas ruas e os de pouca instrução.

Pessoas que não tinham telefone móvel celular para uso pessoal, segundo o motivo (%)

Motivo	Distribuição das pessoas que não tinham telefone móvel celular para uso pessoal (%)		
	Total	Condição de estudante	
		Estudante	Não estudante
Aparelho telefônico era caro	27,7	39,4	23,2
Falta de interesse em ter telefone móvel celular	22,6	7,2	28,5
Não sabiam usar telefone móvel celular	21,9	4,9	28,4
Costumavam usar o telefone móvel celular de outra pessoa	16,4	29,6	11,3
Serviço era caro	2,9	3,8	2,5
Serviço de telefonia móvel celular não estava disponível nos locais que costumavam frequentar	2,0	1,8	2,1
Outro motivo	6,5	13,2	4,0

Fonte: IBGE, Diretoria de Pesquisas, Coordenação de Trabalho e Rendimento, Pesquisa Nacional por Amostra de Domicílios Contínua 2019.

De acordo com levantamento realizado pelo Instituto Locomotiva e pela Consultoria PwC, 49,4 milhões de brasileiros estão plenamente conectados, pois usam a internet em média 29 dias por mês, enquanto 33,9 milhões de pessoas estão desconectadas da internet e outras 86,6 milhões não conseguem se conectar todos os dias. Neste grupo de parcialmente conectados, 44,8 milhões têm internet em média 25 dias por mês, enquanto 41,8 milhões usam o serviço em média 19 dias por mês. Traduzindo em percentuais, os plenamente conectados somam 29% da população brasileira com mais de 16 anos, ao passo que os totalmente desconectados representam 20%, os subconectados somam 25% e os parcialmente desconectados equivalem a 26% da população.[33]

Ainda segundo o levantamento, o grupo dos plenamente conectados é formado majoritariamente por pessoas brancas, mais escolarizadas, pertencentes às classes sociais A e B. Os grupos dos desconectados e subconectados são formados principalmente por pessoas negras, menos escolarizadas, que estão nas classes C, D e E. Apenas 8% dos

---

33. Mais de 33 milhões de brasileiros não têm acesso à Internet, diz pesquisa. *G1*, 21 mar. 2022. Disponível em: https://g1.globo.com/tecnologia/noticia/2022/03/21/mais-de-33-milhoes-de-brasileiros-nao-tem-acesso-a--internet-diz-pesquisa.ghtml. Acesso em: 31 ago. 2022.

internautas plenamente conectados pertencem às classes D e E, enquanto 60% dessas classes dos são totalmente desconectados.[34]

Esses fatores repercutem significativamente no acesso a direitos básicos que são tutelados pela Constituição Federal e pelas normas internacionais sobre direitos humanos, como são os casos do direito à saúde, à educação e aos benefícios assistenciais. Em determinadas situações, os direitos são disponibilizados pelo poder público, mas grande parte da população não consegue ou tem extrema dificuldade de acessar porque enfrenta restrições relacionadas com as tecnologias digitais.

Uma dessas situações ocorreu por ocasião da pandemia da Covid-19, que impôs a necessidade de distanciamento e isolamento social e motivou o fechamento do comércio e das escolas em geral (Lei 13.979, de 6 de fevereiro de 2020). Nessa circunstância, as atividades escolares passaram a ser exercidas de maneira remota, devendo os alunos assistir às aulas a partir de suas casas, por meio de aplicativos instalados nos computadores ou nos telefones celulares. Ocorre que, conforme amplamente divulgado pelos meios de comunicação, cerca de 40% dos alunos das escolas públicas não possuíam equipamentos de informática que possibilitassem o acesso às aulas ministradas on-line.[35]

De acordo com levantamento realizado pelo Instituto DataSenado sobre os impactos da pandemia na educação no Brasil, ""Para a maioria dos pais, a falta de equipamentos adequados em casa, como computadores e celulares, foi um dos principais problemas enfrentados durante a suspensão das aulas presenciais. Muitos relataram dificuldade de prover internet e aparelho celular ou computador para todos os filhos, especialmente quando havia mais de uma criança ou adolescente precisando assistir aulas em *streamings* ao vivo".[36]

Ao longo do período pandêmico, as dificuldades e desigualdades quanto ao acesso e ao manejo das tecnologias digitais puderam ser sentidas também na área da saúde, pois, em virtude da orientação de isolamento e distanciamento social, muitos serviços passaram a ser fornecidos remotamente, via telemedicina.[37]

Por fim, ainda a respeito dos impactos da pandemia, são evidentes as dificuldades de acesso das pessoas aos benefícios assistenciais criados pelo Governo, especialmente o Auxílio Emergencial e o Auxílio Brasil (Lei 13.982, de 2 de abril de 2020 e Lei 14.284, de 29 de dezembro de 2021), cujo deferimento depende da disponibilidade de compu-

---

34. Mais de 33 milhões de brasileiros não têm acesso à internet, diz pesquisa, cit.

35. OLIVEIRA, Elida. Quase 40% dos alunos de escolas públicas não têm computador ou *tablet* em casa, aponta estudo. *G1*, 9 jun. 2020. Disponível em: https://g1.globo.com/educacao/noticia/2020/06/09/quase-40percent- -dos-alunos-de-escolas-publicas-nao-tem-computador-ou-tablet-em-casa-aponta-estudo.ghtml. Acesso em: 31 ago. 2022.

36. BRASIL. Senado Federal. Impactos da pandemia na educação no Brasil. *DataSenado*, 10 fev. 2022. Disponível em: https://www12.senado.leg.br/institucional/datasenado/materias/pesquisas/impactos-da-pandemia-na- -educacao-no-brasil. Acesso em: 31 ago. 2022.

37. A esse respeito, confira-se: KIELING, Diego Ludvig; SILVA, Davi Lico da; WITT, Flávia de Moura; Magnagnagno, Odirlei. A importância da telemedicina no contexto da pandemia de Covid-19. *FAG Journal of Health*, v. 1, p. 90-97, 2021. DOI https://doi.org/10.35984/fjh.v3i1.302. Disponível em: https://fjh.fag.edu.br/index.php/fjh/ article/view/302/240. Acesso em: 31 ago. 2022.

tador, *tablet* ou celular, bem como de razoável domínio dos aplicativos de internet. Uma das consequências mais visíveis dessas dificuldades é a formação de enormes filas nos bancos estatais ou nos postos de atendimento montados pelas Prefeituras, conforme amplamente noticiado pela imprensa. De acordo com levantamento realizado pela Confederação Nacional de Municípios – CMN, a fila de espera para receber o Auxílio Brasil, em abril de 2022, era de 2,788 milhões de pessoas.[38]

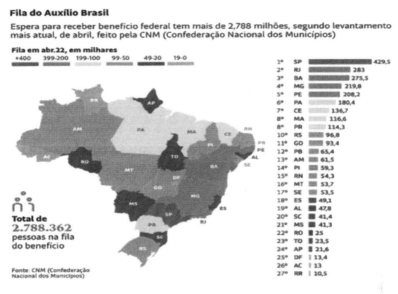

Fonte: imagem extraída do *site* da *Folha de S.Paulo*.

Resta claro que o advento das tecnologias digitais traz incontáveis benefícios para a vida social, mas produz efeitos que impactam negativamente a fruição dos direitos sociais tutelados pelos pactos internacionais sobre direitos humanos e pela ordem jurídica interna na categoria de direitos fundamentais. Nos exemplos citados, um número considerável de pessoas, especialmente dos grupos mais vulneráveis, não tem acesso adequado e suficiente a serviços públicos de saúde, de educação e de assistência social porque não tem acesso nem domínio sobre as tecnologias digitais.

6. EDUCAÇÃO DIGITAL PARA PROMOÇÃO DA DIGNIDADE HUMANA EM FACE DAS NOVAS TECNOLOGIAS

Os principais instrumentos internacionais sobre direitos humanos proclamam uma série de direitos básicos e fundamentais voltados para a plena realização da dignidade humana, os quais são reafirmados pela ordem jurídica interna como direitos sociais, com destaque para os direitos à saúde, à educação e aos benefícios assistenciais. De outro lado,

---

38. Procura por cadastro do auxílio Brasil dispara e cria fila da fila. *Folha de S.Paulo*, 12 jul. 2022. Disponível em: https://www1.folha.uol.com.br/mercado/2022/07/procura-por-cadastro-do-auxilio-brasil-dispara-e-cria-fila-da-fila.shtml. Acesso em: 31 ago. 2022.

o advento das tecnologias digitais na atual fase da modernidade traz consigo diversos problemas que se convertem em riscos para a vida em sociedade, como a vulneração aos direitos da personalidade, particularmente a privacidade e a intimidade, a alienação das pessoas mediante supressão da vontade individual, substituída pelas decisões do algoritmo, o esvaziamento da personalidade e a dominação política e econômica.

Ademais, o processo de digitalização da sociedade, que se encontra em curso no presente momento, compromete o exercício de direitos sociais consagrados nos instrumentos internacionais sobre direitos humanos e reafirmados pela ordem jurídica interna, os quais são inerentes à pessoa. No Brasil, em que pese o elevado grau de conectividade, conforme apontamos no item 4, supra, parcela significativa da população não tem acesso ou tem acesso limitado à internet. Os dados revelam que a conectividade é afetada pela desigualdade social, uma vez que apenas 29% da população são plenamente conectados, enquanto 20% são totalmente desconectados, 25% são subconectados e 26% são parcialmente conectados.

As pessoas com dificuldade de conexão à internet são precisamente aquelas atingidas por alguma forma de vulnerabilidade social e que dependem dos serviços disponibilizados pelo poder público. No entanto, em determinadas situações, grande parte da população não consegue ou tem extrema dificuldade de acessar os direitos disponibilizados pelo poder público porque enfrentam restrições relacionadas com as tecnologias digitais.

É indispensável lembrar que a modernidade se caracteriza pelo progressismo, pelo evolucionismo e pelo superlativismo, de modo a não permitir retrocesso. Por isso e tendo em conta que a "era digital" se apresenta como uma nova fase do processo de modernização do mundo, não é possível imaginar a paralisação ou reversão desse processo, mas apenas buscar soluções para os problemas que possam surgir, como é o caso das dificuldades de acesso aos direitos sociais à saúde, à educação e aos benefícios assistenciais.

Considerando que cumpre ao Estado a tutela da pessoa humana e a promoção da cidadania (CF, art. 1º, I e II), é sua a tarefa de promover a inclusão digital, que envolve não apenas o acesso à rede mundial de computadores, mas a educação digital para aquisição de competências, sem as quais não é possível ostentar a dignidade humana nem exercer plenamente a cidadania. Ou seja, não basta possibilitar o acesso das pessoas à internet, mas é preciso capacitá-las para lidar com as ferramentas e conteúdos presentes no mundo digital, os quais são indispensáveis para a compreensão dos conteúdos, para a tomada de decisões e para acessar os serviços públicos e privados.

Tratando desse tema, na perspectiva da formação de uma Administração Pública Digital, José Luiz Faleiros Júnior chama a atenção para a indispensabilidade da educação digital como forma de capacitação para o exercício pleno da cidadania.[39] Recorrendo

---

39. "O ensino hodierno está intimamente ligado ao preenchimento das necessidades humanas, definidas por Abraham Maslow e perfeitamente enquadráveis no contexto da atual sociedade da informação, na qual se impõe

às lições de Magda Pischetola, Faleiros destaca três tipos de competências digitais: a) operacionais, que permitem ao usuário acessar as aplicações básicas das tecnologias da informação e comunicação (TIC's); b) informacionais, que permitem pesquisar, selecionar e elaborar informações encontradas na internet; c) estratégicas, que permitem determinar metas para alcançar outras mais amplas, com o fim de manter ou melhorar a própria posição social.[40]

Diante dos problemas assinalados, de dificuldade de acesso aos serviços disponibilizados pelo poder público, como decorrência do advento das tecnologias digitais, incumbe ao poder público promover a inclusão digital das pessoas em situação de vulnerabilidade social, a fim de resguardar a dignidade humana e assegurar o pleno exercício da cidadania. Para tanto, não basta garantir o acesso pleno ou parcial à internet, mas também a educação digital para aquisição das competências operacionais, informacionais e estratégicas.

Como visto, inclusão digital vai além do mero acesso à internet, mas compreende também a educação digital com vista à aquisição de competências que possibilitem o pleno exercício da cidadania e da dignidade humana. Logo, trata-se de tarefa que incumbe ao Estado, por força dos pactos e convenções internacionais e da ordem jurídica interna, a qual deve ser executada por meio de políticas públicas.

7. A METODOLOGIA DOS DIREITOS HUMANOS PARA A FORMULAÇÃO DE POLÍTICAS PÚBLICAS EM FACE DAS NOVAS TECNOLOGIAS

É importante relembrar que o advento da "era digital" produz inúmeros benefícios, mas traz consigo alguns problemas que se convertem em riscos para a vida em sociedade. Importantes autores denunciam que a utilização dos dados pessoais para tomada de decisões pelo algoritmo, a concentração de poder pelas plataformas digitais e o poder instrumentário do capitalismo de vigilância constituem ameaças reais à liberdade, à autonomia e à vontade dos seres humanos, cabendo ao Estado exercer o poder de regulação, fiscalização e responsabilização.

Por isso, na formulação das políticas públicas, é necessário mais do que nunca ter em perspectiva a necessidade de proteção da pessoa humana contra as ameaças que a "era digital" representa para a pessoa humana, seja em sua capacidade de autodeterminação, seja em sua efetiva capacidade de acessar os serviços disponibilizados pelo poder público, a exemplo da saúde, da educação e dos benefícios assistenciais.

Neste cenário se revela a relevância da educação para os direitos humanos como forma de construção de uma verdadeira cultura dos direitos humanos, a partir do

---

o convívio com um novo ambiente chamado ciberespaço, em que a tecnologia atua como um poderoso componente do ambiente de aprimoramento individual" (FALEIROS JÚNIOR, José Luiz de Moura. *Administração digital:* proposições para o aperfeiçoamento do regime jurídico administrativo na sociedade da informação. Indaiatuba: Foco, 2020. p. 186).

40. FALEIROS JÚNIOR, José Luiz de Moura. *Administração digital*, cit., p. 186.

reconhecimento de direitos mínimos que são comuns a todos os seres humanos, com base na Declaração Universal dos Direitos Humanos – DUDH e dos diversos tratados e convenções que formam o corpo normativo sobre direitos humanos, compreendendo também as decisões das cortes internacionais, a formação de especialistas e a elaboração de uma dogmática sobre direitos humanos.[41]

A educação para a formação de uma cultura para os direitos humanos deflagra um claro conflito de interesses ante a cultura de privilégios. Valores como igualdade, solidariedade e justiça para todos soam como transferência de privilégios que historicamente eram desfrutados pelos poderosos.[42] No entanto, a cultura para os direitos humanos constitui uma narrativa que ingressa na linguagem e transforma o modo de vida – o *ethos* – das pessoas e da sociedade. Por conseguinte, a cultura dos direitos humanos fornece conhecimentos e constitui uma metodologia para a tomada de decisões pelos governos, determinando o conteúdo das políticas públicas. Em síntese, a cultura dos direitos humanos leva a decisões que visam à tutela da pessoa humana, com base em valores da igualdade, solidariedade e justiça para todos.[43]

De acordo com André Franco Montoro, "Não basta ensinar direitos humanos. É preciso lutar por sua efetividade e, acima de tudo, trabalhar pela criação de uma cultura prática desses direitos".[44] Em sentido análogo, Celma Tavares ensina que "Os processos de EDH na educação formal constituem, em outros âmbitos de ação, um elemento fundamental para a construção de uma cultura dos direitos humanos".[45]

Na formulação das políticas públicas, deve-se ter em conta as ameaças que o advento da "era digital" representa para a pessoa humana, seja em sua capacidade de autodeterminação, seja em sua efetiva capacidade de acessar os serviços disponibilizados pelo poder público, a exemplo da saúde, da educação e dos benefícios assistenciais. Nesse sentido revela-se a importância da educação para formação e manutenção de uma cultura dos direitos humanos, pautada nos valores da igualdade, da solidariedade e da justiça para todos.

---

41. BITTAR, Eduardo Carlos Bianca. *O direito na pós-modernidade e reflexões frankfurtianas*, cit., p. 377-383; CANDAU, Vera Maria Ferrão. Educação em direitos humanos: questões pedagógicas. In: BITTAR, Eduardo Carlos Bianca (Coord.). *Educação e metodologia para os direitos humanos*. São Paulo: Quartier Latin, 2008. p. 285-298.
42. VILHENA, Oscar Vieira. Três teses equivocadas sobre os direitos humanos. *DHnet*, [s. d.]. Disponível em: http://www.dhnet.org.br/direitos/militantes/oscarvilhena/3teses.html. Acesso em: 15 maio 2022.
43. GARCÍA MEDINA, Javier. *Las políticas públicas y Objetivos de Desarrollo Sostenible desde un enfoque basado en derechos humanos*. Limoges: Trayectorias Humanas Trascontinentales, NE 1, 2017. Disponível em: http://www.unilim.fr/trahs/313. Acesso em: 12 abr. 2022.
44. MONTORO, André Franco. Cultura dos direitos humanos. São Paulo (Estado). Procuradoria Geral do Estado. Grupo de Trabalho de Direitos Humanos. *Direitos humanos:* legislação e jurisprudência. São Paulo: Centro de Estudos da Procuradoria Geral do Estado, 1999. v. 1: Legislação nacional. p. 19-29.
45. TAVARES, Celma. Educação em direitos humanos na educação básica: reflexões sobre sua prática pedagógica em escolas públicas. *Revista Olhares*, Guarulhos, v. 8, n. 2, p. 46-61, ago. 2020.

8. CONCLUSÕES

No presente estudo procurou-se investigar em que medida o advento das tecnologias digitais compromete a fruição de direitos fundamentais, ditos direitos sociais, especialmente pelos grupos sociais mais vulneráveis. A hipótese central da pesquisa é a de que, a despeito das vantagens e benefícios, as tecnologias digitais podem se mostrar discriminatórias e excludentes em relação aos grupos sociais mais vulneráveis, prejudicando ou até mesmo inviabilizando o acesso a direitos básicos, como a saúde, a educação e os benefícios assistenciais.

Restou demonstrado que os principais instrumentos internacionais sobre direitos humanos proclamam uma série de direitos básicos e fundamentais voltados para a realização da dignidade humana, entre os quais foram destacados o direito à saúde, à educação e aos benefícios assistenciais, que são catalogados pelo art. 6º da Constituição Federal na categoria de direitos sociais, cabendo ao Estado dar-lhes efetividade.

Ocorre que o processo de modernização do mundo desencadeado a partir do final do século XVII e início do século XVIII vem se desdobrando em ondas de progresso, trazendo inúmeros benefícios para a humanidade, mas produzindo sérias ameaças à existência humana. O advento da denominada "era digital" se apresenta como uma nova fase da Era Moderna, cujas principais características são a virtualização da realidade e a digitalização da vida, mediante coleta e armazenamento de dados pessoais pelas plataformas digitais.

São várias as consequências desse processo de digitalização, a começar pela concentração de poder pelas plataformas digitais e a substituição da autonomia das pessoas pelas decisões do algoritmo. Por conseguinte, as pessoas passam a depender dos sistemas digitais para realizar praticamente todas as tarefas de sua vida, inclusive para ter acesso aos serviços disponibilizados pelo poder público. Alguns desses serviços correspondem a direitos sociais garantidos pela Constituição e tutelados por instrumentos internacionais sobre direitos humanos, como a saúde, a educação e os benefícios assistenciais.

No presente estudo, foram apresentadas algumas das dificuldades enfrentadas pelas pessoas, particularmente ao longo da pandemia da Covid-19. Em que pese o elevado grau de conectividade no Brasil, a maior parte da população tem acesso limitado ou não tem acesso à internet, bem como não possui domínio e compreensão sobre os conteúdos informacionais veiculados no ambiente digital. Essas pessoas se encontram nas camadas sociais mais pobres, precisamente aquelas que mais dependem dos serviços disponibilizados pelo poder público.

Diante disso e considerando a irreversibilidade do processo de digitalização da sociedade, como é próprio da modernidade, cabe ao poder público promover a inclusão digital das pessoas em situação de vulnerabilidade social, a fim de resguardar a dignidade humana e assegurar o pleno exercício da cidadania. Para tanto, não basta garantir o acesso pleno ou parcial à internet, mas também garantir a educação digital para aquisição das referidas competências operacionais, informacionais e estratégicas.

Além disso, na formulação das políticas públicas em geral, o poder público deve ter em conta as ameaças que o advento da "era digital" representa para a pessoa humana, seja em sua capacidade de autodeterminação, seja em sua efetiva capacidade de acessar os serviços disponibilizados pelo poder público. Nesse sentido revela-se a importância da educação para formação e manutenção de uma cultura dos direitos humanos, pautada nos valores da igualdade, da solidariedade e da justiça para todos.

9. REFERÊNCIAS

ABRAMOVICH, Víctor; COURTIS, Christian. Hacia la exigibilidad de los derechos económicos, sociales y culturales: estándares internacionales y criterios de aplicación ante los tribunales locales. Disponível em: http://www.oda-alc.org/documentos/1366995147.pdf. Acesso em: 12 fev. 2022.

ABRAMOVICH, Víctor; COURTIS, Christian. *Los derechos sociales como derechos exigibles*. Madrid: Trotta, 2002.

ADORNO, Theodor Wiesengrund; HORKHEIMER, Max. *Dialética do esclarecimento*. Trad. Guido Antônio de Almeida. Rio de Janeiro: Jorge Zahar Editor, 1985.

BAUMAN, Zygmunt. *A arte da vida*. Trad. Carlos Alberto Medeiros. Rio de Janeiro: Jorge Zahar Editor, 2008.

BAUMAN, Zygmunt. *Ética pós-moderna*. Trad. Marcus Penchel. Rio de Janeiro: Jorge Zahar Editor, 1999.

BAUMAN, Zygmunt. *Modernidade líquida*. Trad. Plínio Dentzien. Rio de Janeiro: Jorge Zahar Editor, 2001.

BECK, Ulrich. *A metamorfose do mundo*: novos conceitos para uma nova realidade. Trad. Maria Luíza X. de A. Borges. Revisão técnica de Maria Cláudia Coelho. Rio de Janeiro: Zahar, 2018.

BECK, Ulrich. *Sociedade de risco*: rumo a uma outra modernidade. Trad. Sebastião Nascimento. São Paulo: Editora 34, 2010.

BITTAR, Eduardo Carlos Bianca. *O direito na pós-modernidade e reflexões frankfurtianas*. 2. ed. Rio de Janeiro: Forense Universitária, 2009.

BRASIL, Bárbara Dayana. Os direitos humanos como fundamento da proteção de dados pessoais. In: COPETTI, Daniela Cravo; JOBIM, Eduardo; FALEIROS JÚNIOR, José Luiz de Moura. *Direito público e tecnologia*. Indaiatuba: Foco, 2022.

BRASIL. Instituto Brasileiro de Geografia e Estatística (IBGE). Uso de internet, televisão e celular no Brasil. *IBGE Educa*, [s. d.]. Disponível em: https://educa.ibge.gov.br/jovens/materias-especiais/20787-uso--de-internet-televisao-e-celular-no-brasil.html. Acesso em: 31 ago. 2022.

BRASIL. Senado Federal. Impactos da pandemia na educação no Brasil. *DataSenado*, 10 fev. 2022. Disponível em: https://www12.senado.leg.br/institucional/datasenado/materias/pesquisas/impactos-da-pandemia-na-educacao-no-brasil. Acesso em: 31 ago. 2022.

CANÇADO TRINDADE, Antônio Augusto. A proteção internacional dos direitos econômicos, sociais e culturais: evolução, estado atual e perspectivas. In: Cançado Trindade, Antônio Augusto; Barros Leal, César (Coord.). *O desafio dos direitos econômicos, sociais e culturais*. Fortaleza: FB Editora, 2019.

CANDAU, Vera Maria Ferrão. Educação em direitos humanos: questões pedagógicas. In: BITTAR, Eduardo Carlos Bianca (Coord.). *Educação e metodologia para os direitos humanos*. São Paulo: Quartier Latin, 2008.

CASTELLS, Manuel. *La sociedad red*: una visión global. Trad. Francisco Muñoz de Bustillo. Madrid: Ed. Alianza, 2006.

COMPARATO, Fábio Konder. *A afirmação histórica dos direitos humanos*. 11. ed. São Paulo: Saraiva, 2017.

COMPARATO, Flávio Konder. Direitos humanos no Brasil: o passado e o futuro. In: São Paulo (Estado). Procuradoria Geral do Estado. Grupo de Trabalho de Direitos Humanos. *Direitos humanos*: legislação e jurisprudência. São Paulo: Centro de Estudos da Procuradoria Geral do Estado, 1999. v. 1: Legislação nacional.

FALEIROS JÚNIOR, José Luiz de Moura. *Administração digital*: proposições para o aperfeiçoamento do Regime Jurídico Administrativo na sociedade da informação. Indaiatuba: Foco, 2020.

FRASÃO, Ana. Plataformas digitais, *big-data* e riscos para os direitos da personalidade. In: MENEZES, Joyceane Bezerra de; TEPEDINO, Gustavo (Coord.). *Autonomia privada, liberdade existencial e direitos fundamentais*. Belo Horizonte: Fórum, 2019.

FREUD, Sigmund. *O mal-estar na civilização, novas conferências introdutórias e outros textos*. Trad. Paulo César de Souza. São Paulo: Companhia das Letras, 2010.

GARCÍA MEDINA, Javier. *Las políticas públicas y Objetivos de Desarrollo Sostenible desde un enfoque basado en derechos humanos*. Limoges: Trayectorias Humanas Trascontinentales, NE 1, 2017. Disponível em: http://www.unilim.fr/trahs/313. Acesso em: 12 maio 2022.

HABERMAS, Jürgen. *Teoria do agir comunicativo, 1*: racionalidade da ação e racionalização social. Trad. Paulo Astor Soethe. Revisão técnica de Fábio Beno Siebeneichler. São Paulo: WMF Martins Fontes, 2012.

HAN, Byung-Chul. *Psicopolítica*: o neoliberalismo e as novas técnicas de poder. Tradução de Maurício Liesen. Belo Horizonte: Ayiné, 2018.

HARARI, Yuval Noah. *21 lições para o século 21*. Trad. Paulo Geiger. São Paulo: Companhia das Letras, 2018.

HELLER, Agnes; FEHÉR, Ferenc. *A condição política pós-moderna*. Trad. Marcos Santarrita. 2. ed. Rio de Janeiro: Civilização Brasileira, 2002.

HORKHEIMER, Max. *Eclipse da razão*. Trad. Sebastião Uchoa Leite. São Paulo: Centauro, 2002.

KAUFMANN, Arthur. *La filosofía del derecho en la posmodernidad*. Trad. Luís Villar Borda. 2. ed. Bogotá: Temis, 1998.

KIELING, Diego Ludvig; SILVA, Davi Lico da; WITT, Flávia de Moura; Magnagnagno, Odirlei. A importância da telemedicina no contexto da pandemia de Covid-19. *FAG Journal of Health*, v. 1, p. 90-97, 2021. DOI https://doi.org/10.35984/fjh.v3i1.302. Disponível em: https://fjh.fag.edu.br/index.php/fjh/article/view/302/240. Acesso em: 31 ago. 2022.

MAIS de 33 milhões de brasileiros não têm acesso à internet, diz pesquisa. *G1*, 21 mar. 2022. Disponível em: https://g1.globo.com/tecnologia/noticia/2022/03/21/mais-de-33-milhoes-de-brasileiros-nao-tem-a-cesso-a-internet-diz-pesquisa.ghtml. Acesso em: 31 ago. 2022.

MONTORO, André Franco. Cultura dos direitos humanos. São Paulo (Estado). Procuradoria Geral do Estado. Grupo de Trabalho de Direitos Humanos. *Direitos humanos*: legislação e jurisprudência. São Paulo: Centro de Estudos da Procuradoria Geral do Estado, 1999. v. 1: Legislação nacional.

NIETZSCHE, Friedrich Wilhelm. *O nascimento da tragédia*. Trad. J. Guinsburg. São Paulo: Companhia das Letras, 2007.

OLIVEIRA, Elida. Quase 40% dos alunos de escolas públicas não têm computador ou *tablet* em casa, aponta estudo. *G1*, 9 jun. 2020. Disponível em: https://g1.globo.com/educacao/noticia/2020/06/09/quase--40percent-dos-alunos-de-escolas-publicas-nao-tem-computador-ou-tablet-em-casa-aponta-estudo.ghtml. Acesso em: 31 ago. 2022.

ONU. *Declaração Universal dos Direitos Humanos (DUDH), 1948*. Disponível em: https://www.ohchr.org/sites/default/files/UDHR/Documents/UDHR_Translations/por.pdf. Acesso em: 5 jul. 2022.

ONU. *Pacto Internacional dos Direitos Econômicos, Sociais e Culturais (PIDESC), 1966*. Disponível em: https://www.oas.org/dil/port/1966%20Pacto%20Internacional%20sobre%20os%20Direitos%20Econ%C3%B-3micos,%20Sociais%20e%20Culturais.pdf. Acesso em: 05 jul. 2022.

PASQUALE, Frank. *The black box society*: the secret algorithms that control money and information. Cambridge: Harvard University Press, 2016.

PROCURA por cadastro do Auxílio Brasil dispara e cria fila da fila. *Folha de S.Paulo*, 12 jul. 2022. Disponível em: https://www1.folha.uol.com.br/mercado/2022/07/procura-por-cadastro-do-auxilio-brasil-dispara-e-cria-fila-da-fila.shtml. Acesso em: 31 ago. 2022.

RODOTÀ, Stefano. *A vida na sociedade de vigilância*: a privacidade hoje. Organização, seleção e apresentação de Maria Celina Bodin de Moraes. Trad. Danilo Doneda e Luciana Cabral Doneda. Rio de Janeiro: Renovar, 2008.

ROSENVALD, Nelson. A LGPD e a despersonalização da personalidade. *Migalhas,* 12 ago. 2021. Disponível em: https://www.migalhas.com.br/coluna/migalhas-de-protecao-de-dados/350374/a-lgpd-e-a-despersonalizacao-da-personalidade. Acesso em: 29 ago. 2022.

ROSENVALD, Nelson. Quatro conceitos de responsabilidade civil para a 4ª revolução industrial e o capitalismo de vigilância. In: EHRHARDT JÚNIOR, Marcos (Coord.). *Direito civil*: futuros possíveis. Belo Horizonte: Fórum, 2022.

SANTOS, Boaventura de Souza. *La reinvención del Estado plurinacional.* Santa Cruz de la Sierra: Cenda-Cejis-Cedib, 2007.

SANTOS, Boaventura de Souza. *Reconhecer para libertar*: os caminhos do cosmopolitismo multicultural. Rio de Janeiro: Civilização Brasileira, 2003.

TAVARES, Celma. Educação em direitos humanos na educação básica: reflexões sobre sua prática pedagógica em escolas públicas. *Revista Olhares*, v. 8, n. 2, p. 46-61, Guarulhos, ago. 2020.

TEMPO perdido. Intérprete: Legião Urbana. Compositor: Renato Russo. *Single* do álbum Dois. [*S. l.*]: EMI, 1986.

VILHENA, Oscar Vieira. Três teses equivocadas sobre os direitos humanos. *DHnet*, [s. d.]. Disponível em: http://www.dhnet.org.br/direitos/militantes/oscarvilhena/3teses.html. Acesso em: 15 maio 2022.

ZUBOFF, Shoshana. *A era do capitalismo de vigilância*: a luta por um futuro humano na nova fronteira do poder. Trad. George Schlesinger. Rio de Janeiro: Intrínseca, 2020.

4
DECISÃO ALGORITMA ENTRE ÉTICA E DIREITO NUMA PERSPECTIVA EUROPEIA

Anna Carolina Pinho

Doutoranda em Direito Internacional Econômico e Estudos Europeus e Mestre em Direito Internacional pela Faculdade de Direito da Universidade de Lisboa, Portugal. Pós-Graduada em Direito Administrativo e Tributário pela Faculdade de Direito da Universidade Federal Fluminense. Bacharel pela Faculdade de Direito da Universidade Cândido Mendes, Rio de Janeiro, Brasil. Advogada no Brasil e em Portugal. http://lattes. cnpq.br/9033123127251504 / annapinholaw@gmail.com.

Sumário: 1. O conceito de inteligência artificial – 2. Inteligência artificial no novo milênio – 3. Inteligência artificial geral e específica – 4. Modelos lógicos e aprendizado de máquina – 5. Métodos para aprendizado de máquina – 6. Aprendizado de máquina e dados pessoais – 7. Inteligência artificial e grandes talentos: oportunidades e riscos – 8. Decisões algorítmicas entre justiça e discriminação – 9. La, valores e normas legais – 10. Uma estrutura ética para a inteligência artificial – 11. Princípios e normas legais – 12. Os interesses a proteger – 13. Conclusões – 14. Referências.

1. O CONCEITO DE INTELIGÊNCIA ARTIFICIAL

Em sua definição mais ampla, Inteligência Artificial (IA) pode ser definida como uma tentativa de criar máquinas capazes de realizar tarefas que requerem inteligência quando executadas por humanos.[1] A Inteligência Artificial engloba um amplo conjunto de diversas pesquisas e tecnologias unidos pelo objetivo de criar sistemas artificiais capazes de comportamento inteligente. Não se trata de uma única tecnologia, mas sim de um vasto conjunto de abordagens e tecnologias, que em diferentes níveis e de diferentes maneiras exibem comportamento inteligente em numerosos e variados contextos. Recentemente, o Grupo de Especialistas de Alto Nível em IA (IA HLEG[2]) criado pela Comissão Europeia, desenvolveu uma definição mais ampla de IA, segundo a qual: Sistemas de inteligência artificial são sistemas de *software* (e provavelmente também *hardware*) projetados por seres humanos que, dado um objetivo complexo, agem dentro de uma dimensão física ou digital, percebendo seu ambiente através da aquisição de dados, interpretando os clãs coletados, sejam eles estruturados ou não, raciocinando sobre o conhecimento, ou processando as informações derivadas desses dados e selecionando as melhores ações possíveis entre todas para atingir o objetivo indicado. Os sistemas de inteligência artificial podem usar regras simbólicas ou aprender um modelo numérico

---

1. KURZWELL. *The Age of Intelligent Machines*. Cambridge, 1990, 14, e RUSSELL, NORVIG. *Artificial Intelligence*. A Morden Approach, Upple Saddle River, sez.1.1.
2. High-level Expert on Artificial Intelligence at the European Commission.

e também podem adaptar seu comportamento analisando como o ambiente é afetado por suas ações passadas.[3]

Esta definição pode ser aceita desde que se tenha em mente que a maioria dos sistemas de inteligência artificial realiza apenas uma parte das atividades nela listadas; reconhecimento de padrões (por exemplo, reconhecimento de plantas ou imagens animadas, rostos ou expressões humanas), processamento de linguagem natural (por exemplo, compreensão de diferentes idiomas, tradução de um idioma para outro, métodos para combater o *spam* ou a capacidade de responder a perguntas), o capacidade de fazer sugestões práticas (por exemplo, recomendar produtos e serviços a serem adquiridos, obter informações, realizar planejamento logístico ou otimizar processos industriais) etc. Por outro lado, alguns sistemas de IA podem combinar muitas dessas capacidades, como no exemplo de veículos autônomos ou robôs militares e de assistência. O termo algoritmo é frequentemente usado para identificar aplicações de inteligência artificial, por exemplo, por meio de frases como decisões algoritmas e/ou através de cálculos matemáticos.[4] Os algoritmos de computador podem ser muito simples, especificando, por exemplo, como ordenar alfabeticamente listas de palavras ou encontrar o máximo divisor comum de dois ou mais números; ou ser muito complexos, como algoritmos para criptografia ou compressão de arquivos digitais, reconhecimento de voz ou previsões financeiras. Obviamente, nem todos os algoritmos são ou estão preocupados com inteligência artificial; mas todos os sistemas de inteligência artificial como qualquer sistema de computador – pressupõem o uso de algoritmos. Algoritmos que lidam com IA podem aplicar diferentes métodos de raciocínio epistêmico ou prático sobre os dados disponíveis (por exemplo, para detectar padrões e formas, aplicar regras, previsão e planejamento), bem como diferentes métodos de aprendizagem. Neste último caso, um sistema de IA pode ser capaz de auto melhorar seu desempenho, desenvolvendo novas heurísticas (estratégias bem sucedidas que produziram bons resultados anteriormente), modificando seus dados internos ou mesmo gerando novos algoritmos, como no caso de algoritmos genéticos. Por exemplo, um sistema de inteligência artificial para comércio eletrônico pode aplicar descontos a consumidores que atendam a determinadas condições (aplicando regras), fornecer recomendações (por exemplo, aprendendo e usando correlações entre as características dos usuários de uma plataforma e suas propensões a comprar), otimizar o gerenciamento de estoque (por exemplo, evoluindo e implementando as melhores estratégias de negociação).

Embora um sistema de inteligência artificial seja composto por um conjunto de inúmeros algoritmos, ele também pode ser visto como um único algoritmo completo, originado da combinação de todos os algoritmos que executam as diversas funções que o sistema encarrega, bem como os principais algoritmos que orquestram essas funções, ativando os algoritmos de nível inferior relacionados. Por exemplo, um bot

---

3. AI-HLEG, High-Level Expert Group on Artificial Intelligence. A definition of AI: Main capabilities and Scientific Disciplines, 2019.
4. HAREL, FELDMAN. *Algorithmics*: The Spirit of Computing, Boston, 2004.

(robô de *software*) que responde a perguntas de linguagem natural consistirá em uma combinação orquestrada de algoritmos para detectar sons, adquirir estruturas sintáticas, recuperar conhecimento relevante, fazer inferências, gerar respostas etc. Em um sistema capaz de aprender, o componente mais importante não será o conjunto de algoritmos aprendidos, que realizam diretamente a atividade atribuída ao sistema (por exemplo, classes, previsão ou decisão), mas sim os algoritmos de aprendizagem, que são usados, por exemplo, em um sistema de classificação que reconhece imagens por meio de uma rede neural, o elemento crucial é o algoritmo de aprendizado (o *trainer*) que modifica a estrutura interna da rede neural, modificando suas conexões, para que a rede neural possa classificar corretamente os objetos de interesse (por exemplo, animais, sons, rostos e atitudes).

2. INTELIGÊNCIA ARTIFICIAL NO NOVO MILÊNIO

A inteligência artificial passou por recorrentes momentos de euforia e depressão, desde seu início na década de 1950: previsões excessivamente otimistas foram seguidas por profundas desilusões (os chamados invernos da inteligência artificial).[5] No entanto, não há dúvida de que a Inteligência Artificial alcançou grande sucesso nos últimos anos. Por um lado, deu-se uma sólida base científico-cultural: o núcleo original formado por ciência da computação, engenharia, matemática e lógica foi ampliado com modelos e conceitos de outras disciplinas, como estatística, economia , neurociências, filosofia e direito. Por outro lado, foi criado uma ampla gama de aplicações bem-sucedidas, que entraram na vida cotidiana, dos indivíduos e da sociedade, bem como nas atividades econômicas e administrativas: a busca de informações (*questions-answering*), reconhecimento de vozes, imagens e rostos; diagnósticos médicos, tradução automática, a análise e classificação de documentos, responder a perguntas em linguagem natural, jogos de vídeos, negociações comerciais de alta velocidade (*high-speed trading*), robôs industriais e domésticos, veículos autônomos no céu, terra e mar, a otimização de processos industriais e comerciais, assistentes virtuais etc.

3. INTELIGÊNCIA ARTIFICIAL GERAL E ESPECÍFICA

No campo da inteligência artificial, a ciência tradicionalmente persegue dois objetivos diferentes: inteligência artificial geral, também chamada de inteligência artificial forte, e inteligência artificial específica, também chamada de inteligência artificial fraca. A inteligência artificial geral visa criar sistemas capazes de exibir a maior parte das capacidades cognitivas dos seres humanos, no mesmo nível dos seres humanos ou mesmo em um nível superior (a chamada superinteligência).[6] A inteligência artificial específica tem objetivos mais modestos, nomeadamente a construção de sistemas capazes de realizar tarefas únicas, mas que normalmente requerem inteligência.

---

5. NILSSON. The *Quest for Artificial Intelligence*. Cambridge, 2010.
6. BOSTROM. *Superintelligence*. Oxford, 2014.

A futura criação de uma inteligência artificial geral já suscita uma série de preocupações: uma inteligência artificial geral poderia se automelhorar com progressão exponencial transformando-se em pouco tempo, de humano em super humano, e adquirindo, graças à sua inteligência superior, capacidade em como se tornar incontrolável.[7] A humanidade se encontraria em uma posição de inferioridade semelhante à dos animais, de modo que a vida dos indivíduos e a própria existência de nossa espécie acabaria dependendo da vontade e, portanto, da benevolência de entidades superinteligentes. Alguns cientistas como Steven Hawking e Bill Gates afirmaram sobre a necessidade de participar do "risco existencial"[8] representado pela superinteligência artificial, adotando medidas que impeçam o surgimento de entidades superinteligentes ou pelo menos assegurem que tais entidades sejam "amigáveis" com a espécie humana, respeitando seus valores. Outros estudiosos, por outro lado, veem com bons olhos o momento em que a humanidade dará origem a uma inteligência capaz de dominar a própria humanidade. Uma inteligência artificial capaz de auto aperfeiçoamento representaria a "singularidade" capaz de acelerar o desenvolvimento da ciência e da tecnologia, com resultados que poderiam não apenas resolver os problemas da humanidade (pobreza, subdesenvolvimento etc.), mas também permitir a superação dos limites biológicos do homem (doença, envelhecimento etc.), e difundir a inteligência no cosmo.[9]

Os riscos associados ao surgimento de uma "inteligência geral artificial" não devem ser subestimados: trata-se de fato de um problema muito sério que colocará grandes desafios no futuro. Embora as opiniões dos cientistas sobre o assunto sejam divergentes, sua maioria defende que esse objetivo será alcançado no futuro, enquanto as decisões algorítmicas entre ética e direito serão provavelmente os problemas mais importantes a serem enfrentados. Para entender a amplitude e a proximidade dos riscos da inteligência artificial geral e identificar a melhor maneira de lidar com esses riscos, é necessário ganhar mais experiência no desenvolvimento e uso de sistemas avançados de inteligência artificial e empreender um debate profundo sobre o assunto.

Diversamente, a IA específica esta a transformar os bens econômicos, políticos e sociais, as interações entre os indivíduos e a própria vida privada. Oferecendo grandes oportunidades de desenvolvimento econômico, social e cultural, sustentabilidade energética, saúde e disseminação do conhecimento. Essas oportunidades são acompanhadas de sérios riscos, incluindo desemprego, desigualdade, discriminação e exclusão social. Para enfrentar esses riscos, sem limitar a pesquisa e os usos benéficos da inteligência artificial, várias iniciativas foram tomadas para prever uma estrutura ética e regulatória para a inteligência artificial centrada no homem (*human centered AI*). Assim, afirmou-se a necessidade de que a inteligência artificial tenha em conta os interesses individuais e

---

7. BOSTROM, cit. Tale possibilità era giá stata anticipata da Turing, Intelligent Machinery, A Heretical Theory. Philosophia Mathematica 4 (1951)1996.
8. PARKIN. *Science fiction no more*? Channel 4's Humans and our Rogue AI Obsessions. The Guardian, 14 June 2015.
9. Si vediano Kurzwell, The Singularity is Near, New York, 2005; e Tegmark, life 3.0: Being human in the age of artificial intelligence, New York, 2017.

sociais, não seja subutilizada, com os consequentes custos de oportunidade, nem abusada ou mal utilizada, face aos riscos que dela decorrem. Numerosos cientistas e tecnólogos assinaram um documento destinado a definir "prioridades de pesquisa para inteligência artificial robusta, segura e benéfica".[10] Observou-se também que esse objetivo exige um esforço interdisciplinar (que vai da economia, direito, filosofia à tecnologia da informação, métodos formais e, obviamente, os diversos ramos da inteligência artificial), abordando tanto os problemas jurídicos quanto os relativos à segurança, controlabilidade e validação de sistemas de inteligência artificial.[11] Resta saber até que ponto essas iniciativas, envolvendo estudiosos de diferentes disciplinas, serão capazes de prevalecer sobre as pressões econômicas, políticas e militares com necessidades humanísticas, mas sim sobre o controle e manipulação de indivíduos, a concentração de oportunidade e riqueza, ou o uso da força.

4. MODELOS LÓGICOS E APRENDIZADO DE MÁQUINA

O enorme sucesso da inteligência artificial nos últimos anos está ligado à mudança de paradigma que orientou sua pesquisa e desenvolvimento. Até recentemente, acreditava-se que para desenvolver um sistema inteligente era necessário dotar a máquina de uma representação formal completa do conhecimento, expressa por meio de regras e conceitos, e acompanhada por algoritmos capazes de fazer inferências e raciocínios. Vários formalismos lógicos (ou argumentação clássica, modal, descritiva, formal etc.) e modelos de raciocínio (dedutivo, indutivo revogável, probabilístico, revisão de crenças, raciocínio baseado em casos etc.) foram desenvolvidos e usados –para este propósito,[12] mas a riqueza de resultados teóricos não foi acompanhada por realizações operacionais correspondentes. Por exemplo, sistemas especialistas – que consistem em uma grande base de conhecimento especializado, como nas áreas médica, de engenharia ou jurídica, e um mecanismo de recursos que usa essa base de conhecimento para responder a perguntas – muitas vezes ficaram aquém das expectativas. De fato, observou-se que as respostas de tais sistemas são muitas vezes enquadradas e não levam em conta as particularidades dos casos concretos, enquanto a ampliação e atualização do conhecimento exige grandes esforços. Em particular, a necessidade de o homem representar formalmente todo o conhecimento necessário ao desempenho das tarefas confiadas à máquina – incluindo o conhecimento tácito[13] ou o conhecimento pertencente ao senso comum – tem representado um sério obstáculo ao crescimento e adaptação dos sistemas (o chamado "gargalo" da representação do conhecimento). Não faltaram candidaturas bem sucedidas, ainda que limitadas a áreas setoriais. No direito, pesquisas de inteligência

---

10. Research priorities for robust and beneficial artificial intelligence (si veda future of Life Institute, An open Letter: Research Priorities for Robust and Beneficial Artificial Inllegence, (2016). url:http://futureoflife.org/ai-open-letter/).

11. AMODEI, OLAH, STEINHARDT, CHRISTIANO, SCHULAMN, MANÉ, *Concrete Problems in AI Safety.* Eprint arXiv: 1606.06565, 2016.

12. VAN HARMELEN, LIFSCHITZ, PORTER (a cura di). *Handbook of knowledge representation.* Amsterdam-Filadelfia, 2008. v. 1.

13. POLANYI. *The tacit dimensioni.* Chicago (1966) 2009.

artificial tradicional (a chamada *Good Old Fasioned AI*) levaram ao desenvolvimento de modelos lógicos de grande interesse teórico – por exemplo, na análise da argumentação[14] e do raciocínio baseado nos anteriores[15] – e para a concretização de alguns resultados operacionais,[16] mas não transformaram o exercício da advocacia.

Os sistemas de inteligência artificial deram um verdadeiro salto qualitativo – dando origem a inúmeras aplicações de sucesso, em diversos sectores, desde a tradução automática, até à otimização de processos industriais, marketing etc. – quando o foco passou da representação lógica do conhecimento para a possibilidade de aplicação de métodos de aprendizado de máquina (*machine learning*) a grandes massas de dados. No modelo de aprendizagem automática, em vez de fornecer todo o conhecimento à máquina, o homem fornece-lhe um método de aprendizagem, a aplicar aos dados a que a máquina tem acesso, para extrair automaticamente desses dados as indicações de como proceder a tarefa atribuída. Em sistemas baseados em aprendizado de máquina, dois componentes funcionais podem ser distinguidos: o algoritmo do treinador e o algoritmo treinado. O segundo realiza a tarefa (previsões, classificações ou ações) confiada ao sistema, o primeiro modifica o segundo para que ele desempenhe melhor essa tarefa. Portanto, como Turing já observava na década de 1950, "uma máquina capaz de aprender" atinge os objetivos que lhe são atribuídos, sem que o homem tenha indicado à máquina como proceder, e mesmo sem que ele tenha consciência do que acontece com a máquina.[17]

5. MÉTODOS PARA APRENDIZADO DE MÁQUINA

O campo do aprendizado automático, é usado para distinguir três abordagens principais: aprendizado supervisionado, aprendizado por reforço e aprendizado não supervisionado.

A aprendizagem supervisionada é a abordagem mais utilizada atualmente. O sistema aprende através de "supervisão" ou "ensino", ou seja, com base em um conjunto de treinamento (*training set*) – um grande conjunto de respostas corretas (prováveis) para a tarefa atribuída. Mais exatamente, o conjunto de treinamento consiste em pares, cada um dos quais liga a descrição de um caso à resposta correta para aquele caso. Em sistemas projetados para reconhecer objetos dentro de imagens (por exemplo, animais), cada imagem no conjunto de treinamento é rotulada com o nome do objeto que ela representa (por exemplo, gato, cachorro, coelho etc.); nos sistemas de seleção de pessoal, a descrição (idade, experiência, estudos etc.) de cada candidato avaliado no passado está vinculada ao sucesso da candidatura (ou a um indicador de desempenho profissional dos candidatos então contratados); nos sistemas que recomendam produtos para com-

---

14. PRAKKEN, SARTOR. *Law and logic*: A review from an argurnentation perspective. Artificial Intelligence 227 (2015), 214.45.
15. ASHLEY. *Artificial Intelligenze and Lea Analytics*. Cambridge, 2017.
16. Por exemplo o sistema Oracle Policy Automation é usado por inúmeras aplicações jurídicas da administração pública por todo mundo.
17. TURING, Intelligent Machiraery. *A Heretical Theory*. Philosophia Mathematica 4 ((1951) 1996), 256-60.

pra, as características e o comportamento de cada consumidor estão associados às suas compras anteriores; nos sistemas de avaliação de pedidos de crédito, cada registo de um pedido está associado à aceitação ou rejeição desse pedido (ou, no caso de pedidos aceites, ao comportamento subsequente do mutuário). Da mesma forma, um sistema de diagnóstico médico aprenderá a vincular os resultados de exames clínicos (raios-x, ecogramas etc.) a possíveis patologias baseadas em casos anteriores. Em todos esses exemplos, o sistema aprende a classificar corretamente novos casos com base em um conjunto de precedentes (cada um rotulado como correto ou incorreto), sem que um ser humano tenha representado, por regras formais ou conceitos gerais, o conhecimento relevante para a classificação.

O algoritmo de aprendizado do sistema (*trainer*) usa o conjunto de treinamento para construir um modelo computacional, como uma rede neural, árvore de decisão ou conjunto de regras. Este modelo visa capturar o conhecimento (informação relevante) originalmente presente no conjunto de treinamento, ou seja, as correlações entre os casos e as respostas. É então usado para presumivelmente responder corretamente a novos casos, imitando e repropondo correlações aprendidas. Se os exemplos do conjunto de treinamento estiverem associados a uma determinada resposta, essa resposta será reproposta pelo sistema para todos os novos casos que se aproximarem (com referência às características relevantes) daqueles contidos no conjunto de treinamento. Por exemplo, considere um sistema treinado na concessão de crédito. O sistema sugerirá a rejeição da solicitação de crédito de um novo candidato, se o conjunto de treinamento associar uma rejeição às solicitações de candidatos anteriores cujas características melhor correspondam às do novo candidato. Agora considere um sistema treinado para avaliar as habilidades dos candidatos a emprego. O sistema avaliará positiva ou negativamente as habilidades de trabalho do candidato, dependendo se o conjunto de treinamento indicar que os funcionários que mais se aproximam das características do novo candidato obtiveram julgamentos positivos ou negativos.

As respostas dos sistemas de aprendizado de máquina geralmente são chamadas de "previsões". No entanto, o contexto de uso do sistema geralmente determina se suas respostas devem ser interpretadas como previsões ou sugestões de ação. Por exemplo, previsão de um sistema inteligente para a aceitação de pedido de fiança ou liberdade condicional, pode ser considerado pelo requerente (e pelo seu advogado) como uma previsão do que o juiz vai decidir e o juiz como uma sugestão para sua própria decisão (supondo que o juiz prefira não se desviar das decisões registradas no sistema). Considerações semelhantes se aplicam aos sistemas de concessão ou recusa de empréstimos ou benefícios sociais. Uma distinção importante e adicional diz respeito se as respostas "corretas" em um conjunto de treinamento que correspondem às escolhas passadas de especialistas humanos ou às consequências concretas de tais escolhas. Podemos comparar, por exemplo, um sistema cujo conjunto de treinamento associa pedidos de empréstimo a decisões correspondentes (aceitação ou rejeição), a um sistema cujo conjunto de treinamento associa pedidos de empréstimo bem-sucedidos ao resultado do empréstimo (retorno ou não retorno).

Da mesma forma, podemos comparar um sistema cujo conjunto de treinamento associa pedidos de liberdade condicional a decisões subsequentes dos juízes, com um sistema cujo conjunto de treinamento associa decisões anteriores de liberdade condicional ao comportamento subsequente do solicitante. No primeiro caso, o sistema aprenderá a prever decisões futuras de determinados indivíduos (o gerente do banco ou o juiz), em igualdade de condições e nas mesmas circunstâncias; no segundo caso, o sistema aprenderá a prever como uma determinada escolha afetará os objetivos perseguidos (prevenção de casos de insolvência, prevenção de reincidência etc.). No primeiro caso, o sistema reproduzirá as virtudes – exatidão, imparcialidade, justiça – mas também os vícios – descuido, parcialidade, injustiça – dos seres humanos que tomaram essas decisões; no segundo caso, tenderá a apreender de maneira mais objetiva a conexão entre escolhas e consequências subsequentes.

O treinamento supervisionado é acompanhado por treinamento de reforço, no qual o sistema aprende com os resultados de suas próprias ações ou de outras ações: ou seja, é capaz de distinguir sucessos e fracassos (dependendo de como as ações afetam a conquista das utilidades ou valores perseguidos por ela, por exemplo, a vitória no jogo ou os ganhos no campo financeiro). Imagine um sistema que aprende a melhorar suas estratégias em um jogo (por exemplo, xadrez etc.) com base nos resultados a que essas estratégias conduzem, ou a um sistema que melhore suas opções de investimento com base nos resultados financeiros obtidos, ou a um sistema que aprenda a melhor endereçar a publicidade direcionada, com base no número de visualizações dos usuários.

Em todos esses exemplos, o sistema observa os resultados de suas ações e aplica independentemente recompensas e penalidades associadas. Estando programado para maximizar sua pontuação (sua utilidade), o sistema aprende a agir para obter o resultado vinculado às recompensas (por exemplo, ganhos e número de visualizações), e para evitar, vice-versa, os resultados vinculados a penalidades. Também no aprendizado por reforço podemos distinguir o algoritmo de aprendizado (o sistema aprende a agir com sucesso com base nos resultados de suas ações anteriores) e o modelo aprendido pelo algoritmo de aprendizado, que determina as novas ações do sistema.

Finalmente, no treinamento não supervisionado, o sistema aprende sem receber indicações ou instruções de fora, as técnicas de treinamento não supervisionado são usadas principalmente para agrupamento, ou seja, para agrupar dentro de um todo os elementos que possuem semelhanças ou conexões relevantes (por exemplo, documentos relativos ao mesmo tópico, indivíduos que compartilham certas características ou termos que desempenham as mesmas funções conceituais dentro dos textos).

Inúmeras técnicas foram desenvolvidas para aprendizado de máquina: árvores de decisão, técnicas estatísticas, algoritmos genéticos etc. Ao longo dos anos, técnicas de aprendizado profundo, baseadas em redes neurais multicamadas, foram muito bem-sucedidas. As redes neurais reproduzem algumas características abstratas do cérebro humano. Elas se originaram da ideia de que, para obter inteligência, era preciso reproduzir o cérebro, e não o raciocínio. Uma rede neural é de fato um sistema onde nós estamos conectados (chamados neurônios), que são ativados quando recebem entradas apropriadas por meio de conexões com outros. O algoritmo de aprendizagem é capaz de modificar a rede (as conexões entre os neurônios), para que a própria rede responda aos estímulos da maneira mais adequada: no caso de aprendizagem supervisionada, a rede treinada poderá reproduzir em casos semelhantes os comportamentos sugerido pelo conjunto de treinamento; no caso do aprendizado por reforço, a rede aprenderá a se comportar de maneira a maximizar a utilidade de seus resultados. Desta forma, a rede adquire a capacidade de antecipar eventos e correlações futuras com base em eventos e correlações passadas: pode prever se uma pessoa devolverá o dinheiro emprestado, se será um bom trabalhador, se responderá com uma compra a um anúncio, se um investimento será seguido por um lucro, um movimento por uma vitória etc. São sempre previsões probabilísticas, mas que podem dar indícios suficientes para fazer escolhas consequentes, pelo próprio sistema ou por aqueles que seguem suas indicações.

Um aspecto importante de muitos sistemas de aprendizado de máquina (particularmente redes neurais) é que esses sistemas não fornecem explicações para suas decisões. Por exemplo, em uma rede neural é possível determinar como determinado resultado foi determinado pela propagação da ativação dos neurônios, por sua vez determinada pelas conexões entre os próprios neurônios (resultado do treinamento da rede) e pela funções matemáticas que determinam a ativação de cada neurônio. No entanto, isso não fornece uma explicação compreensível para o homem, não indica as razões pelas quais o sistema deu uma determinada resposta. Existem inúmeras pesquisas que visam extrair possíveis explicações de sistemas opacos, ou pelo menos construir explicações que acompanhem o funcionamento das redes, mas os resultados ainda não são satisfatórios.[18] A ausência de explicações acarreta o risco de que decisões que afetem direitos ou em qualquer caso, interesses importantes das pessoas são adotados sem que o destinatário tenha uma razão e, portanto, sem que o destinatário tenha os elementos para contestar a própria decisão.

O grande sucesso dos métodos de aprendizado de máquina, embora tenha, sem dúvida, ofuscado as técnicas de representação explícita e formal do conhecimento, não os tornou inúteis. As técnicas de representação do conhecimento devem, no entanto, funcionar hoje como complementos, e não como alternativas, em relação aos métodos de aprendizagem automática: elaborar explicações sobre o funcionamento de sistemas baseados na aprendizagem automática, sujeitar esses sistemas a regras (também éticas e jurídica) que limitam e direcionam seu comportamento, validam os resultados e desenvolvem suas implicações conceituais etc.

6. APRENDIZADO DE MÁQUINA E DADOS PESSOAIS

Em muitas aplicações para treinamento supervisionado ou mesmo para reforço, o conjunto de treinamento consiste em dados relativos a características e comporta-

---

18. GUIDOTTI, MONREALE, TURINI, PEDRESCHI, GIANNOTTI. *A Survey Of Methods for Explaining Blade Box Models.* in arXiv:1802.01933v2 (cs.CY) (2018).

mentos individuais e sociais e, portanto, dados pessoais. Por exemplo, a utilização de inteligência artificial para o envio de anúncios personalizados pressupõe a recolha de informação sobre os indivíduos e as suas escolhas, de forma a poder ligar características identificadas (género, idade, origem social, compras anteriores, navegação na rede etc.) à propensão a responder a determinados anúncios com novas compras. Da mesma forma, a previsão do desempenho profissional futuro de um candidato a um emprego pressupõe a disponibilidade de dados sobre esse candidato, mas também sobre as características e desempenho dos trabalhadores contratados no passado; a previsão da propensão à reincidência pressupõe informações sobre o infrator, mas também sobre o comportamento de outras pessoas condenadas no passado; a previsão da fiabilidade de um devedor, ou da rentabilidade de um investimento, pressupõe dados sobre esse devedor ou investimento e sobre o histórico de devedores ou investimentos similares. O uso de inteligência artificial para diagnóstico médico e identificação de terapias personalizadas pressupõe dados sobre o paciente, mas também sobre casos médicos semelhantes enfrentados no passado. A utilidade de aprender propensões e atitudes dos indivíduos faz com que a inteligência artificial esteja cada vez mais ávida por dados pessoais, e esse desejo estimula a coleta contínua de novos dados, que por sua vez tornam as aplicações de inteligência artificial mais eficazes, em uma espiral de *feedback* que se fortalece. Consequentemente, o desenvolvimento de sistemas de inteligência artificial baseados em muitos dados pressupõe e estimula ao mesmo tempo a criação de grandes conjuntos de dados, os chamados *big data*.[19] A criação de *big data* é facilitada pelo fato de que o uso de cada sistema computacional dá origem à coleta de dados digitais referentes ao mesmo uso do sistema.[20] Por exemplo, inúmeros dados são coletados a cada segundo de computadores que mediam transações econômicas (em particular no comércio eletrônico), de sensores que controlam objetos físicos (por exemplo, veículos, aparelhos domésticos etc.), do gerenciamento de fluxos de atividades administrativas (por exemplo, bancos, transportes, gestão fiscal), por câmaras de vigilância na estrada) e finalmente por sistemas utilizados para actividades não comerciais (acesso à Internet, pesquisa de dados, redes sociais). Esses fluxos de dados estão agora integrados a uma infraestrutura global universal para comunicação, acesso à informação, prestação de serviços públicos e privados. Essa estrutura, que tem como foco a *Internet*, mas não se limita a ela, opera por meio de algoritmos que endereçam e transmitem dados e mediam acesso a conteúdos e serviços, selecionando informações e oportunidades para nós. Essa infraestrutura agora conecta mais de 30 bilhões de dispositivos interconectados – computadores, telefones, meios de transporte, máquinas industriais, câmeras etc. –, que geram uma enorme quantidade de dados eletrônicos, dezenas de vezes superiores a todos os dados registrados de forma analógica na história da humanidade. Os fluxos de dados entre máquinas já são muito superiores a qualquer comunicação humana atual.

---

19. MAYER-SCHONBERGER, CUKIER, Big Data. *A revolution that will transform how we live, work, and think.* Boston, 2013.
20. VARIAN. *Computer Mediated Transactions.* American Economic Review(2): 100 (2010), 1-10.

7. INTELIGÊNCIA ARTIFICIAL E GRANDES TALENTOS: OPORTUNIDADES E RISCOS

A integração da inteligência artificial na infraestrutura global emergente de processamento de dados pode trazer grandes benefícios: superar a sobrecarga de informações, gerar novos conhecimentos e soluções, oferecer serviços de informação e consultoria (por exemplo, no campo agrícola ou médico) mesmo para quem não tive acesso até agora, criar novas formas de trabalho, reduzir custos e criar valor com maior eficiência, criar serviços públicos e privados personalizados, gerir serviços e lógicas de respeito pelo ambiente, aumentar a transparência, prevenir abusos e discriminações etc. Na já mencionada perspectiva otimista de Ray Kurzweil,[21] tecnologias baseadas em inteligência artificial podem possibilitar enfrentar os grandes desafios da humanidade, ou seja, preservar um ambiente saudável, fornecer recursos para uma população crescente, derrotar doenças, prolongar a longevidade humana ou eliminar a pobreza, possibilitar que médicos forneçam "diagnósticos mais precisos e cuidados direcionados e personalizados". Casos em que se poderá substituir a atividade exclusivamente humana e em muitas outras nas quais poderá integrar-se às capacidades do homem: podendo aumentar nossa capacidade de conhecer e agir e facilitar atividades inventivas e criativas. Graças à inteligência artificial, torna-se possível um novo tipo de colaboração entre pessoas e máquinas, que integra e vai além do modelo clássico em que os processos criativos são confiados às pessoas, e as máquinas se limitam a atividades repetitivas ou, em todo caso, meramente executivas. Em vez disso, o tipo de integração já previsto na década de 1960 pelo JK Linklider, o cientista que iniciou o desenvolvimento da *Internet*, ou seja, a cooperação entre pessoas e computadores na realização de atividades criativas, na tomada de decisões e no controle de situações complexas sem uma dependência inflexível de programas predeterminados.[22]

No entanto, o desenvolvimento da inteligência artificial e a convergência entre inteligência artificial e *big data* também levam a sérios riscos para os indivíduos e a sociedade como um todo. Tem sido observado como a substituição de sistemas inteligentes para o trabalho humano pode aumentar as desigualdades e o desconforto social. Em primeiro lugar, a inteligência artificial pode desvalorizar o trabalho daqueles que podem ser substituídos por máquinas: muitos correm o risco de perder a corrida contra as máquinas[23] e, portanto, serem excluídos das atividades produtivas, que podem levar à pobreza e à marginalização social (pense no impacto dos carros autônomos nos taxistas e caminhoneiros, ou no impacto dos *chatbots* inteligentes nos trabalhadores dos *call centers*). Isso implica, por um lado, a necessidade de garantir uma vida digna mesmo para aqueles que perderam seus empregos em decorrência da automação, mas também, por outro, a necessidade de oferecer novas oportunidades de atividade e livre iniciativa.

---

21. KURZWEIL. *How to Create a Mind.* New York, 2012.
22. LICKLIDER, ROBNETT. *Man-Computer Symbiosis.* IRE Transactions on Human Factors in Electronics HFE-1.March (1960), 4-11.
23. BRYNJOLFESSON, McAFEE. *Race Against the Machine.* Lexington, 2011.

A inteligência artificial, permitindo que grandes empresas digitais gerem enormes lucros com uma força de trabalho limitada, concentra riqueza naquelas e nas empresas que melhor sabem projetar e usar as tecnologias a serem criadas. Isso favorece modelos econômicos em que "o vencedor leva tudo" (*winner takes all*) tanto nas relações entre empresas (onde posições monopolistas determinem o acesso privilegiado ou exclusivo a dados e tecnologias) tanto nas relações entre trabalhadores (onde prevalecem aqueles que são capazes de desempenhar funções de alto nível que não podem ser automatizadas). Não são consequências inevitáveis: a formação de trabalhadores, modelos de interação homem-máquina que enfatizem a criatividade humana, medidas de redistribuição e acesso a dados e tecnologias, podem permitir que todos se beneficiem dos frutos da inteligência artificial, mas isso requer políticas e escolhas sociais. Os sistemas de inteligência artificial e os dados que utilizam podem oferecer novas oportunidades para atividades claramente ilegais: podem estar sujeitos a ataques ou podem ser ferramentas para cometer atos criminosos (por exemplo, veículos autônomos podem ser usados – para assassinatos ou atos terroristas, algoritmos inteligentes para fraude ou crimes financeiros etc.).[24]

Mesmo fora de atividades claramente ilegais, os atores motivados pelo lucro podem aproveitar o poder da inteligência artificial para buscar interesses comerciais legítimos de maneiras prejudiciais aos indivíduos e à sociedade. As empresas comerciais, combinando inteligência artificial e dados, podem sujeitar usuários, consumidores e trabalhadores a vigilância generalizada, limitar as informações e oportunidades a que têm acesso e manipular suas escolhas em direções que conflitam com seus interesses. Empresas como as grandes plataformas que hospedam conteúdo gerado pelo usuário, operam em mercados com dois ou mais lados: seus serviços principais (por exemplo, pesquisa, gerenciamento de redes sociais, acesso a conteúdo etc.) são oferecidos a usuários individuais, mas as receitas vêm de anunciantes, ou aqueles que estão interessados – em influenciar os usuários. Portanto, as plataformas não se limitam a coletar informações sobre os usuários que podem servir para melhor direcionar anúncios personalizados, mas utilizam todos os meios disponíveis para fidelizar os usuários, para que fiquem expostos a anúncios ou outras tentativas de persuasão. Isso leva não apenas a uma coleta massiva de dados sobre os indivíduos, em detrimento da privacidade, mas também a uma influência generalizada em seu comportamento, em detrimento não apenas da autonomia dos indivíduos, mas também da interesses coletivos. Por exemplo, a diminuição da autonomia do consumidor pode levar ao mau funcionamento dos mercados e, em particular, à exclusão de indivíduos e grupos de trocas e oportunidades. Algoritmos orientados ao lucro podem convergir em estratégias anticompetitivas, em detrimento dos concorrentes, mas também dos consumidores. Além disso, é possível captar a atenção dos usuários e mantê-los dentro das plataformas, oferecendo-lhes conteúdos que atendam aos seus gostos e concordem com suas opiniões, aproveitando a propensão

---

24. BHUTA, BECK, GEISS, KRESS, LIU. *Autonornotts Weapons Systems*: Law, Ethies, Migri Cambridge, 2015.

(viés de confirmação que caracteriza a psicologia humana[25]). Essa prática pode levar à polarização e fragmentação da esfera pública,[26] bem como à proliferação de notícias sensacionalistas, ou seja, não verificadas ou falsas (*fake news*). A inteligência artificial e as *big data* contribuem para esse fenômeno, através da geração de mensagens persuasivas, e através do direcionamento de mensagens personalizadas. para quem pode ser mais influenciado.

8. DECISÕES ALGORÍTMICAS ENTRE JUSTIÇA E DISCRIMINAÇÃO

A combinação de *big data* e inteligência artificial permite automatizar os processos de tomada de decisão, mesmo em áreas que exigem escolhas complexas, baseadas em inúmeros fatores, com base em critérios que não são exatamente bem-sucedidos. Isso pode melhorar a qualidade das decisões públicas e privadas, mas envolve novos riscos.

De fato, um amplo debate surgiu nos últimos anos sobre as perspectivas e os riscos das decisões algorítmicas. Alguns estudiosos descobriram que em muitos setores as previsões e decisões algorítmicas, incluindo aquelas relacionadas à avaliação de indivíduos, são mais precisas e eficazes do que as humanas, os sistemas automáticos podem evitar a propensão ao erro do homem, em particular na avaliação de dados estatísticos,[27] bem como preconceitos – étnicos, sociais, de gênero etc. – que muitas vezes sofremos. Observou-se que em muitas áreas – desde investimentos à contratação de pessoal, à concessão de gratuidades supervisionadas – as determinações algorítmicas são melhores, com referência aos critérios usuais, do que aquelas adotadas mesmo por especialistas.[28]

Outros enfatizaram a possibilidade de erro e discriminação de decisões algorítmicas. Somente em casos raros os algoritmos tomarão decisões explicitamente discriminatórias, a chamada discriminação direta (*disparate treatment*), baseando suas previsões em características proibidas (predatórias), como raça, etnia ou gênero. Mais frequentemente, o resultado de uma determinação algorítmica envolverá discriminação indireta (*disparate impact*), ou seja, terá um impacto desfavorável desproporcional em indivíduos pertencentes a determinados grupos, sem uma justificativa aceitável.

Os sistemas baseados em métodos de aprendizado supervisionado aprendem com os exemplos contidos em seu conjunto de treinamento e, portanto, tendem a reproduzir seus pontos fortes e fracos, incluindo a propensão ao erro e ao preconceito. Por exemplo, um sistema de recrutamento, treinado em exemplos de decisões passadas em que mulheres e minorias foram discriminadas, reproduzirá a mesma lógica.[29]

O viés dentro de um conjunto de treinamento pode estar presente mesmo que as informações que constituem os dados de entrada do sistema (os preditores) não in-

---

25. PARISER. *The filter bubble*: What the Internet is hiding from you. Londra, 2011.
26. SUNSTEIN. *Algorithms, Correcting Biases*. Social Research (2019), 499-511.
27. KAHNEMAN. *Thinking fast and slow*. Londra, 2011.
28. SUNSTEIN. *Algorithms, Correcting Biases*. Social Research (2019), 499-511.
29. KLEINBERG, LUDWIG, MULLAINATHAN, SUSTEIN. Discrimination in the Age of Algorithm. *Journal of Legal Analysis* 10 (2018), 113-174.

cluam características discriminatórias e cujo uso seja legalmente proibido, como etnia ou gênero. Isso pode ocorrer sempre que houver uma correlação entre características discriminatórias e alguns preditores utilizados pelo sistema. Suponha, por exemplo, que um gerente de recursos humanos nunca tenha contratado candidatos de uma determinada etnia por causa de seu preconceito e que os indivíduos dessa etnia residam em sua maioria em determinados bairros da cidade. Um conjunto de treinamentos baseado nas decisões de tal gestor ensinaria a não selecionar indivíduos residentes naqueles bairros, resultando na não aceitação de todos os pedidos de emprego daqueles pertencentes à etnia discriminada.

Em outros casos, um conjunto de treinamento pode ser parcial e conter vieses em relação a um determinado grupo, uma vez que o alcance do resultado desejado (por exemplo, determinados desempenhos no trabalho) é aproximado por um *proxy* (um elemento substitutivo) que possui um caráter discriminatório indireto sobre aquele grupo. Suponha, por exemplo, que o desempenho de trabalho futuro dos funcionários (alvo de interesse nos processos de contratação) seja medido considerando apenas o número de horas passadas no escritório. Esse critério poderia resultar em uma avaliação pior para as mulheres do que para os homens, se no passado as mulheres passaram menos horas no escritório, devido aos compromissos familiares. O sistema associaria corretamente o gênero feminino a uma menor propensão a fazer horas extras, mas estaria viciado pela conexão dessa propensão a uma menor capacidade de trabalho (sem considerar outros fatores, muito mais significativos).

Em outros casos, erros e discriminação podem surgir de vieses presentes nos preditores usados – no aprendizado de máquina. Determinações injustas podem derivar do uso de preditores vantajosos (função de entrada) aplicáveis – apenas a membros de um determinado grupo (por exemplo, o fato de ter frequentado determinadas escolas ou universidades socialmente seletivas).

A injustiça também pode resultar do uso de preditores baseados em julgamentos e avaliações distorcida, tendenciosa ou parcial (por exemplo, cartas de recomendação).

Finalmente, erros e discriminações podem resultar do fato de que os exemplos no conjunto de treinamento não refletem a composição estatística da população e, portanto, podem levar a determinações incorretas e discriminatórias em relação a determinados grupos, que no passado não foram capazes de ocupar determinados cargos (em particular cargos de responsabilidade). Suponha novamente, por exemplo, que na avaliação de questões para obter a liberdade condicional, a presença de antecedentes criminais contra o infrator tem um peso desfavorável, e que membros de determinados grupos (por exemplo, aqueles que pertencem a uma determinada etnia ou que professam determinada crença religiosa) estão sujeitos a controles mais rigorosos, como se a sua atividade criminosa fosse mais frequentemente descoberta e consequentemente condenada. Para os membros de tal grupo, isso geralmente resultaria em uma avaliação menos favorável do que os membros de outros grupos.

Em geral, graças à inteligência artificial, qualquer tipo de dado pessoal pode ser usado para analisar, prever e influenciar o comportamento de um indivíduo, uma oportunidade que transforma dados em mercadorias preciosas. As informações que antes não eram coletadas ou descartadas como dados inúteis – como vestígios de atividade online – agora se tornaram um recurso de grande valor.

Por meio de tecnologias baseadas em inteligência artificial e *big data* – combinados com todos os dispositivos e sensores que rastreiam cada atividade humana diariamente – os indivíduos podem ser constantemente monitorados e influenciados, em muito mais casos e contextos, com base em uma gama mais ampla de características pessoais (desde condições econômicas e de saúde, local de residência, escolhas de vida pessoal, até comportamento *online* e *offline*).

Graças aos sistemas informáticos – e em particular à inteligência artificial e *big data* – determinações discriminatórias ou, em qualquer caso, injustas (em termos de recrutamento, progressão na carreira, empréstimos, prêmios de seguro etc.) podem ser adotadas em muitos mais casos e contextos, a partir de um conjunto mais amplo de características pessoais (desde a situação econômica, às condições de saúde, à residência, às escolhas e acontecimentos da vida, à ordem e comportamento *online* e *off-line* etc.),[30] a observação e avaliação gera uma forte pressão psicológica e afeta a autonomia pessoal, mesmo quando há uma correlação estatística entre as características da pessoa em questão e a avaliação que podem induzir, por um lado, tratar as pessoas de forma injusta, sem levar em conta as circunstâncias especiais que lhes dizem respeito, por outro lado, rejeitar ou dificultar as disputas dos interessados, uma vez que tais disputas, mesmo quando justificadas, interferem no funcionamento do sistema, causando custos e incertezas. Este problema foi efetivamente tratado por Cathy O'Neill que identifica nos algoritmos "possíveis as armas matemáticas de destruição".[31] Suas críticas foram respondidas observando que se é verdade que os sistemas algorítmicos, e em particular aqueles baseados em aprendizado de máquina, podem reproduzir ou mesmo exacerbar as desigualdades existentes, também é verdade que os processos algorítmicos são mais controláveis – do que as decisões subjacentes e podem ser melhorado e projetados para evitar resultados injustos.

Com a implementação de requisitos adequados, o uso de algoritmos permitirá revisar e avaliar mais facilmente todo o processo de decisão, tornando muito mais fácil saber se ocorreu discriminação. Ao impor um novo nível de especificidade, o uso de algoritmos destaca e torna transparentes os *trade-offs* entre valores concorrentes, sendo uma força positiva para a equidade.[32]

---

30. O'NEIL. *Weapons of math destruction: how big data increases inequality and threatens democracy*. New York, 2016.
31. O'NEIL. *Weapons of math destruction: how big data increases inequality and threatens democracy*. New York, 2016.
32. KLEINBERG, LUDWIG, MULLAINATHAN, SUSTEIN. Discrimination in the Age of Algorithm. *Journal of Legal Analysis* 10 (2018), 113-174.

O certo é que a ideia de que apenas decisões rotineiras podem ser confiadas a algoritmos, e não aquelas que envolvem condições de incerteza, discrição e avaliações, mesmo em relação a indivíduos, está ultrapassada. Os sistemas de inteligência artificial mostraram que podem operar com sucesso mesmo em áreas onde faltam critérios precisos e unívocos e, portanto, também em setores tradicionalmente confiados à intuição humana, treinados (por exemplo, em diagnóstico médico, em investimentos financeiros, na concessão de crédito etc.).

O desafio para o futuro é encontrar as melhores combinações entre inteligência humana e artificial, avaliações humanas e avaliações automatizadas, integrando-as entre si e levando em consideração o potencial de cada uma. Além disso, a inteligência artificial pode ser usada para controlar suas próprias aplicações, identificando eventuais defeitos nos mecanismos de decisões automáticas.

9. IA, VALORES E NORMAS LEGAIS

Para promover práticas de uso de inteligência artificial que respeitem princípios, valores e normas legais, é necessário garantir que o desenvolvimento e a disseminação desses sistemas ocorram dentro de um quadro sociotécnico (entendido como o conjunto de tecnologias, habilidades, estruturas organizacional e normativa) em que os interesses individuais e o bem social não são apenas preservados, mas, sempre que possível, fortalecidos. Para fornecer suporte regulatório para a criação de tal quadro, é necessário focar não apenas nas regras existentes, mas também nos princípios gerais, pois as regras existentes podem não fornecer soluções e diretrizes adequadas para cidadãos, políticos e legisladores. Os princípios de referência incluem os direitos fundamentais e os valores sociais, tanto do ponto de vista ético como jurídico.

10. UMA ESTRUTURA ÉTICA PARA A INTELIGÊNCIA ARTIFICIAL

Um resumo de alto nível do quadro ético da inteligência artificial foi publicado recentemente em um dos documentos do grupo de trabalho Al4People, criado por iniciativa da União Europeia., que estabelece as oportunidades da inteligência artificial e os riscos resultantes:[33]

– permitir a autorrealização humana, sem desvalorizar as capacidades humanas;

– melhorar a ação humana, sem retirar a responsabilidade humana;

– cultivar a coesão social, sem erodir a autodeterminação humana.

O Grupo de Especialistas de Alto Nível em Inteligência Artificial, criado pela Comissão Europeia, publicou recentemente um conjunto de diretrizes éticas para inteligência artificial confiável. De acordo com o grupo de especialistas, os fundamentos

---

33. FLORIDI, Luciano. *Al4People* – An Ethical Framework for a Good AI Society: Opportunities, Risks, Principles, and Recommendations. Minds and Machines 28 (2018).

de uma sociedade leal, ética e robusta devem estar centrados nos direitos fundamentais e refletir os quatro princípios éticos a seguir:

– Respeito pela autonomia humana; os seres humanos que interagem com a inteligência artificial devem ser capazes de manter sua capacidade de autodeterminação de forma plena e efetiva. A inteligência artificial não deve subordinar, coagir, enganar, manipular, condicionar injustamente os seres humanos, mas sim ser projetada para aumentar, integrar e aprimorar as habilidades cognitivas, sociais e culturais dos seres humanos;

– Prevenção de danos: envolve a proteção da dignidade humana e da integridade mental e física. Sob esse princípio, os sistemas de IA e os ambientes em que operam devem ser seguros e protegidos e não devem causar nem agravar danos ou afetar negativamente os seres humanos.

– Equidade: entendida na sua dimensão substancial e processual. A dimensão substantiva implica o compromisso de assegurar uma distribuição equitativa e justa dos custos e benefícios e que os indivíduos, bem como os grupos de indivíduos, estejam livres de preconceitos, discriminação e estigmatização injusta. A dimensão processual implica a possibilidade e a capacidade de contestar e obter reparação contra decisões injustas e tomadas por sistemas de inteligência artificial e pelos humanos que os utilizam;

– Explicabilidade: os processos algorítmicos devem ser transparentes, as capacidades e propósitos dos sistemas de inteligência artificial comunicados abertamente e as decisões algorítmicas explicáveis – aos indivíduos envolvidos direta e indiretamente.

Para implementar e atingir o objetivo de inteligência artificial confiável, a AI4People indica sete requisitos, com base nos princípios mencionados acima:

– Iniciativa e controle humano;

– Robustez e segurança técnica, incluindo resiliência a ataques, um plano geral de segurança, precisão, confiabilidade e reprodutibilidade;

– Privacidade e governança de dados, incluindo respeito à privacidade, qualidade e integridade dos dados e acesso aos dados;

– Transparência, incluindo rastreabilidade, explicabilidade e comunicação;

– Diversidade, não discriminação e justiça, incluindo prevenção de preconceitos, acessibilidade, um modelo de design universal e a participação de todas as partes interessadas;

– Bem-estar social e ambiental, incluindo sustentabilidade e respeito pelo meio ambiente, impacto social, sociedade e democracia;

– Responsabilidade, incluindo verificabilidade, minimização e comunicação de impactos negativos, compromisso e soluções.

O cumprimento destes requisitos deve ocorrer durante todo o ciclo de vida de um sistema de inteligência artificial, tendo em conta a aplicação em causa.

A recente análise comparativa dos documentos relativos à ética de IA encontrou uma convergência a nível global em torno dos valores de transparência, não maleficência, responsabilidade e privacidade, enquanto dignidade, solidariedade e responsabilidade são mencionadas com menos frequência.[34] No entanto, existem diferenças substanciais na forma de lidar com casos em que alguns dos valores mencionados são prejudicados por usos particulares de IA, que, no entanto, produzem benefícios econômicos, administrativos, políticos ou militares.

11. PRINCÍPIOS E NORMAS LEGAIS

Passando da ética para a lei, a inteligência artificial é capaz de promover e ameaçar não só os direitos fundamentais à privacidade e proteção de dados, mas também outros direitos fundamentais, contidos na Carta dos Direitos da União e nas constituições nacionais. Os direitos à privacidade e proteção de dados (artigos 7 e 8 da Carta) estão em primeiro lugar, mas outros direitos também estão em jogo: dignidade humana (artigo 1), direito à liberdade e segurança (artigo 6), liberdade. de pensamento, consciência e religião (artigo 10), liberdade de expressão e informação (artigo 11), liberdade de reunião e associação (artigo 12), liberdade das artes e ciências (artigo 13), direito à educação (artigo 14), liberdade profissional e direito ao trabalho (artigo 15), direito à igualdade perante a lei (artigo 20), direito à não discriminação (artigo 21), à igualdade entre homens e sono (artigo 23), direitos das crianças (artigo 24), direito a condições de trabalho justas e (artigo 31), proteção da saúde (Artigo 35), direito de acesso a serviços de interesse econômico geral (artigo 36), proteção do consumidor (artigo 3-6), direito a bons cuidados de saúde (artigo 41), direito a um recurso efetivo e um juiz imparcial (artigo 47).

Aos direitos individuais, inúmeros valores sociais fundamentais – como o bem-estar, a competição, a eficiência, o desenvolvimento das artes, das ciências e da cultura, a cooperação, a civilização e a segurança, o respeito mútuo e a própria democracia – estão envolvidos no uso de inteligência artificial.

Dado o enorme impacto na vida individual e social dos cidadãos, a IA enquadra-se no âmbito de aplicação de várias disciplinas jurídicas do setor, e em particular, embora não exclusivamente, na proteção de dados,[35] defesa do consumidor e concorrência. Conforme observado pela European Data Protection Supervisor (EDPS no Parecer 8/18 sobre o pacote legislativo *New Deal for Consume*), existem sinergias entre as três disciplinas jurídicas; Direito do consumidor e direito de proteção de dados compartilham os objetivos comuns de corrigir informações e desequilíbrios de poder de mercado e, juntamente com o direito da concorrência, ajudam a garantir o tratamento justo dos indivíduos. Outras áreas do direito também estão envolvidas: direito do trabalho no que diz respeito às novas formas de controle sobre os trabalhadores, o uso da IA – em

---

34. JOBIN, IENCA, VAYENA. *Artificial intelligence*: the global landscape of ethics guidelines. Nature Machine Intelligence 1 (2019), 389-399.
35. PIZZETTI. *Intelligenza artificiale, protezione dei dati personali e regolazione*. Torino, 2018.

processos administrativos, a responsabilidade civil por danos causados – por sistemas, máquinas e tecnologias baseadas em IA,[36] o direito dos contratos quanto ao uso de inteligência artificial na elaboração, redação e execução de contratos etc.

12. OS INTERESSES A PROTEGER

Conforme observado nas seções anteriores, a inteligência artificial aliada a *big data* oferece grandes oportunidades de desenvolvimento e bem-estar, mas se não for bem governada, pode comprometer importantes interesses individuais e coletivos. Em primeiro lugar, há o interesse na proteção de dados, ou seja, o uso legítimo e proporcional de dados pessoais. Isso dificilmente é compatível com um ambiente online no qual todo e qualquer comportamento é registrado e as informações relacionadas são usadas para extrair mais conhecimento sobre os indivíduos, além de seu controle, e para processar tal conhecimento de formas pretencialmente contrárias aos interesses dos próprios indivíduos.

O tratamento de dados pessoais através de sistemas de inteligência artificial também pode comprometer o tratamento algorítmico justo e correto, ou seja, o interesse em não ser sujeito a vieses injustificados na sequência do tratamento automático. A possibilidade de tratamentos algorítmicos injustos e incorretos, bem como a necessidade de manter o controlo sobre os próprios dados e de compreender (e eventualmente contestar) as razões das determinações que dizem respeito a cada um, dá origem a uma interesse em transparência e explicabilidade algorítmica. Em outras palavras, o interessado tem a necessidade de entender como e por quê determinada resposta foi dada ou determinada decisão foi tomada, de modo a entender o processo decisório da inteligência artificial e poder solicitar uma prestação de contas da do mesmo.[37] Em primeiro lugar, este requisito diz respeito às decisões mais importantes, por parte das autoridades públicas e privadas (acesso a empregos ou outros cargos, concessão de empréstimos, atribuição de benefícios ou imposição de sanções). No entanto, a transparência deve também ser garantida quando, com base na definição de perfis, os indivíduos são objeto de uma série de microdecisões que individualmente consideradas não são particularmente importantes, mas que, no seu conjunto, são capazes de afetar significativamente esses indivíduos. decisões ou séries de decisões de reajuste baseadas em perfis, a autonomia individual fica comprometida quando os indivíduos interagem com sistemas de computador que aparecem como caixas de mercadorias. cujos mecanismos de funcionamento permanecem inacessíveis, e cujas decisões permanecem inexplicáveis – e, portanto, não contestáveis.[38]

---

36. RUFFOLO. *Intelligenza Artificiale e Responsabilità*. Milano, 2018.
37. FLORIDI, Luciano. *AI4People* – An Ethical Framework for a Good AI Society: Opportunities, Risks, Principles, and Recommendations. Minds and Machines 28 (2018), 689-707.
38. GUIDOTTI, MONREALE, TURINI, PEDRESCHI, GIANNOTTI. *A Survey Of Methods for Explaining Blade Box Models*. arXiv:1802.01933v2 (cs.CY) (2018).

Sistemas de inteligência artificial, tendo acesso a grandes massas de dados sobre indivíduos e sobre aqueles que são semelhantes a eles, são capazes de usar essas informações para obter comportamentos desejados, para fins não compartilhados, possivelmente violando as expectativas de confiança de quem controla o sistema em questão.[39]

Finalmente, cidadãos e consumidores também têm interesse na correta competição algorítmica, ou seja, em não serem submetidos a abusos na exploração de posições dominantes no mercado que resultam do controle exclusivo de grandes massas de dados e tecnologias avançadas. Esses desequilíbrios afetam diretamente as empresas concorrentes, mas também afetam negativamente os consumidores; as empresas dominantes podem limitar as escolhas dos consumidores ou impor-lhes condições desfavoráveis. Além disso, a falta de concorrência fornece àqueles que governam o mercado recursos substanciais que podem ser usados – para aumentar e fortalecer ainda mais seu poder de mercado (por exemplo, comprando antecipadamente concorrentes em potencial) ou para promover interesses privados, influenciando a opinião pública e a política. Recentemente, na sequência desta preocupação, a autoridade alemã da concorrência (Bundeskartellamt) impôs uma elevada sanção ao Facebook, por abusar de sua posição dominante nas redes sociais. O Facebook exigiu que seus usuários aceitassem o gerenciamento unificado de dados pessoais coletados por meio de diversos serviços controlados pelo próprio Facebook.

13. CONCLUSÕES

A inteligência artificial é uma tecnologia transversal e abrangente que atinge todas as áreas da vida social. Pode dar uma grande contribuição ao progresso cultural, econômico e social, mas coloca em risco interesses individuais e sociais fundamentais.

A inteligência artificial representa, portanto, um desafio que exige respostas não apenas tecnológicas, mas também éticas, políticas e jurídicas. Da ética devemos traçar indicações sobre os valores em jogo, sobre os fundamentos da sociedade e sobre as formas como a inteligência artificial pode influenciar esses valores e fundamentos, criando tanto riscos como oportunidades. A política exige escolhas capazes de conciliar a inovação tecnológica no campo da inteligência artificial – hoje essencial também no contexto da concorrência internacional – com as necessidades de proteção e desenvolvimento individual e social.

Finalmente, o direito tem um papel mediador fundamental. O exame das implicações da inteligência artificial para a defesa e promoção dos direitos fundamentais e dos valores de uma sociedade aberta e democrática reinterpretação o direito atual – capaz de conciliar o progresso tecnológico, direitos individuais e valores sociais.

---

39. BALKIN. The Three Las of Robotits in the Age of Big Data. *Ohio State our al Law Journal* (2017), 1217-241.

14. REFERÊNCIAS

AI-HLEG. *High-level expert group on artificial intelligence*. A definition of AI: Main capabilities and scientific disciplines, 2019.

AMODEI, OLAH, STEINHARDT, CHRISTIANO, SCHULMAN, MANÉ. *Concrete Problems in Ai Safety*. Eprint arXiv:1606.06565, 2016.

ASHLEY. *Artificial Intelligenze and Lea Analytics*. Cambridge, 2017.

BALKIN. The Three Las of Robotits in the Age of Big Data. Ohio State – *our al Law Journal* (2017), 1217-241.

BHUTA, BECK, GEISS, KRESS, LIU. *Autonornotts Weapons Systems*: Law, Ethies, Migri. Cambridge, 2015.

BOSTROM Superintelligence. Oxford, 2014.

BRYNJOLFESSON, McAFEE. Race Against the Machine. Lexington, 2011.

CRISTIAN1NI. *The road toartificial intelligence*: A case of data over theory. New Scientist (26 October 2016).

FLORIDI, Luciano. *Al4People* – An Ethical Framework for a Good AI Society: Opportunities, Risks, Principles, and Recommendations. Minds and Machines 28 (2018), 689-707.

FUTURE OF LIFE INSTITUTE. An open letter research priorities for robast and beneficial artificial intelligence, in (2016). url: http://futureoflife.org/ai-open-letter/.

GUIDOTTI, MONREALE, TURINI, PEDRESCHI, GIANNOTTI. *A Survey Of Methods for Explaining Blade Box Models*. in arXiv:1802.01933v2 (cs.CY) (2018).

HAREL, FELDMAN. *Algorithmics*: The Spirit of Computing, Boston, 2004.

JOBIN, IENCA, VAYENA. *Artificial intelligence*: the global landscape of ethics guidelines. Nature Machine Intelligence 1 (2019), 389-399.

KAHNEMAN. *Thinking fast and slow*. Londra, 2011.

KLEINBERG, LUDWIG, MULLAINATHAN, SUSTEIN. Discrimination in the Age of Algorithm. *Journal of Legal Analysis* 10 (2018), 113-174.

KURZWEIL. *The Age of Intelligent Machines*. Cambrige, 1990.

KURZWEIL. *The Sirlgtdarity is Near*. New York, 2005.

KURZWEIL. *How to Create a Mind*. New York, 2012.

LICKLIDER, ROBNETT. *Man-Computer Symbiosis*. IRE Transactions on Human Factors in Electronics HFE. 1.March (1960), 4-11.

MAYER-SCHONBERGER, CUKIER. *Big Data*. A revolution that will transform how we live, work, and think. Boston, 2013.

McAFEE, BRYNJOLFESSON. *Machine, Platform, Crowd*. Londra-New York, 2019. NILSSON. *The Quest for Artificial Intelligence*. Cambridge, 2010.

O'NEIL. *Weapons of math destruction*: how big data increases inequality and threatens democracy. New York, 2016.

PAGALLO. *The laws of rohots*. Londra, 2013.

PARISER. *The filter bubble*: What the Internet is hiding from you. Londra, 2011.

PARKIN. Science fiction no more? Channel 4's Hurnans and our rogue AI obsessions. *The Guardiani*, 14 June 2015.

PASQUALE. *The black box society*: the secret algorithms that control money and information. Harvard, 2015.

PIZZETTI. *Intelligenza artificiale, protezione dei dati personali e regolazione*. Torino, 2018.

POLANYI. *The tacit dimensioni*. Chicago (1966) 2009.

PRAKKEN, SARTOR. *Law and logic*: A review from an argurnentation perspective. Artificial Intelligence 227 (2015), 214.45.

RUFFOLO. *Intelligenza Artificiale e Responsabilità*. Milano, 2018.

RUSSELL, DEWEY, TEGMARK. *Research Priorities for Robust and Beneficial Artificial Intelligence*. AI Magazine (2015), 105-14.

RUSSELL, NORVIG. *Artificial Intelligence*. A Modern Approach. Upper Saddle River, 2016.

SUNSTEIN. *Algorithms, Correcting Biases*. Social Research (2019), 499-511.

TEGMARK. *Life 3.0*: Being hurnan in the age of artificial intelligence. New York, 2017.

TURING. *Intelligent Machiraery*. A Heretical Theory. Philosophia Mathernatica 4 ((1951) 1996), 256-60.

VAN HARMELEN, LIFSCHITZ, PORTER (a cura di). *Handbook of knowledge representation*. Amsterdam--Filadelfia, 2008. v. 1.

VARIAN. *Computer Mediated Transactions*. American Economic Review(2): 100 (2010), 1-10.

5
DESAFIOS DO MERCADO DIGITAL PARA O DIREITO DO CONSUMO: *BIG DATA, PROFILING* E PERSONALIZAÇÃO DE PREÇOS COM BASE EM DECISÕES AUTOMATIZADAS

Ana Francisca Pinto Dias

Mestre e Doutoranda em Ciências Jurídico-Processuais na Faculdade de Direito da Universidade de Coimbra. Docente na Faculdade de Direito da Universidade de Coimbra e no Centro de Direito do Consumo da Faculdade de Direito da Universidade de Coimbra. Endereço de correio eletrónico: francisca.dias@fd.uc.pt.

"Price discrimination may be a good thing in a free market economy, but the fairness again depends on consumers' awareness of the way they are categorised."

Mireille Hildebrandt

> **Sumário:** 1. Considerações preliminares – 2. Preços personalizados: discriminação de preços e personalização de preços – 3. *Big data* e personalização de preços *online*: algoritmos de *profiling* e algoritmos de precificação – 4. A regulação da personalização de preços na era digital: direito da proteção de dados e direito do consumidor; 4.1 Preços personalizados e aplicabilidade do regulamento geral sobre a proteção de dados; 4.1.1 A exigência de um fundamento jurídico adequado para o tratamento de dados pessoais: princípio da licitude; 4.1.2 A exigência de transparência: o direito de informação do titular dos dados; 4.1.3 O direito de não estar sujeito a decisões automatizadas; 4.2 A personalização de preços na ótica do direito europeu do consumidor; 4.2.1 Enquadramento; 4.2.2 A diretiva relativa aos direitos dos consumidores: obrigação específica de informação pré-contratual – 5. Síntese conclusiva – 6. Referências.

1. CONSIDERAÇÕES PRELIMINARES

À medida que a análise de megadados (*Big Analytics*) e os algoritmos de fixação de preços (*algorithmic pricing*) se tornam uma prática crescente na era digital surgem preocupações acutilantes em torno da possibilidade de as empresas utilizarem tais mecanismos para se envolverem em práticas de personalização de preços ou precificação personalizada, entendida como uma forma de discriminação de preços que implica a cobrança de preços diferentes aos consumidores pelo mesmo bem ou serviço, em função do seu poder de compra ou da sua disposição a pagar por um bem ou serviço.

Conquanto, do ponto de vista económico, a fixação de preços personalizados tenha o potencial de melhorar a eficiência das empresas e beneficiar os consumidores com menor poder de compra, permitindo às empresas fornecer bens e serviços a consumidores que só estão dispostos a pagar um preço inferior ao preço uniforme para adquirir o bem ou o serviço e que, de outra forma, não teriam acesso ao produto, em algumas circunstâncias pode conduzir também a uma perda no bem-estar dos consumidores.[1]

Além disso, em algumas circunstâncias, a personalização de preços pode ser encarada pelos consumidores como uma prática desleal, o que acarreta o risco de reduzir a confiança dos consumidores no mercado digital e, por conseguinte, prejudicar a sua participação no mercado digital.[2]

Apesar da atenção que o tema da personalização de preços tem vindo a receber nos últimos tempos, motivado pelo incremento da economia digital e pelo crescente e fácil acesso das empresas a dados pessoais dos consumidores, a extensão com que a prática da personalização de preços está a ser, de facto, implementada pelas empresas não é exatamente conhecida, dado que há poucos casos com relato jurisprudencial que envolvem tais práticas.[3]

A falta de evidências sobre o recurso à personalização de preços pelas empresas pode derivar de vários fatores, nomeadamente, a falta de transparência das empresas acerca

---

1. Para um maior desenvolvimento sobre este ponto, vide, entre outros autores, GRAEF, Inge. Algorithms and fairness: What role for competitional law in targeting price discrimination towards end consumers? *The Columbia Journal of European Law*, v. 24, n. 3, p. 544 e 545 e 552 a 554, 2018; GONZAGA, Pedro; DONOHUE, Michael; CUIJPERS, Dries; CAPOBIANCO, Antonio. Personalised Pricing in the Digital Era. *Background Note by the OECD Secretariat* (DAF/COMP(2018)13), 28 november 2018, p. 17 a 23; POORT, Joost; BORGESIUS, Frederik Zuiderveen. Online Price Discrimination and EU Data Privacy Law. *Journal of Consumer Policy*, v. 40, p. 352 a 354, 2017; STEINBERG, Etye. Big Data and Personalized Pricing. *Business Ethics Quarterly*, v. 30, n. 1, p. 102 a 104. January 2020.
2. Têm sido realizados vários estudos que demonstram que a maioria dos consumidores considera a discriminação de preços em linha injusta e inaceitável e afirmam que deveria ser proibida. Estes estudos concluíram também que se a discriminação de preços em linha for enquadrada como um desconto (isto é, se forem utilizadas palavras como "mais barato" ou "preço mais baixo") há uma maior aceitação da prática por parte dos consumidores, pese embora, a maioria continue a considerar que a discriminação de preços é inaceitável. Mais se tem concluído que os consumidores tendem a aceitar mais positivamente a personalização de preços se esta for transparente, revelando, em particular, preocupação por não se aperceberem da personalização de preços em linha, o que evidencia um problema de assimetria informativa. Sobre alguns destes estudos e para uma análise desenvolvida acerca da perceção dos preços personalizados por parte dos consumidores, vide, entre muitos outros autores, POORT, Joost; BORGESIUS, Frederik Zuiderveen. Personalised Pricing: The Demise of the Fixed Price? Disponível em: https://papers.ssrn.com/sol3/papers.cfm?abstract_id=3792842, p. 8 a 14; GONZAGA, Pedro; DONOHUE, Michael; CUIJPERS, Dries; CAPOBIANCO, Antonio. Personalised Pricing in the Digital Era, cit., p. 23 a 26; RICHARDS, Timothy J.; LIAUKONYTE, Jura; STRELETSKAYA, Nadia A. Personalized Pricing and Price Fairness. *International Journal of Industrial Organization*, v. 44, p. 138 e ss. 2016; TOWNLEY, Christopher; MORRISON, Eric; YEUNG, Karen. Big Data and Personalised Price Discrimination in EU Competition Law. *King's College London Law School Research Paper*, n. 2017-38, p. 19 e ss.
3. Sobre o caso paradigmático de preços personalizados no Brasil, o caso Decorlar.com, vide, QUINELATO, Pietra Daneluzzi. *Preços personalizados à luz da Lei Geral de Proteção de Dados*: viabilidade econômica e juricidade. Indaiatuba, São Paulo: Editora Foco, 2022, p. 81 a 84; FALEIROS JÚNIOR, José Luiz de Moura; MEDON, Filipe. Discriminação algorítmica de preços, perfilização e responsabilidade civil nas relações de consumo. *Revista de Direito da Responsabilidade*, ano 3, 2021, p. 955 e 956.

das suas estratégias de precificação ou a sua abstenção em definir preços personalizados por recearem uma reação negativa por parte dos consumidores.[4]

O impacto dos riscos da personalização de preços para os consumidores deve ser enfrentado de um ponto de vista multidisciplinar, combinando vários instrumentos normativos, incluindo normas de proteção dos consumidores e a normas de proteção da privacidade e dos dados pessoais.[5-6]

A política de defesa dos consumidores desempenha, de facto, uma papel fulcral para enfrentar os riscos da personalização de preços, em particular, no âmbito de medidas de reforço dos direitos dos consumidores (*maxime*, do *direito à informação*) e de *defesa dos seus interesses económicos*. Neste ponto, a estratégia política passa por dois aspetos essenciais:[7] (i) proibir os profissionais de implementarem práticas de personalização de preços de forma não transparente, obrigando-os a *informar* os consumidores sempre que o preço for personalizado com base numa decisão automatizada; e, (ii) *sancionar práticas comerciais desleais* que possam reforçar os riscos ou os efeitos negativos da personalização de preços para os consumidores, como práticas comerciais enganosas que restringem a transparência e influenciam indevidamente o comportamento e as escolhas dos consumidores.

Por outro lado, as regras em matéria de proteção de dados pessoais podem contribuir para garantir que a personalização de ofertas a consumidores específicos ou a grupos de consumidores sob a forma de fixação personalizada de preços, com base no rastreamento e na definição de perfis do comportamento em linha dos consumidores, não é efetuada sem consentimento e precedida do cumprimento de exigências de transparência, aumentando a capacitação dos consumidores para compreender o mecanismo da personalização de preços e a tomada de decisões de transação conscientes e informadas.

---

4. Cfr., GONZAGA, Pedro; DONOHUE, Michael; CUIJPERS, Dries; CAPOBIANCO, Antonio. Personalised Pricing in the Digital Era, cit., p. 5 e 6; CHAPDELAINE, Pascale. Algorithmic Personalized Pricing. *Journal of Law & Business*, v. 17, n. 1, p. 17. 2020. Numa análise mais desenvolvida, referindo um conjunto razões éticas, legais, técnicas e económicas que justificam os obstáculos sentidos pelas empresas para implementar estratégias de personalização de preços em linha, vide, HINDERMANN, Christoph Michael. Price Discrimination in Online Retail. *ZBW* – Leibniz Information Centre for Economics. Kiel, Hamburg, 2018, p. 8 a 10.

5. Dando conta da "necessidade de verdadeiro diálogo de fontes" entre as normas sobre a proteção de dados pessoais e as normas em matéria de direito do consumo relativamente "à tutela dos temas relativos à proteção do ciber-consumidor", vide, GUIMARÃES, João Alexandre Silva Alves; FACCIO, Letícia Preti. A tutela do consumidor digital: vulnerabilidade algorítmica, publicidade virtual e responsabilidade civil. In: VEIGA, Fábio da Silva; ALVES, Rodrigo Vitorino Souza; FONSECA, Maria Hemília (Coord.). *Diálogos dos direitos humanos*. Porto: Instituto Iberoamericano de Estudos Jurídicos – IBEROJUR, 2022, p. 139.

6. A temática da personalização de preços deve, igualmente, ser encarada do ponto de vista da defesa da concorrência e de políticas de antidiscriminação. Porém, estas abordagens não serão objeto do presente trabalho. Para uma análise da personalização de preços no âmbitos destes domínios jurídicos, vide, entre outros, GRAEF, Inge. Algorithms and fairness: What role for competitional law in targeting price discrimination towards end consumers?, cit., p. 545 a 550; GONZAGA, Pedro; DONOHUE, Michael; CUIJPERS, Dries; CAPOBIANCO, Antonio. Personalised Pricing in the Digital Era, cit., p. 26 a 32 e 40 e 41; STREEL, Alexandre de; FLORIAN, Jaques. Personalised pricing and EU Law. *30th European Conference of the International Telecommunications Society (ITS)*: "Towards a Connected and Automated Society". Helsinki, Finland, 16th-19th June, 2019, p. 15 a 21.

7. Cfr., GONZAGA, Pedro; DONOHUE, Michael; CUIJPERS, Dries; CAPOBIANCO, Antonio. Personalised Pricing in the Digital Era, cit., p. 7.

Com efeito, é possível afirmar que a chave para enfrentar os riscos advindos das práticas de personalização de preços em linha está no incremento da *transparência* em relação aos consumidores quando fazem compras em linha, com o consequente aumento da confiança dos consumidores no mercado digital e em torno da economia digital.

A relevância da maior transparência em relação aos "ciberconsumidores" acerca da precificação personalizada, bem assim, da necessária relação de complementaridade entre as regras de proteção dos consumidores e as regras no domínio de proteção de dados para dar resposta às preocupações que circundam as práticas de personalização de preços está patente na Diretiva (EU) 2019/2161 do Parlamento Europeu e do Conselho, de 27 de novembro de 2019 (conhecida como «Diretiva Omnibus»), que visa assegurar uma melhor aplicação e a modernização das regras da União Europeia em matéria de defesa dos consumidores.

O considerando 45 da «Diretiva Omnibus», esclarece que "os profissionais podem personalizar o preço das suas ofertas para consumidores específicos ou categorias específicas de consumidores, com base em decisões automatizadas e na definição de perfis de comportamento dos consumidores, de molde a permitir-lhes avaliar o poder de compra do consumidor", desde que os consumidores sejam "claramente informados sempre que lhes seja apresentado um preço personalizado com base numa decisão automatizada, de modo a poderem ter em conta os potenciais riscos nas suas decisões de compra". Mais esclarece que esta obrigação de informação "não prejudica o disposto no Regulamento (UE) 2016/679, que prevê, nomeadamente, o direito de o indivíduo não ser sujeito a decisões individuais automatizadas, designadamente a definição de perfis".

Partindo deste quadro, o presente texto procurará analisar como é que a regulação europeia, nos setores de defesa do consumidor e da proteção de dados pessoais, dá resposta a alguns dos riscos das práticas de personalização de preços nas relações *business-to-consumer*.

2. PREÇOS PERSONALIZADOS: DISCRIMINAÇÃO DE PREÇOS E PERSONALIZAÇÃO DE PREÇOS

O conceito de *personalização de preços* ou de *preços personalizados* (ou preços sob medida) não é um conceito absolutamente novo na literatura, tendo ganho, porém, um novo fôlego nesta era disruptiva da inteligência artificial.

A personalização de preços constitui uma categoria alternativa do conceito mais amplo de *discriminação de preços*, figura construída e desenvolvida, durante décadas, na literatura económica. É paradigmática a obra do célebre economista e professor de Cambridge, Arthur Cecil Pigou, *The Economics of Welfare* – sobejamente acolhida por inúmeros entusiastas da economia –, na qual é apresentada uma taxinomia do fenómeno da discriminação de preços, onde faz incluir três categorias ou grupos taxinómicos – que designa por "degrees of discriminating power" –, a saber: a discriminação de preços de primeiro grau (ou discriminação de preços perfeita), a discriminação de segundo grau e a discriminação de terceiro grau.[8]

A *discriminação de primeiro grau* é aquela que permite que cada operação de transação se faça ao *preço de reserva* do adquirente do bem ou serviço (isto é, o preço máximo que o adquirente está disposto a pagar pelo bem ou serviço), ou seja, é cobrado aos consumidores o preço exato que estão dispostos a pagar pelo bem ou serviço, o que exige que o vendedor tenha conhecimento das caraterísticas de cada comprador e da sua procura.

A *discriminação de segundo grau*, que é a que depende de um indicador objetivo totalmente independente de informações acerca do adquirente do bem ou serviço – razão por que vem sendo considerada como uma forma de discriminação de preços indireta[9] –, reportando-se a situações de diferenciação do preço em função das quantidades adquiridas dos bens (v.g., através de desconto por quantidade) e às estratégias de *versioning*, isto é, nos casos em que o agente económico oferece diferentes versões de um bem ou serviço a preços distintos, permitindo ao consumidor escolher a versão que melhor se adapta às suas necessidades.[10]

A *discriminação de terceiro grau*, depende de indicadores sobre as caraterísticas dos adquirentes dos bens ou serviços (à semelhança da discriminação de preços de primeiro grau[11]) e traduz-se na capacidade de o agente económico segmentar os adquirentes dos bens ou serviços em diferentes grupos, oferecendo um preço distinto pelo mesmo bem ou serviço a cada grupo de consumidores, em atenção às caraterísticas coletivas (já não individuais) observadas.

Partindo desta taxonomia do fenómeno da discriminação de preços, a prática de personalização de preços em linha tem vindo a ser enquadrada de diferentes formas.[12]

---

8. Sobre este ponto, vide, PIGOU, Arthur Cecil. *The Economics of Welfare*. 4. ed. Macmillan, London, 1932, p. 161. Para uma análise dos três graus de discriminação de preços, vide, ainda, na doutrina estrangeira, SEARS, Alan M. The Limits of Online Price Discrimination in Europe. *The Columbia Science & Technology Law Review*, v. XXI, n. 1, 202, p. 5 a 7; POORT, Joost; BORGESIUS, Frederik Zuiderveen. Personalised Pricing: The Demise of the Fixed Price?, cit., p. 3 e 4; GRAEF, Inge. Algorithms and fairness: What role for competitive law in targeting price discrimination towards end consumers?, cit., p. 544; TOWNLEY, Christopher; MORRISON, Eric; YEUNG, Karen. Big Data and Personalised Price Discrimination in EU Competition Law, cit., p. 7. Na nossa doutrina, vide por todos, CALVETE, Vitor. Três ou quatro intrigantes: excedente do consumidor e discriminação de preço. *Boletim de Ciências Económicas da Faculdade de Direito da Universidade de Coimbra*, v. LXI, 2018, p. 114, nota de rodapé n. 2.

9. Cfr., SEARS, Alan M. The Limits of Online Price Discrimination in Europe, cit., loc. cit., p. 5; GONZAGA, Pedro; DONOHUE, Michael; CUIJPERS, Dries; CAPOBIANCO, Antonio. Personalised Pricing in the Digital Era, cit. p. 9.

10. Um exemplo comum é a diferenciação de preços entre as versões dos livros de capa dura e de capa mole ou das versões dos tipos de bolso.

11. Cfr., Consumer market study on online market segmentation through personalised pricing/offers in the European Union – Request for Specific Services 2016 85 02 for the implementation of Framework Contract EAHC/2013/CP/04 (Final report), p. 34, "The distinction between first and third degree price personalisation is equally applicable to offer personalisation and targeted advertising, as these personalisation techniques depend in the same way on the firm's information about the characteristics of their customers."

12. Não raro, também, o conceito de personalização de preços é confundido com o conceito de precificação dinâmica ou preços dinâmicos (embora possam coexistir), que se reporta ao ajuste dos preços dos bens ou serviços em

Umas vezes, os conceitos de personalização de preços e de discriminação de preços surgem mobilizados indistintamente.[13] Outras vezes, a personalização de preços é considerada uma forma sofisticada de discriminação de preços de terceiro grau.[14] Ainda, para alguns é mais adequado enquadrar a personalização de preços "como estando algures entre as definições algo estreitas de discriminação de preços de primeiro e terceiro grau".[15]

Não há, portanto, um conceito genericamente aceite ou um entendimento unânime sobre o que se deve entender por personalização de preços em linha. Uma definição que nos parece sintetizar adequadamente a prática de personalização de preços é a proposta no relatório "Personalised Pricing – Increasing Transparency to Improve Trust" do Office of Fair Trading (OFT):[16] "(...) a prática através da qual as empresas podem usar informação que é observada, transmitida voluntariamente, inferida ou recolhida sobre a conduta ou características dos indivíduos, para definir preços diferentes para diferentes consumidores (seja numa base individual ou em grupo), com base no que a empresa pensa que eles estão dispostos a pagar".[17]

Esta definição sintetiza vários elementos importantes acerca da prática da personalização de preços. Em primeiro, carateriza a personalização de preços como a prática das

---

resposta às alterações da procura e da oferta, não havendo, nestes casos, apenas com base na precificação dinâmica, qualquer diferenciação de preços entre os consumidores com base nas suas carateríriscas pessoais (cfr., SEARS, Alan M. The Limits of Online Price Discrimination in Europe, cit, p. 7; POORT, Joost; BORGESIUS, Frederik Zuiderveen. Personalised Pricing: The Demise of the Fixed Price?, cit., p. 6; GONZAGA, Pedro; DONOHUE, Michael; CUIJPERS, Dries; CAPOBIANCO, Antonio. Personalised Pricing in the Digital Era, *Background Note by the OECD Secretariat* (DAF/COMP(2018)13), cit., p. 9; CHAPDELAINE, Pascale. Algorithmic Personalized Pricing, cit. loc. cit., p. 8). Do mesmo modo o conceito de personalização de preços (*personalised pricing*) não se confunde com o conceito de *price steering* que se refere à prática de personalizar os resultados da pesquisa de acordo com as preferências e comportamentos dos consumidores, com o objetivo de exibir produtos mais caros para consumidores com maior disposição a pagar (cfr., HANNAK, Aniko; SOELLER, Gary; LAZER, David; MISLOVE, Alan; WILSON, Christo. Measuring Price Discrimination and Steering on E-Commerce Web Sites. *Proceedings of the 2014 conference on internet measurement conference,* 2014, p. 309; MIKIANS, Jakub; GYARMATI, László; ERRAMILLI, Vijay; LAOUTARIS, Nikolaos. Detecting price and search discrimination on the Internet. *Proceedings of the 11th ACM workshop on hot topics in networks,* 2012, p. 60).

13. Cfr., POORT, Joost; BORGESIUS, Frederik Zuiderveen. Online Price Discrimination and EU Data Privacy Law. *Journal of Consumer Policy,* v. 40, p. 348, 2017, "online price discrimination or personalized pricing can be described as differentiating the online price for identical products or services partly based on information a company has about a potential customer."

14. Cfr., *Office of Fair Trading (OFT)*, "The Economics of Online Personalised Pricing", 2013, p. 15, "in economic terms, we take personalised pricing to mean direct price discrimination that is imperfect but sophisticated. In other words, for the purposes of this report we take personalised pricing to mean sophisticated third-degree price discrimination". No mesmo sentido, HINDERMANN, Christoph Michael. Price Discrimination in Online Retail, cit., p. 11, nota de rodapé n. 8.

15. Cfr., SEARS, Alan M. The Limits of Online Price Discrimination in Europe, cit., p. 6. No mesmo sentido, CHAPDELAINE, Pascale. Algorithmic Personalized Pricing, cit., p. 8; BOURREAU, Mark; STREEL, Alexandre de; GRAEF, Inge. Big Data and Competition Policy: Market Power, personalized pricing and advertising – Project Report, *Centre on Regulation in Europe,* 2017, p. 40.

16. O *Office of Fair Trading (OFT)* era o órgão responsável pela proteção dos interesses dos consumidores no Reino Unido, tendo, porém, encerrado em março de 2014, encontrando-se as funções e responsabilidades que detinha repartidas por outros órgãos (v.g., *Trading Standards Institute, Competition and Markets Authority, Financial Conduct Authority*).

17. Cfr., *Office of Fair Trading (OFT)*, "Personalised Pricing – Increasing Transparency to Improve Trust", May 2013, p. 2.

empresas de fixar preços diferenciados para diferentes consumidores, concentrando-se, assim, nas relações *business-to-consumer*. Em segundo, especifica que as decisões de fixação de preços personalizados se baseiam na informação agregada que as empresas recolhem acerca das caraterísticas e comportamentos dos consumidores, donde resultam três aspetos: (i) a personalização de preços baseia-se em técnicas de rastreamento e de definição de perfis dos consumidores; (ii) excluem-se as formas de discriminação de preços que dependem de indicadores objetivos e independentes de informações acerca dos adquirentes dos produtos, isto é, técnicas relacionadas a discriminação de preços de segundo grau;[18] e, (iii) o conceito de personalização de preços não se confunde com o conceito mais geral de discriminação de preços que consiste em cobrar preços diferentes por produtos semelhantes, por razões não relacionadas com o custo.[19] Em terceiro, coloca em destaque que as empresas utilizam as informações sobre as caraterísticas e os comportamentos dos consumidores para *estimar* a sua disposição a pagar por um bem ou produto.[20]

A motivação das empresas para implementar estratégias de personalização de preços é extrair o mais possível dos consumidores a vontade máxima para pagar pelos bens ou serviços, com o objetivo de maximizar os lucros.[21] Porém, apesar do incremento e do aprimoramento das técnicas de análise de um grande volumes de dados, é (pelo menos, ainda) pouco plausível que as empresas sejam capazes de determinar exatamente o preço máximo que cada consumidor está disposto a pagar por um bem ou serviço, extraindo totalmente a vontade de pagar dos consumidores, razão por que se tem vindo a afirmar que a discriminação de preços perfeita ou de primeiro grau é improvável de ocorrer na prática, servindo apenas como uma referência teórica.[22]

---

18. Marc Bourreau e Alexandre de Streel, excluindo a discriminação de preços de segundo grau, em particular, a técnica de *versioning* da definição de personalização de preços (que designam, alternativamente, de *price targeting*), afirmam que "indeed, the debate about personalised pricing revolves around situations where consumers are offered different prices for the *same* good, which excludes second-degree discrimination where firms offer differentiated products in order to price discriminate" (cfr., "The regulation of personalized pricing in the digital era", *Note by Marc Bourreau and Alexandre de Streel*, OECD (DAF/COMP/WD(2018)150), 25 september 2020, p. 3, nota de rodapé n. 3). No mesmo sentido, *Consumer market study on online market segmentation through personalized pricing/offers in the European Union – Request for Specific Services 2016 85 02 for the implementation of Framework Contract EAHC/2013/CP/04 (Final report)*, p. 21, onde se afirma que estamos perante uma prática de personalização de preços online quando "different consumers seeing a different price for the same product online."

19. Vide, GONZAGA, Pedro; DONOHUE, Michael; CUIJPERS, Dries; CAPOBIANCO, Antonio. Personalised Pricing in the Digital Era, *Background Note by the OECD Secretariat* (DAF/COMP(2018)13), cit. p. 9; HUTCHINSON, Christophe Samuel; TREŠČÁKOVÁ, Diana. The challenges of personalized pricing to competition and personal data protection law. *Competiton Law Journal*, p. 5. 2021.

20. Cfr., CHAPDELAINE, Pascale. Algorithmic Personalized Pricing. *Journal Of Law & Business*, v. 17, p. 3, 2020, "*Algorithmic personalized pricing*, as a specific form of discriminatory pricing, comprises any commercial practice setting prices according to consumers' personal characteristics to target as closely as possible their willingness to pay".

21. Cfr., BAR-GILL, Oren. Algorithmic Price Discrimination When Demand Is a Function of Both Preferences and (Mis)perceptions. *University of Chicago Law Review*. v. 86, n. 2, Article 12, p. 3 e 4, 2018; GRAEF, Inge. Algorithms and fairness: What role for competitional law in targeting price discrimination towards end consumers? *The Columbia Journal of European Law*, v. 24, n. 3, p. 543, 2018; BOURREAU, Marc; STREEL, Alexandre de. The regulation of personalized pricing in the digital era, cit., loc. cit., p. 3.

22. Neste sentido, vide, POORT, Joost; BORGESIUS, Frederik Zuiderveen. Personalised Pricing: The Demise of the Fixed Price?, cit., p. 3; SEARS, Alan M. The Limits of Online Price Discrimination in Europe, cit., p. 5; *Consumer market study on online market segmentation through personalized pricing/offers in the European Union*, cit., p. 34; CHAPDELAINE, Pascale. Algorithmic Personalized Pricing, cit., p. 6.

De todo o modo, é facilmente exequível para as empresas *estimar* com precisão – sendo a estimativa tão mais precisa quanto maior for o volume de informação recolhida pelas empresas sobre os comportamentos e caraterísticas dos consumidores – a disposição a pagar por um bem ou serviço e, por isso, "não há razão para excluir da definição esquemas de precificação mais realistas, em que os consumidores são cobrados apenas por uma parte proporcional (não necessariamente o valor total) da sua disposição para pagar".[23] É com este sentido que cremos dever ser compreendida a *personalização de preços das ofertas para consumidores específicos*.

Da mesma forma, as informações recolhidas pelas empresas sobre os consumidores podem permitir-lhes segmentar os consumidores em diferentes grupos, em função dos comportamentos e caraterísticas coletivas observadas ou inferidas e da respetiva sensibilidade aos preços, definindo, nessa medida, preços diferenciados para diferentes grupos de consumidores em relação ao mesmo produto. Nestes casos, a personalização de preços opera sob a forma de discriminação de preços de terceiro grau, falando-se em *personalização de preços das ofertas para grupos de consumidores*.

3. *BIG DATA* E PERSONALIZAÇÃO DE PREÇOS *ONLINE*: ALGORITMOS DE *PROFILING* E ALGORITMOS DE PRECIFICAÇÃO

Uma vez delineada a forma como a prática de personalização de preços tem vindo a ser compreendida, segue-se uma análise sobre os mecanismos utilizados pelas empresas para implementar, na prática, estratégias de personalização de preços.

Como afirmam Pedro Gonzaga/Michael Donohue/Dries Cuijpers/Antonio Capobianco, "(...) o processo pode variar substancialmente entre as empresas e mudar ao longo do tempo com a rápida evolução dos mercados digitais e o desenvolvimento de melhores tecnologias [e] o facto de essas práticas serem relativamente novas e não necessariamente implementadas de forma transparente torna mais difícil entendê-las, embora ainda seja possível identificar alguns princípios comuns utilizados pelas empresas para personalizar os preços".[24]

Nesta medida, apontam-se, por norma, três passos essenciais que as empresas devem seguir para implementar uma estratégia de precificação personalizada: em primeiro, a empresa tem de *recolher dados* sobre o comportamento e as caraterísticas pessoais dos consumidores; em segundo, a empresa tem de analisar os dados recolhidos para *estimar a disposição a pagar dos consumidores*; e, em terceiro, com base na disposição a pagar estimada, a empresa *determina o preço* para cada consumidor ou grupo de consumidores e decide como *implementar os preços personalizados*.[25]

---

23. Cfr., GONZAGA, Pedro; DONOHUE, Michael; CUIJPERS, Dries; CAPOBIANCO, Antonio. Personalised Pricing in the Digital Era. *Background Note by the OECD Secretariat* (DAF/COMP(2018)13), cit., p. 8. No mesmo sentido, vide, SEARS, Alan M. The Limits of Online Price Discrimination in Europe, cit., loc. cit., p. 5.
24. Cfr., GONZAGA, Pedro; DONOHUE, Michael; CUIJPERS, Dries; CAPOBIANCO, Antonio. Personalised Pricing in the Digital Era", *Background Note by the OECD Secretariat* (DAF/COMP(2018)13), cit. p. 10.
25. Ibidem. Ver também, GUPTA, Rajan; PATHAK, Chaitanya. A Machine Learning Framework for Predicting Purchase by online customers based on Dynamic Pricing. *Procedia Computer Science*, v. 36, 2014, em particu-

Se, na era pré-digital, o esforço e os custos que os operadores económicos teriam de despender para reunir as informações necessárias que lhes permitissem estimar o preço que cada consumidor ou grupo de consumidores estaria disposto a pagar para adquirir um determinado bem ou serviço (v.g., através da negociação individual com cada consumidor e de informações fornecidas diretamente pelos consumidores) tornava inviável o recurso à estratégia da personalização de preços, hoje, já não mais é assim.

Na atual era digital, o operador económico é facilmente capaz de se envolver em estratégias de personalização de preços, uma vez que consegue ter à sua disposição um gigantesco volume de informações detalhadas sobre os consumidores, obtidas por meio do *Big Data*,[26] o que tem gerado a expectativa de que a personalização de preços se tornará mais prevalecente num futuro próximo.[27]

O processo de recolha de dados pessoais dos consumidores implica a identificação de um conjunto de variáveis que influenciam as decisões de compra, as quais, comumente, se classificam em três categorias: (i) dados fornecidos voluntariamente pelos consumidores (v.g., nome, contactos, idade, profissão, respostas a inquéritos); (ii) dados observados diretamente pela empresa (v.g., compras anteriores, visitas ao website, histórico de pesquisa, "likes" nas redes sociais); e, (iii) dados inferidos do comportamento dos consumidores (v.g., situação económica, poder de compra, fidelização dos consumidores, capacidade de resposta a anúncios).[28] Sendo que, para cada uma destas categorias, a empresa define um mecanismo diferente para a recolha dos dados, como seja exigir aos consumidores o preenchimento de um formulário *online* (dados

---

lar, p. 601 a 605; HUTCHINSON, Christophe Samuel; TREŠČÁKOVÁ, Diana. The challenges of personalized pricing to competition and personal data protection law, cit., p. 6.

26. Cfr., D'AVACK, Lorenzo. La rivoluzione tecnologica e la nuova era digitale: problemi etici, *Intelligenza artificiale – Il diritto, i diritti, l ética* (a cura di Ugo Ruffolo), Giuffrè Francis Lefebvre, 2020, p. 10, "Big data indica la quantità di informazioni che possono essere raccolte in modo sempre più veloce. (...) Generalmente i big data si riconducono alee "4V" che no esprimono le caratteristiche maggiori: volume, velocità, varietà, veracità. Il volume indica l'enorme quantità di datti; la velocità l'accelerazione nell'elaborazione dei dati; la varietà rimanda all'eterogeneità delle fonti da cui provengono; la veracità sottolinea la possibile autenticità (o inautenticità) dei datti". Sobre o conceito de *big data* nos mercados digitais, vide, por todos, QUINELATO, Pietra Daneluzzi. *Preços personalizados à luz da lei geral de proteção de dados*, op. cit., p. 16 a 20.

27. Cfr., GRAEF, Inge. Algorithms and fairness: What role for competitional law in targeting price discrimination towards end consumers?, cit., p. 544; EZRACHI, Ariel; STUCKE, Maurice E. *Virtual competition*: the promise and perils of the algorithm-driven economy. Harvard University Press, 2016, p. 114; GONZAGA, Pedro; DONOHUE, Michael; CUIJPERS, Dries; CAPOBIANCO, Antonio. Personalised Pricing in the Digital Era. *Background Note by the OECD Secretariat* (DAF/COMP(2018)13), cit., p. 12 e 13; CHAPDELAINE, Pascale. Algorithmic Personalized Pricing, cit., p. 15; STREEL, Alexandre; FLORIAN, Jaques. Personalised pricing and EU Law, cit., p. 3. Estes últimos autores afirmam que "com o advento do *big data* devemos esperar preços mais personalizados", alertando, porém, que, as empresas tenderão a utilizar métodos indiretos para a personalização de preços dada a tendencial reação negativa dos consumidores à personalização de preços, como seja, "oferecer os mesmos preços uniformes a todos os consumidores, mas com descontos personalizados."

28. Cfr., HUTCHINSON, Christophe Samuel; TREŠČÁKOVÁ, Diana. The challenges of personalized pricing to competition and personal data protection law, cit. loc. cit., p. 6; GONZAGA, Pedro; DONOHUE, Michael; CUIJPERS, Dries; CAPOBIANCO, Antonio. Personalised Pricing in the Digital Era, *Background Note by the OECD Secretariat* (DAF/COMP(2018)13), cit. loc. cit., p. 10; CHAPDELAINE, Pascale. Algorithmic Personalized Pricing, cit., p. 11; POORT, Joost; BORGESIUS, Frederik Zuiderveen. Online Price Discrimination and EU Data Privacy Law, cit., p. 349.

voluntários), instalar *cookies* nos dispositivos dos consumidores (dados observados) e utilizar técnicas avançadas de análise de dados (*Big Data Analytics*) ou *machine learning* para inferir certas caraterísticas dos consumidores (dados inferidos).[29]

Depois de recolhidos dados pessoais detalhados sobre os consumidores, o passo seguinte é *estimar a disposição a pagar dos consumidores* com base nas suas caraterísticas pessoais e nos seus padrões de comportamento em linha. Em substância, este passo consubstancia-se na designada *definição de perfis dos consumidores (profiling).*[30]

A *definição de perfis* é definida no artigo 4º, 4, do Regulamento Geral sobre a Proteção de Dados como "qualquer forma de tratamento automatizado de dados pessoais que consista em utilizar esses dados pessoais para avaliar certos aspetos pessoais de uma pessoa singular, nomeadamente para analisar ou prever aspetos relacionados com o seu desempenho profissional, a sua situação económica, saúde, preferências pessoais, interesses, fiabilidade, comportamento, localização ou deslocações".[31]

---

29. Como alertam Pedro Gonzaga; Michael Donohue; Dries Cuijpers; Antonio Capobianco, "an importante effect of digitalisation is that, with the development of sensor-equipped smart devices and advanced data analytics, businesses can increasingly rely on both observed and inferred data, unlike pre-digitalisation times when most business models would fundamentally rely on data voluntareered by consumers" [and] "this shift has key implications, enabling firms not only to personalise prices more effectively, but also to potentially do so without the awareness and consent of consumers, who may not be aware of the fact that firms keep detailed profiles about them" (cfr., Personalised Pricing in the Digital Era. *Background Note by the OECD Secretariat* (DAF/COMP(2018)13), cit., p. 11).

30. Sobre o conceito de *profiling*, vide, HILDEBRANDT, Mireille. Defining profiling: A New Type of Knowledge. *Profiling the European Citizen* – Cross-Disciplinary Perspectives (ed. Mireille Hildebrandt/Serge Gutwirth), Springer Science, 2008, p. 17 e ss., em particular p. 19; BARBOSA, Mafalda Miranda. *Inteligência artificial* – Entre a utopia e a distopia, alguns problemas jurídicos, Gestlegal. Coimbra, 2021, em particular, p. 138 e 139; MACMILLAN, Rory. Big data, machine learning, consumer protection and privacy. The 47th Research Conference on Communication, Information and Internet Policy 2019, p. 17; FALEIROS JÚNIOR, José Luiz de Moura; MEDON, Filipe. Discriminação algorítmica de preços, perfilização e responsabilidade civil nas relações de consumo. *Revista de Direito da Responsabilidade*, ano 3, p. 949 a 954. 2021.

31. Segundo as orientações sobre as decisões individuais automatizadas e a definição de perfis do Grupo de Trabalho do artigo 29º para a proteção de dados (WP251), a definição de perfis é composta por três elementos: (i) tem de ser uma qualquer forma de tratamento automatizada, o que não significa um tratamento «exclusivamente» automatizado, permitindo-se a intervenção humana em qualquer fase da definição de perfis; (ii) tem de ser efetuada sobre dados pessoais; e, (iii) o seu objetivo deve ser avaliar aspetos pessoais de uma pessoa singular, nomeadamente, para analisar ou efetuar previsões sobre as pessoas. Em síntese, a definição de perfis significa a recolha de informações sobre uma pessoa (ou um grupo de pessoas) e a avaliação das suas características ou dos seus padrões de comportamento, a fim de a inserir determinada categoria ou grupo, nomeadamente para fins de análise e/ou previsão, por exemplo, do seu comportamento presumível (cfr., Orientações sobre as decisões individuais automatizadas e a definição de perfis do Grupo de Trabalho do artigo 29º para a proteção de dados (WP251), p. 6 a 8). Paralelamente, afirma-se na opinião 2/2010 sobre a publicidade comportamental em linha que existem duas abordagens principais para construir perfis de utilizadores: (i) perfis preditivos, que são estabelecidos por inferência a partir da observação do comportamento individual e coletivo dos utilizadores ao longo do tempo, em particular, através da monitorização das páginas e anúncios visitados, visualizados ou clicados; e, (ii) perfis preditivos, criados a partir de dados pessoais que as próprias pessoas em causa fornecem a um serviço web, tal como através do registo (cfr., Opinião 2/2010 sobre a publicidade comportamental em linha do Grupo de Trabalho do artigo 29º para a proteção de dados (WP171), 22 de junho de 2010, p. 7). Sobre esta distinção vide, na doutrina, entre outros, HUTCHINSON, Christophe Samuel; TREŠČÁKOVÁ, Diana. The challenges of personalized pricing to competition and personal data protection law, cit., p. 19.

Em termos concretos, procede-se, a partir dos dados recolhidos sobre os consumidores, à avaliação ou análise automatizada das suas caraterísticas ou dos seus padrões de comportamento em linha – observados ou monitorizados ao longo do tempo, o que se vem designando por *behavioral targeting*[32] –, a fim de os inserir numa categoria ou grupo, neste particular com o *fim de prever a sua disposição a pagar* por um determinado bem ou serviço.[33]

Por último, após estimar a disposição a pagar dos consumidores, segue-se a *decisão de fixação do preço personalizado* das ofertas para consumidores específicos ou grupos de consumidores.[34]

Prima facie, a personalização de preços envolve uma tomada de decisão com base nos perfis dos consumidores definidos por meios automatizados (isto é, por meio de algoritmos de definição de perfis ou algoritmos de *profiling*). Caso a decisão de fixação de preços personalizados seja tomada exclusivamente com base no perfil definido, sem que haja qualquer intervenção humana significativa no processo decisório, nomeadamente que pondere ou examine outros fatores, além dos dados dos consumidores inferidos a partir do perfil criado, ao tomar a decisão final de precificação personalizada, então estaremos perante uma *decisão exclusivamente automatizada*.

Adicionalmente, como alertam Emilio Calvano/Giacomo Calzolari/vicenzo denicolo/sergio pastorello, "os algoritmos de fixação de preços estão a suplantar os decisores

---

32. Sobre o conceito de *behavioral targeting*, vide, BORGESIUS, Frederik Zuiderveen. Behavioral Targeting: A European Legal Perspective. *IEEE Security & Privacy*, v. 11, n. 1, p. 82-85, january-february. 2013.

33. Como afirmam Joost Poort; Frederik Zuiderveen Borgesius, "in this marketing technique [behavioral targeting], companies track consumers' online behaviour and use the information collected to display their targeted ads. If companies can tailor ads to what they know about consumers, they can also tailor prices. 'Just as it's easy for customers to compare prices on the Internet, so is it easy for companies to track customers' behavior and adjust prices accordingly'", acrescentando que "[t]he Internet also allows companies to identify customers who are happy to pay a premium" (cfr., Personalised Pricing: The Demise of the Fixed Price?, cit., p. 2). No mesmo sentido, vide, HINDERMANN, Christoph Michael. Price Discrimination in Online Retail, cit., p. 3; GRAEF, Inge. Algorithms and fairness: What role for competitionl law in targeting price discrimination towards end consumers?, cit., p. 544.

34. Alerte-se que os perfis são instrumentos relevantes para a tomada de decisões exclusivamente automatizadas (a propósito, vide, CORDEIRO, António Barreto Menezes. Decisões individuais automatizadas à luz do RGPD e da LGPD. In: BARBOSA, Mafalda Miranda; BRAGA NETTO, Filipe; SILVA, Michael César; FALEIROS JÚNIOR, José Luiz de Moura (Coord.). *Direito digital e inteligência artificial*: diálogos entre Brasil e Europa. Indaiatuba: Foco, 2021, p. 263 e ss.). Porém, note-se que não há uma relação necessária entre o conceito de definição de perfis e de decisões automatizadas. Quer-se dizer, as decisões automatizadas podem ser realizadas com ou sem definição de perfis e a definição de perfis pode ocorrer sem serem efetuadas decisões automatizadas. Contudo, apesar do seu distinto âmbito de aplicação, a definição de perfis e as decisões automatizadas não revestem necessariamente atividades executadas separadamente, podendo as decisões automatizadas sobrepor-se à definição de perfis ou resultar desta, de tal forma que um processo de decisão automatizada pode tornar-se um procedimento baseado numa definição de perfis, em função da finalidade para que os dados são utilizados. Do mesmo modo, as decisões que não sejam exclusivamente automatizadas e que, portanto, envolvem uma intervenção humana adicional antes de ser aplicada qualquer decisão a uma pessoa, podem incluir a definição de perfis (cfr., Orientações sobre as decisões individuais automatizadas e a definição de perfis para efeitos do Regulamento (UE) 2016/679 do Grupo de Trabalho do artigo 29º para a proteção de dados (WP251), p. 8 e 9; BARBOSA, Mafalda Miranda. *Inteligência artificial* – Entre a utopia e a distopia, alguns problemas jurídicos, cit., p. 141).

humanos nos mercados *online* (...) [pois] "as empresas estão a adotar cada vez mais algoritmos de software para fixar o preço dos seus bens e serviços".[35]

Se é o próprio algoritmo que determina o preço personalizado das ofertas para consumidores específicos ou grupos de consumidores (*algoritmos de precificação*[36]) e a decisão é automaticamente comunicada, sem qualquer análise prévia e significativa por parte de um ser humano, então, estamos diante de uma *personalização de preços com base em decisões exclusivamente automatizadas ou personalização algorítmica de preços.*[37]

4. A REGULAÇÃO DA PERSONALIZAÇÃO DE PREÇOS NA ERA DIGITAL: DIREITO DA PROTEÇÃO DE DADOS E DIREITO DO CONSUMIDOR

4.1 Preços Personalizados e Aplicabilidade do Regulamento Geral sobre a Proteção de Dados

O Regulamento 2016/679 do Parlamento Europeu e do Conselho de 27 de abril de 2016 (adiante, Regulamento Geral sobre a Proteção de Dados ou, simplesmente RGPD)[38] estabelece as regras relativas à proteção das pessoas singulares no que diz respeito ao tratamento de dados pessoais e à livre circulação desses dados e o seu âmbito material de aplicação circunscreve-se, *inter alia*, no tratamento de dados pessoais por meios total ou parcialmente automatizados.[39]

Como se evidenciou, a personalização de preços em linha implica além da mera recolha de dados pessoais dos consumidores, processos de definição de perfis e decisões

---

35. Cfr., CALVANO, Emilio; CALZOLARI, Giacomo; DENICOLO, Vicenzo; PASTORELLO, Sergio. Artificial Intelligence, Algorithmic Pricing And Collusion. *American Economic Review*, v. 110, n. 10, p. 3267 e 3268, october 2020. No mesmo sentido, vide, REST, Jean-Pierre I. van der; SEARS, Alan M.; MIAO, Li; WANG, Lorna. A note on the future of personalized pricing: cause for concern. *Journal of Revenue and Pricing Management*, v. 19, n. 2, p. 113. 2020.

36. Para uma noção de algoritmos de precificação, vide, SEELE, Peter; DIERKSMEIER, Claus; HOFSTETTER, Reto; SCHULTZ, Mario D. Mapping the Ethicality of Algorithmic Pricing: A Review of Dynamic and Personalized Pricing. *Journal of Business Ethics*, v. 170, p. 703, 2021, "Algorithmic pricing – in its most recent stage – is a pricing strategy that builds on computer algorithms, which set prices for goods and services dynamically at either the aggregate or individual level. Generally, described as "a sequence of computational steps that transform the input into the output," algorithms are automated tools that solve previously specified problems. Pricing algorithms process input data about markets and actors, accounting for numerous factors such as competitors' prices, consumer demand, or personal behavior and characteristics (such as gender, age, educational background etc.) to determine the output price in relation to the highest (i.e., profit-maximizing prices) achievable revenue".

37. Como afirma SEARS, Alan M. The Limits of Online Price Discrimination in Europe, cit., loc. cit., p. 7, "(…) price discrimination (or more specifically personalized pricing), often rely on algorithms, not only to categorize consumers, but also to determine the price to display to consumers." Referindo que no âmbito da personalização de preços a hipótese mais provável é que os algoritmos definam automaticamente os preços sem qualquer intervenção humana, o que implica a tomada de uma decisão exclusivamente automatizada, vide, STREEL, Alexandre; FLORIAN, Jaques. Personalised pricing and EU Law, cit., p. 10.

38. A Lei 58/2019, de 8 de agosto assegura a execução, na ordem jurídica nacional, do Regulamento (UE) 2016/679 do Parlamento e do Conselho, de 27 de abril de 2016, relativo à proteção das pessoas singulares no que diz respeito ao tratamento de dados pessoais e à livre circulação desses dados.

39. Cfr., artigos 1º, n. 1 e 2., n. 1 do RGPD, respetivamente.

5 • DESAFIOS DO MERCADO DIGITAL PARA O DIREITO DO CONSUMO   89

automatizadas, atividades que consubstanciam hipóteses paradigmáticas de tratamento automatizado de dados pessoais.[40]

Se é assim, os agentes económicos têm de se encontrar em condições de respeitar todos os princípios norteadores do tratamento de dados pessoais, talqualmente se encontram consagrados no RGPD,[41] e têm de basear o tratamento de dados pessoais, para ser lícito, num dos fundamentos enumerados no artigo 6º do RGPD.[42]

Sem prejuízo, tratando-se de decisões exclusivamente automatizadas, como sucede em caso de personalização algorítmica de preços, em que é o próprio algoritmo que define o preço personalizado das ofertas para consumidores específicos ou grupos de consumidores, sendo o mesmo automaticamente exibido, sem qualquer intervenção humana adicional, é necessário observar as garantias e limitações adicionais previstas no artigo 22º do RGPD.

4.1.1   A exigência de um fundamento jurídico adequado para o tratamento de dados pessoais: princípio da licitude

Um dos princípios fundamentais em matéria de proteção de dados é o *princípio da licitude* (cfr., artigo 5º, n. 1, alínea a) do RGPD), o qual determina que o operador económico que pretenda personalizar os preços das suas ofertas, valendo-se do tratamento de dados pessoais dos consumidores, deve identificar o *fundamento jurídico adequado* que corresponda à finalidade e à essência do tratamento dos dados.

Os fundamentos jurídicos que legitimam ou, *melius*, que determinam a licitude do tratamento dos dados encontram-se taxativamente enumerados no artigo 6º, n. 1 do RGPD, a saber: a) o consentimento do titular dos dados para o tratamento dos seus dados pessoais para uma ou mais finalidades específicas; b) a necessidade do tratamento dos dados para a execução de um contrato ou para diligências pré-contratuais a pedido do titular dos dados; c) a necessidade do tratamento dos dados para o cumprimento de uma obrigação jurídica; d) a necessidade do tratamento dos dados para a defesa de interesses vitais do titular dos dados ou de outra pessoa singular; e) a necessidade do

---

40. Para efeitos do RGPD considera-se tratamento de dados pessoais "uma operação ou um conjunto de operações efetuadas sobre dados pessoais ou sobre conjuntos de dados pessoais, por meios automatizados ou não automatizados, tais como a recolha, o registo, a organização, a estruturação, a conservação, a adaptação ou alteração, a recuperação, a consulta, a utilização, a divulgação por transmissão, difusão ou qualquer outra forma de disponibilização, a comparação ou interconexão, a limitação, o apagamento ou a destruição" (cfr., artigo 4º, 2) do RGPD). Referindo que a noção de tratamento de dados pessoais é já por si muito ampla, abrangendo a recolha dos dados e a combinação de dados pessoais, e que, na era digital, essa noção é ainda mais ampla, porquanto a tecnologia permite a combinação de dados para inferir novas informações, vide, STREEL, Alexandre; FLORIAN, Jaques. Personalised pricing and EU Law, cit., p. 7. Ainda, afirmando que as práticas de personalização de preços em linha são abrangidas pelo âmbito de aplicação do RGPD, dado que envolvem o processamento automatizado de dados pessoais, vide, STEPPE, Richard. Online price discrimination and personal data: A general Data Protection Regulation Perspective. *Computer Law&Security*, v. 33, p. 773. 2013.
41. Referir-nos-emos apenas ao princípio da licitude e ao princípio da transparência.
42. Cfr., o considerando (72) do RGPD: "A definição de perfis está sujeita às regras do presente regulamento que regem o tratamento de dados pessoais, como o fundamento jurídico do tratamento ou os princípios da proteção de dados."

tratamento dos dados para o exercício de funções de interesse público ou para o exercício da autoridade pública de que está investido o responsável pelo tratamento; f) a necessidade do tratamento dos dados para efeito dos interesses legítimos prosseguidos pelo responsável pelo tratamento ou por terceiros.

Compulsados os fundamentos jurídicos suscetíveis de determinar a licitude do tratamento dos dados pessoais, acima elencados, parece-nos que o *fundamento jurídico mais adequado* (e menos intrusivo para alcançar a) *à finalidade e ao contexto da operação de tratamento de dados em causa* – estimar o preço que um consumidor específico ou um grupo de consumidores estão dispostos a pagar por um determinado bem ou serviço ou, mais amplamente, para conceber uma estratégia de preços diferenciados, no contexto de uma relação *business-to-consumer* em linha – é, justamente, o *consentimento dos consumidores*, titulares dos dados.[43]

Desde logo, parece improvável imaginar uma situação em que o tratamento dos dados que tem como finalidade específica a definição de uma estratégia de personalização de preços seja objetivamente necessário para o cumprimento de uma obrigação legal imposta ao profissional, para a defesa de interesses vitais do titular dos dados ou de outra pessoa física ou para o exercício de funções de interesse público ou para o exercício da autoridade pública de que está investido o responsável pelo tratamento dos dados, de molde a que estas situações constituam o seu fundamento. Excluímos, com efeito, estes fundamentos como hábeis para fundar o tratamento de dados pessoais para efeitos de personalização de preços.

De igual modo, não parece adequado fundamentar uma operação de tratamento dos dados pessoais que tem como finalidade específica a personalização dos preços das ofertas na alínea b) do n. 1 do artigo 6º do RGPD (recorde-se, "o tratamento for necessário para a execução de um contrato no qual o titular dos dados é parte, ou para diligências pré-contratuais a pedido do titular dos dados").[44]

Este fundamento jurídico para o tratamento dos dados é aplicável sempre que esteja preenchida uma de duas situações: (i) o tratamento dos dados deve ser *objetivamente necessário* para a execução de um contrato com um titular dos dados; ou, (ii) o tratamento deve ser *objetivamente necessário* para diligências pré-contratuais a pedido do titular dos dados.[45]

A *necessidade do tratamento de dados* é um requisito prévio para qualquer uma destas situações e deve ser *interpretada de forma estrita*, "não abrange[endo] o tratamento útil, mas não objetivamente necessário para a execução do serviço contratual ou para

---

43. No mesmo sentido, vide, entre outros, SEARS, Alan M. The Limits of Online Price Discrimination in Europe, cit., p. 27 e 32; STREEL, Alexandre de; FLORIAN, Jaques. Personalised pricing and EU Law, cit., p. 13; POORT, Joost; BORGESIUS, Frederik Zuiderveen. Personalised Pricing: The Demise of the Fixed Price?, cit., p. 22.

44. Assim, vide, STREEL, Alexandre de; FLORIAN, Jaques. Personalised pricing and EU Law, cit., p. 12.

45. Cfr., Diretrizes 2/2019 sobre o tratamento de dados pessoais ao abrigo do artigo 6º, n. 1, b), do RGPD, no contexto de prestação de serviços em linha aos titulares dos dados, *European Data Protection Board*, versão 2.0, 8 de outubro de 2019, p. 8.

diligências pré-contratuais a pedido do titular dos dados, mesmo que tal seja necessário para outros fins comerciais do responsável pelo tratamento".[46]

Ora, não parece que o tratamento de dados pessoais dos consumidores com a finalidade específica de definir estratégias de diferenciação de preços das ofertas para consumidores específicos ou grupos de consumidores seja «objetivamente necessário para a execução do contrato», não se vislumbrando qualquer relação direta e necessária entre a finalidade da operação de tratamento de dados em causa e a execução ou não execução do contrato.[47] A circunstância de um profissional perspetivar o tratamento de dados pessoais como útil ou lucrativo, permitindo-lhe, por via da definição de perfis dos utilizadores, estimar, com facilidade e celeridade, o preço que consumidores específicos ou de grupos de consumidores estão dispostos a pagar por um bem ou serviço e aplicar uma estratégia de personalização de preços de forma rápida e eficiente, não o torna objetivamente necessário para assegurar a execução do contrato com um consumidor. O que está em causa é uma operação de tratamento de dados pessoais com meros fins comerciais e económicos do profissional.[48]

---

46. Cfr., Diretrizes 2/2019 sobre o tratamento de dados pessoais ao abrigo do artigo 6º, n. 1, b), do RGPD, no contexto de prestação de serviços em linha aos titulares dos dados, *European Data Protection Board*, versão 2.0, 8 de outubro de 2019, p. 9. Complementa-se, a respeito da "necessidade para a execução de um contrato com o titular dos dados", no sentido de que "deve ter-se em conta o fim, a finalidade ou o objetivo específicos do serviço", sendo "necessário que o tratamento seja objetivamente necessário para uma finalidade que seja parte integrante da prestação desse serviço contratual ao titular dos dados". Pelo que, "o responsável pelo tratamento deverá poder demonstrar de que modo o objeto principal do contrato específico com o titular dos dados não pode, na realidade, ser executado se o tratamento específico dos dados pessoais em questão não ocorrer", o que significa que, "a questão importante aqui é a relação entre os dados pessoais e as operações de tratamento em causa e a execução ou não execução do serviço prestado ao abrigo do contrato" (ibidem, p. 10). Estas Diretrizes seguem as orientações adotadas pelo grupo de trabalho do artigo 29º (GT29) a propósito da disposição análoga na anterior Diretiva sobre a Proteção de Dados no sentido de que a expressão «necessário para a execução de um contrato com o titular dos dados» "(...) deve ser interpretada de forma estrita e não abrange as situações nas quais o tratamento não seja verdadeiramente necessário para a execução de um contrato, mas sim imposto unilateralmente à pessoa em causa pelo responsável pelo tratamento. Também o facto de determinado tratamento de dados ser abrangido por um contrato não significa automaticamente que o tratamento é necessário para a execução desse contrato. (...) Existindo, neste contexto, "uma ligação clara entre a avaliação da necessidade e a conformidade com o princípio da limitação da finalidade", sendo "importante determinar a razão de ser exata do contrato, ou seja, o seu conteúdo e o seu objetivo fundamental, uma vez que será tida em conta na apreciação da necessidade do tratamento dos dados para a execução do contrato" (cfr., Parecer 06/2014 do Grupo de Trabalho do Artigo 29º sobre o conceito de interesses legítimos do responsável pelo tratamento na aceção do artigo 7º da Diretiva 95/46/CE (WP217), página 26). Na mesma linha, a propósito da segunda opção do artigo 6º, n. 1, alínea b) do RGPD, as Diretrizes do *European Data Protection Board* esclarecem que aquela "aplica-se sempre que o tratamento for necessário para diligências pré-contratuais a pedido do titular dos dados", ou seja, "desde que o titular dos dados apresente o pedido no contexto de uma potencial celebração de um contrato e o tratamento em causa seja necessário para as diligências solicitadas" (cfr., Cfr., Diretrizes 2/2019 sobre o tratamento de dados pessoais ao abrigo do artigo 6º, n. 1, b), do RGPD, no contexto de prestação de serviços em linha aos titulares dos dados, cit., p. 14).

47. Socorrendo-nos de um exemplo comumente apresentado: se alguém compra um livro online e fornece a sua morada, que é um dado pessoal, a utilização da morada é necessária para a execução do contrato (a entrega do livro no domicílio), mas não para efeitos de personalização do preço.

48. Sobre este ponto, vide, POORT, Joost; BORGESIUS, Frederik Zuiderveen. Personalised Pricing: The Demise of the Fixed Price?, cit., p. 20; STREEL, Alexandre de; FLORIAN, Jaques. Personalised pricing and EU Law, cit., loc. cit., p. 13; CHAPDELAINE, Pascale. Algorithmic Personalized Pricing, cit., p. 39.

A aplicabilidade do artigo 6º, n. 1, alínea f) do RGPD – necessidade do tratamento dos dados para efeito dos interesses legítimos prosseguidos pelo responsável pelo tratamento ou por terceiro, exceto se prevalecerem os interesses ou direitos e liberdades fundamentais do titular que exijam a proteção dos dados pessoais – como fundamento jurídico para o tratamento dos dados com a finalidade de personalização de preços em linha revela-se, igualmente, inadequado.

Este fundamento jurídico para o tratamento dos dados requer a realização de um *teste de ponderação* entre os interesses legítimos do responsável pelo tratamento em relação aos interesses ou aos direitos e liberdades fundamentais do titular dos dados pessoais (critério da ponderação dos interesses), bem assim, de um *teste de necessidade* (apreciado de forma estrita) no sentido de que deve existir uma relação entre o tratamento dos dados e as finalidades pretendidas ou os interesses legítimos do responsável pelo tratamento, devendo aferir-se se existem outros meios ou fundamentos menos intrusivos para alcançar a mesma finalidade.[49]

Neste particular, o interesse em causa consubstancia-se num interesse comercial e económico do profissional em reunir o maior volume de informação possível sobre os seus potenciais clientes e definir perfis comportamentais com o fim de personalizar os preços das suas ofertas.

Trata-se de um *interesse legítimo*, na medida em que "é admissível nos termos da lei".[50] Sem prejuízo do disposto em outros instrumentos normativos pertinentes, destaque-se, em particular, o considerando (45) da Diretiva (EU) 2019/2161 do Parlamento Europeu e do Conselho, de 27 de novembro de 2019 («Diretiva de Modernização» ou «Diretiva Omnibus»), onde se prevê que "os profissionais podem personalizar o preço das suas ofertas para consumidores específicos ou categorias específicas de consumidores, de molde a permitir-lhes avaliar o poder de compra do consumidor", desde que cumpram "uma obrigação específica de informar o consumidor sempre que o preço for personalizado com base em decisões automatizadas".

Não obstante, a circunstância de o profissional ter um interesse legítimo no tratamento dos dados pessoais não significa que possa, só por isso, convocar o artigo 6º, n. 1, alínea f) como fundamento jurídico para o tratamento dos dados, o que depende do resultado do referido teste de ponderação.

De facto, os profissionais podem ter um interesse legítimo em conhecer um conjunto de caraterísticas dos clientes ou potenciais clientes para poderem personalizar o preço das suas ofertas e, em última instância, apresentar um preço personalizado que corres-

---

49. Cfr., Parecer 06/2014 sobre o conceito de interesses legítimos do responsável pelo tratamento dos dados na aceção do artigo 7º da Diretiva 95/46/CE do GT29 (WP217), p. 36-37 e 45, respetivamente.

50. Cfr., Parecer 06/2014 sobre o conceito de interesses legítimos do responsável pelo tratamento dos dados na aceção do artigo 7º da Diretiva 95/46/CE do GT29 (WP217), p. 39, "um interesse pode ser considerado legítimo desde que o responsável pelo tratamento possa prosseguir esse interesse em conformidade com a legislação em matéria de proteção de dados e a demais legislação aplicável. Por outras palavras, um interesse legítimo deve ser «admissível nos termos da lei»".

ponda ao poder de compra dos consumidores, *maxime*, que permita a um consumidor ou a um grupo de consumidores adquirir um bem ou um serviço que de outra forma não adquiririam. Contudo, isso não significa que os profissionais se possam valer do interesse legítimo que possuem para monitorizar os comportamento em linha dos seus clientes ou potenciais clientes, combinar grandes volumes de dados a eles respeitantes, provenientes de diversas fontes e recolhidos noutros contextos e para outros fins e, assim, definir perfis comportamentais com o fito de personalizar o preço das suas ofertas. Esta atividade de criação de perfis é suscetível de constituir uma intromissão excessiva na vida privada dos clientes e, se assim for, os interesses relevantes destes devem prevalecer sobre os interesses legítimos dos profissionais.[51]

Com efeito, ponderando a *natureza puramente comercial e económica do interesse legítimo* dos profissionais em causa com o *impacto do tratamento de dados na esfera dos consumidores*,[52] bem assim, com as *técnicas utilizadas* para fins de personalização do preço das ofertas, como seja o rastreamento ou monitorização do comportamento dos consumidores em linha, parece difícil que o interesse legítimo do profissional na personalização de preços supere o teste da ponderação, não constituindo um fundamento jurídico adequado para justificar o tratamento de dados pessoais em causa.[53]

Pelo exposto, e como já havíamos adiantado, o fundamento jurídico adequado para o tratamento dos dados pessoais para fins de personalização de preços consubstancia-se no *consentimento dos consumidores*, titulares dos dados objeto de tratamento. O que equivale a dizer que é aos consumidores que cabe decidir se permitem que os seus dados sejam tratados para efeitos de personalização de preços, colocando-se o acento tónico na autodeterminação dos consumidores em causa como fundamento para o tratamento lícito dos seus dados pessoais, o que, aliás, vai ao encontro do cunho protetivo e do objetivo central de *transparência* que pautam o regime jurídico da proteção de dados, bem assim, o direito dos consumidores.

E, uma vez que o tratamento dos dados dos consumidores depende, em última análise, da vontade destes, a ênfase é colocada na validade e no alcance do consentimento,

---

51. Referindo que a personalização de preços requer perfis intrusivos, dado que, visa avaliar com a maior precisão possível a disposição a pagar dos consumidores, vide, STREEL, Alexandre de; FLORIAN, Jaques. Personalised pricing and EU Law, cit., loc. cit., p. 13.

52. Repare-se que o profissional poderá aplicar um preço mais reduzido nos casos em que estima que o consumidor ou o grupo de consumidores só pode ser persuadido a concluir uma transação a um preço mais reduzido ou, por sua vez, apresentará um aumento personalizado do preço nos casos em que os dados que recolheu demonstram uma disposição por parte de um determinado consumidor ou grupo de consumidores para pagar um preço mais alto pelo bem ou serviço, o que significa, em termos concretos, que os consumidores podem estar a adquirir um produto mais caro sem ter a perceção desse facto.

53. Cfr., POORT, Joost; BORGESIUS, Frederik Zuiderveen. Personalised Pricing: The Demise of the Fixed Price?, cit., p. 22, "However, the legal basis does not seem appropriate for price discrimination, since this can hardly considered 'necessary.' Moreover, in the case of price discrimination, the consumer's interests would generally weigh heavier than the controller's interests. Indeed, Data Protection Authorities have declared that price discrimination is an example of a practice that cannot usually be based on the provider's legitimate interests." Vide, também, STREEL, Alexandre de; FLORIAN, Jacques. Personalised pricing and EU Law, cit., loc. cit., p. 13.

pelo que, para ser válido, o consentimento tem de satisfazer determinados requisitos rigorosos.[54]

O *consentimento do titular dos dados pessoais* encontra-se definido no artigo 4º, 11, do RGPD como "uma manifestação de vontade, livre, específica, informada e explícita, pela qual o titular dos dados aceita, mediante declaração ou ato positivo inequívoco, que os dados pessoais que lhe dizem respeito sejam objeto de tratamento". Desde logo, o consentimento tem de ser *livre,* o que implica "uma verdadeira escolha e controlo para os titulares dos dados".[55] Assim, se o titular dos dados não puder exercer livremente a sua vontade, designadamente, porque se sente coagido, pressionado ou por qualquer forma indevidamente influenciado para prestar o seu consentimento ou sofrer consequências negativas caso não o preste (v.g., custos para o titular dos dados), então o consentimento não é válido. Por outro lado, não se considera que o consentimento foi prestado de livre vontade, sendo, por isso, inválido, se o titular dos dados não o puder recusar, nem o puder retirar a qualquer momento sem ficar prejudicado.

Em segundo lugar, o consentimento deve ser *específico,* ou seja, os titulares dos dados devem sempre dar o seu consentimento para a *finalidade específica da operação de tratamento dos dados* pretendida, o que implica, naturalmente, que o consentimento específico só pode ser obtido quando os titulares dos dados são *especificamente informados acerca dos dados que são tratados* tendo em vista a finalidade da atividade de tratamento pretendida.[56]

Este requisito destina-se a garantir um *grau de controlo do titular dos dados*, funcionando como "salvaguarda contra o alargamento ou a diluição progressiva das finalidades para as quais os dados são processados, após o titular de dados ter concordado com a recolha inicial dos dados" – fenómeno que vem sendo designado como «desvirtuamento da função» e comporta um risco para os titulares dos dados, na medida em que pode culminar na utilização imprevista dos dados pessoais –, assim como a assegurar a *transparência* em relação ao titular dos dados.[57]

Em terceiro lugar, exige-se que o consentimento deve ser *informado,* o que faz impender sobre o responsável pelo tratamento o *dever de prestar* ao titular dos dados, antes da obtenção do consentimento, um conjunto de *informações* que lhe permitam formar uma vontade clara e esclarecida acerca da utilização dos seus dados, o que cons-

---

54. Cfr., Diretrizes 05/2020 relativas ao consentimento na aceção do Regulamento 2016/679, *European Data Protection Board*, versão 1.1, 4 de maio de 2020, p. 5 e 6, "(...) o ato de convidar alguém a aceitar uma operação de tratamento de dados deve estar sujeito a requisitos rigorosos, uma vez que diz respeito aos direitos fundamentais dos titulares dos dados e o responsável pelo tratamento pretende efetuar uma operação de tratamento que não seria lícita sem o consentimento do titular dos dados".

55. Cfr., Diretrizes 05/2020 relativas ao consentimento na aceção do Regulamento 2016/679, cit., p. 8.

56. Cfr., Parecer 3/2013 do GT29 sobre a limitação da finalidade (WP 203), p. 16, "por estas razões, uma finalidade que seja vaga ou geral, como por exemplo "melhorar a experiência dos utilizadores", "para fins de comercialização", "para fins de segurança das TI" ou "para investigação futura" geralmente, sem mais pormenores, não cumpre os critérios de ser "específica"".

57. Cfr., Diretrizes 05/2020 relativas ao consentimento na aceção do Regulamento 2016/679, cit., p. 16.

titui um corolário do *princípio da transparência*, princípio fundamental em matéria de proteção de dados.[58]

Por último, consentimento válido exige uma manifestação *explícita* mediante uma *declaração ou ato positivo inequívoc*o, ou seja, a autorização do titular dos dados para o tratamento dos seus dados tem de se manifestar de forma expressa, afastando-se a possibilidade de consentimento tácito. O consentimento explícito é necessário em determinadas situações em que surge um risco agravado para a proteção dos dados pessoais e, com efeito, em que se torna adequado existir um nível mais elevado de controlo individual em relação aos dados pessoais, o que, justamente, sucede no âmbito de *decisões individuais exclusivamente automatizadas, incluindo definições de perfis*.[59]

No entanto, importa notar que vários estudos realizados têm vindo a concluir que os consumidores não se mostram favoráveis a prestar o seu consentimento para o tratamento dos seus dados pessoais para fins de personalização de preços. E, por outro lado, a prática demonstra que a maioria dos consumidores aceitam os termos das políticas de privacidade sem, efetivamente, lerem integralmente o seu conteúdo, o que constitui um forte obstáculo ao «consentimento informado».[60]

4.1.2 A exigência de transparência: o direito de informação do titular dos dados

Como é facilmente percetível, "o processo de definição de perfis é, muitas vezes, invisível aos olhos do titular dos dados".[61] O processo de definição de perfis, no caso com o desígnio particular de prever o preço que consumidores específicos ou grupos de consumidores estão a dispostos a pagar por um bem ou serviço, funciona com base na criação de dados obtidos, através de diversas fontes, ou inferidos (resultantes de deduções estatísticas), e já não tanto com dados que tenham sido diretamente transmitidos pelos próprios titulares dos dados. O que equivale a dizer que se trata, na maioria das situações, de *perfis preditivos*.

Como quer que seja – tratando-se de dados direta (dados voluntários) ou indiretamente recolhidos a partir do titular dos dados –, na maioria dos casos, as pessoas terão dificuldades em compreender as técnicas complexas subjacentes aos processos de definição de perfis e de decisão automatizada.

O *princípio da transparência* do tratamento dos dados pessoais reveste-se, pois, da maior revelância. Ao abrigo do princípio da *transparência*, consagrado no artigo 12º, n. 1 do RGPD, exige-se ao responsável pelo tratamento dos dados o fornecimento, ao titular dos dados, de informações relativas ao tratamento dos seus dados, de forma

---

58. Sobre o direito à informação e o princípio da transparência, vide infra.
59. Sobre as decisões baseadas unicamente no tratamento automatizado, incluindo definições de perfis, vide *infra*.
60. Vide, entre outros autores, POORT, Joost; BORGESIUS, Frederik Zuiderveen. Personalised Pricing: The Demise of the Fixed Price?, cit., p. 20; CHAPDELAINE, Pascale. Algorithmic Personalized Pricing, cit., p. 10.
61. Cfr., Orientações sobre as decisões individuais automatizadas e a definição de perfis do Grupo de Trabalho do artigo 29º para a proteção de dados (WP251), cit. p. 10.

concisa, transparente, inteligível e de *fácil acesso*, mediante a utilização de uma *linguagem clara e simples.*

Quer se trate de uma recolha direta ou indireta de dados, o responsável pelo tratamento deve fornecer ao titular dos dados pessoais um conjunto de *informações genéricas*,[62] *inter alia*, acerca das *finalidades do tratamento* a que os dados pessoais se destinam, o *fundamento jurídico para o tratamento* e as *categorias dos dados pessoais* em questão, bem assim, de um conjunto de *informações adicionais*[63] necessárias para garantir um tratamento transparente e equitativo, como seja *a existência de decisões automatizadas, incluindo a definição de perfis com base exclusivamente no tratamento automatizado* (cfr., artigo 22º, n. 1 do RGPD) e, *pelo menos* nesses casos, *informações úteis relativas à lógica subjacente*, bem como a *importância* e as *consequências* previstas de tal tratamento para o titular dos dados.[64-65]

De facto, a complexidade da *machine learning* poderá tornar difícil compreender o funcionamento do processo de decisão automatizada ou da definição de perfis. E é por essa razão, que o responsável pelo tratamento deve fornecer informações úteis relativas à da lógica subjacente ao processo de decisão automatizada ou da definição de perfis – o que não significa uma explicação acerca dos algoritmos utilizados ou o funcionamento da *machine learning* o que, por certo, seria pouco útil para os consumidores –, ou seja, deve ser capaz de a *explicar* e *fundamentar* e deve fazê-lo de *forma simples*, mas suficientemente *completa*, por forma a permitir ao titular dos dados compreender os motivos da decisão (v.g., através da comunicação das categorias de dados que serão utilizadas no processo de definição de perfis ou de tomada de decisão, do motivo pelo qual esses dados são considerados pertinentes, o modo como é criado o perfil utilizado no processo de decisão automatizada).[66]

---

62. As informações genéricas que o responsável pelo tratamento deve fornecer ao titular dos dados encontram-se enumeradas nos artigos 13º, n. 1 e 14º, n. 1, ambos do RGPD, respetivamente no caso de recolha direta e indireta dos dados junto do titular dos dados.

63. As informações adicionais que o responsável pelo tratamento deve fornecer ao titular dos dados encontram-se enumeradas nos artigos 13º, n. 2 e 14º, n. 2, ambos do RGPD, respetivamente no caso de recolha direta e indireta dos dados junto do titular dos dados.

64. Em relação aos dados recolhidos diretamente a partir do titular dos dados, as informações devem ser fornecidas no momento da recolha (artigo 13º, n. 1 do RGPD); quando os dados são obtidos indiretamente, as informações devem ser fornecidas dentro dos prazos estipulados no artigo 14º, n. 3 do RGPD.

65. Nos termos do considerando (60) do RGPD, "os princípios do tratamento equitativo e transparente exigem que o titular dos dados seja informado da operação de tratamento de dados e das suas finalidades" e, em qualquer caso, "o responsável pelo tratamento deverá fornecer ao titular as informações adicionais necessárias para assegurar um tratamento equitativo e transparente tendo em conta as circunstâncias e o contexto específicos em que os dados pessoais forem tratados". Com efeito, ainda que o tratamento de dados não envolva a tomada de decisões exclusivamente automatizadas, incluindo a definição de perfis, poderá ser oportuno, considerando as circunstâncias concretas, que o responsável pelo tratamento faculte as referidas informações adicionais.

66. Como afirma Alan M. Sears, "noting the existence of automated decision-making and describing the anticipated consequences of its use could be useful for consumers to make decisions on whether to use the website. However, given the complicated nature of machine learning algorithms that are frequently used, describing the logic involved may be difficult, if not impossible. It would also likely be of little use to the average customer if explained in detail. Ideally, a balance can be struck where the information is made digestible for the average user while still sufficiently explaining the logic involved, along with an option to see more detailed explanations if requested" (cfr., "The Limits of Online Price Discrimination in Europe", cit., loc. cit., p. 31 e 32). Vide

Além do dever de prestar informações úteis relativas à lógica subjacente ao processo de decisão automatizada ou de definição de perfis, o responsável pelo tratamento deve prestar, do mesmo modo, informações úteis sobre a *importância* e as *consequências* previstas desses processos, ou seja, deve *explicar* a forma como as decisões automatizadas podem afetar o titular dos dados (v.g., pode informar a razão pela qual o perfil criado é relevante para o processo de decisão automatizada e o modo como é utilizado para a tomada de uma decisão relativa ao titular dos dados).[67]

A personalização de preços envolve, como sabemos, além da mera recolha dos dados pessoais dos consumidores, processos de definição de perfis e decisões automatizadas, sejam ou não exclusivamente automatizadas em função da intervenção humana ou da ausência dela no processo decisório, o que implica necessariamente a observância de requisitos de transparência mais exigentes.

Assim, de acordo com o RGPD, parecem existir *diferentes graus de transparência* exigíveis no âmbito da implementação de práticas de personalização de preços.[68]

O grau mais básico de transparência traduz-se em informar o titular dos dados acerca das categorias de dados pessoais que serão objeto de tratamento e da finalidade do tratamento dos seus dados pessoais, isto é, consiste em informar o titular dos dados de que os seus dados pessoais serão objeto de tratamento para fins de personalização de preços.

Nos casos em que o tratamento de dados envolva uma tomada de decisões com base na definição de perfis, *independentemente* de serem ou não decisões exclusivamente automatizadas – pense-se na hipótese de o profissional definir o preço personalizado da oferta, com base num perfil elaborado por meios exclusivamente automatizados –, a circunstância de o tratamento ter como finalidades uma definição de perfil e a tomada de uma decisão com base no perfil criado deve ser sempre comunicada, de forma simples e clara, ao titular dos dados (cfr., artigo 13º, n. 1, alínea c) e artigo 14º, n. 1, alínea c, ambos do RGPD).[69]

Por outro lado, sempre que sejam tomadas decisões exclusivamente com base no tratamento automatizado, incluindo a definição de perfis – v.g., o algoritmo determina o preço personalizado da oferta e a decisão é automaticamente comunicada ao adquirente do produto, sem qualquer análise prévia e significativa por um ser humano

---

também, DELFORGE, Antoine. Comment (ré)concilier RGPD et big data? *Revue Du Droit Des Technologies de L'information*, n. 70, p. 27, 2018; orientações sobre as decisões individuais automatizadas e a definição de perfis do Grupo de Trabalho do artigo 29º para a proteção de dados (WP251), cit. p. 27 e ss.

67. Vide, orientações sobre as decisões individuais automatizadas e a definição de perfis do Grupo de Trabalho do artigo 29º para a proteção de dados (WP251), cit. loc. cit., p. 27 e ss.

68. Sobre este ponto, vide, em particular, STREEL, Alexandre de; FLORIAN, Jacques. Personalised pricing and EU Law, cit., p.10 e 11. Vide, entre outros, STEPPE, Richard. Online price discrimination and personal data: A general Data Protection Regulation Perspective. *Computer Law&Security*, v. 33, p. 776, 2013; DRECHSLER, Laura; SÁNCHEZ, Juan Carlos Benito. The Price Is (Not) Right: Data Protection and Discrimination in the Age of Pricing Algorithms. *European Journal of Law and Technology*, v. 9, n. 3, p. 5 e 7. 2018.

69. Vide, orientações sobre as decisões individuais automatizadas e a definição de perfis do Grupo de Trabalho do artigo 29º para a proteção de dados (WP251), cit. p. 18.

(personalização algorítmica de preços) –, exige-se que o responsável pelo tratamento preste *informações adicionais específicas*: informações úteis sobre a lógica subjacente à decisão de fixação personalizada de preços, bem como sobre a importância e consequências para a pessoa em causa.[70]

4.1.3   O direito de não estar sujeito a decisões automatizadas

Nos termos do artigo 22º, n. 1 do RGPD "o titular dos dados tem o direito de não ficar sujeito a nenhuma *decisão tomada exclusivamente com base* no tratamento automatizado, incluindo a definição de perfis, que produza *efeitos na sua esfera jurídica* ou que o *afete significativamente de forma similar*".

Este preceito legal estabelece uma *proibição geral* da tomada de decisões com base exclusivamente no tratamento automatizado – ou seja, sem que haja qualquer intervenção humana no processo decisório[71] –, incluindo a definição de perfis, em circunstâncias *específicas*: apenas quando uma decisão tomada exclusivamente com base no tratamento automatizado, incluindo a definição de perfis, produz efeitos na esfera jurídica do titular dos dados ou o afete significativamente de forma similar.

A interpretação desta disposição como uma proibição geral, ao invés de um direito que pode ser invocado pelo titular dos dados,[72] não só reforça a ideia do *controlo do titular dos dados sobre os seus dados pessoais*, em consonância com os princípios fundamentos do RGPD, como confere um *elevado nível de proteção* aos titulares dos dados, na medida em que "significa que as pessoas estão automaticamente protegidas dos possíveis efeitos de uma decisão tomada exclusivamente tomada com base no tratamento automatizado dos seus dados pessoais".[73]

---

70. Como afirmam DRECHSLER, Laura; SÁNCHEZ, Juan Carlos Benito. "Transparency (...) includes the notion that data subjects must be in a position to understand how their actions influence the result of the algorithm. In other words, they must understand the basic logic behind the workings of the algorithm" (cfr., The Price Is (Not) Right: Data Protection and Discrimination in the Age of Pricing Algorithms, cit. p. 5). Vide, também, MALGIERI, Gianclaudio; COMANDÉ, Giovanni. Why a Right to Legibility of Automated Decision-Making Exists in the General Data Protection Regulation. *International Data Privacy Law*, Vol. 7, n. 3, p. 244. 2017.
71. Cfr., Orientações sobre as decisões individuais automatizadas e a definição de perfis do Grupo de Trabalho do artigo 29º para a proteção de dados (WP251), cit. p. 23, "Um processo automatizado gera, na prática, uma recomendação relativa a um titular de dados. Se um ser humano examinar e ponderar outros fatores ao tomar a decisão final, esta não será «tomada exclusivamente com base» no tratamento automatizado. (...) Para que se considere haver uma intervenção humana, o responsável pelo tratamento tem de garantir que qualquer supervisão da decisão seja relevante, e não um mero gesto simbólico. Essa supervisão deve ser levada a cabo por alguém com autoridade e competência para alterar a decisão e que, no âmbito da análise, deverá tomar em consideração todos os dados pertinentes." Sobre este ponto, vide, ainda, DRECHSLER, Laura; SÁNCHEZ, Juan Carlos Benito. The Price Is (Not) Right: Data Protection and Discrimination in the Age of Pricing Algorithms, cit. p. 8; VOIGT, Paul; BUSSCHE, Axel von dem. Rights of Data Subjects. *The EU General Data Protection Regulation* (ed. Paul Voigt/Axel von dem Bussche), Springer, 2017, p. 181.
72. Cfr., Orientações sobre as decisões individuais automatizadas e a definição de perfis do Grupo de Trabalho do artigo 29º para a proteção de dados (WP251), cit. p. 21, "O termo «direito» nesta disposição não significa que o artigo 22º, n. 1, seja aplicável somente quando ativamente invocado pelo titular dos dados".
73. Cfr., Orientações sobre as decisões individuais automatizadas e a definição de perfis do Grupo de Trabalho do artigo 29º para a proteção de dados (WP251), cit. p. 22.

5 • DESAFIOS DO MERCADO DIGITAL PARA O DIREITO DO CONSUMO

Como dizíamos, para que esta proibição geral seja aplicável é necessário que se verifiquem quatro requisitos essenciais: (i) tem de existir uma decisão (ii) baseada exclusivamente (iii) no tratamento automatizado de dados pessoais (iv) que produza efeitos na esfera jurídica do titular dos dados ou o afete significativamente de forma similar.

Os três primeiros requisitos são facilmente cumpridos, pois a decisão de personalização de preços pode ser determinada (apenas) por algoritmos que decidem o preço exclusivamente com base no tratamento automatizado de dados pessoais (algoritmos de precificação), falando-se em personalização algorítmica de preços.[74] Da mesma forma, este requisito é observado sempre que não se verifique uma intervenção ou influência humana significativa sobre o resultado do processo de decisão, como sucede quando uma decisão de personalização de preços, embora formalmente determinada por uma pessoa, tem por base uma operação de tratamento automatizado de dados (*maxime*, de definição de perfis) cujo resultado não foi analisado ou avaliado por essa pessoa, previamente à formalização da decisão.[75]

Quanto ao quarto requisito, apesar de o RGPD não avançar qualquer definição para os conceitos de "efeitos na esfera jurídica" ou "significativamente de forma similar", tem sido entendido que o artigo 22º deste diploma se refere a decisões automatizadas, incluindo definições de perfis, que produzam efeitos com *consequências ou impactos graves* para as pessoas.[76]

As decisões automatizadas que resultem na oferta de preços diferenciados para consumidores específicos ou um grupo de consumidores relativamente aos mesmos bens ou serviços, com base em dados pessoais ou caraterísticas pessoais, são suscetíveis de produzir *efeitos na esfera jurídica* dos consumidores titulares dos dados.[77]

---

74. Neste sentido, entre outros, SEARS, Alan M. The Limits of Online Price Discrimination in Europe, cit., p. 30; POORT, Joost; BORGESIUS, Frederik Zuiderveen. Online Price Discrimination and EU Data Privacy Law, cit., p. 361; Richard Steppe, Online price discrimination and personal data: A general Data Protection Regulation Perspective, cit., p. 783.

75. Cfr., BYGRAVE, Lee A. Minding the machine: Article 15 of the EC Data Protection Directive and automated profiling. *Computer Law & Security Review*, v. 17, n. 1, p. 19. 2001.

76. Cfr., Orientações sobre as decisões individuais automatizadas e a definição de perfis do Grupo de Trabalho do artigo 29º para a proteção de dados (WP251), cit. p. 23, "o RGPD reconhece que as decisões automatizadas, incluindo a definição de perfis, podem ter consequências graves para as pessoas. Embora o RGPD não defina os conceitos de «esfera jurídica» ou «significativamente de forma similar», a redação torna claro que o artigo 22º abrange apenas os efeitos com impactos graves."

77. Neste sentido, vide, SEARS, Alan M. The Limits of Online Price Discrimination in Europe, cit., loc. cit., p. 30. O Autor afirma que a oferta para celebrar um contrato com um preço determinado por meios automatizadas também poderia produzir efeitos jurídicos, baseando-se numa opinião da Autoridade Belga de Proteção de Dados (Parecer n. 35/2012) que declarou que um anúncio com "uma redução de preço e, portanto, uma oferta de preço" tem um efeito jurídico. No mesmo sentido e com aludindo à mesma opinião, vide, POORT, Joost; BORGESIUS, Frederik Zuiderveen. Online Price Discrimination and EU Data Privacy Law, cit., p. 361. Já Alexandre de Streel/Jaqcues Florian, entendem que "definir um preço personalizado ao lado de um produto numa página web produz automaticamente efeitos jurídicos para o consumidor (...) [pois] constitui uma oferta de venda e isso afeta as suas obrigações contratuais, ou seja, a obrigação de pagar um preço (cfr., Personalised pricing and EU Law, cit., p. 14). Em sentido próximo Richard Steppe entende que a personalização de preços produz efeitos jurídicos em relação ao titular dos dados, designadamente, nos casos em que este aceita a oferta e compra o bem ou o serviço, dado que isto implica a celebração de um contrato (cfr., Online price discrimination and personal data: A general Data Protection Regulation Perspective, cit., loc. cit., p. 784).

Do mesmo modo, a personalização de preços com base em decisões automatizadas é suscetível de produzir *efeitos significativos* para os consumidores titulares dos dados. Pense-se, na hipótese de a decisão automatizada resultar na aplicação de um preço personalizado que se consubstancia num aumento do preço para um consumidor específico ou grupo de consumidores, face aos quais se previu que o preço não é um fator decisivo para a aquisição do bem ou do serviço. Em termos práticos, os consumidores podem estar a adquirir um produto mais caro, sem estarem devidamente informados desse facto, pelo que, é razoável supor que a decisão automatizada envolvida no processo de personalização dos preços produz efeitos significativos para os consumidores.[78]

Poder-se-á, ainda, cogitar se a decisão de personalização de preços pode ser suscetível de produzir efeitos significativos para os consumidores na medida em que pode afetar significativamente os seus comportamentos ou escolhas. Recorde-se que, na ótica do profissional, a lógica subjacente à personalização de preços ou, mais amplamente, à determinação do preço estimado que os consumidores estão dispostos a pagar por um produto com base na definição de perfis, é persuadir os consumidores a adquirir um bem ou serviço ou maximizar a probabilidade de aquisição do bem ou serviço, o que será particularmente evidente nos casos em que a decisão automatizada resulta na apresentação aos consumidores de um preço personalizado mais reduzido.[79]

Porém, a proibição geral de decisões individuais exclusivamente automatizadas, incluindo definições de perfis, que produzam efeitos jurídicos ou similarmente significativos para os titulares dos dados *não é uma regra absoluta*, sendo aquelas permitidas, *inter alia*, com fundamento no *consentimento explícito* do titular dos dados.[80]

Em termos práticos, isto significa que para adotar estratégias de personalização de preços, com base na definição de perfis e decisões exclusivamente automatizadas

---

78. Referindo que a personalização de preços com base em decisões automatizadas é suscetível de produzir efeitos significativos para os consumidores titulares dos dados pessoais quando se traduz em preços mais elevados, vide, BYGRAVE, Lee A. *Data protection law*: approaching its rationale, logic and limits, Kluwer Law International, London, 2002, p. 323 e 324; POORT, Joost; BORGESIUS, Frederik Zuiderveen. Online Price Discrimination and EU Data Privacy Law, cit., loc. cit., 361. Vide, também, orientações sobre as decisões individuais automatizadas e a definição de perfis do Grupo de Trabalho do artigo 29º para a proteção de dados (WP251), cit. p. 25, "as decisões automatizadas que resultem em preços diferenciados com base em dados pessoais ou características pessoais são igualmente suscetíveis de ter efeitos significativos se, por exemplo, se verificarem preços proibitivos, que excluam efetivamente alguém de certos bens ou serviços".

79. Manifestando dúvidas quanto a saber se as decisões de personalização de preços que oferecem reduções de preço são suscetíveis ou propensas a afetar significativamente o titular dos dados, vide, BYGRAVE, Lee A. Minding the machine: Article 15 of the EC Data Protection Directive and automated profiling, cit. p. 17 e 19; STEPPE, Richard. Online price discrimination and personal data: A general Data Protection Regulation Perspective, cit., p. 784.

80. As decisões individuais exclusivamente automatizadas, incluindo definições de perfis, que produzam efeitos jurídicos ou similarmente significativos para os titulares dos dados são, igualmente, permitidas quando forem necessárias para a celebração ou a execução de um contrato entre o titular dos dados e um responsável pelo tratamento ou forem autorizadas pelo direito da União ou do Estado-Membro a que o responsável pelo tratamento estiver sujeito, e na qual estejam igualmente previstas medidas (cfr., artigo 22º, n. 2 do RGPD).

5 • DESAFIOS DO MERCADO DIGITAL PARA O DIREITO DO CONSUMO

(*maxime*, com recurso a algoritmos de precificação), o profissional tem de ter obtido o consentimento explícito do consumidor titular dos dados pessoais e, uma vez obtido esse consentimento (e cumpridos os demais requisitos de proteção de dados), o profissional é livre de praticar estratégias de personalização de preços.[81]

Neste caso, o responsável pelo tratamento deve estabelecer *garantias adequadas* para salvaguardar os interesses relevantes (direitos, liberdades e interesses legítimos) dos titulares dos dados, designadamente, o *direito de obter intervenção humana no processo decisório*[82] e o *direito de manifestar o seu ponto de vista e contestar a decisão* (cfr., artigo 22º, n. 3 do RGPD).

De todo o modo, as garantias adequadas também incluem o *direito de informação*, como acima explicitado, incumbindo ao responsável pelo tratamento o dever de informar o titular dos dados sobre a existência de decisões automatizadas, incluindo a definição de perfis, e fornecer informações úteis relativas à lógica subjacente e explicar a importância e as consequências previstas de tal tratamento (cfr., artigos 13º, n. 2, alínea f, e 14º, n. 2, alínea g, ambos do RGPD).[83]

Esta obrigação de transparência é não só essencial em atenção aos potenciais riscos das decisões exclusivamente automatizadas,[84] como também constitui um auxílio para possibilitar o exercício do direito de manifestar o seu ponto de vista e contestar a decisão, na medida em que, o titular dos dados só terá condições contestar uma decisão de fixação de preços ou manifestar o seu ponto de vista se *compreender efetivamente* como foi tomada a decisão e qual foi o seu fundamento.[85]

---

81. Assim, entre muitos, vide GRAEF, Inge. Algorithms and fairness: What role for competitional law in targeting price discrimination towards end consumers?, cit., p. 551.

82. Cfr., Orientações decisões automatizadas, cit. p. 30, "a intervenção humana é um elemento essencial. Qualquer revisão tem de ser levada a cabo por alguém com a devida autoridade e competência para alterar a decisão. O revisor deve realizar uma avaliação exaustiva de todos os dados pertinentes, incluindo quaisquer informações adicionais transmitidas pelo titular dos dados". Nos termos das recomendações de boas práticas (Anexo 1 ao mesmo documento), o mecanismo de intervenção humana no processo decisório poderá ser implementado através da disponibilização de uma hiperligação para um procedimento de recurso no momento da entrega da decisão automatizada ao titular dos dados, com os prazos de revisão acordados e o nome de um ponto de contacto para quaisquer dúvidas (cfr., Anexo 1, p. 37).

83. Cfr., considerando (71) do RGPD, "(...) em qualquer dos casos, tal tratamento deverá ser acompanhado das garantias adequadas, que deverão incluir a informação específica ao titular dos dados e o direito de obter a intervenção humana, de manifestar o seu ponto de vista, de obter uma explicação sobre a decisão tomada na sequência dessa avaliação e de contestar a decisão".

84. Cfr., POORT, Joost; BORGESIUS, Frederik Zuiderveen. Personalised Pricing: The Demise of the Fixed Price?, cit., p. 18, "transparency about price discrimination could reduce the current information asymmetry and would allow consumers to choose web stores that do not personalise prices (provided there is sufficient competition) or delete their cookies if that gives them a better deal." O Autor acrescenta que "for that very reason, it is likely that companies prefer not to tell customers about personalized prices, especially if they charge higher prices, considering the empirical evidence presented in the last section, which showed that most consumers find online price discrimination unfair and reject it. Hence, consumers could be expected to react negatively and look for 'fairer' prices elsewhere."

85. Neste sentido, vide, STREEL, Alexandre de; FLORIAN, Jaqcues. Personalised pricing and EU Law, cit., p. 17.

4.2 A PERSONALIZAÇÃO DE PREÇOS NA ÓTICA DO DIREITO EUROPEU DO CONSUMIDOR

4.2.1 Enquadramento

A proteção e a defesa dos consumidores constituem um dos pilares fundamentais da política da União Europeia e as regras de proteção e defesa do consumidor têm como objetivo primacial alcançar um *elevado nível de proteção dos consumidores*, este assente na premissa de que os consumidores estão numa posição de vulnerabilidade em relação aos profissionais, nomeadamente, no que que diz respeito ao nível de informação, conhecimento e poder negocial.[86-87]

A União Europeia garante que os interesses dos consumidores sejam integrados na legislação da União Europeia em todos os domínios relevantes de ação política. O programa de ação política da União Europeia no domínio da política dos consumidores para o período de 2020 a 2025 assenta na *Nova Agenda do Consumidor* (a «Agenda»), aprovada em 13 de novembro de 2020, com o subtítulo «Reforçar a resiliência dos consumidores para uma recuperação sustentável», a qual teve como base a Agenda do Consumidor de 2012 (expirada em 2020) e o *New Deal for Consumers* de 2018.

A Agenda abrange cinco domínios prioritários, entre os quais, a *transformação digital*, reconhecendo que esta "a mudar radicalmente a vida dos consumidores, proporcionando-lhes mais oportunidades e uma maior escolha tanto de bens como de serviços (...) ao mesmo tempo, [que] pode tornar mais difícil para eles fazer escolhas informadas e salvaguardar os seus interesses".[88]

É explicitamente declarado que "a recolha e processamento de dados subjacentes combinados com a análise do comportamento dos consumidores e os seus preconceitos cognitivos podem ser utilizados para influenciar os consumidores a tomarem decisões que podem ir contra os seus melhores interesses (...) [o] pode limitar a eficácia das regras actuais destinadas a proteger os consumidores no ambiente digital, entre outros, contra práticas comerciais desleais".[89]

Neste quadro, a Diretiva (UE) 2019/2161 do Parlamento Europeu e do Conselho de 27 de novembro de 2019 (que altera a Diretiva 93/13/CEE do Conselho e as Diretivas 98/6/CE, 2005/29/CE e 2011/83/EU do Parlamento Europeu e do Conselho), conhecida

---

86. O artigo 169º do Tratado sobre o Funcionamento da União Europeia (TFUE) estabelece uma base jurídica para uma vasta gama de ações a nível da União Europeia no domínio da defesa dos consumidores e estipula que "a fim de *promover os interesses dos consumidores* e *assegurar um elevado nível de defesa* destes, a União contribuirá para a proteção da saúde, da segurança e dos interesses económicos dos consumidores, bem como para a promoção do seu direito à informação, à educação e à organização para a defesa dos seus interesses". E o artigo 38º da Carta dos Direitos Fundamentais da União Europeia reforça a defesa dos consumidores ao consagrar que "as políticas da União devem assegurar um *elevado nível de defesa dos consumidores*".
87. Sobre a vulnerabilidade no direito do consumo, vide, PASSINHAS, Sandra. O lugar da vulnerabilidade no direito português do consumo. *Estudos de Direito do Consumidor*, n. 15, p. 415 a 487. 2019.
88. Cfr., *New Consumer Agenda Strengthening Consumer – Resilience for Sustainable Recovery*. Brussels, 13.11.2020 (COM(2020) 696 final), p. 10.
89. Ibidem.

como «Diretiva Omnibus», que tem como objetivo assegurar uma melhor aplicação e a modernização das regras da União em matéria de defesa dos consumidores, propõe-se a constituir um instrumento relevante para enfrentar alguns destes desafios.

Mais se declara, na Agenda, que as "práticas comerciais que ignorem o direito do consumidor a fazer uma escolha informada (...) ou distorçam os seus processos de tomada de decisão, devem ser combatidas (...), [incluindo] certas práticas de personalização frequentemente baseadas no *profiling*, (...) [e] informação falsa ou enganosa (...)".[90]

Não obstante, não deixa de se sublinhar que são necessárias orientações adicionais sobre a aplicabilidade a estas práticas de instrumentos de direito do consumidor, tais como a Diretiva relativa às Práticas Comerciais Desleais e a Diretiva relativa aos Direitos do Consumidor.[91] Esclarece-se, porém, que "em última análise, os consumidores devem beneficiar de um nível comparável de proteção e equidade em linha tal como beneficiam *offline*".[92]

Neste contexto, no tópico seguinte propomo-nos a analisar a regulação da personalização de preços no âmbito da Diretiva relativa aos Direitos dos Consumidores, em atenção às alterações promovidas pela Diretiva *Omnibus*.[93]

4.2.2 A diretiva relativa aos direitos dos consumidores: obrigação específica de informação pré-contratual

Como se anunciou a Diretiva *Omnibus* alterou a Diretiva 2011/83/UE do Parlamento Europeu e do Conselho, de 25 de outubro de 2011, relativa aos Direitos dos Consumidores («Diretiva relativa aos Direitos dos Consumidores»).

---

90. Ibidem.
91. Tal necessidade tem sido igualmente destacada por alguns autores. Vide, exemplificativamente, STREEL, Alexandre de; FLORIAN, Jacques. Personalised pricing and EU Law, cit., p. 24; BOURREAU, Marc; STREEL, Alexandre de. The regulation of personalized pricing in the digital era, cit., p. 12.
92. Cfr., *New Consumer Agenda Strengthening Consumer* – Resilience for Sustainable Recovery, cit., loc. cit., p. 10.
93. A aplicabilidade da Diretiva relativa às Práticas Comerciais Desleais à prática de personalização de preços será objeto de uma análise detalhada, pelo que, nos limitamos, ora, a apontar, a título de síntese, algumas notas. Desde logo, as alterações efetuadas pela Diretiva *Omnibus* incidentes sobre a Diretiva relativa às Práticas Comerciais não fazem qualquer referência direta à prática personalização de preços com base em decisões automatizadas. Parece, porém, evidente que a prática de personalização de preços, em si e por si, não é considerada uma prática comercial desleal em qualquer circunstância, o que decorre, tanto quanto nos parece, da própria permissão legal no sentido de que "os profissionais podem personalizar o preço das suas ofertas para consumidores específicos ou categorias específicas de consumidores", desde que os consumidores sejam "claramente informados sempre que lhes seja apresentado um preço personalizado com base numa decisão automatizada". No entanto, isto não significa que a personalização de preços nunca seja proibida ou, *melius*, que não se possam identificar situações específicas sob as quais a personalização de preços deva ser qualificada como uma prática comercial desleal. Parece-nos ser de concluir que a fixação de preços personalizados em linha, enquanto tal, não pode ser tida como uma prática comercial desleal, desde que os profissionais não adotem práticas suscetíveis de ser qualificadas, à luz da referida Diretiva, como práticas comerciais enganosas ou agressivas. Com efeito, os profissionais são livres de personalizar os preços das suas ofertas, contando que cumpram os seus deveres de transparência face aos consumidores no que diz respeito ao preço. O que nos permite, portanto, afirmar que não é a personalização dos preços das ofertas em si que é suscetível de consubstancia uma violação à Diretiva relativa às Práticas Comerciais Desleais, mas sim as práticas comerciais circundantes ou as práticas comerciais desleais auxiliares da personalização de preços.

Nos termos da redação anterior (e que se mantém neste ponto) da Diretiva relativa aos Direitos dos Consumidores, no âmbito dos contratos celebrados à distância,[94] o profissional só era obrigado a informar o consumidor, na fase pré-contratual, de forma clara e compreensível, sobre o método de cálculo do preço quando este, devido à natureza dos bens ou serviços, não pudesse ser calculado de forma antecipada.[95] Não existia, com efeito, qualquer referência à personalização de preços, nem tão pouco se consagrava qualquer obrigação de informação ao consumidor sempre que o preço que lhe fosse apresentado consistisse num preço personalizado com base numa decisão automatizada.

Este paradigma foi alterado. Como se referiu nos prolegómenos deste texto, o considerando 45 da Diretiva Omnibus, veio esclarecer que *"os profissionais podem personalizar o preço das suas ofertas para consumidores específicos ou categorias específicas de consumidores, com base em decisões automatizadas e na definição de perfis de comportamento dos consumidores*, de molde a permitir-lhes avaliar o poder de compra do consumidor", desde que os consumidores sejam *"claramente informados sempre que lhes seja apresentado um preço personalizado com base numa decisão automatizada*, de modo a poderem ter em conta os potenciais riscos nas suas decisões de compra".

Por conseguinte, a Diretiva *Omnibus* veio alterar o artigo 6º da Diretiva relativa aos Direitos dos Consumidores, aditando-lhe a alínea e-A, passando a prever-se que *"antes de o consumidor ficar vinculado por um contrato à distância* ou celebrado fora do estabelecimento comercial *ou por uma proposta correspondente*, o profissional faculta ao consumidor, *de forma clara e compreensível (...) se aplicável, que o preço foi personalizado com base numa decisão automatizada"*. Assim, os profissionais estão agora vinculados a uma *obrigação específica de informação pré-contratual* sobre a personalização de preços com base em decisões automatizadas.

Porém, apesar desta nova obrigação pré-contratual representar um passo decisivo no reforço das exigências de transparência, pensamos que o legislador poderia ter ido mais longe.

Como se vem referindo em alguma literatura, existem vários graus de transparência exigíveis no caso de personalização de preços: o grau mais básico corresponde à mera informação de que o preço é personalizado; o segundo grau, mais avançado de transparência, refere-se à forma como os preços foram personalizados, caso em que os profissionais podem ser obrigados a indicar os principais parâmetros que determinam os preços personalizados; e, em terceiro, o grau mais exigente de transparência, impõe

---

94. Para efeitos da Diretiva relativa aos Direitos dos Consumidores considera-se «contrato à distância» "qualquer contrato celebrado entre o profissional e o consumidor no âmbito de um sistema de vendas ou prestação de serviços organizado para o comércio à distância, sem a presença física simultânea do profissional e do consumidor, mediante a utilização exclusiva de um ou mais meios de comunicação à distância até ao momento da celebração do contrato, inclusive" (cfr., artigo 2º, 7, da referida Diretiva).
95. Cfr., artigo 6º, n. 1, alínea e, da Diretiva relativa aos Direitos dos Consumidores.

aos profissionais o dever de informar os preços oferecidos a terceiros para que um determinado consumidor possa ter um preço "de referência".[96]

Além de aditar ao artigo 6º da Diretiva relativa aos Direitos dos Consumidores, a alínea e-A, fazendo impender sobre os profissionais uma obrigação específica de informação pré-contratual sobre a personalização de preços com base em decisões automatizadas, a Diretiva Omnibus veio também aditar à mesma Diretiva o artigo 6º-A, que prevê *requisitos adicionais específicos de informação dos contratos celebrados em mercados em linha*, consagrando que antes de o consumidor ficar vinculado por um contrato celebrado à distância ou por qualquer proposta correspondente, num mercado em linha, o prestador do mercado em linha deve, facultar ao consumidor, de uma forma clara e compreensível e adequada ao meio de comunicação à distância, *inter alia, informações gerais sobre os principais parâmetros que determinam a classificação das propostas apresentadas ao consumidor em resultado da pesquisa e a importância relativa desses parâmetros em comparação com outros parâmetros.*[97]

Assim, parece que no caso de personalização automatizada de preços, os profissionais só estão obrigados a um nível mais básico de transparência: informar os consumidores, de forma clara e compreensível, que o preço foi personalizado com base numa decisão automatizada. Sendo de lamentar que não se tenha estendido a obrigação de fornecer aos consumidores informações sobre os principais parâmetros que determinam o preço personalizado das ofertas.

5. SÍNTESE CONCLUSIVA

O *Big Data* e a possibilidade de análises preditivas por meio de técnicas de inteligência artificial constituem oportunidades tecnológicas propícias ao incremento da personalização de preços no mercado digital.

Regista-se, contudo, uma aversão e desconfiança dos consumidores em relação às práticas de personalização de preços em linha. A confiança dos consumidores no mercado digital é essencial para otimizar o potencial de crescimento da economia digital e, por isso, é importante que o quadro jurídico aplicável à personalização de preços seja claro e estabeleça obrigações adequadas.

Do ponto de vista da política de defesa dos consumidores, a Diretiva *Omnibus* representou um passo determinante para o reforço da confiança dos consumidores ao condicionar a admissibilidade da personalização das ofertas sob a forma de personalização de preços ao cumprimento de uma específica obrigação pré-contratual, recorde-se: "os profissionais podem personalizar o preço das suas ofertas para consumidores específicos ou categorias específicas de consumidores, com base em decisões automatizadas

---

96. Cfr., STREEL, Alexandre de; FLORIAN, Jaques. Personalised pricing and EU Law, cit., p. 10; BOURREAU, Marc; STREEL, Alexandre de. The regulation of personalized pricing in the digital era, cit., p. 6. Vide, também, EZRACHI, Ariel; STUCKE, Maurice E. *Virtual competition*: the promise and perils of the algorithm-driven economy, cit., p. 111 a 113.

97. Cfr., artigo 4º, 5, da Diretiva Omnibus.

e na definição de perfis de comportamento dos consumidores, de molde a permitir-lhes avaliar o poder de compra do consumidor", desde que os consumidores sejam "claramente informados sempre que lhes seja apresentado um preço personalizado com base numa decisão automatizada, de modo a poderem ter em conta os potenciais riscos nas suas decisões de compra".

Além das regras específicas em matéria de defesa do consumidor, as regras em matéria de proteção de dados pessoais podem contribuir para garantir que a personalização de preços, com base no rastreamento e na definição de perfis do comportamento em linha dos consumidores, não é efetuada sem consentimento e precedida do cumprimento de exigências de transparência, aumentando a capacitação dos consumidores para compreender o mecanismo da personalização de preços e a tomada de decisões de transação conscientes e informadas.[98]

Daí a importância, aqui em especial no âmbito da prática de personalização de preços em especial, como assim no âmbito do tratamento de dados pessoais dos consumidores em geral, de se dever admitir, reproduzindo ora as palavras de Arthur Pinheiro Basan, que "a concretização da proteção do consumidor no atual contexto somente pode ser atingida com o reconhecimento de um direito básico do consumidor à proteção de dados pessoais, envolvendo uma dupla dimensão, qual seja, a de tutela da personalidade do consumidor contra os riscos inerentes à coleta, processamento, utilização e circulação dos dados pessoais (legitimidade do tratamento de dados pessoais) e, também, através do empoderamento do consumidor no sentido de controlar o fluxo de seus dados na sociedade (autodeterminação informativa do consumidor)".[99]

Com efeito, em tom conclusivo, dir-se-á que chave para prevenir os riscos decorrentes das práticas de personalização de preços em linha, como seja a assimetria informativa e a tomada de decisões desinformadas e/ou menos esclarecidas, reside no reforço da transparência em relação aos consumidores quando fazem compras através da Internet, com o consequente aumento da confiança dos consumidores no mercado digital e em torno da economia digital.

6. REFERÊNCIAS

BARBOSA, Mafalda Miranda. *Inteligência artificial* – Entre a utopia e a distopia, alguns problemas jurídicos. Coimbra: Gestlegal, 2021.

BAR-GILL, Oren. Algorithmic Price Discrimination When Demand Is a Function of Both Preferences and (Mis)perceptions. *University of Chicago Law Review*. v. 86, n. 2, Article 12, 2018.

---

98. E assim porque, como destacam José Luiz de Moura Faleiros Júnior; Filipe Medon, "Na seara pré-contratual, a lisura e a transparência são esperadas como desdobramentos da boa-fé objetiva que rege as relações de consumo e pela qual se permite integrar a norma jurídica para a junção do 'dever fundamental' de proteção (segura) dos dados pessoais, emanado da LGPD, aos deveres de respeito à própria boa-fé objetiva e à proteção das relações de consumo" (Cfr., "Discriminação algorítmica de preços, perfilização e responsabilidade civil nas relações de consumo", op. cit., p. 965).

99. BASAN, Arthur Pinheiro. *Publicidade digital e proteção de dados pessoais*: o direito ao sossego, Indaiatuba, São Paulo: Editora Foco, 2021, p. 114.

BASAN, Arthur Pinheiro. *Publicidade digital e proteção de dados pessoais*: o direito ao sossego. Indaiatuba, São Paulo: Editora Foco, 2021.

BORGESIUS, Frederik Zuiderveen. Behavioral Targeting: A European Legal Perspective. *IEEE Security & Privacy*, v. 11, n. 1, January-February. 2013.

BOURREAU, Marc; STREEL, Alexandre de. The regulation of personalized pricing in the digital era. *Note by Marc Bourreau and Alexandre de Streel*. OECD (DAF/COMP/WD(2018)150), 25 september 2020.

BOURREAU, Marc; STREEL, Alexandre de; GRAEF, Inge. Big Data and Competition Policy: Market Power, personalized pricing and advertising – Project Report. *Centre on Regulation in Europe*, 2017.

BYGRAVE, Lee A. *Data protection law*: approaching its rationale, logic and limits. London: Kluwer Law International, 2002.

BYGRAVE, Lee A. Minding the machine: Article 15 of the EC Data Protection Directive and automated profiling. *Computer Law & Security Review*, v. 17, n. 1, 2001.

CALVANO, Emilio; CALZOLARI, Giacomo; DENICOLO, Vicenzo; PASTORELLO, Sergio. Artificial Intelligence, Algorithmic Pricing And Collusion. *American Economic Review*, v. 110, n. 10, October 2020.

CALVETE, Vitor. Três ou quatro intrigantes: excedente do consumidor e discriminação de preço. *Boletim de Ciências Económicas da Faculdade de Direito da Universidade de Coimbra*, v. LXI, 2018.

CHAPDELAINE, Pascale. Algorithmic Personalized Pricing. *Journal of Law & Business*, v. 17, n. 1, 2020.

CONSUMER market study on online market segmentation through personalised pricing/offers in the European Union – Request for Specific Services 2016 85 02 for the implementation of Framework Contract EAHC/2013/CP/04 (Final report), 2016.

CORDEIRO, António Barreto Menezes. *Comentário ao Regulamento Geral de Proteção de Dados e à Lei 58/2019*, Coimbra: Almedina, 2021.

CORDEIRO, António Barreto Menezes. Decisões individuais automatizadas à luz do RGPD e da LGPD. In: BARBOSA, Mafalda Miranda; BRAGA NETTO, Filipe; SILVA, Michael César; FALEIROS JÚNIOR, José Luiz de Moura (Coord.). *Direito digital e inteligência artificial*: diálogos entre Brasil e Europa. Indaiatuba, São Paulo: Editora Foco, 2021.

D'AVACK, Lorenzo. La rivoluzione tecnológica e la nuova era digitale: problemi etici. *Intelligenza artificiale – Il diritto, i diritti, l ética* (a cura di Ugo Ruffolo), Milano: Giuffrè Francis Lefebvre, 2020.

DELFORGE, Antoine. Comment (ré)concilier RGPD et big data? *Revue Du Droit Des Technologies de L'information*, n. 70, 2018.

DIRETRIZES 05/2020 relativas ao consentimento na aceção do Regulamento 2016/679. *European Data Protection Board*, versão 1.1, 4 de maio de 2020.

DIRETRIZES 2/2019 sobre o tratamento de dados pessoais ao abrigo do artigo 6º, n. 1, b), do RGPD, no contexto de prestação de serviços em linha aos titulares dos dados, *European Data Protection Board*, versão 2.0, 8 de outubro de 2019.

DOCUMENTO de trabalho dos serviços da Comissão – Orientações sobre a aplicação da Diretiva 2005/29/CE relativa às práticas comerciais desleais (SWD(2016) 163 final), Bruxelas, 25.5.2016.

DRECHSLER, Laura. SÁNCHEZ, Juan Carlos Benito. The Price Is (Not) Right: Data Protection and Discrimination in the Age of Pricing Algorithms. *European Journal of Law and Technology*, v. 9, n. 3, 2018.

EZRACHI, Ariel; STUCKE, Maurice E. *Virtual competition: the promise and perils of the algorithm-driven economy*. Cambridge: Harvard University Press, 2016.

FALEIROS JÚNIOR, José Luiz de Moura; MEDON, Filipe. Discriminação algorítmica de preços, perfilização e responsabilidade civil nas relações de consumo. *Revista de Direito da Responsabilidade*, ano 3, 2021.

GONZAGA. Pedro; DONOHUE, Michael; CUIJPERS, Dries; CAPOBIANCO, Antonio. Personalised Pricing in the Digital Era. *Background Note by the OECD Secretariat* (DAF/COMP(2018)13), 28 november 2018.

GRAEF, Inge. Algorithms and fairness: What role for competitional law in targeting price discrimination towards end consumers? *The Columbia Journal of European Law*, v. 24, n. 3, 2018.

GUIMARÃES, João Alexandre Silva Alves; FACCIO, Letícia Preti. A tutela do consumidor digital: vulnerabilidade algorítmica, publicidade virtual e responsabilidade civil. In: VEIGA, Fábio da Silva; ALVES, Rodrigo Vitorino Souza; FONSECA, Maria Hemília (Coord.). *Diálogos dos Direitos Humanos*. Porto: Instituto Iberoamericano de Estudos Jurídicos – IBEROJUR, 2022.

GUPTA, Rajan; PATHAK, Chaitanya. A Machine Learning Framework for Predicting Purchase by online customers based on Dynamic Pricing. *Procedia Computer Science*, v. 36, 2014.

HANNAK, Aniko; SOELLER, Gary; LAZER, David; MISLOVE, Alan; WILSON, Christo. Measuring Price Discrimination and Steering on E-Commerce Web Sites. *Proceedings of the 2014 conference on internet measurement conference*, 2014.

HILDEBRANDT, Mireille. Defining profiling: A New Type of Knowledge. *Profiling the European Citizen – Cross-Disciplinary Perspectives* (ed. Mireille Hildebrandt/Serge Gutwirth), Berlim: Springer Science, 2008.

HILDEBRANDT, Mireille. Profiling into the future: An assessment of profiling technologies in the context of Ambient Intelligence. *FIDIS Journal: Futures of Identity in the Information Society*, v. 1, 2007.

HINDERMANN, Christoph Michael. Price Discrimination in Online Retail. *ZBW – Leibniz Information Centre for Economics*. Kiel: Hamburg, 2018.

HUTCHINSON, Christophe Samuel; TREŠČÁKOVÁ, Diana. The challenges of personalized pricing to competition and personal data protection law. *Competiton Law Journal*, 2021.

JACQUEMIN, Hervé. Le big data à l'épreuve des pratiques du marché et de la protection du consommateur. *Revue du Droit des Technologies de L'information*, n. 70, 2018.

MACMILLAN, Rory. Big data, machine learning, consumer protection and privacy. *The 47th Research Conference on Communication*, Information and Internet Policy 2019.

MALGIERI, Gianclaudio; COMANDÉ, Giovanni. Why a Right to Legibility of Automated Decision-Making Exists in the General Data Protection Regulation. *International Data Privacy Law*, v. 7, n. 3, 2017.

MIKIANS, Jakub; GYARMATI, László; ERRAMILLI, Vijay; LAOUTARIS, Nikolaos. Detecting price and search discrimination on the Internet. *Proceedings of the 11th ACM workshop on hot topics in networks*, 2012.

NEW CONSUMER Agenda Strengthening Consumer – *Resilience for Sustainable Recovery*, Brussels, 13.11.2020 (COM(2020) 696 final).

OFFICE OF FAIR TRADING (OFT). Personalised Pricing – Increasing Transparency to Improve Trust. May 2013.

OFFICE OF FAIR TRADING (OFT). The Economics of Online Personalised Pricing. 2013.

OPINIÃO 2/2010 sobre a publicidade comportamental em linha do Grupo de Trabalho do artigo 29º para a proteção de dados (WP171), 2010.

ORIENTAÇÕES sobre as decisões individuais automatizadas e a definição de perfis do Grupo de Trabalho do artigo 29º para a proteção de dados (WP251), 2017.

PARECER 06/2014 do Grupo de Trabalho do Artigo 29º sobre o conceito de interesses legítimos do responsável pelo tratamento na aceção do artigo 7º da Diretiva 95/46/CE (WP217), 2017.

PARECER 3/2013 do GT29 sobre a limitação da finalidade (WP 203), 2013.

PASSINHAS, Sandra. O lugar da vulnerabilidade no direito português do consumo. *Estudos de Direito do Consumidor*, n. 15, 2019.

PIGOU, Arthur Cecil. *The Economics of Welfare.* 4. ed. London: MacMillan, 1932.

POORT, Joost; BORGESIUS, Frederik Zuiderveen. Online Price Discrimination and EU Data Privacy Law. *Journal of Consumer Policy*, v. 40, 2017.

POORT, Joost; BORGESIUS, Frederik Zuiderveen. Personalised Pricing: The Demise of the Fixed Price? Disponível em: https://papers.ssrn.com/sol3/papers.cfm?abstract_id=3792842.

QUINELATO, Pietra Daneluzzi. *Preços personalizados à luz da Lei Geral de Proteção de Dados*: viabilidade econômica e juricidade. Indaiatuba, São Paulo: Editora Foco, 2022.

REST, Jean-Pierre I. van der; SEARS, Alan M.; MIAO, Li; WANG, Lorna. A note on the future of personalized pricing: cause for concern. *Journal of Revenue and Pricing Management,* v. 19, n. 2, 2020.

RICHARDS, Timothy J.; LIAUKONYTE, Jura; STRELETSKAYA, Nadia A. Personalized Pricing and Price Fairness. *International Journal of Industrial Organization*, v. 44, 2016.

SEARS, Alan M. The Limits of Online Price Discrimination in Europe. *The Columbia Science & Technology Law Review*, v. XXI, n. 1, 2021.

SEELE, Peter; DIERKSMEIER, Claus; HOFSTETTER, Reto; SCHULTZ, Mario D. Mapping the Ethicality of Algorithmic Pricing: A Review of Dynamic and Personalized Pricing. *Journal of Business Ethics*, c. 170, 2021.

STEINBERG, Etye. Big Data and Personalized Pricing. *Business Ethics Quarterly*, v. 30, n. 1, January 2020.

STEPPE, Richard. Online price discrimination and personal data: A general Data Protection Regulation Perspective. *Computer Law&Security*, v. 33, 2013.

STREEL, Alexandre de; FLORIAN, Jacques. Personalised pricing and EU Law. *30th European Conference of the International Telecommunications Society (ITS):* "Towards a Connected and Automated Society", Helsinki, Finland, 16th-19th June, 2019.

THE EUROPEAN CONSUMER ORGANISATION *(BEUC).* Ensuring Consumer Protection in the Platform Economy (BEUC-X-2018-080), 2018.

TOWNLEY, Christopher; MORRISON, Eric; YEUNG, Karen. Big Data and Personalised Price Discrimination in EU Competition Law. *King's College London Law School Research Paper* n. 2017-38.

VOIGT, Paul; BUSSCHE, Axel von dem. Rights of Data Subjects. *The EU General Data Protection Regulation* (ed. Paul Voigt/Axel von dem Bussche), Springer, 2017.

6
É POSSÍVEL EXISTIR DIREITO AO ESQUECIMENTO NA ERA DA INTELIGÊNCIA ARTIFICIAL?

João Alexandre Silva Alves Guimarães

Doutorando em Direito pela Universidade de Coimbra, Portugal. Mestre em Direito da União Europeia pela Universidade do Minho, Portugal. Associado do Instituto Brasileiro de Estudos de Responsabilidade Civil – IBERC. Associado Fundador do Instituto Avançado de Proteção de Dados – IAPD, Membro do Comitê Executivo do Laboratório de Direitos Humanos – LabDH da Universidade Federal de Uberlândia e Pesquisador do Observatório Jurídico da Comunicação do Instituto Jurídico de Comunicação da Universidade de Coimbra.

Ana Júlia Silva Alves Guimarães

Bacharel em Direito na Universidade Pitágoras – Uberlândia. Membro do Instituto Avançado de Proteção de Dados – IAPD, Membro do Laboratório de Direitos Humanos – LabDH da Universidade Federal de Uberlândia e Advogada.

Sumário: 1. Introdução – 2. A inteligência artificial – 3. O direito ao esquecimento na era da IA – 4. Conclusão – 5. Referências.

1. INTRODUÇÃO

Os avanços em matéria de inteligência artificial (IA) levaram alguns autores a questionar a pertinência de atribuições de personalidade jurídica a algoritmos, robôs, *bots*, entre outros. Por um lado, as características que se reconhecem aos mecanismos dotados de IA parecem, em uma primeira abordagem, justificar a solução.[1]

Características como a autonomia, a capacidade de autoaprendizagem, de adaptação do comportamento ao meio ambiente fazem ecoar a ideia de que alguns algoritmos apresentam um nível de inteligência superior a alguns seres humanos. De outra maneira, a proposta dogmática como via de solução para o complexo problema da responsabilidade civil.[2]

Deve-se chamar a atenção para como a sociedade atual se mostra propícia a passar da autonomia individual para a criação hipotético diretos para a pessoa. De modo que se fala, principalmente na França, do fenômeno da multiplicação dos direitos subjetivos, o que resulta manifesto em especial no âmbito do direito das pessoas e da família. Um

---

1. BARBOSA, Mafalda Miranda. *Inteligência artificial*: entre a utopia e a distopia, alguns problemas jurídicos. Coimbra: Gestlegal, 2021. p. 7.

2. Idem, p. 8.

desses direitos presentes é o direito à privacidade, a incluir não somente o direito à autodeterminação informacional, mas também o conhecido *right to be let alone*, demarcado de esferas de atuação livres de qualquer interferência.[3]

A ideia do *Right to be let Alone* foi descrita pelo juiz Thomas Cooley, em 1879, onde afirmou que o direito à própria pessoa é um direito de imunidade total: ser deixado em paz. O dever correspondente é não infligir uma lesão e não, dentro de uma proximidade que possa torná-la bem-sucedida, tentar infligir uma lesão. Neste particular, o dever vai além do que é exigido na maioria dos casos; pois geralmente um propósito não executado ou uma tentativa malsucedida não é notada. Mas a tentativa de cometer uma agressão envolve muitos elementos de lesão nem sempre presentes nas violações do dever; envolve geralmente um insulto, um colocar de medo, um súbito apelo às energias para uma resistência imediata e eficaz. Muito provavelmente há um choque nos nervos, e a paz e tranquilidade do indivíduo é perturbada por um período de maior ou menos duração.[4]

Ideia que Warren e Brendeis, em 1890, traz para o direito civil com a preocupação da invasão da privacidade. Afirmaram que o direito de quem permaneceu um particular, de impedir seu retrato público, apresenta o caso mais simples para tal extensão; o direito de se proteger de retratos à caneta, de uma discussão pela imprensa sobre seus assuntos particulares, seria mais importante e de longo alcance. Se afirmações casuais e sem importância em uma carta, se são trabalhos manuais, por mais inartísticos e sem valor, se bens de todos os tipos são protegidos não apenas contra a reprodução, mas também contra a descrição e enumeração, quanto mais deveriam os atos e ditos de um homem em sua vida social e as relações domésticas devem ser protegidas de publicidade implacável. Se você não pode reproduzir o rosto de uma mulher fotograficamente sem seu consentimento, quanto menos deveria ser tolerada a reprodução de seu rosto, sua forma e suas ações, por descrições gráficas coloridas para se adequar a uma imaginação grosseira e depravada.[5]

Esse direito a ser esquecido é amplo e abrangente e permite que o usuário controle seus dados pessoais se não for mais necessário para seu propósito original, ou se, por algum outro motivo, desejar retirar o consentimento quanto ao seu processamento, entre outras, caso houvesse dado seria considerado uma pratica abusiva, por causar mais prejuízos aos particulares, ao detentor do dado, do que benefícios à sociedade e ao interesse coletivo, contrapondo na balança jurídica os direitos pessoais de detentor dos dados de um lado e a liberdade de expressão e direitos coletivos de outro. Entendendo a aplicação desse direito nos casos particulares percebe-se que se trata de um direito indispensável e quando o particular não puder exercê-lo pode implicar um grave retrocesso frete aos

---

3. BARBOSA, Mafalda Miranda; ÁLVAREZ, Tomás Prieto. *O direito ao livre desenvolvimento da personalidade: sentidos e limites*. Coimbra: Gestlegal, 2020. p. 10 e 11.

4. COOLEY. Thomas M. *A treatise on the Law of Torts, or, The wrongs which arise independent of contract*. 2. ed. Chicago: Callaghan and Company, 1879. p. 24.

5. WARREN, Samuel D.; BRANDEIS, Louis D. The Right to Privacy. *Harvard Law Review*, v. IV (n. 5), p. 213 e 214. 15 de December de 1890.

princípios da dignidade da pessoa humana e os direitos personalíssimos, em especial a privacidade e a identidade pessoal, que definem a essência de cada um.[6]

Portanto, ter uma compreensão ampla sobre o Direito ao Esquecimento é importante para o usuário de internet ter uma proteção dos direitos individuais mais eficaz, tornando questões como o uso de dados e a inteligência artificial mais compreensíveis e claras para todos e garantindo que os esses tenham plena consciência de como seus dados são coletados e tratados e expostos na internet a possível solução, o direito ao esquecimento, para prover o direito à privacidade.

2. A INTELIGÊNCIA ARTIFICIAL

A internet é amplamente usada e abastecida com uma enorme quantidade de informações, especialmente, os pessoais, o que possibilita que nada seja esquecido. Em outros tempos, se alguém quisesse manter o anonimato precisava apenas de evitar que seu nome e número de telefone constassem das listas telefônicas No entanto, hoje em dia, mesmo tomando medidas para proteger a privacidade, é quase impossível mantê-la. Informações que antes poderiam levar meses ou anos para serem adquiridas agora estão facilmente disponíveis na internet para usuários consultarem.[7]

Ao acessar uma página em qualquer dispositivo, uma grande quantidade de informações é enviada. Isso inclui dados produzidos tanto por grandes empresas quanto pelos próprios usuários, já que seus perfis são complementados com informações pessoais como chamadas, mensagens, cartões de crédito, viagens etc. Esses dados são armazenados para fins publicitários, para entender os gostos e desejos das pessoas, ou para melhorar produtos, monitorar tráfego, entre outras utilidades.[8]

Com isso sociedade atual é caracterizada pela explosão de informações, principalmente pela chamada "tríade de Vs": volume, velocidade e variedade. Isso permite uma análise mais profunda e confiável do conteúdo de cada usuário, possibilitando novas formas de inferência e previsão. Este movimento está acelerando com a rápida evolução tecnológica, como a introdução do 5G e o surgimento da computação quântica.[9]

Bauman afirma que na sociedade da informação, que também é uma sociedade de consumo em que estamos inseridos, as pessoas são incentivadas a promover uma mercadoria atraente e desejável e, às vezes, a mercadoria é a própria pessoa. Ninguém se torna sujeito sem antes ser visto como mercadoria.[10]

---

6. SAFARI, B. A. Intangible Privacy Rights: How Europe's GDPR Will Set a New Global Standard for Personal Data Protection. *Seton Hall Law Review*, Newark, v. 47, n. Issue 3, p. 809-848, 2017. Disponível em: https://scholarship.shu.edu/shlr/vol47/iss3/6.

7. SOUZA, Bernardo D. A. Direito, tecnologia e práticas punitivas. Kindle Edition. ed. Porto Alegre: Canal Ciência Criminais, 2016. Posição 488 – 489 p.

8. DE ALCANTARA, Larissa K. *Big Data e Internet das coisas*: desafios de privacidade e da proteção de dados no direito digital. São Paulo: Kindle Edition, v. Book 2, 2017. Posição 149 – 155 p.

9. BARBOSA, Mafalda M. *Inteligência artificial*. Entre a utopia e a distopia, alguns problemas jurídicos. Coimbra: Gestlegal, 2021.

10. BAUMAN, Zygmunt. *Vida para consumo*: a transformação das pessoas em mercadoria. São Paulo: Editora Schwarcz-Companhia das Letras, 2008.

A evolução da coleta e processamento de informações tem aumentado os apelos à privacidade e mostrado a dificuldade de incluir esses novos temas na concepção tradicional de privacidade. A questão atual não é apenas adaptar uma noção antiga a uma situação mudada, mas também reconhecer uma mudança qualitativa no debate sobre privacidade. Além da defesa da privacidade contra invasões externas, a privacidade agora precisa ser considerada no contexto da atual organização do poder, onde a infraestrutura de informação é uma parte fundamental.[11]

Diante de um cenário em que tudo é registrado e as pessoas são estimuladas a compartilhar cada vez mais dados com as redes, que serão usados como fontes de informação para algoritmos e decisões autônomas da inteligência artificial, a discussão sobre privacidade se torna ainda mais importante. Isso porque se busca garantir e proteger os direitos individuais da pessoa humana em face das novas tecnologias.

A Inteligência Artificial (IA) está desafiando o sistema jurídico em um ambiente globalizado devido à sua revolução tecnológica. Com diversas aplicações, essas novas entidades, que se caracterizam por sua autonomia, capacidade de autoaprendizado, interação com o meio e capacidade de tomar decisões baseadas em pré-programação, estão apresentando problemas cada vez mais complexas ao Direito.[12]

Essa nova tecnologia traz um novo desafio aos quadros jurídicos convencionais que, tutelam as sucessivas inovações a nível tecnológico. Entretanto, os desafios que a IA coloca ao direito, não se resumem a esta realidade complexa, mas linear, de utilização de um qualquer mecanismo robótico dotado de um software que lhe transmite esse modo de operar autónomo e automatizado.[13]

Existe uma controvérsia sobre a viabilidade e importância dessas tecnologias na consolidação dos impactos da Quarta Revolução Industrial na transição para a Internet das Coisas (Internet of Things, ou IoT). De um lado, há entusiasmo por uma tecnologia inovadora, mas, por outro, é preciso considerar os perigos envolvidos na grande capacidade de processamento computacional dos complexos algoritmos que regem essas aplicações. Sempre há fatores de risco que devem ser considerados.[14]

Segundo Felipe Medon, o progresso e o avanço tecnológico-científico trouxeram mudanças significativas para a sociedade. Os termos como "sociedade em rede", "sociedade da informação", "sociedade tecnológica", "sociedade do espetáculo", "sociedade do consumo" e "sociedade do risco" referem-se ao mesmo fenômeno decorrente do

---

11. RODOTÀ, Stefano. *Tecnologie e diritti*. Edição para Kindle. ed. Bolonha: Società editrice il Mulino, 2021.
12. BARBOSA, Mafalda M. Inteligência Artificial e Blockchain: Desafios para a responsabilidade civil. *Revista de Direito da Responsabilidade*, a. 1, Coimbra, 2019.
13. BARBOSA, Mafalda M. Inteligência artificial e *blockchain*: Desafios para a responsabilidade civil. *Revista de Direito da Responsabilidade*, ano 1, Coimbra, 2019.
14. FALEIROS JÚNIOR, José L. D. M. Discriminação por algoritmos de inteligência artificial: a responsabilidade civil, os vieses e o exemplo das tecnologias baseadas em luminância. *Revista de Direito da Responsabilidade*, a. 2, Coimbra, 2020.

processo de modernização, caracterizado por mecanização das atividades, aceleração da vida e virtualização da realidade.[15]

De acordo com Shoshana Zuboff, o capitalismo de vigilância captura a experiência humana de forma unilateral e a usa como insumo gratuito para transformá-la em dados comportamentais. A competição intensa nestes novos mercados leva os capitalistas de vigilância a buscarem fontes cada vez mais precisas de informações sobre nossos comportamentos, vozes, personalidades e emoções. Como resultado, processos automatizados de máquina não apenas conhecem, mas também influenciam o nosso comportamento em escala.[16]

Diante da utilização desmedida da Inteligência Artificial a serviço de quem detém os dados, torna-se crucial proteger os usuários contra o uso indevido e abusivo de informações pessoais armazenadas digitalmente, pois isso põe em perigo direitos e liberdades fundamentais, como a formação da personalidade, a dignidade humana e a privacidade da vida íntima, entre outros aspectos.[17]

O desenvolvimento da Inteligência Artificial é baseado em uma grande quantidade de dados coletados, que servem como matéria-prima para o machine learning e o *deep learning*. No entanto, quanto mais avançada a IA, mais riscos são criados. O acesso aos dados aumenta o perigo de invasão da privacidade e de possíveis discriminações. A professora Mafalda Miranda Barbosa divide esses riscos em dois tipos: o primeiro é a discriminação stricto sensu, em que os dados de perfil dos usuários dão mais poder aos detentores de dados para oferecer produtos. O segundo é a adaptação de preços (*adaptive pricing*), em que os preços são ajustados de acordo com o perfil financeiro do consumidor, resultando em preços mais elevados para consumidores mais abastados.[18]

No mercado, há investimentos significativos em práticas de especialização e diferenciação, onde as empresas produzem produtos e serviços personalizados exclusivos para cativar e criar necessidades nos consumidores. Este modelo econômico é baseado na personalização e flexibilização da produção, voltada para consumidores específicos, resultando na economia da informação pessoal, economia de massa customizada ou economia de produção flexível. Dessa forma, desenvolve-se um modelo econômico flexível, singularizado e especializado, capaz de produzir serviços e produtos para o nicho de mercado específico.[19]

De acordo com Pietra Daneluzzi Quinelato, os usuários na internet procuram, basicamente, três necessidades que podem ser resumidas como informação, entreteni-

---

15. MEDON, Felipe. *Inteligência artificial e responsabilidade civil*: autonomia, riscos e solidariedade. 2. ed. São Paulo: JusPodivm, 2021.
16. ZUBOFF, Shoshana. *A era do capitalismo de vigilância*. Rio de Janeiro: Editora Intrinseca, 2021.
17. CANOTILHO, J.J. G.; MOREIRA, Vital. *Constituição da República Portuguesa anotada*: artigos 1º a 107º. 4. ed. rev. Coimbra: Coimbra Editora, v. 2007.
18. BARBOSA, Mafalda M. *Inteligência artificial*. Entre a utopia e a distopia, alguns problemas jurídicos. Coimbra: Gestlegal, 2021.
19. BASAN, Arthur P. *Publicidade digital e proteção de dados pessoais*: direito ao sossego. Indaiatuba, SP: Foco, 2021. p. 146 e 147.

mento e relacionamento. Nesse cenário baseado na economia digital, os consumidores têm acesso a ferramentas que lhes permitem mudar seu comportamento e se tornarem sujeitos ativos e conscientes na tomada de decisões, o que pode afetar a dinâmica publicitária das empresas.[20]

Isso indica que nossos comportamentos se transformaram em commodity para a customização da internet. Desta forma, decisões que afetam profundamente a vida das pessoas são tomadas com base em sistemas controlados por Inteligência Artificial, o que coloca em risco o risco de as pessoas se tornarem prisioneiras de uma ditadura de algoritmos.[21]

De acordo com Felipe Medon, a autoridade antes concentrada nas mãos dos seres humanos tem sido delegada aos algoritmos, os quais são dotados de poder de decisão sobre a vida e os corpos das pessoas devido à sua onisciência diacrônica. A combinação de dados suficientes permite a aplicação de algoritmos preditivos do futuro e a captura do passado. Não se trata apenas de mera captura ou predição, mas de uma aparente verdade matemático-estatística, que tem levado a danos diante da cegueira deliberada quanto ao resultado produzido por tais algoritmos. Segundo o autor, esse é o "Paradigma de Pôncio Pilatos", onde a decisão é entregue ao algoritmo e os agentes se escondem atrás da aparente neutralidade do processo decisório algorítmico, reforçando a ideia de que a matemática suprime a subjetividade inerente às decisões humanas.[22]

A preocupação com a autonomia dos algoritmos reflete na proposta da Comissão Europeia para a disciplina de Inteligência Artificial. Teme-se a possibilidade de sistemas serem vulneráveis a alterações mal-intencionadas por terceiros que exploram as falhas de segurança, o que pode afetar o seu uso, comportamento, performance ou propriedades de segurança. Portanto, a Comissão busca a criação de sistemas resilientes.[23]

Para a Comissão Europeia, as tecnologias de Inteligência Artificial (IA) podem apresentar novos riscos de segurança para os utilizadores quando estão integradas em produtos e serviços. Riscos que podem afetar os direitos fundamentais, causados por falhas na concepção da tecnologia com IA ou estar relacionados a problemas com a disponibilidade e a qualidade dos dados decorrentes da aprendizagem automática. Se esses riscos se materializem, a falta de requisitos claros e as características das tecnologias de IA tornará difícil rastrear as decisões potencialmente problemáticas tomadas, dificultando as pessoas que sofreram danos obterem uma indenização ao abrigo da atual legislação da UE e nacional em matéria de responsabilidade.[24]

---

20. QUINELATO, Pietra D. *Preços personalizados à luz da Lei Geral de Proteção de Dados*: viabilidade econômica e juridicidade. Indaiatuba, SP: Editora Foco, 2022.
21. MEDON, Felipe. *Inteligência artificial e responsabilidade civil*: autonomia, riscos e solidariedade. 2. ed. São Paulo: JusPodivm, 2021.
22. Idem.
23. Idem.
24. COMISSÃO EUROPEIA. A definiton of AI: Main capacibilities and scientific disciplines actions, p. 6, 2019. Disponível em: https://ec.europa.eu/digital-single-market/en/news/ethics-guidelines-trustworthy-ai. Acesso em: Janeiro 2023.

A falta de requisitos claros para lidar com a Inteligência Artificial pode tornar difícil rastrear decisões potencialmente prejudiciais, já que os sistemas são altamente autônomos. Desta forma, pode tornar-se mais difícil para as pessoas que sofreram danos obterem uma indenização nos preceitos advindos da atual legislação da UE e nacional em matéria de responsabilidade. As pessoas que sofreram danos podem não ter acesso efetivo aos elementos de prova necessários para instruir um processo em tribunal, por exemplo, e podem ter possibilidades menos eficazes de recurso do que em situações em que os danos são causados por tecnologias tradicionais. Estes riscos aumentarão à medida que a utilização da IA se generalizar.[25]

É necessário partir da primícia de que a inteligência artificial causa danos. Diante disso, questiona-se quem pode responder por esses danos e qual o regime de responsabilidade civil aplicável? Além disso, qual a melhor forma de reparar as vítimas pelos danos causados pela inteligência artificial? Se os danos são certos, conforme descrito no código civil em matéria de responsabilidade, é certo também deve ser a reparação. Quando a responsabilidade civil do agente causador perde a centralidade para a vítima e o próprio dano, revela-se que o escopo fundamental das normas de responsabilidade não é mais a repressão de condutas negligentes, a punição do agente ofensor, mas a reparação de danos.[26]

Os avanços em matéria de inteligência artificial levaram alguns autores a questionar a pertinência de atribuição de personalidade jurídica a algoritmos, robots, bots. Na base da tal proposta parecem estar dois dados que se conjugam simbioticamente. Por um lado, as características que se reconhecem aos mecanismos dotados de inteligência artificial parecem, numa primeira abordagem, justificar a solução. De fato, características como a autonomia, a capacidade de autoaprendizagem, de adaptação do comportamento ao meio ambiente fazem ecoar a ideia de que alguns algoritmos apresentam um nível de inteligência superior a alguns seres humanos, tais como crianças, pessoas em coma e fetos, entre outros.[27]

Baseia-se na acumulação de conhecimento, a IA é incapaz de ter interpretações criativas ou de fazer julgamentos acerca do que é certo ou errado. Está sempre condicionada pelos inputs do programador, não sendo suscetível de suportar a responsabilidade. Os entes dotados de inteligência artificial estão, longe do agir ético dos humanos, em que radica o ser pessoa. Falta-lhes, em cada tomada de decisão, a pressuposição ética, falha a relação de cuidado com o outro, até porque, em muitos casos, ela pode mostrar-se incompatível com a eficiência que está na base da programação computacional.[28]

---

25. UNIÃO EUROPEIA. *Livro branco sobre a inteligência artificial* – Uma abordagem europeia virada para a excelência e a confiança. Comissão Europeia. Bruxelas, p. 30. 2020.
26. MEDON, Felipe. *Inteligência artificial e responsabilidade civil*: autonomia, riscos e solidariedade. 2. ed. São Paulo: JusPodivm, 2021.
27. BARBOSA, Mafalda M. Personalidade Jurídica Eletrónica? *Boletim da Faculdade de Direito*. Coimbra, 97, 2021. 117-158.
28. Idem.

Portanto, frente aos novos desafios advindos da IA é necessário que os estudos jurídicos se adequem e avancem na proteção da pessoa humana, como através de ferramentas como o Direito ao Esquecimento. Entender esse direito é fundamental para ampliar a proteção dos direitos individuais e inalienáveis de cada cidadão. Dessa forma, temas como privacidade de dados e atividades da inteligência artificial são simplificados e clarificados para a sociedade, garantindo que cada usuário da internet tenha consciência clara sobre como seus dados são coletados e manipulados na internet e como excluí-los através do Direito ao Esquecimento.

3. O DIREITO AO ESQUECIMENTO NA ERA DA IA

O direito ao esquecimento é um princípio jurídico que visa garantir a privacidade e a proteção de dados pessoais na internet. Ele permite que indivíduos solicitem a remoção de informações consideradas irrelevantes, excessivas ou desatualizadas sobre si mesmos dos mecanismos de busca online.

Para o juiz Thomas Cooley, fica demonstrado a necessidade do direito à reputação. Seria mais preciso afirmar que é o direito de ser protegido na obtenção e, depois, na manutenção de uma boa reputação. Mesmo isso não afirma o ponto com total precisão, uma vez que alguém pode obter uma boa reputação quando merece uma má reputação; e em uma reputação à qual alguém não tem direito, ele não tem maior direito à proteção do que teria em qualquer outra coisa cuja reivindicação fosse fictícia.[29]

O assunto pode ser ilustrado supondo o caso de alguém entrando em uma comunidade como um completo estranho. Quando ele vem, não pode ter reputação, boa ou má; mas ele tem o direito, por boa conduta, de adquirir uma boa reputação, e pode-se dizer que há uma obrigação moral sobre ele de fazê-lo, uma vez que é seu dever observar as regras de boa conduta, e isso será provavelmente lhe trará boa reputação. Se, portanto, pessoas mal-intencionadas ou imprudentes, por meio de invenções ou insinuações para seu descrédito, impedirem que ele adquira uma boa reputação, eles assim invadem seu direito, e ele deve ter a reparação apropriada.[30]

Referindo-nos agora ao que já foi dito sobre a relutância da lei em fazer de meras palavras um fundamento de ação, e adiando as explicações para uma ocasião futura, será suficiente para nosso presente propósito dizer que pode haver interferência, desde que as seguintes coisas aparecerem: (1) Uma acusação ou insinuação falsa que (2) é feita com dolo e (3) causa danos por seu efeito na posição e reputação do autor. Ora, pode ser que, no caso suposto, seja considerado impraticável demonstrar por provas de natureza positiva a existência de qualquer um dos elementos do dano. Primeiro, a evidência de falsidade pode estar faltando, porque a acusação pode estar relacionada a algo na história passada do queixoso sobre a qual a informação não é atingível.[31]

---

29. COOLEY. Thomas M. *A treatise on the Law of Torts, or, The wrongs which arise independent of contract*, cit., p. 30.
30. Idem.
31. Idem, p. 31.

Em segundo lugar, pode parecer que o arguido, ao fazer a acusação, o fez com base em suspeitas que para ele eram motivos de condenação e, consequentemente, fê-lo sem dolo. E, em terceiro lugar, sendo o queixoso ainda um estranho, pode-se dizer que ele ainda não adquiriu posição ou reputação. tonelada que a carga pode danificar. Por estas razões, pode-se argumentar que os motivos de cobrança estão ausentes em tal caso.[32]

Mas se esta fosse a lei, é claro que não poderia ser uma lei justa e ficaria muito aquém de fazer justiça adequada. Permitiria que uma pessoa de natureza sugestiva excluísse outra da boa opinião do mundo quando seus motivos e esforços justamente lhe davam direito à estima geral. A dificuldade do caso é superada por uma série de presunções legais. Estes podem ser declarados da seguinte forma:[33]

Primeiro, presume-se que todo homem tem boa reputação até que se mostre o contrário. Em segundo lugar, presume-se que uma acusação depreciativa contra ele é falsa. Em terceiro lugar, sendo falso, presume-se que tenha sido feito de forma maliciosa. Em quarto lugar, se o seu efeito natural e legítimo é causar dano, presume-se que o tenha feito neste caso. Assim, um fato – o da publicação e quatro presunções de direito, fundamentam a ação. a lei não presumirá o dano, mas deixará ao queixoso alegá-lo e prová-lo. Essas presunções podem, em alguns casos, parecer um tanto violentas, mas não deixam de ser razoáveis.[34]

Elas devem ser assim, a menos que a natureza, a conduta e a reputação humanas sejam presumivelmente ruins, de modo a justificar uma suposição legal de que uma acusação prejudicial é verdadeira e não falsa. Talvez se isso fosse assumido, ainda seria razoável lançar o ônus da prova sobre a parte que faz a acusação, porque, se ele afirma fatos, deveria saber onde estão suas evidências e ser capaz de apresentá-las; enquanto a prova de uma negativa, no caso de uma acusação falsa, é notoriamente difícil, e quanto mais absolutamente sem fundamento for a acusação, mais difícil será a exibição.[35]

Colocaram ainda que o direito à privacidade, como tal deve necessariamente ser limitado, já encontrou expressão no direito francês.[36] Resta considerar quais são as limitações desse direito à privacidade e quais recursos podem ser concedidos para a aplicação desse direito. Seria uma tarefa difícil determinar de antemão a linha exata em que a dignidade e a conveniência do indivíduo devem ceder às demandas do bem-estar público ou da justiça privada; mas as regras mais gerais são fornecidas pelas analogias jurídicas já desenvolvidas na lei da calúnia e difamação e na lei da propriedade literária e artística.[37]

O direito à privacidade, para Brandeis e Warren, não proíbe a publicação de matéria de interesse público ou geral. Na determinação do alcance desta regra, o auxílio seria

---

32. Idem.
33. Idem.
34. Idem, p. 32.
35. Idem.
36. Nesse sentido cf. França. Loi du 29 juillet 1881 sur la liberté de la presse, Version en vigueur au 15 février 2021.
37. WARREN, Samuel D.; BRANDEIS, Louis D. The Right to Privacy, cit., p. 214.

concedido pela analogia, no direito da difamação e da calúnia, de casos que tratam do privilégio qualificado de comentário e crítica sobre assuntos de interesse público e geral.[38]

Nesses novos cenários, problemas que antes não existiam agora afetam a vida direta das pessoas. A inteligência artificial traz um novo desafio aos quadros jurídicos convencionais que, tutelam as sucessivas inovações a nível tecnológico. Entretanto, os desafios que a IA coloca ao direito, não se resumem a esta realidade complexa, mas linear, de utilização de um qualquer mecanismo robótico dotado de um *software* que lhe transmite esse modo de operar autónomo e automatizado.[39]

Para Guilherme Magalhães Martins o assunto da possibilidade de apagar informações na internet é um tópico recorrente. É justo permitir que as pessoas apaguem completamente seu histórico na rede? A Internet deve ser capaz de esquecer?[40]

Em teoria, para o autor, o direito ao esquecimento é uma questão crítica na era digital, pois é difícil escapar do passado na internet, já que fotos, atualizações de status e tweets vivem para sempre na nuvem. O problema é que registros do passado, que podem ser armazenados permanentemente, podem ter consequências depois de serem esquecidos pela mente humana.[41]

A Internet é uma rede aberta, projetada mais para mostrar do que para esconder, o que é ainda mais evidente com o uso de dispositivos móveis, como telefones celulares. Muitas vezes, não sabemos quem possui informações, como foram obtidas, qual é o objetivo das entidades que as controlam ou o que pode ser feito com essas informações no futuro.[42]

Para Stéfano Rodotà com a criação de bancos de dados cada vez maiores e acessíveis na Internet por meio de mecanismos de busca, a memória social se expande e condiciona a memória individual. Enquanto antes havia a *damnatio memoriae*, agora há a obrigação de recordar, com a memória coletiva da Internet acumulando cada vestígio da vida das pessoas, tornando-os prisioneiros de um passado que nunca passa e desafiando a construção de uma personalidade livre. Isso leva a uma necessidade de defesas adequadas, como o direito ao esquecimento, a não saber e a não ser rastreado, para proteger a privacidade e a liberdade individual.[43]

O surgimento da sociedade da informação resultou em uma ampliação do direito ao esquecimento, mas sua natureza e alcance variam de acordo com a opinião do público e dos juristas. Enquanto as pessoas consideram esse direito como livre e ilimitado, os juristas buscam delimitá-lo e equilibrá-lo com outros direitos e liberdades previstos na

---

38. Idem.
39. BARBOSA, M. M. Inteligência Artificial e Blockchain: Desafios para a Responsabilidade Civil. *Revista de Direito da Responsabilidade*, a. 1, p. 793. Coimbra, 2019.
40. MARTINS, G. M. O direito ao esquecimento como direito fundamental. *civilistica.com*, v. 10, n. 3, p. 1-70, 7 dez. 2021.
41. Idem, p. 6.
42. Idem, p. 7.
43. RODOTÀ, Stefano. Dai Ricordi Ai Dati L'Oblio È Un Diritto?, *La Reppublica.it*, 30 de janeiro de 2012. Disponível em: https://ricerca.repubblica.it/repubblica/archivio/repubblica/2012/01/30/dai-ricordi-ai-dati-oblio-un.html.

Constituição. No momento, a atenção está principalmente voltada para o "direito ao esquecimento online", mas é necessário estabelecer uma distinção clara entre esse direito e a proteção de dados pessoais, pois ambos visam garantir a dignidade da pessoa.[44]

O direito ao esquecimento tem evoluído ao longo do tempo, tendo diferentes formas de acordo com a geração a que pertence. A primeira é o direito de não ver uma notícia já publicada ser republicada depois de um certo tempo sem interesse público atual. A segunda é o direito de contextualizar a informação, estabelecido por uma decisão do Tribunal de Cassação italiano. E a terceira é o direito de apagar dados pessoais em determinadas situações, reafirmado pelo Regulamento Europeu de 2016.[45]

Cada uma dessas gerações protege um bem jurídico diferente: a primeira, a reputação; a segunda, a identidade pessoal; e a terceira, os dados pessoais. Portanto, o direito ao esquecimento não é autônomo, mas um instrumento importante para garantir outros direitos da personalidade, como a reputação, a honra, a intimidade e a identidade pessoal.[46]

Um aspecto importante que distingue a primeira geração da internet das demais é o tempo, fundamental para caracterizar o tradicional e autêntico direito ao esquecimento. Na internet, como sabemos, a informação e os dados são preservados de forma eterna, portanto, o fator "tempo" não se aplica à duração ou distância entre um evento e sua publicação, mas sim à sua persistência. No direito ao esquecimento tradicional, a notícia em questão precisa ser republicada após anos, enquanto na internet, a informação sempre está disponível, o que mudou a forma como a informação é usada, passando a ser compreendida e aproveitada de forma instantânea. Embora esse requisito seja importante, é preciso lembrar que a antiguidade de um fato não legitima a evocação e o reconhecimento do direito ao esquecimento, mas sim o dano potencial que a republicação da experiência de uma pessoa pode causar à verdade da imagem da pessoa agora.[47]

Na sociedade digital, caracterizada pela segunda e terceira gerações da internet, o direito ao esquecimento está ligado ao conceito de arquivamento, devido à característica de persistência da informação na internet. Portanto, a republicação não é necessária, mas a atualização e contextualização da informação são importantes. A dinâmica dos sujeitos envolvidos também mudou, na primeira geração era o jornalista que propunha a republicação de uma notícia, enquanto na era da internet, as próprias pessoas procuram informações sobre si próprias ou outros na web.[48]

Os grupos de consumidores da internet buscam basicamente três necessidades, que podem ser resumidas em informação, entretenimento e relacionamento. O primeiro, o consumidor pode rapidamente encontrar respostas por meio de uma plataforma de busca, ou, até mesmo, ferramentas de busca dentro de plataformas como ocorre nas

---

44. DE CICCO, M. C. O direito ao esquecimento existe. *civilistica.com*, v. 10, n. 1, p. 1-9, 1 ago. 2021.
45. Idem.
46. Idem.
47. Idem, p. 4.
48. Idem.

redes sociais. Nesse contexto, quanto mais a oferta de conteúdo na plataforma, mais consumidores são atraídos, suprindo suas necessidades de informação.[49]

Em relação ao entretenimento, o consumidor acessa conteúdo em uma velocidade antes inexistente, sem fronteiras espaciais. Uma das características desse universo digital é a transmissão digital, conhecida como *streaming*, que substitui a compra de mídias físicas, pela existência de aplicativos em celulares, tablets e notebooks.[50]

O relacionamento, por sua vez, é facilitado na internet pela existência das redes sociais, que tem como uma de suas principais características a comunicação instantânea. As redes sociais, junto com *websites* colaborativos, formam as mídias sociais, auxiliando na busca por relacionamento por meio da criação de uma sensação de comunidade ao aproximar os indivíduos virtualmente.[51]

E nesse cenário, baseado na economia digital, diante das três necessidades apresentadas, o consumidor encontra ferramentas para alterar o seu comportamento e se empoderar, tonando-se um sujeito ativo e mais consciente na tomada de decisões, o que pode impactar na dinâmica publicitária das empresas.[52]

Tudo isso significa que nosso comportamento se transformou em uma mercadoria, um pedaço pequenino de um mercado que serve como plataforma para a personalização de toda a internet.[53]

O direito ao esquecimento é um tema complexo, que envolve conflitos de interesses. Por um lado, há o interesse público de manter a memória dos fatos, juntamente com a liberdade de imprensa e expressão e o direito da coletividade à informação. Por outro lado, há o direito de uma pessoa não ser perseguida por toda a vida por um acontecimento passado. Por isso, é importante equilibrar o interesse informativo na divulgação de notícias com os riscos que a recordação do fato pode trazer à pessoa envolvida.[54]

O principal objetivo do direito ao esquecimento é garantir o "direito de não ser vítima de danos", e isso inclui obrigações de fazer e não fazer. Se, após a ponderação dos interesses, for necessário retirar material ofensivo, essa é a consequência do exercício do direito ao esquecimento. A reparação de danos só será necessária em casos excepcionais, quando a ofensa for consumada e não puder ser corrigida por outros meios.[55]

O direito ao esquecimento não se trata de apagar a história ou queimar livros, mas é importante ter cautela ao importar institutos de outras culturas, especialmente aqueles com uma visão exageradamente favorecida à liberdade de expressão. Isso é

---

49. QUINELATO, Pietra Daneluzzi. *preços personalizados à luz da Lei Geral de Proteção De Dados*: viabilidade econômica e juridicidade. Indaiatuba, SP: Editora Foco, 2022. p. 40.
50. Idem, p. 41.
51. Idem.
52. Idem.
53. PARISER, Eli. *O filtro invisível – O que a internet está escondendo de você*. Trad. Diego Alfaro. Editora Zahar. Versão para Kindle. Edição digital: março 2012. Locais do Kindle 646-647.
54. MARTINS, G. M. *O direito ao esquecimento como direito fundamental*, cit., p. 66.
55. Idem.

coerente com a jurisprudência anterior do Supremo Tribunal Federal, mas precisa ser avaliado com cuidado na sociedade da informação, levando em consideração outros direitos fundamentais, como a dignidade da pessoa humana, a privacidade e a identidade pessoal.[56]

O direito ao esquecimento, para o Ministro Ricardo Villas Bôas Cueva, do Superior Tribunal de Justiça, origina-se na proteção da intimidade e da vida privada e tem sido invocado, sobretudo no mundo digital, como direito ao apagamento de dados pessoais no contexto da internet, mas também no contexto da mídia em geral, como direito à não veiculação de informação desprovida de atualidade e relevância para o público, mas ofensiva ao interessado.[57]

O direito ao esquecimento visa apagar traços ou dados deixados pelo seu titular, não tendo o traço uniforme de uma escrita, como nas biografias não autorizadas; ademais, a prevalência apriorística da liberdade de expressão e de informação, ao ensejo de evitar eventual censura, iria de encontro a outros valores igualmente caros à Constituição da República, ligados ao livre desenvolvimento da pessoa humana.[58]

A personalização não limita-se ao que compramos. Ela está influenciando a forma como as informações são distribuídas além das redes sociais, com sites de notícias fornecendo manchetes baseadas em nossos interesses e preferências pessoais. Ela também afeta os vídeos que assistimos nas plataformas de vídeo e os blogs que seguimos. A personalização também tem impacto sobre os e-mails que recebemos, as possíveis conexões amorosas que fazemos em aplicativos de relacionamento e os restaurantes que são recomendados pelos aplicativos de entrega. Em outras palavras, a personalização pode facilmente influenciar não apenas com quem saímos para jantar, mas também aonde vamos e o que conversamos. Os algoritmos que controlam a publicidade que recebemos estão começando a controlar nossas vidas.[59]

Em resumo, a personalização pode afetar nossa capacidade de escolher como queremos viver nossas vidas. É importante estarmos cientes de todas as opções e estilos de vida disponíveis para que possamos ser os autores de nossas próprias histórias. Ao entrar na bolha de filtros, deixamos as empresas controlarem o que vemos e o que somos expostos, o que pode nos levar a uma espécie de determinismo informativo, onde as escolhas que fizemos no passado determinam o que veremos no futuro. Isso nos mantém presos em uma versão estática e estreita de nós mesmos, numa repetição constante.[60]

Em outras palavras, para proteger a privacidade dos usuários e garantir a segurança de seus dados, é necessário que aqueles que possuem o controle dos sistemas implementem medidas preventivas. Estas medidas incluem, entre outras, a redução do

---

56. Idem.
57. CUEVA, R. V. B. Proteção de dados pessoais e direito ao esquecimento. In: MENDES, L. S. et al. *Tratado de Proteção de Dados Pessoais*. Rio de Janeiro: Editora Forense, 2020. p. 627-640. p. 627.
58. Idem.
59. PARISER, Eli. PARISER, Eli. *O filtro invisível*, cit., Locais do Kindle 139 – 149.
60. PARISER, Eli. *O filtro invisível*, cit., Locais do Kindle 250-255.

processamento de dados pessoais, a incorporação de privacidade nos designs, a tornar os dados anônimos, permitir que os titulares dos dados monitoram o tratamento e realizar treinamentos regulares com as equipes envolvidas. Tudo isso é para fomentar uma cultura de prevenção em relação à privacidade.[61]

É importante levar em consideração que qualquer política ou prática de gestão de dados deve incluir acordos entre os controladores e os operadores de dados com objetivos comuns e desejáveis. Isso significa que a responsabilidade por más práticas de tratamento de dados envolve o equilíbrio das ações apropriadas e esperadas por esses agentes para prevenir as tensões que resultam na perda de autodeterminação do usuário e na manipulação da escolha do consumidor.[62]

Ao se abordar a questão da proteção da privacidade, é fundamental que sejam implementadas uma série de boas práticas para garantir a prevenção de riscos relacionados aos dados pessoais. Isso é particularmente relevante para as empresas que operam em mercados ricos em dados e que, por controlarem a arquitetura e a programação das plataformas, podem se sobrepor à regulamentação e fiscalização do Estado. A garantia da não-discriminação e o princípio da neutralidade da rede tornam-se, assim, questões que exigem uma investigação sobre os limites da liberdade econômica.[63]

O direito de ser esquecido permite que um indivíduo controle seus dados pessoais se não for mais necessário para seu propósito original, ou se, por algum outro motivo, desejar retirar o consentimento quanto ao seu processamento, entre outras razões.[64]

A proteção de dados é entendida como uma garantia, mas o seu princípio subjacente, a autodeterminação informacional, é considerado uma liberdade. A autodeterminação informacional é uma posição jurídica complexa que abrange elementos de diferentes direitos fundamentais ativos.[65]

O grande desafio para o direito, num mundo globalizado, é a transformação tecnológica causada pela introdução da inteligência artificial nos sistemas e nas novas tecnologias. Estes novos entes, com sua autonomia, habilidade de aprendizado, capacidade de interagir com o ambiente e tomar suas próprias decisões, mesmo que baseadas em programação prévia, estão colocando cada vez mais desafios para o direito.[66]

Ao final, precisa-se equilibrar a segurança e a liberdade: é necessário ter ambas, mas não é possível ter uma sem sacrificar, pelo menos em parte, a outra. Quanto mais

---

61. FALEIROS JÚNIOR, José Luiz de Moura; BASAN, Arthur Pinheiro. Discriminação algorítmica, *profiling* e geolocalização: uma análise dos impactos jurídicos do *geo-pricing* e *geo-blocking*. *Revista Meritum*, v. 16, n. 3, p. 314. Belo Horizonte, 2021.
62. Idem.
63. Idem
64. SAFARI, Beata A. Intangible Privacy Rights: How Europe's GDPR Will Set a New Global Standard for Personal Data Protection. *Seton Hall Law Review*, v. 47, p. 835, 2017.
65. PINHEIRO, Alexandre de Sousa. *Privacy e protecção de dados pessoais*: a construção dogmática do direito à identidade informacional. Lisboa: . AAFDL, 2015. p. 805.
66. BARBOSA, Mafalda Miranda. Inteligência artificial e *blockchain*: desafios para a responsabilidade civil. *Revista de Direito da Responsabilidade*, a. 1, p. 701. Coimbra, 2019.

tivermos de uma, menos teremos da outra. Quando se trata de liberdade, é exatamente o oposto. É possível escolher simplesmente apagar ou decidir parar de ser interferido.[67]

4. CONCLUSÃO

Fica evidenciado que a Inteligência Artificial é uma ferramenta que já faz parte do cotidiano de todos os usuários da internet. Desde quais fotos, vídeos e informações que as pessoas vão consumir nas redes sociais, o que assistir e ouvir nas plataformas de *streaming* ou mesmo em *chats* nas grandes varejistas, sempre tem o uso da Inteligência Artificial e de algoritmos.

A questão principal é até onde as informações que são usadas como base de criação do perfil digital de cada usuário estão corretas? Ou mesmo, o usuário poderá mudar essas informações ou apagá-las caso não a considerem relevantes ou reais? Em uma geração onde tudo se posta, tudo se comenta e tudo está dentro da internet, a base de dados da Inteligência Artificial cresce cada vez mais e se torna precisa em seus atos, o que torna o usuário refém do seu próprio passado e de suas antigas escolhas.

O Direito ao Esquecimento traz uma possibilidade para que pessoas possam mostrar o que realmente são dentro do mundo *on-line*. Traz a perspectiva de que a sociedade pode evoluir, que os pensamentos podem mudar e informações e publicações antigas podem não mais representar a essência do que o usuário de internet é hoje.

Traz a possibilidade de uma informação publicada de forma errada, de um vazamento de um dado pessoa, de uma notícia retirada de contexto, uma fala interpretada errada não causar um dano eterno para o usuário, ou mesmo, não acarretar e predestinar o futuro dessa pessoa no ambiente *on-line* com reflexos na vida cotidiana. Esquecer essas informações pode trazer uma vida digna à um usuário da tecnologia.

O Direito ao Esquecimento não vem para apagar a história ou esconder os atos dos malfeitores. Vem para trazer justiça, direito ao arrependimento, trazer dignidade, prezar pela privacidade daqueles que estão refém de seus dados e suas decisões passadas que não mais os representam.

5. REFERÊNCIAS

BARBOSA, M. M. Inteligência artificial e *blockchain*: Desafios para a Responsabilidade Civil. *Revista de Direito da Responsabilidade*, a. 1, p. 793. Coimbra, 2019.

BARBOSA, Mafalda M. *Inteligência artificial*. Entre a utopia e a distopia, alguns problemas jurídicos. Coimbra: Gestlegal, 2021.

BARBOSA, Mafalda M. Personalidade jurídica eletrónica? *Boletim da Faculdade de Direito*, 97, 117-158. Coimbra, 2021.

BARBOSA, Mafalda Miranda. *Inteligência artificial*: entre a utopia e a distopia, alguns problemas jurídicos. Coimbra: Gestlegal, 2021.

---

67. BAUMAN, Z.; LYON, D. *Vigilância líquida*. Cambridge: Zahar, 2013. p. 44.

BARBOSA, Mafalda Miranda; ÁLVAREZ, Tomás Prieto. *O direito ao livre desenvolvimento da personalidade*: sentidos e limites. Coimbra: Gestlegal, 2020.

BASAN, Arthur P. Publicidade *Digital e proteção de dados pessoais*: direito ao sossego. Indaiatuba, SP: Editora Foco, 2021.

BAUMAN, Z.; LYON, D. *Vigilância líquida*. Cambridge: Zahar, 2013.

BAUMAN, Zygmunt. *Vida para consumo*: a transformação das pessoas em mercadoria. São Paulo: Editora Schwarcz-Companhia das Letras, 2008.

CANOTILHO, J.J. G.; MOREIRA, Vital. Constituição da República Portuguesa Anotada: artigos 1º a 107º. 4. ed. rev. Coimbra: Coimbra Editora, 2007. v. 1.

COMISSÃO EUROPEIA. *A definiton of AI*: Main capacibilities and scientific disciplines actions, p. 6, 2019. Disponível em: https://ec.europa.eu/digital-single-market/en/news/ethics- guidelines-trustworthy-ai. Acesso em: Janeiro 2023.

COOLEY. Thomas M. *A treatise on the Law of Torts, or, The wrongs which arise independent of contract*. 2. ed. Chicago: Callaghan and Company, 1879.

CUEVA, R. V. B. Proteção de dados pessoais e direito ao esquecimento. In: MENDES, L. S. et al. *Tratado de proteção de dados pessoais*. Rio de Janeiro: Forense, 2020.

DE ALCANTARA, Larissa K. *Big Data e Internet das coisas*: desafios de privacidade e da proteção de dados no direito digital. São Paulo: Kindle Edition, v. Book 2, 2017.

DE CICCO, M. C. O direito ao esquecimento existe. *civilistica.com*, v. 10, n. 1, p. 3, 1º ago. 2021.

FALEIROS JÚNIOR, José L. D. M. Discriminação por algoritmos de inteligência artificial: A responsabilidade civil, os vieses e o exemplo das tecnologias baseadas em luminância. *Revista de Direito da Responsabilidade*. a. 2, Coimbra, 2020.

FALEIROS JÚNIOR, José Luiz de Moura; BASAN, Arthur Pinheiro. Discriminação algorítmica, *profiling* e geolocalização: uma análise dos impactos jurídicos do *geo-pricing* e *geo-blocking*. *Revista Meritum*, v. 16, n. 3, p. 302-320, Belo Horizonte, 2021.

MARTINS, G. M. O direito ao esquecimento como direito fundamental. *civilistica.com*, v. 10, n. 3, p. 1-70, 7 dez. 2021.

MEDON, Felipe. *Inteligência artificial e responsabilidade civil*: autonomia, riscos e solidariedade. 2. ed. São Paulo: JusPodivm, 2021.

PARISER, Eli. *O filtro invisível – O que a internet está escondendo de você*. Trad. Diego Alfaro. Editora Zahar. Versão para Kindle. Edição digital: março 2012.

PINHEIRO, Alexandre de Sousa. *Privacy e protecção de dados pessoais*: a construção dogmática do direito à identidade informacional. Lisboa: AAFDL, 2015.

QUINELATO, Pietra Daneluzzi. *Preços personalizados à luz da Lei Geral de Proteção de Dados*: viabilidade econômica e juridicidade. Indaiatuba, SP: Editora Foco, 2022.

RODOTÀ, Stefano. *Dai ricordi ai dati l' oblio è un diritto?* La Reppublica.it, 30 de janeiro de 2012. Disponível em: https://ricerca.repubblica.it/repubblica/archivio/repubblica/2012/01/30/dai-ricordi-ai-dati-oblio- -un.html.

RODOTÀ, Stefano. *Tecnologie e diritti*. Edição para Kindle. ed. Bolonha: Società editrice il Mulino, 2021.

SAFARI, Beata A. Intangible Privacy Rights: How Europe's GDPR Will Set a New Global Standard for Personal Data Protection. *Seton Hall Law Review*, v. 47, p. 835, 2017.

SOUZA, Bernardo D. A. *Direito, tecnologia e práticas punitivas*. Kindle Edition. ed. Porto Alegre: Canal Ciência Criminais, 2016.

UNIÃO EUROPEIA. *Livro branco sobre a inteligência artificial* – Uma abordagem europeia virada para a excelência e a confiança. Comissão Europeia. Bruxelas, 2020.

WARREN, Samuel D.; BRANDEIS, Louis D. The Right to Privacy. *Harvard Law Review*, v. IV (n. 5), p. 213 e 214. 15 de Dezesmbro de 1890.

ZUBOFF, Shoshana. *A era do capitalismo de vigilância*. Rio de Janeiro: Editora Intrinseca, 2021.

7
DA MERA INCLUSÃO À NECESSÁRIA EDUCAÇÃO DIGITAL: TECNOLOGIA E DIREITOS HUMANOS COMO VETORES DA EFETIVA CIBERCIDADANIA

José Luiz de Moura Faleiros Júnior

Doutorando em Direito Civil pela Universidade de São Paulo – USP/Largo de São Francisco. Doutorando em Direito, na área de estudo 'Direito, Tecnologia e Inovação', pela Universidade Federal de Minas Gerais – UFMG. Mestre e Bacharel em Direito pela Universidade Federal de Uberlândia – UFU. Especialista em Direito Digital, em Direito Civil e Empresarial. Associado do Instituto Avançado de Proteção de Dados – IAPD. Membro do Instituto Brasileiro de Estudos de Responsabilidade Civil – IBERC. Advogado e Professor. E-mail: jfaleiros@usp.br.

Sumário: 1. Introdução – 2. Acesso à internet como direito fundamental; 2.1 Internet, cidadania e políticas públicas; 2.2 O acesso à internet e a formação da identidade digital; 2.3 Os direitos humanos e o cibercidadão conectado – 3. Educação digital e a difusão do saber tecnológico – 4. Considerações finais – 5. Referências.

1. INTRODUÇÃO

A compreensão das potencialidades da educação digital ultrapassa as lindes da tecnocracia e deságua no clamor por um Estado capaz de dar concretude normativa aos deveres de proteção que lhe são impostos e, em última instância, à promoção da pacificação social (seu *telos* essencial); mas, sendo a sociedade da informação uma estrutura complexa, também aos cidadãos que tomarão parte desse metamorfoseado modelo administrativo-participativo devem ser conferidos os (novos) mecanismos de inserção e participação social.

É nesse contexto que a proposta de sacramentação do acesso à Internet como um direito fundamental tem seu nascedouro, sendo associada à imprescindível proposta de fomento à educação digital e à superação da desigualdade/fissura digital ('*digital divide*').

Inegavelmente, políticas públicas inclusivas e positivas devem ser estabelecidas, nesse contexto, para que o referido objetivo seja trilhado e, efetivamente, alcançado. E, com inspiração nesses aspectos, este breve ensaio revisitará alguns desses temas, que se somam à noção ampla de governança digital e detalham o funcionamento da Administração Pública digital em novo paradigma no qual os direitos humanos se entrelaçam às novas tecnologias para fomentar novos contornos capazes de garantir a efetivação da cibercidadania. Para tanto, será utilizado o método dedutivo, com lastro em pesquisa bibliográfica, que se beneficiará, ainda, de apontamentos colhidos da experiência estrangeira para traçar as notas conclusivas.

2. ACESSO À INTERNET COMO DIREITO FUNDAMENTAL

A chamada sociedade em rede, descrita por Manuel Castells, surge como um desdobramento evolutivo da sociedade permeada pelas Tecnologias da Informação e Comunicação (TICs), configurando uma verdadeira 'nova era' na qual não se pode conceber a vivência social dissociada do acesso universal à Internet.[1]

Pierre Lévy trilha o mesmo caminho, sustentando que:

> De forma ampla, cada universal produz seus excluídos. O universal, mesmo se ele "totaliza" em suas formas clássicas, *jamais engloba o todo*. Uma religião universal possui seus descrentes ou hereges. A ciência tende a desqualificar as outras formas de saber, aquilo que ela chama de irracional. Os direitos do homem têm suas infrações e suas zonas de não direito. As formas antigas do universal excluem por separação aqueles que participam da verdade, do sentido ou de uma forma qualquer do império e aqueles que se encontram relegados às sombras: bárbaros, infiéis, ignorantes etc. O universal sem totalidade não foge à regra da exclusão. Apenas não se trata mais de adesão ao sentido, mas sim de conexão. O excluído está desconectado. Não participa da densidade relacional e cognitiva das comunidades virtuais e da inteligência coletiva.[2]

Ter acesso à Internet se traduz em uma garantia de inclusão que se mostra 'relevante' para a vida em sociedade. Noutros termos, a 'relevância' – termo utilizado por Tefko Saracevic – adquire contornos que alçam a afirmação individual na sociedade da informação, a partir da enunciação de seus respectivos discursos, a um patamar fundamental:

---

1. CASTELLS, Manuel. *The rise of the network society*. 2. ed. Oxford/West Sussex: Wiley-Blackwell, 2010. (The information age: economy, society, and culture, v. 1), p. 377-378. E o autor ainda detalha, com números, esse cenário: "There are, however, important inequalities in the Internet. Considering data from various sources around 1998-2000, industrialized countries, with about 15 percent of the population of the planet, accounted for 88 percent of Internet users. There was considerable regional disparity in the diffusion of the Internet. While only 2.4 percent of world population had access to Internet, the percentage was 28 percent in Finland (the most Internet-oriented society in the world at the turn of the century), 26.3 percent in the US, and 6.9 percent in OECD countries, excluding the United States. Within countries, social, racial, gender, age, and spatial inequality in Internet access was substantial. Worldwide, 30 percent of Internet users had a university degree, and the proportion increased to 55 percent in Russia, 67 percent in Mexico, and 90 percent in China. In Latin America, 90 percent of Internet users came from upper income groups. In China only 7 percent of Internet users were women. Age was a major discriminating factor. The average age of Internet users in the US was 36 years, and in the UK and in China was below 30. In Russia, only 15 percent of Internet users were older than 45. In the United States, households with income of $ 75,000 and higher were 20 times more likely to have Internet access than those at the lowest level of income. People with a four-year college degree had a usage rate of 61.6 percent, while the rate for those with elementary education or less was just 6.6 percent. Men accessed the Internet more than women, by three percentage points. African-American and Hispanics were one-third as likely to have access to the Internet as Asians, and two-fifths as likely as whites. Gaps in Internet access between white and Hispanic households and whites and African-American households were six percentage points larger in December 1998 than in December 1994. However, for Americans with incomes higher than $75,000 the racial gap considerably narrowed in 1998, thus pointing to income and education, rather than race per se, as the sources of inequality. Spatial inequality in Internet access is one of the most striking paradoxes of the Information Age, given the supposedly placeless characteristic of the technology".

2. LÉVY, Pierre. *Cibercultura*. Trad. Carlos Irineu da Costa. 3. ed. São Paulo: Editora 34, 2010, p. 246. Ainda acrescenta: "A cibercultura reúne de forma caótica todas as heresias. Mistura os cidadãos com os bárbaros os pretensos ignorantes e os sábios. Contrariamente às separações do universal clássico, suas fronteiras são imprecisas, móveis e provisórias. Mas a desqualificação dos excluídos não deixa por isso de ser terrível. (...) O que fazer? É certo que é preciso favorecer de todas as formas adequadas a facilidade e a redução dos custos de conexão. Mas o problema do "acesso para todos" não pode ser reduzido às dimensões tecnológicas e financeiras geralmente apresentadas."

> Relevância é uma relação. A relevância é uma propriedade. Relevância é uma medida. A relevância tem um contexto, externo e interno. A relevância pode mudar. A relevância tem várias manifestações ou tipos. Relevância não é dada. A relevância é inferida. A relevância é criada ou derivada. A relevância envolve seleção. A relevância envolve interação. A relevância segue alguma intencionalidade.[3]

A despeito disso, o acesso à Internet não é universal, como se desejaria que fosse. Estatísticas mostram que, no Brasil, pouco mais da metade da população tem acesso à Internet[4], o que denota uma enorme carência em termos de conectividade e gera exclusão. É importante registrar, de todo modo, que iniciativas voltadas à positivação desse direito existem no Brasil: (i) em 2011, por exemplo, foi apresentada a Proposta de Emenda à Constituição 6 daquele ano, que pretendia fazer constar do rol de direitos sociais do artigo 6º da Constituição o direito de acesso universal à Internet; (ii) mais recentemente, foi apresentada a Proposta de Emenda à Constituição 8/2020, que visa incluir expressamente o acesso à Internet no rol de direitos fundamentais do artigo 5º da Constituição.

A despeito de iniciativas legislativas, é preciso destacar que tal direito – ainda que implícito – já conduz a releituras sobre o desenvolvimento das áreas do conhecimento e à intensificação do uso dos meios de comunicação em sociedade, levando a mudanças:

> Não é preciso muita imaginação para prever que o desenvolvimento da técnica, a transformação das condições econômicas e sociais, a ampliação dos conhecimentos e a intensificação dos meios de comunicação poderão produzir tais mudanças na organização da vida humana e das relações sociais que criem ocasiões favoráveis para o nascimento de novos carecimentos e, portanto, para novas demandas de liberdade e de poderes.[5]

Reportando-se à obra "1984", de George Orwell, Andrew Keen descreve as diversas consequências que se terá a partir da ressignificação social decorrente do incremento dos bancos de dados e dos influxos informacionais,[6] naquilo que se convencionou chamar de *Big Data*, levando a sociedade ao patamar de 'vigilância' destacado, dentre tantos,

---

3. SARACEVIC, Tefko. Relevance: a review of the literature and a framework for thinking on the notion in information science. *Journal of the American Society for Information, Science and Technology*, v. 58, n. 13, p. 1915-1933, Newark, out. 2007, tradução livre. No original: "Relevance is a relation. Relevance is a property. Relevance is a measure. Relevance has a context, external and internal. Relevance may change. Relevance has a number of manifestations or kinds. Relevance is not given. Relevance is inferred. Relevance is created or derived. Relevance involves selection. Relevance involves interaction. Relevance follows some intentionality".

4. COMITÊ GESTOR DA INTERNET NO BRASIL – CGI.br. Centro Regional de Estudos para o Desenvolvimento da Sociedade da Informação (Celtic.br). *Pesquisa sobre o uso das tecnologias de informação e comunicação nos domicílios brasileiros – TIC Domicílios, 2017*. Disponível em: https://cetic.br/tics/domicilios/2017/domicilios/A4/. Acesso em: 26 maio 2022.

5. BOBBIO, Norberto. *A era dos direitos*. Trad. Carlos Nelson Coutinho. 7. tir. Rio de Janeiro: Elsevier, 2004, p. 20.

6. KEEN, Andrew. *How to fix the future*. Nova York: Atlantic, 2018, p. 9. O autor ainda apresenta um exemplo concreto, obtido de um comercial de televisão veiculado durante o Super Bowl XVIII, a 'final' da liga de futebol americano (NFL), nos Estados Unidos da América: "The whole spectacle – the dilapidated room, the mesmerized audience, the pixelated face flickering on the giants screen – recalls for me one of television's most iconic commercials, the Super Bowl XVIII slot for the Apple Macintosh computer. In this January 1984 advertisement for the machine that launched the personal computer age, a man on a similarly large screen in a similarly decrepit room addresses a crowd of similarly transfixed people. But in the Macintosh commercial the man is a version of Big Brother, the omniscient tyrant from Orwell's twentieth-century dystopian novel *Nineteen Eighty-Four*. The young man on the Berlin screen, in contrast, is an enemy of authoritarianism. He is someone who, at least in his own mind, is a victim rather than a perpetrator of tyranny".

por Stefano Rodotà,[7] com elucidações concernentes ao conceito original dado ao termo, e por Zygmunt Bauman e David Lyon,[8] que se reportam a Gary Marx, responsável por cunhar a expressão 'sociedade da vigilância'.

Em um contexto no qual a Internet está fortemente presente, torna-se de crucial relevância a delimitação de marcos regulatórios, que vem sendo a tônica dos anos recentes no labor legislativo brasileiro. Assim, não há dúvidas da pertinência de se compreender o acesso à Internet como um direito fundamental lastreado nesse viés inclusivo e capaz de propiciar a inserção individual em sociedade, uma vez que o próprio texto constitucional visou proteger determinados direitos que esta nova roupagem da sociedade demandava.[9]

Com isso, e, para além de questões estruturais relacionadas ao acesso à rede, iniciativas legislativas como a Proposta de Emenda à Constituição 185/2015, de autoria da deputada federal Renata Abreu, chamam a atenção.[10] A intenção da referida PEC é, de fato, inserir o inciso LXXIX ao artigo 5º da Constituição da República, fazendo constar dentre o rol de direitos e garantias individuais o acesso universal à Internet. Em termos de processo legislativo, a proposta já foi aprovada pela Comissão de Constituição e Justiça e de Cidadania da Câmara dos Deputados e será apreciada, em momento vindouro, por uma comissão especialmente designada para analisar seu conteúdo.

2.1 Internet, cidadania e políticas públicas

Não se pode deixar de mencionar o papel que uma reformulação como essa traria para a sociedade em seu momento atual, na medida em que modificaria todo o padrão estrutural da interação entre Estado e cidadãos. Parte-se da imperiosa implementação de políticas públicas voltadas ao acesso da população em geral à Internet e da disponibilização de sistemas como a *wi-fi* gratuita e projetos de cidades inteligentes (*smart cities*).

---

7. RODOTÀ, Stefano. *A vida na sociedade da vigilância*: a privacidade hoje. Trad. Danilo Doneda e Luciana Cabral Doneda. Rio de Janeiro: Renovar, 2008, p. 25. Comenta: "Por realismo ou por uma limitada visão do conjunto, as definições predominantes optaram por seguir uma linha diversa, indicando os riscos ligados à difusão dos computadores e tentando elaborar estratégias de defesa capazes somente de afastar os temores de uma iminente chegada do *1984* de Orwell ou do *Brave New World* imaginado por Aldous Huxley. Porém, seguindo essa estrada, logo percebemos a inadequação das tradicionais definições jurídico-institucionais diante dos novos problemas impostos pela realidade dos sistemas informativos atuais. Ou seja, pode-se notar que não é suficiente elaborar um sistema de contenção do poder dos computadores em relação às suas particulares modalidades de utilização, mas é necessário analisar todas as potencialidades de seu uso, ligando-as aos diversos significados que possam assumir no conjunto do sistema político".

8. BAUMAN, Zygmunt; LYON, David. *Vigilância líquida*. Trad. Carlos Alberto Medeiros. Rio de Janeiro: Zahar, 2013, p. 122. Segundo os autores, em debate sobre os impactos do conceito de 'sociedade da vigilância' originalmente proposto por Gary Marx em correlação com a ética, "a mudança tecnológica ocorre tão depressa e como consequências tão profundas no campo da segurança que formas de regulação mais antigas precisam urgentemente ser atualizadas. Em outras palavras, o louvável trabalho de Gary Marx oferece um guia para a intervenção jurídica e regulatória quanto à difusão da vigilância. Ele dá prioridade à dignidade das pessoas e enfatiza a prevenção de prejuízos, quer as pessoas estejam ou não conscientes de que são objeto de vigilância, e outros princípios adequados para se traduzir em regras".

9. SARLET, Ingo Wolfgang; MARINONI, Luiz Guilherme; MITIDIERO, Daniel. *Curso de direito constitucional*. São Paulo: Ed. RT, 2012, p. 57.

10. BRASIL. Câmara dos Deputados. *Proposta de Emenda à Constituição 185/2015*. Disponível em: http://www.camara.gov.br/proposicoesWeb/fichadetramitacao?idProposicao=2075915. Acesso em: 26 maio 2022.

Sobre políticas públicas, destacam Reinado Dias e Fernanda Matos:

Entendida, desse modo, a função primordial do governo, uma primeira definição de política pública pode ser formulada como sendo o conjunto de princípios, critérios e linhas de ação que garantem e permitem a gestão do Estado na solução dos problemas nacionais. Outra definição de políticas públicas pode ser sintetizada da seguinte maneira: são as ações empreendidas ou não pelos governos que deveriam estabelecer condições de equidade no convívio social, tendo por objetivo dar condições para que todos possam atingir uma melhoria da qualidade de vida compatível com a dignidade humana.[11]

Ainda que não se trate de um viés garantidor de acesso pleno à *web*, os acessos via *smartphones* têm alavancado a inclusão digital no país, pois é cada vez mais comum a adesão às redes sociais e a aplicativos de comunicação, como *Facebook* e *WhatsApp*, o que demanda, em verdade, ampliação desse acesso. O Decreto Federal 5.542/2005, que instituiu o "Projeto Cidadão Conectado – Computador para Todos" almejou isto, destacando, já em seu primeiro dispositivo, o seguinte:

Art. 1º Fica instituído, no âmbito do Programa de Inclusão Digital, o Projeto Cidadão Conectado – Computador para Todos, com o objetivo de promover a inclusão digital mediante a aquisição em condições facilitadas de soluções de informática constituídas de computadores, programas de computador (*software*) neles instalados e de suporte e assistência técnica necessários ao seu funcionamento, observadas as definições, especificações e características técnicas mínimas estabelecidas em ato do Ministro de Estado da Ciência e Tecnologia.

§ 1º Os produtos abrangidos pelo Projeto de que trata o caput deverão ser produzidos no País, observado o Processo Produtivo Básico (PPB), estabelecido nos termos das Leis 8.248, de 23 de outubro de 1991, e 8.387, de 30 de dezembro de 1991.

§ 2º Para fins do disposto no caput, o Ministério da Ciência e Tecnologia deverá expedir os atos normativos pertinentes, no prazo máximo de trinta dias a contar da publicação deste Decreto.

§ 3º O valor de venda, a varejo, das soluções de informática de que trata o caput não poderá ser superior a R$ 1.400,00 (mil e quatrocentos reais).

§ 4º O valor referido no § 3º poderá ser alterado mediante ato do Ministro de Estado da Ciência e Tecnologia, ouvido o Ministro de Estado da Fazenda.

§ 5º Os bancos oficiais federais estabelecerão linhas de crédito específicas, com vista a atender ao disposto no *caput*, no prazo máximo de trinta dias após a ação prevista no § 2º.

Nota-se evidente intenção de fomento ao acesso à rede, a partir da viabilização de políticas públicas como a facilitação à aquisição de soluções de informática.

Tratou-se de um programa pioneiro, mas outros foram instituídos *a posteriori*, ligados, em regra, ao Ministério da Ciência, Tecnologia, Inovação e Comunicações (MCTIC), a exemplo do programa Governo Eletrônico – Serviço de Atendimento ao Cidadão (GESAC), instituído pela Portaria 2.662/2014, que almeja oferecer conexão à Internet a fim de promover a inclusão digital no território Nacional.

---

11. DIAS, Reinaldo; MATOS, Fernanda. *Políticas públicas*. São Paulo: Atlas, 2015, p. 12.

São vários os desafios no âmbito governamental, o que, para Pérez Luño, ainda desafia a Teoria do Direito à compreensão e à indicação de soluções para os novos problemas suscitados na nova sociedade da informação.[12]

Sabe-se que o escopo de proteção aos direitos fundamentais é sociologicamente mutável, e a inclusão digital ou a inserção do direito universal ao acesso à internet no rol dos direitos fundamentais no Brasil seria fruto de uma atualização normativa e, no caso em tela, constitucional. Iniciativas como a PEC 185/2015 desvelam proposta inclusivo-normativa louvável, mas a mera inserção de novo inciso ao rol do artigo 5º da Constituição da República não trará, por si só, a efetividade almejada para esta nova realidade da sociedade da informação.

É preciso mais. E incumbe ao Estado garantir o cumprimento de medidas que visem combater a referida exclusão, propiciando franco acesso dos cidadãos à Internet de modo a trazê-los para o universo digital, com abertura a um novo leque de possibilidades de participação social.

Para isso, impõe-se o desenvolvimento de um projeto que tenha como escopo a garantia de acesso à *wi-fi* pública, pois ainda é escasso o acesso às redes móveis em um período da sociedade no qual a internet já é indispensável para a utilização de serviços como GPS, comunicação (a exemplo do *WhatsApp*[13]), *internet banking* etc.

Nesse campo, o Estado brasileiro tem sido falho e ausente em seu dever de garantir o referido acesso, impondo-lhe o dever de repaginar sua atuação nesse quesito, a partir de atuações e mudanças estruturais voltadas ao reconhecimento da importância do acesso enquanto garantidor da noção de igualdade, que deve se dar de forma ampla e com abrangência universal, visando diminuir desigualdades, sem filtros políticos, econômicos, geográficos ou sociais – mas com a existência de filtros informacionais.

Para Antonio Enrique Pérez Luño:

> Por outro lado, em uma sociedade como a que vivemos, em que a informação é poder e em que esse poder se torna decisivo quando, por meio da cibernética e da ciência da computação, ele pode conver-

---

12. PÉREZ LUÑO, Antonio-Enrique. *Manual de informática y derecho*. Barcelona: Ariel, 1996, p. 10.
13. Sobre o caso específico do *WhatsApp*, muito já se indagou acerca do apelo que referida aplicação teria em torno do atendimento ao interesse público pela ampla difusão da plataforma perante os cidadãos. Segundo Celso Fiorillo e Renata Ferreira, "[o] adequado uso do *WhatsApp* no Brasil, deve observar, como já informado anteriormente, o regime jurídico constitucional que estabelece regras superiores em face da tutela jurídica do meio ambiente digital particularmente no âmbito da manifestação do pensamento, da expressão e da informação através das redes de computadores, guardando necessária harmonia com os princípios fundamentais de nossa Carta Magna". (FIORILLO, Celso Antonio Pacheco; FERREIRA, Renata Marques. *Tutela jurídica do WhatsApp na sociedade da informação*. Rio de Janeiro: Lumen Juris, 2017, p. 81.). A despeito disso, tentativas de contenção do uso da aplicação em razão do descumprimento de ordens judiciais emanadas de processos que investigam a possível prática de ilícitos penais, foram uma constante nos anos de 2016 e 2017, gerando desdobramentos, conforme anotam Tarcício Teixeira, Paulo Sabo e Isabela Sabo: " Finalmente, com relação à eventual necessidade de investigação policial e/ou acesso judicial, vindo a caracterizar, porquanto, um conflito entre o interesse público (segurança) e interesse privado (privacidade), demonstrou-se que a interceptação da comunicação via *WhatsApp* ou a determinação à empresa para fornecer as mensagens em texto claro, e consequente bloqueio justificado na "recusa" de seu cumprimento, podem constituir medidas desequilibradas e ineficazes." (TEIXEIRA, Tarcísio; SABO, Paulo Henrique; SABO, Isabela Cristina. WhatsApp e a criptografia ponto-a-ponto: tendência jurídica e o conflito privacidade vs. interesse público. *Revista da Faculdade de Direito da Universidade Federal de Minas Gerais*, v. 71, n. 2, p. 633, Belo Horizonte, jul./dez. 2017).

ter informações parciais e dispersas em informações em massa e organizadas, garantir igualdade de condições de uso e acesso a meios tecnológicos é um interesse prioritário. De fato, no nível das relações entre o Estado e os cidadãos, a tecnologia pode correr o risco de eliminar qualquer tentativa de crítica e alternativa às decisões de poder para quem está fora do círculo mágico que é o domínio, ou mesmo o monopólio dos bancos de informações. Ao mesmo tempo, no nível das relações dos cidadãos, agravam-se as desigualdades de fato entre detentores e desapropriados do aparato de informação, uma vez que em nossa sociedade o exercício do poder econômico, social e político se baseia na provisão de informações pontuais e adequadas. Portanto, um dos principais problemas que esse novo instrumento de poder suscita é impedir que se concentre em poucas mãos, garantindo sua divulgação na sociedade civil, estabelecendo os canais de controle coletivo e participação democrática que tornam a tecnologia um novo tecido comunitário para uma coexistência definitivamente emancipada.[14]

É nesse contexto que, a nível de políticas públicas, o acesso à Internet vem sendo estudado como um novo direito humano! Trata-se de um debate inesgotável sobre o papel fundamental da Internet e de outras Tecnologias da Informação e Comunicação (TIC) para a sociedade contemporânea, que se intensificou a partir de 2011 na consolidação de novos matizes para a configuração do acesso à Internet como emanação humana fundamental.

2.2. O acesso à Internet e a formação da identidade digital

Alguns autores defendem outras abordagens de direitos que, quando bem-sucedidas, podem contribuir para a proteção da Internet sem falar explicitamente sobre o direito de acesso à Internet. Por exemplo, Paul De Hert[15] e Serge Gutwirth[16] propõem um direito explícito à identidade para enfrentar os desenvolvimentos da tecnologia.

---

14. PÉREZ LUÑO, Antonio Enrique. *Dimensiones de la igualdad*. 2. ed. Madri: Dykinson, 2007, p. 72, tradução livre. No original: "De otro lado, en una sociedad como la que nos está tocando vivir en la que información es poder y en la que ese poder se hace decisivo cuando, a través de la cibernética y de la informática, puede convertir informaciones parciales y dispersas en informaciones en masa y organizadas, el asegurar condiciones iguales de utilización y de acceso a los medios tecnológicos reviste un interés prioritario. En efecto, en el plano de las relaciones entre el Estado y los ciudadanos la tecnología puede coportar el riesgo de eliminar cualquier tentativa de crítica y alternativa a las decisiones del poder a quienes se hallan fuera del círculo mágico que supone el dominio, o incluso el monopolio, de los bancos de información. A la par que, en el plano de las relaciones de los ciudadanos entre sí, se agravan las desigualdades de hecho entre detentadores y desposeídos del aparato informativo, ya que en nuestra sociedad el ejercicio del poder económico, social y político se funda en la disposición puntual y, adecuada de informaciones. Por ello, uno de los principales problemas que este nuevo instrumento de poder suscita es el de evitar que se concentre en pocas manos garantizando su difusión en la sociedad civil, estableciendo los cauces para un control colectivo y una participación democrática que haga de la tecnología un nuevo tejido comunitario para una convivencia definitivamente emancipada".
15. DE HERT, Paul. *A right to identity to face the Internet of Things*. Paris: Council of Europe Publishing, 2007, p. 18. Disponível em: https://bit.ly/36kIcqs. Acesso em: 26 maio 2022. Comenta: "In the light of the foregoing several options exists with regard to a specific right to identity. One can recognize it at the level of ethics, for instance by recognizing it in the Unesco's ode of Ethics for the Information Society that is now preparatory phase. More specific, unambiguous legal rights could be added on top of that when it turns out that existing rights such as privacy are insufficient. Concrete proposals for such rights in the area of the Internet of things are discussed by Poullet and Dinant (2006), whereas proposals regarding genetic developments are nicely presented under the banner of a 'Genetic Bill of Rights' by Krimsky and Shorett (2005). Another option is to go one step further and draft a specific legal right to identity with a general stretch. We have attempted to draft one above (our opening quote) and we pray that the inclusion of both ipse and idem identity may serve as constant reminder of the complexity of identity".
16. GUTWIRTH, Serge. Beyond identity? *Identity in the Information Society*, Dordrecht: Springer Netherlands, v. 1, n. 1, p. 123-133, 2008, p. 125-126. O autor ainda explica a visão de Paul De Hert acerca de um "direito à identidade", que é corroborada pelo professor holandês da Universidade de Tilburg, J. E. J. Prins, destacando o

Ainda sobre o tema, Ian Lloyd destaca:

> Estamos nos aproximando de um momento em que a lei terá que dar mais saltos. Historicamente, colocou-se grande parte de sua ênfase no tratamento dos direitos à propriedade física e ao corpo humano. Hoje, o adjetivo 'virtual' está associado a muitos aspectos da vida. Milhões mantêm uma conduta virtual com seus amigos em sites de redes sociais; usamos redes pessoais virtuais para fazer *logon* remotamente em redes institucionais; podemos desenvolver identidades virtuais como um fim em si mesmo, ao participar de mundos virtuais ou para postar com pseudônimos em discussões por um ou como um meio para atingir um fim, quando procurarmos proteger nossa verdadeira identidade ao atuar na Internet. Estabelecer uma identidade virtual dessa maneira pode ser um dispositivo útil para limitar a extensão da divulgação de dados pessoais (...).[17]

Por sua vez, Norberto Nuno Gomes de Andrade discute o direito a uma identidade *online*, que ultrapassa a defesa do direito à identidade, defendendo uma conceituação mais ampla, nomeadamente em relação às novas tecnologias, que abrange os subdireitos do direito a múltiplas identidades e o direito ao esquecimento:

> A identidade pessoal é, inquestionavelmente, um dos conceitos mais complexos, variados e polissêmicos que permeiam a história intelectual da humanidade. Esse conceito primordial tem sido o foco de muitos estudos e análises, permeando uma infinidade de diferentes disciplinas e campos de estudo, desde filosofia e antropologia até psicologia, biologia e medicina, entre muitos outros. Esse conceito não é apenas intrinsecamente multidisciplinar e multifacetado, mas também – e incessantemente – dinâmico, estando sujeito a constante evolução. Tais características tornam a tarefa de definir o significado exato e o escopo da identidade extremamente difícil, se não impossível.[18]

---

seguinte: "Prins and De Hert call for the recognition of a sui generis right, namely the 'right to identity'. The hope is that by making explicit and 'legal' the value of identity, a basic right would provide better-equipped instruments to balance the private and public interests at stake in a world of Internet of Things, ambient intelligence and convergence than only the rights to privacy or liberty (Prins 2007, De Hert 2008). However, such a plea for a 'right to identity' first and foremost implies some clarity about the notion or concept of identity. (…). Pursuant to this distinction, personal identity is a mix – or an articulation – of ipse identity and idem identity. The first, also called 'self identity', is the sense of self of a human person. It is reflexive consciousness or 'selfhood', implying both an 'I' – which is the irreducible point from which I see the world and myself – and a 'me', and which represents the way I perceive myself. There is nothing behind or above the ipse: it is just there at the source of one's will and energy: it is where the hubris comes from. The ipse is quintessential because of its irreducible presence and subsistence. It is here, present and persisting, but it is not made of a substance nor has it any substantial homogeneity: it is continuous through time and space, but it does not per se remain stable or consequent, let alone 'identical'. The second, the idem identity, or 'sameness identity' is the objectification of the self that stems from categorization. Idem identity is not one, but several depending on the sort of comparative categorization at work: sameness refers to social, cultural or religious identities, to legal or 'administrative' identities. (…) As a matter of fact, in his UNESCO lecture of September 2007 Paul De Hert went as far as to suggest the recognition of a 'right to identity' with ample reference to the distinction between ipse and idem. (…)".

17. LLOYD, Ian J. *Information technology law*. 6. ed. Oxford: Oxford University Press, 2011, p. 587, tradução livre. No original: "We are approaching a time when the law will have to make further leaps. It has historically placed most of its emphasis on dealing in rights in physical property and the human body. Today the adjective 'virtual' is attached to many aspects of life. Millions keep in virtual conduct with their friends on social networking sites, we make use of virtual personal networks to log in remotely to institutional networks, we may develop virtual identities either as an end in itself when participating in virtual worlds or to post pseudonymously on discussion for a or as a means to an end when we might seek to protect our true identity when acting on the Internet. Establishing a virtual identity in this way may be a useful device for limiting the extent of disclosure of personal data (…)".

18. ANDRADE, Norberto Nuno Gomes de. Right to personal identity: the challenges of ambient intelligence and the need for a new legal conceptualization. In: GUTWIRTH, Serge; POULLET, Yves; DE HERT, Paul; LEENES,

Há, exatamente por isso, vertentes doutrinárias favoráveis e contrárias à consolidação de um direito fundamental de acesso à Internet. Paul De Hert e Dariusz Kloza sintetizam alguns dos argumentos favoráveis a essa proposta, apontando que a existência de diferentes modos de regulamentar e proteger a sociedade dos efeitos indesejados das novas tecnologias, incluindo o exercício regulatório, de modo que o argumento para uma abordagem em torno dos direitos fundamentais deve ser fortalecida, porquanto se tratam de direitos que não são azevinhos e que estão longe de serem estáticos. Eles evoluem, simplesmente porque refletem desenvolvimentos na sociedade, em vez de verdades eternas ou estado de seres da espécie humana.[19]

2.3 Os direitos humanos e o cibercidadão conectado

O sistema atual é caracterizado pela natureza em expansão e pela constante evolução dos direitos humanos, cujo sistema internacional avançou bastante desde que a Declaração Universal dos Direitos Humanos (1948) foi adotada, desencadeando um processo de codificação referente à definição de novos direitos e novos princípios internacionais.

Essa natureza em expansão ainda está produzindo ramificações no século XXI. Com a natureza em constante mudança da sociedade, os direitos humanos enfrentam uma necessidade de evolução contínua para enfrentar novos desafios. Em simples termos, direitos humanos são direitos situados: eles tomam forma em certas sociedades, em determinados momentos do tempo. Por esse motivo, no futuro, quando os direitos humanos continuarão sendo a linguagem dominante para o raciocínio moral – e há motivos para que se possa esperar que sim – os desenvolvimentos tecnológicos provavelmente forçarão a criação de novas espécies de direitos humanos.

Parecem estar no horizonte o direito à privacidade genética (em contraponto aos impactos da biotecnologia[20]), o direito a uma identidade única e também o direito ao acesso à Internet,[21] este último absolutamente crucial para a economia baseada no conhecimento atual, pois promove a competitividade e a inovação, promove o desenvolvimento e a inclusão social, a democracia e outros direitos humanos, em particular,

---

Ronald (Ed.). *Computers, privacy and data protection*: an element of choice. Dordrecht: Springer Netherlands, 2011, p. 65, tradução livre. No original: "Personal identity is, unquestionably, one of the most complex, multifarious and polysemic concepts permeating the intellectual history of mankind. Such primordial concept has been the focus of many studies and analyses, pervading a myriad of different disciplines and fields of study, ranging from philosophy and anthropology, to psychology, biology and medicine, among many others. Such concept is not only intrinsically multidisciplinary and multifaceted, but also – and incessantly – dynamic, being subject to constant evolution. Such characteristics render the task of defining the exact meaning and scope of identity an extremely difficult one, if not ultimately impossible".

19. DE HERT, Paul; KLOZA, Dariusz. Internet (access) as a new fundamental right. Inflating the current rights framework? *European Journal of Law and Technology*, v. 3, n. 3, Belfast, 2012. Disponível em: http://ejlt.org/article/view/123/268. Acesso em: 26 maio 2022.
20. Para maiores aprofundamentos sobre o tema: BROWNSWORD, Roger. Biotechnology and rights: where are we coming from and where are we going? In: KLANG, Mathias; MURRAY, Andrew (Ed.). *Human rights in the digital age*. Abingdon: Routledge-Cavendish, 2005, p. 220.
21. BROWNSWORD, Roger; GOODWIN, Morag. *Law and the technologies of the Twenty-First Century*. Cambridge: Cambridge University Press, 2012, p. 225 et seq.

devido à sua diferença em relação a outros tipos de mídia, com aumento substancial da liberdade de expressão,[22] realçando seu papel para a cidadania.[23]

A Internet permite a comunicação bidirecional, tornando o usuário final não apenas um destinatário passivo de informações, mas também um editor ativo. Ademais, torna possível a distribuição barata de qualquer tipo de conteúdo, tornando possível, assim, o acesso a informações e conhecimentos anteriormente inatingíveis. Por fim, permite a comunicação em tempo real. Como resultado, a Internet tem o potencial de se tornar, para muitas pessoas, uma parte intrínseca da vida cotidiana. Por esse motivo, Frank La Rue, em seu relatório de 2011, defende que se tenha o mínimo possível de restrição de conteúdo e que o acesso à Internet seja amplamente disponível e acessível a todos os segmentos da população.[24]

A ideia de tornar o acesso à Internet um direito fundamental é oportuna devido aos recentes desenvolvimentos no controle e na censura. Mais do que no passado recente, há uma necessidade crescente de se preservar e manter a própria natureza da *web*, na medida em que o seu sucesso está intimamente conectado à 'abertura' de sua arquitetura, em particular à rede distribuída e aos formatos abertos.

A ideia essencial tangencia os quatro modais de regulação comportamental apontados por Lawrence Lessig (normas e ética, mercado, arquitetura e o direito[25]), refletindo a imperatividade desse tipo de procedimento como política de governança para a garantia da integridade e da segurança de dados pessoais (especialmente os dados sensíveis), haja vista o altíssimo valor que podem vir a ter.

Sobre isso, Andrew Murray assinala o seguinte:

> Uma tentativa de estender o modelo tradicional de análise regulatória para o ciberespaço foi feita por Lawrence Lessig em sua monografia *Code and Other Laws of Cyberspace*. Neste, Lessig procura identificar quatro 'modalidades de regulamentação': (1) lei, (2) mercado, (3) arquitetura e (4) normas que podem ser usadas individual ou coletivamente, direta ou indiretamente, pelos reguladores. Cada modalidade, portanto, tem um papel a desempenhar na regulação de sua decisão. Lessig sugere que o verdadeiro quadro regulatório é aquele em que as quatro modalidades são consideradas juntas. Os reguladores projetarão modelos regulatórios híbridos, escolhendo a melhor combinação dos quatro para alcançar o resultado desejado.[26]

---

22. MACHADO, Jónatas Eduardo Mendes. *Liberdade de expressão*: dimensões constitucionais da esfera pública no sistema social. Coimbra: Coimbra Editora, 2002, p. 721.
23. SUNSTEIN, Cass. *Democracy and the problem of free speech*. Nova York: Free Press, 1993, p. 363. O autor comenta: "The First Amendment is the central constitutional reflection of the commitment to deliberative democracy. It is part of the constitutional commitment to citizenship. And this commitment should be understood in light of the American conception of sovereignty, placing governing authority in the people themselves".
24. LA RUE, Frank. Report of the Special Rapporteur on the promotion and protection of the right to freedom of opinion and expression. *Conselho de Direitos Humanos da Organização das Nações Unidas*, 6 maio 2011. Disponível em: https://bit.ly/2VYZgOu. Acesso em: 26 maio 2022, p. 22.
25. LESSIG, Lawrence. *Code, and other laws of cyberspace 2.0*. 2. ed. Nova York: Basic Books, 2006, p. 123.
26. MURRAY, Andrew. Conceptualising the post-regulatory (cyber)state. In: BROWNSWORD, Roger; YEUNG, Karen (Ed.). *Regulating technologies*: legal futures, regulatory frames and technological fixes. Oxford: Hart Publishing, 2008, p. 291-292, tradução livre. No original: "An attempt to extend the traditional model of regulatory analysis into Cyberspace was made by Lawrence Lessig in his monograph Code and Other Laws of Cyberspace.

Ora, a Internet foi projetada sem qualquer contemplação de fronteiras territoriais nacionais. Paralelamente, havia um conceito romântico de que a Internet teria sido concebida como um espaço igualitário e incontrolável de troca de informações.[27] No entanto, algumas fronteiras que surgiram recentemente no ciberespaço restringem legal e ilegalmente o fluxo de informações. Ainda segundo La Rue, restrições ilegítimas assumem a forma de bloqueio ou filtragem arbitrários, criminalização da expressão legítima, super imposição de responsabilidade intermediária, desconexos (incluindo medidas como 'três advertências'), ataques cibernéticos e proteção inadequada da privacidade e dos dados pessoais.[28]

O progresso tecnológico em relação à Internet parece direcionar-se às funcionalidades incorporadas para controlá-la de uma maneira sem precedentes. Esses desenvolvimentos em direção ao controle e à censura conduzem à primeira função dos direitos humanos, ou seja, proteger o indivíduo contra o uso ou abuso desnecessário de poder, muitas vezes ao alvedrio de controle pelo Estado:

> Dado ao volume informacional impossível de ser consumido por um ser um humano, a atualidade revela o que [Tim Wu] chama de "homo distractus", ilustrado por aquele que senta para ler um simples e-mail e passa horas sentado ao computador vendo redes sociais, vídeos, notícias e publicidade e perdendo a noção do tempo. (...) Como dimensão política do fenômeno, surgem as "bolhas de informação", em que o cidadão se atenta cada vez mais para conteúdos que corroborem sua atual opinião e reiterem suas convicções ideológicas naquele momento, levando a um ambiente de contínua radicalização e polarização. Em última análise, tal situação enfraquece a base da democracia deliberativa: a esfera pública. (...) Trata-se de um paradoxo relatado pelo autor, uma vez que, no passado, muitos apostaram na Internet como um veículo que promoveria a liberdade de se comunicar e não o contrário. Entretanto, cada dia mais a Rede mostra a dimensão gigantesca dos desafios que hoje se enfrenta uma vez que tem-se notado uma redução dos espaços para o exercício do *free speech*. Como alerta Wu, poucos antevíram que este ambiente de suposta facilidade para o exercício das liberdades comunicacionais seria o próprio meio de se limitar a liberdade de expressão. O autor elenca três formas contemporâneas do que considera métodos de intervenção na liberdade de expressão que não são censura direta: 1. Assédios (*harassment*) e ataques *online*; 2. Distorções de informação e "inundação" (*flooding*), também chamado de censura reversa; e 3. Controle das principais plataformas de manifestação de opinião.[29]

In this Lessig seeks to identify four 'modalities of regulation': (1) law, (2) market, (3) architecture, and (4) norms which may be used individually or collectively either directly or indirectly by regulators. Each modality thus has a role to play in regulating your decision. Lessig suggests that the true regulatory picture is one in which all four modalities are considered together. Regulators will design hybrid regulatory models choosing the best mix of the four to achieve the desired outcome".

27. Pode-se citar, nesse contexto e a título exemplificativo, a Declaração de Independência do Ciberespaço, de 1996, proposta por John Perry Barlow, e que pode ser lida integralmente em: BARLOW, John Perry. *A Declaration of the Independence of Cyberspace*. Disponível em: https://eff.org/cyberspace-independence. Acesso em: 26 maio 2022.

28. LA RUE, Frank. Report of the Special Rapporteur on the promotion and protection of the right to freedom of opinion and expression. *Conselho de Direitos Humanos da Organização das Nações Unidas*, 6 maio 2011. Disponível em: https://bit.ly/2VYZgOu. Acesso em: 26 maio 2022, p. 9-26.

29. ALVES, Fernando de Brito; LONGHI, João Victor Rozatti; MARTINS, Guilherme Magalhães. Ataques em massa na internet como censura e o método da censura reversa. *Consultor Jurídico*, 3 out. 2019. Disponível em: https://www.conjur.com.br/2019-out-03/opiniao-ataques-massa-internet-metodo-censura-reversa. Acesso em: 26 maio 2022.

Com o controle e a censura aparecendo não apenas no Oriente, mas também no Ocidente, pode não ser uma surpresa ver pessoas se voltando para a linguagem dos direitos humanos. Há uma demanda por direitos humanos toda vez que um valor é ameaçado. Um direito específico de proteger a Internet cria o sinal apropriado de alarme. Tal direito, elaborado de forma inteligente, também poderia chamar a atenção dos formuladores de políticas no que diz respeito à falta de acesso à Internet, por muitos cidadãos no mundo, devido a razões culturais e econômicas.

Um direito específico que reconheça o acesso universal ajudará a diminuir o '*digital divide*'[30] – isto é, o cisma entre os que têm e os que não têm – tanto em sua dimensão geográfica (áreas urbanas versus rurais e regiões desenvolvidas quanto subdesenvolvidas) e também em social (alfabetização digital, acesso a grupos vulneráveis – ou barreiras linguísticas).

Sobre o tema, analisa Virginia Eubanks:

> A relação entre desigualdade e tecnologia da informação (TI) é muito mais complexa do que qualquer imagem que represente "quem tem" e "quem não tem" pode representar. Trabalhar em direção a uma era da informação que proteja os direitos humanos e reconheça a dignidade humana é muito mais difícil do que as estratégias centradas no acesso e na distribuição de tecnologia permitem. Uma parte do quebra-cabeça da alta tecnologia que geralmente é esquecida quando tentamos imaginar "tecnologia para as pessoas" é a relação entre tecnologia, cidadania e justiça social. Isso é lamentável, pois nossas noções de governança, identidade e demanda política são profundamente influenciadas pela TI em uma ampla variedade de instituições, incluindo agências de serviço social, programas de treinamento, escolas e faculdades, instituições governamentais, organizações comunitárias, local de trabalho, e a casa.[31]

Quando se trata da divisão geográfica, o hemisfério norte é responsável por um nível muito maior de penetração da Internet do que o hemisfério sul. Enquanto os países escandinavos lideram em termos de conectividade – a Islândia e a Noruega têm mais de 90% da população com acesso à Internet – um grande número de países tem uma penetração na Internet inferior a cinco por cento e até menos de um por cento.[32]

---

30. O termo tem várias origens e se traduz como 'exclusão digital', revelando uma assimetria informacional nefasta em que os menos informados podem ser manipulados por aqueles que controlam os mecanismos informacionais. Benjamin Compaine explica o fenômeno: "The concept of an information gap is ill-defined from the start. It may refer to the access individuals have to information or the ability of individuals to have the tools—intellectual or tangible—to manipulate, analyse, and synthesize information. In a sense, it is a moving target, because as society has evolved from an agrarian to an industrial and on to an information-intensive one, the importance of having access to and know-how for using information has increased". COMPAINE, Benjamin M. Information gaps: myth or reality? In: COMPAINE, Benjamin M. (Ed.). *The digital divide*: facing a crisis or creating a myth? Cambridge: The MIT Press, 2001, p. 105.

31. EUBANKS, Virginia. *Digital dead end*: fighting for social justice in the information age. Cambridge: The MIT Press, 2011, p. 23, tradução livre. No original: "The relationship between inequality and information technology (IT) is far more complex than any picture portraying "haves" and "have-nots" can represent. Working toward an information age that protects human rights and acknowledges human dignity is far more difficult than strategies centered on access and technology distribution allow. One piece of the high-tech equity puzzle that is generally overlooked when we try to imagine "technology for people" is the relationship among technology, citizenship, and social justice. This is unfortunate, as our notions of governance, identity, and political demand making are deeply influenced by IT in a wide variety of institutions, including social service agencies, training programs, schools and colleges, government institutions, community organizations, the workplace, and the home".

32. Na União Europeia, o nível de acesso à Internet aumentou em todos os Estados-Membros entre 2006 e 2011; no entanto, as diferenças permanecem significativas. Em 2011, o acesso doméstico à Internet variou de 45% na

É importante destacar que diversas iniciativas já foram adotadas na tentativa de diminuir a '*digital divide*',[33] razão pela qual a doutrina já se propõe a distinguir o referido fenômeno em estágios (*first* e *second digital divides*).[34] Fato é que o Objetivo 8.F dos Objetivos de Desenvolvimento do Milênio ou *Millenium Development Goals*,[35] além do Plano de Ação adotado na Cúpula Mundial de Genebra sobre a Sociedade da Informação[36] sinalizaram importantes esforços nesse sentido, mas não são suficientes e, portanto, pode-se observar uma série de iniciativas em torno da positivação de um direito fundamental de garantia de acesso à Internet.

Além do caso brasileiro, já mencionado anteriormente, importa destacar que diversas jurisdições já ofereciam explicitamente em seus ordenamentos a obrigação positiva de garantir a conectividade a seus cidadãos: (i) o artigo 5º (2) da Constituição Grega, introduzido em 2001, declara que todas as pessoas têm o direito de participar da Sociedade da Informação, o que implica a facilitação do acesso às informações transmitidas eletronicamente, bem como à produção, troca e difusão delas, constituídas como obrigações prestacionais do Estado, sempre observando as garantias dos artigos 9 (privacidade), 9A (dados pessoais) e 19 (sigilo de correspondência);[37] (ii) o Tribunal Constitucional francês, em 2009, declarou que a liberdade de expressão implica 'liberdade de acesso a esses serviços', mas em um contexto diferente (isto é, direitos humanos como instrumentos vivos);[38] (iii) o Tribunal Constitucional da Costa Rica declarou, em junho 2010, que, no contexto da sociedade da informação, 'é imposto às autoridades públicas em benefício dos governados promover e garantir de forma universal o acesso a esses novas tecnologias';[39] (iv) na Finlândia, uma proposta legislativa aprovada em 2009 passou a garantir que todo cidadão finlandês tenha, a partir de julho de 2010, acesso à

Bulgária a 94% na Holanda. A parcela daqueles que nunca estiveram *online* varia entre 5% na Suécia e 54% na Romênia. Para mapear esses índices e o crescimento do acesso à Internet em todo o planeta, o *Oxford Internet Institute* criou, em 2011, um mapa da penetração mundial da Internet: REINO UNIDO. University of Oxford. Oxford Internet Institute. *Information Geographies*. Disponível em: https://geography.oii.ox.ac.uk/. Acesso em: 26 maio 2022.

33. HOFFMAN, Donna L.; NOVAK, Thomas P.; SCHLOSSER, Ann E. The evolution of the digital divide: examining the relationship of race to Internet access and usage over time. In: COMPAINE, Benjamin M. (Ed.). *The digital divide*: facing a crisis or creating a myth? Cambridge: The MIT Press, 2001, p. 47 et seq.

34. SEGURA-SERRANO, Antonio. Internet regulation and the role of international law. *Max Planck Yearbook of United Nations Law*, v. 10, p. 264-270, Heidelberg, 2006.

35. ORGANIZAÇÃO DAS NAÇÕES UNIDAS. *Millennium Development Goals*. Disponível em: https://www.un.org/millenniumgoals/. Acesso em: 26 maio 2022.

36. ORGANIZAÇÃO DAS NAÇÕES UNIDAS. World Summit on the Information Society. *Plan of Action*, 12 dez. 2003. Disponível em: https://www.itu.int/dms_pub/itu-s/md/03/wsis/doc/S03-WSIS-DOC-0005!!PDF-E.pdf. Acesso em: 26 maio 2022.

37. GRÉCIA. Hellenic Parliament. *The Constitution of Greece, as revised by the parliamentary resolution of April 6th 2001 of the VIIth Revisionary Parliament*. Atenas: Eptalofos, 2004, p. 21-24. Disponível em: http://www.nis.gr/npimages/docs/Constitution_EN.pdf. Acesso em: 26 maio 2022.

38. FRANÇA. Conseil Constitutionnel. *Decision 2009-580, 10 jun. 2009*. Disponível em: https://www.conseil-constitutionnel.fr/sites/default/files/2018-10/2009_580dc.pdf. Acesso em: 26 maio 2022.

39. COSTA RICA. Corte Suprema de Justicia de Costa Rica. Sala Constitucional de la Corte Suprema de Justicia. *Sentencia 12790, Expediente 09-013141-0007-CO*, 30 jul. 2010. Disponível em: https://nexuspj.poder-judicial.go.cr/document/sen-1-0007-483874. Acesso em: 26 maio 2022.

Internet de banda larga de no mínimo 1 Mbps;[40] (v) em setembro de 2019, o Tribunal Superior de Kerala, na Índia, considerou que o direito de acesso à Internet faz parte do direito fundamental à educação e do direito à privacidade, nos termos do artigo 21 da Constituição.[41]

Como se nota, ainda são incipientes as iniciativas relacionadas ao tema, que se propagam a nível legislativo e judicial em algumas nações do globo, mas ainda sem grande efetividade. Sem dúvidas, para que se reduza o *gap* informacional e se combata a exclusão digital, políticas públicas adequadas devem ser implementadas, a começar pela normatização de um direito fundamental que, na sociedade da informação, já cria distorções inaceitáveis para o exercício da cidadania. Cuida-se, enfim, de um caminho necessário para que, na execução de políticas públicas que pretendam garantir efetividade a tal direito, seja possível a propagação de conhecimento e o atingimento dos deveres prestacionais inerentes à atuação estatal inclusiva.

3. EDUCAÇÃO DIGITAL E A DIFUSÃO DO SABER TECNOLÓGICO

O saber tecnológico é solução necessária para a promoção do direito fundamental de acesso à Internet na sociedade da informação. Sem que se tenha cidadãos bem instruídos sobre os usos e práticas da tecnologia e das redes comunicacionais, qualquer medida destinada ao fomento da participação popular cairá no vazio.

É de Émile Durkheim um dos clássicos conceitos de educação:

> [a] educação é a ação exercida, pelas gerações adultas, sobre as gerações que não se encontram ainda preparadas para a vida social; tem por objeto suscitar e desenvolver, na criança, certo número de estados físicos, intelectuais e morais, reclamados pela sociedade política, no seu conjunto, e pelo meio especial a que a criança, particularmente, se destina.[42]

Etapas como o dogmatismo, o ceticismo e o criticismo marcaram a evolução histórica da construção do saber,[43] em uma transição da exploração humana por aqueles que o detinham, em detrimento dos demais, especialmente até certo ponto da Idade Média, com a definição de um novo estamento – termo adequado para se reportar ao período, uma vez que a expressão 'classe social' somente se aplica após o surgimento do capitalismo – marcadamente desigual e identificado pelos feudos, pela escravização dos povos conquistados, pela imposição da fé e pela força da espada.

Com a evolução da sociedade e a transição pelos diversos estágios de configuração administrativa, o papel do ensino e da educação também foi modificado e ganhou novos

---

40. REISINGER, Don. Finland makes 1 Mb broadband access a legal right. *CNet*, 14 out. 2009. Disponível em: http://news.cnet.com/8301-17939_109-10374831-2.html. Acesso em: 26 maio 2022.

41. RAUTRAY, Samanwaya. Access to internet fundamental right: Kerala High Court. *India Times*, 19 set. 2019. Disponível em: http://www.ecoti.in/gHfBZZ71. Acesso em: 26 maio 2022.

42. DURKHEIM, Émile. *Educação e sociologia*. Trad. Lourenço Filho. 11. ed. São Paulo: Melhoramentos, 1978, p. 41.

43. CASTILHO, Ricardo. *Educação e direitos humanos*. São Paulo: Saraiva, 2016, p. 25.

contornos, se adaptando à realidade de cada época. E, na atual sociedade da informação, não há dúvidas de que o ponto fulcral são os dados.[44]

Amartya Sen e Jean Drèze destacam o papel da educação na alavancagem da liberdade individual como característica democrática do direito ao desenvolvimento:

> (...) a necessidade de educação expandiu-se em especial no mundo do comércio globalizado, e o sucesso de economias como a China tem se baseado de forma substancial na capacidade de uma força de trabalho, razoavelmente escolarizada para atender às demandas de controle de qualidade e treinamento de habilidades envolvidas na produção de bens e serviços para o mundo como um todo.[45]

Nesse contexto, o avanço tecnológico representa estágio inescapável da evolução humana, irradiando efeitos irrefreáveis sobre a conjuntura educacional, a ponto de representar riscos na mesma medida em que propicia avanços:

> As novas tecnologias proporcionam recursos que podem alavancar muitas das capacidades naturais. Levadas ao extremo podem nos transformar em algo como supergovernos, superempresas, super-homens e supermulheres.
>
> Se há relevantes benefícios, também há risco de grave segregação. Aqueles que dominarem a tecnologia obterão acesso mais amplo às vantagens e benefícios disponíveis do que os demais.[46]

O ensino hodierno está intimamente ligado ao preenchimento das necessidades humanas, definidas por Abraham Maslow[47] e perfeitamente enquadráveis no contexto da atual sociedade da informação, na qual se impõe o convívio com um novo ambiente

---

44. Corroborando essa visão, tem-se o comentário de Richard e Daniel Susskind: "A rich range of data is captured, from where students click on the screen to how long they take to answer a question. And the data can be collected and stored in respect of hundreds of thousands of students. A new discipline, 'learning analytics', tries to make sense of what is gathered. The aim is to provide better feedback to students and teachers, and refine the individualized approach used in 'personalized' or 'adaptive' learning". SUSSKIND, Richard; SUSSKIND, Daniel. *The future of professions*: how technology will transform the work of human experts. Oxford: Oxford University Press, 2015, p. 59. A visão dos autores sinaliza um fenômeno que, ademais, pode ser densamente explorado em: MAYER-SCHÖNBERGER, Viktor; CUKIER, Kenneth. *Learning with big data*: the future of education. Nova York: Houghton Mifflin Harcourt, 2014.

45. SEN, Amartya; DRÈZE, Jean. *Glória incerta*: a Índia e suas contradições. Trad. Ricardo Doninelli Mendes e Leila Coutinho. São Paulo: Cia. das Letras, 2015, p. 175.

46. GIOVA, Giuliano. Educação e cidadania digital: nascer, morrer e renascer no mundo digital, onde deixaram o manual? In: ABRUSIO, Juliana (Coord.). *Educação digital*. São Paulo: Ed. RT, 2015, p. 46. Acrescenta: "Sabe-se que a pessoa alfabetizada tem grandes vantagens sobre a analfabeta em todos os momentos em que houver a oportunidade de ler ou escrever, mesmo se há muitos cenários onde ler e escrever não são fatores determinantes de sucesso ou felicidade, (...). Já no ambiente laboral o analfabetismo funcional mostra-se mais relevante frente à competição natural nesse ambiente, situação que está se agravando no formato de analfabetismo tecnológico pela rápida adoção de computadores e sistemas nas empresas".

47. MASLOW, Abraham H. *Motivation and personality*. 2. ed. Nova York: Harper & Row, 1970, p. 21. Anota: "If we examine carefully the average desires that we have in daily life, we find that they have at least one important characteristic, i.e., that they are usually means to an end rather than ends in themselves. We want money so that we may have an automobile. In turn we want an automobile because the neighbors have one and we do not wish to feel inferior to them, so that we can retain our own self-respect and so that We can be loved and respected by others. Usually when a conscious desire is analyzed we find that we can go behind it, so to speak, to other, more fundamental aims of the individual. In other words, we have here a situation that parallels very much the role of symptoms in psychopathology. The symptoms are important, not so much in themselves, but for what they ultimately mean, that is, for what their ultimate goals or effects may be".

chamado ciberespaço, em que a tecnologia atua como um poderoso componente do ambiente de aprimoramento individual. Nesse contexto, é preciso ressaltar que as relações sociais e pedagógicas, assim como os benefícios e malefícios trazidos pelas Tecnologias de Informação e Comunicação, são desdobramentos de comportamentos da própria sociedade, e não consequências da simples existência da Internet.[48]

Magda Pischetola registra três tipos de "competências digitais":

1) As *operacionais*: ou seja, o conjunto de habilidades técnicas que permitem ao usuário acessar as aplicações básicas das TICs on-line e off-line, como, por exemplo, o editor de texto, o e-mail, as atividades de busca on-line.

2) As *informacionais*: habilidades para pesquisar, selecionar e elaborar as informações que se encontram nos recursos da rede.

3) As *estratégicas*: habilidades para determinar metas específicas orientadas a alcançar outras mais amplas, com o fim de manter ou melhorar sua própria posição social.[49]

O desenvolvimento dessas competências (ou '*skills*', para citar o termo utilizado por van Dijk e van Deursen[50]), é uma das chaves para a transição à sociedade da informação. Viver sem computadores está se tornando cada vez mais difícil, pois se perde um número crescente de oportunidades. Em várias ocasiões, as pessoas serão excluídas de acesso a recursos vitais. Todo candidato a emprego sabe que a capacidade de trabalhar com computadores e a Internet é crucial para encontrar e obter um

---

48. MONTEIRO, Renato Leite; CARVINO, Fabrício Inocêncio. Adaptive learning: o uso de inteligência artificial para adaptar ferramentas de ensino ao aluno. In: ABRUSIO, Juliana (Coord.). *Educação digital*. São Paulo: Ed. RT, 2015, p. 242. Comentam: "O mundo da tecnologia da informação é um perfeito exemplo dessa questão da complexidade e está bem à frente em relação a desenvolver novas ferramentas e *kits*. Nas últimas décadas, principalmente com a Internet, foram desenvolvidos inúmeros instrumentos que, além de solucionar problemas, criaram e destruíram diversos modelos de negócios e paradigmas. E tudo indica que chegou a vez do setor educacional. A oferta de ferramentas e soluções está cada vez mais vasta e crescente, e há muita discussão sobre a tão esperada revolução tecnológica no setor, que anima, mas também assusta".

49. PISCHETOLA, Magda. *Inclusão digital e educação*: a nova cultura da sala de aula. Petrópolis: Vozes, 2016, p. 42. Aprofundando-se no tema, a autora ainda explica: "No nosso entender, as três competências refletem, de fato, três graus de desigualdade. Alcançar a inclusão digital, no sentido que demos ao termo, significa obter todos os níveis de competência cognitiva mencionados (...). Antes da mídia digital, para formar um grupo engajado em uma ação social, cultural ou política, era geralmente necessária uma instituição, com todos os seus processos burocráticos hierarquizados. Hoje, as plataformas digitais permitem que os indivíduos participem de grupos com interesses afins, se organizando espontaneamente, em um sistema de grande flexibilidade estrutural, que lhes oferece a possibilidade de interagir de forma constante. A competência alfabética inclui não apenas a capacidade de ler e escrever, mas o desenvolvimento de novas habilidades de comunicação, categorias de pensamento, linguagem, decorrentes da utilização das TICs e, em especial, do computador e da *web*".

50. VAN DIJK, Jan; VAN DEURSEN, Alexander. *Digital skills*: unlocking the information society. Nova York: Palgrave Macmillan, 2014, p. 1. Anotam: "In the first decade of the twenty-first century, the attention given to the so-called digital divide in developed countries gradually decreased. The common opinion among policy makers and the public at large was that the divide between those with access to computers, the Internet, and other digital media and those without access was closing. In some countries, 90 percent of households were connected to the Internet. Computers, mobile telephony, digital televisions, and many other digital media decreased in price daily while their capacity multiplied. On a massive scale, these media were introduced in all aspects of everyday life. Several applications appeared to be so easy to use that practically every individual with the ability to read and write could use them. Yet, we posit that the digital divide is deepening. The divide of so-called physical access might be closing in certain respects; however, other digital divides have begun to grow. The digital divide as a whole is deepening because the divides of digital skills and unequal daily use of the digital media are increasing".

emprego e, cada vez mais, para concluir um trabalho. O número de trabalhos que não exigem habilidades digitais está diminuindo rapidamente. A localização de empregos exige cada vez mais o uso de locais de vagas e aplicativos eletrônicos. Nas entrevistas de emprego, os empregadores solicitam cada vez mais certificados ou outras provas de habilidades digitais.[51]

Hoje, segundo van Dijk e van Deursen, todas as escolas dos países desenvolvidos, em todos os níveis de ensino, incluem o uso de computadores e a Internet em seus currículos, de modo que frequentar a escola equivale a usar essas mídias e poder operá-las. Na educação primária dos países ricos, as crianças aprendem amplamente a usar computadores e a Internet em casa, antes mesmo de entrarem na rotina escolar. Na escola, por sua vez, recebem instruções adicionais e um foco no uso dessas mídias digitais para a consolidação do aprendizado – não apenas para entretenimento.[52]

Sendo certo que "a escola dos séculos XIX e XX foi uma importante instituição difusora de uma sociedade letrada e, agora, adentra o século XXI com novos desafios, porquanto a sociedade baseada na escrita está rapidamente se transformando em uma sociedade informática",[53] o papel da escola e dos educadores dentro de suas áreas de atuação passa a lhes exigir que definam, reflitam, instituam e coordenem o cumprimento das regras que forem impostas.

A presença da Internet alterou sobremaneira as relações humanas, despertando um fenômeno individualista e que restringe o escopo desejadamente ampliativo do acesso à informação, de modo que a propagação cada vez mais mapeada e personalizada de conteúdos direcionados e algoritmizados tem conduzido a restrições.[54]

---

51. Comentando o cenário legislativo brasileiro, Renato Opice Blum explica que "(...) pouco adiantará a aprovação de leis para garantir uma segurança maior ao usuário da rede mundial de computadores se ele, antes de iniciar a conexão com um mundo tão rico, tão vasto, tão cheio de informações, mas por vezes perigoso, não for educado digitalmente. Primeiro, é necessário que o usuário, tanto no âmbito pessoal, quanto profissional, e de forma preventiva, seja educado para isso. Por meio de educação voltada para o uso correto da Internet e de suas informações. Esse aprendizado deveria começar na fase escolar e perdurar por toda a vida do ser humano, ante o dinamismo e a abrangência do mundo virtual. Da mesma forma, as escolas devem fazer uso de uma Política de Segurança da Informação, aplicando sistemas eficientes para resguardar o sigilo de suas informações, especialmente de seus alunos. Entretanto, é importante observar que de nada adiantará a escola empresa ter uma estrutura adequada na área de Tecnologia da Informação se os professores, alunos e pais não tiverem consciência da importância de se garantir a segurança da informação." OPICE BLUM, Renato. O Marco Civil da Internet e a educação digital no Brasil. In: ABRUSIO, Juliana (Coord.). *Educação digital*. São Paulo: Ed. RT, 2015, p. 189-190.
52. VAN DIJK, Jan; VAN DEURSEN, Alexander. *Digital skills*: unlocking the information society. Nova York: Palgrave Macmillan, 2014, p. 47.
53. MENESES, Marcelo Figueiredo de; JIMENE, Camilla do Vale. A tecnologia que permeia a escola: uma breve visão histórica. In: ABRUSIO, Juliana (Coord.). *Educação digital*. São Paulo: Ed. RT, 2015, p. 67.
54. Com efeito: "Numerosas pesquisas têm mostrado que os usuários devotados à internet podem passar, e de fato passam, grande parte de seu tempo, ou mesmo a totalidade de sua vida *on-line*, relacionando-se unicamente com pessoas de mentalidade semelhante. A internet cria uma versão aperfeiçoada dos "condomínios fechados": ao contrário de seu equivalente *off-line*, ela não cobra de seus residentes uma taxa exorbitante, nem precisa de guardas armados e sofisticadas redes de TV em circuito fechado; tudo que necessita é da tecla 'deletar'". BAUMAN, Zygmunt; RAUD, Rein. *A individualidade numa época de incertezas*. Trad. Carlos Alberto Medeiros. Rio de Janeiro: Zahar, 2018, p. 120.

No Brasil, o Marco Civil da Internet cuidou de determinar ao Estado o dever de promover a educação e a inclusão digital:

> Art. 26. O cumprimento do dever constitucional do Estado na prestação da educação, em todos os níveis de ensino, inclui a capacitação, integrada a outras práticas educacionais, para o uso seguro, consciente e responsável da internet como ferramenta para o exercício da cidadania, a promoção da cultura e o desenvolvimento tecnológico.
>
> Art. 27. As iniciativas públicas de fomento à cultura digital e de promoção da internet como ferramenta social devem:
>
> I – promover a inclusão digital.[55]

Para isso, a construção do *big data*, que nada mais é que um enorme banco de dados no qual se armazena todo tipo de informação para que, posteriormente, se trabalhe com esses bancos de dados, cruzando as informações coletadas através de algoritmos, oferecendo possibilidades variadas de previsão de eventos futuros e, ainda, condições de se identificar correlações de dados a partir de causalidades complexas, oferece possibilidades de análise estatística infindáveis, normalmente se valendo de amostragens. Quanto maior o banco de dados, maior é sua confiabilidade e, consequentemente, mais precisa será a aferição obtida pelo algoritmo utilizado na testagem proposta.

E é justamente por depender de quantidades colossais de informações que os bancos de dados de *big data* não podem ser superestimados, fator que também contribui para que corporações que operam com o trato da informação invistam enormes montas na coleta de dados e no incremento de suas plataformas digitais, afinal, quanto maior a amostragem, mais valioso será o sistema e melhor se poderá explorá-lo.

Nesse contexto, a mineração visando às análises comportamentais vem sendo utilizada nas mais variadas aplicações, variando desde os cuidados médicos até o perfilamento do mercado de ações, às pesquisas macroeconômicas e de consumo, ou mesmo visando à garantia da segurança nacional.[56]

Marshall McLuhan dizia que, "[a]o se operar uma sociedade com uma nova tecnologia, a área que sofre a incisão não é a mais afetada. A área da incisão e do impacto fica entorpecida. O sistema inteiro é que muda".[57] Nesse contexto, é preciso ter em mente que, "enquanto a análise de *Big Data* proporciona a possibilidade de relevar correlações entre os mais distintos eventos, ela não fornece a causa desses eventos".[58] Nesse sentido,

---

55. BRASIL. Lei 12.965, de 23 de abril de 2014. Estabelece princípios, garantias, direitos e deveres para o uso da Internet no Brasil. *Diário Oficial da República Federativa do Brasil*, Brasília, DF, 24 abr. 2014. Disponível em: http://www.planalto.gov.br/ccivil_03/_ato2011-2014/2014/lei/l12965.htm. Acesso em: 26 maio 2022.
56. Confira-se: WU, Tim. *The attention merchants*: the epic scramble to get inside our heads. Nova York: Vintage, 2016, p. 267 et seq.
57. McLUHAN, H. Marshall. *Os meios de comunicação como extensões do homem*. Trad. Décio Pignatari. São Paulo: Cultrix, 2007, p. 84.
58. MONTEIRO, Renato Leite; CARVINO, Fabrício Inocêncio. Adaptive learning: o uso de inteligência artificial para adaptar ferramentas de ensino ao aluno. In: ABRUSIO, Juliana (Coord.). *Educação digital*. São Paulo: Ed. RT, 2015, p. 245. Complementam: "*Big Data* pode expor inter-relações, mas falha na entrega de razões e causas de dependência. Entretanto, para a discussão *sub occuli*, talvez o aspecto mais importante seja a metodologia

Edgar Gastón Jacobs Flores Filho lembra que "educar as pessoas para *entender, empoderar* e *engajar* pode ser um caminho para reduzir no futuro a opressão algorítmica e os vieses que se expressam em decisões automatizadas por meio de sistemas de inteligência artificial".[59]

É preciso ressaltar que o desconhecimento dos cidadãos quanto às operações de coleta, tratamento e armazenagem de dados conduz à necessidade de que sejam instituídas e executadas políticas públicas específicas para dar concretude ao disposto nos marcos regulatórios:

> Dar sentido ao uso da tecnologia, difundindo conhecimento, apesar de relevante, não encerra o papel da escola nem tampouco do professor. É fundamental que se desenvolva entre os alunos o conceito sobre o uso seguro e responsável de todas as ferramentas que esta evolução oferece. É preciso que aprendam também a viver e interagir na sociedade digital, com o mesmo respeito, responsabilidade e bom senso que o fazem presencialmente. Isto faz parte do preparo para o exercício da cidadania. É essencial que aprendam a administrar o acesso a este universo de informações, assim como a identidade digital que queiram criar de si mesmos. Para tanto, muito além do propósito de enriquecer e diversificar as aulas com o uso das NTICs, encontrar um sentido e coerência nesta prática é o que de fato determinará seu resultado. É por meio da educação que o conhecimento é difundido e através dele que o exercício da cidadania é colocado em prática.[60]

Por sua vez, o enquadramento da proteção de dados pessoais nasce como um contraponto necessário à privacidade, sendo ponderada por Bruno Bioni a necessidade de proteção do livre desenvolvimento da personalidade como uma liberdade positiva, em contraposição à própria privacidade, vista como liberdade negativa.[61]

Firme nesta premissa, infere-se que as plataformas vêm sendo desenvolvidas em, basicamente, três frentes: (i) *educational data mining*, que nada mais é do que a mineração de dados voltada especificamente para a educação; (ii) *learning analytics*, ou análise de aprendizado; (iii) *adaptive learning*, ou aprendizagem adaptada.[62]

Todas elas apresentam percalços que devem ser superados para que seja viável a implementação de políticas públicas inclusivas e sustentáveis:

---

da análise de comportamento baseada nas preferências e características pessoais dos usuários de serviços que coletam dados e alimentam plataformas de *Big Data*".

59. FLORES FILHO, Edgar Gastón Jacobs. A educação como um meio para tratar da ética na inteligência artificial. In: BARBOSA, Mafalda; BRAGA NETTO, Felipe; SILVA, Michael César; FALEIROS JÚNIOR, José Luiz de Moura (Coord.). *Direito Digital e Inteligência Artificial*: diálogos entre Brasil e Europa. Indaiatuba: Foco, 2021, p. 717.

60. VIEIRA, Alessandra Borelli; BUTTROS, Viviane Lorena. Iniciativas da Administração Pública na educação e cidadania digital. In: ABRUSIO, Juliana (Coord.). *Educação digital*. São Paulo: Ed. RT, 2015, p. 261.

61. BIONI, Bruno Ricardo. *Proteção de dados pessoais*: a função e os limites do consentimento. Rio de Janeiro: Forense, 2019, p. 92-93.

62. Sobre o tema, conferir: MONTEIRO, Renato Leite; CARVINO, Fabrício Inocêncio. Adaptive learning: o uso de inteligência artificial para adaptar ferramentas de ensino ao aluno. In: ABRUSIO, Juliana (Coord.). *Educação digital*. São Paulo: Ed. RT, 2015, p. 246; FALEIROS JÚNIOR, José Luiz de Moura; LONGHI, João Victor Rozatti. "Adaptive learning" e educação digital: o uso da tecnologia na construção do saber e na promoção da cidadania. In: BARBOSA, Mafalda; BRAGA NETTO, Felipe; SILVA, Michael César; FALEIROS JÚNIOR, José Luiz de Moura (Coord.). *Direito Digital e Inteligência Artificial*: diálogos entre Brasil e Europa. Indaiatuba: Foco, 2021, p. 735-737.

As TICs, na condição de instrumentos capazes de inserir-se em mais amplos e radicais programas de desenvolvimento, podem agir como fatores de multiplicação dos recursos disponíveis. Graças a elas, podemos aumentar a difusão de informação, superar as fronteiras geográficas e integrar nas redes globais a comunidade mais isolada. No entanto, para a realização desse potencial, é primordial que se preste atenção especial à variável cultural, levando em consideração tanto as necessidades e prioridades locais quanto as circunstâncias sociais, organizativas e, portanto, humanas. Não podemos desconsiderar que o objetivo de fundo da inclusão digital não é simplesmente reduzir a brecha tecnológica, mas provocar, pela utilização de tecnologia, um círculo virtuoso de mudança positiva no âmbito social. Na perspectiva de promover iniciativas "de baixo para cima", as ações políticas moldam-se a partir das intenções e das necessidades locais, restabelecendo a centralidade da formação e o fortalecimento dos laços sociais para a *construção de capacidades*. A fim de enfrentar desigualdades sociais, são necessários investimentos de longo prazo, que se concentrem principalmente no desenvolvimento de capacidades, na criação de parcerias locais e na descentralização das decisões institucionais.[63]

Não há dúvidas de que a boa política de propagação do saber tecnológico perpassa por boas práticas e a governança tem o potencial de exercer influência determinante da delimitação de rotinas adequadas a esse propósito. Isso envolve o autoaprimoramento decorrente da busca pelo saber tecnológico, que é resultante do próprio fomento à educação digital,[64] mas também da atuação proativa e profícua do Estado, em cooperação com a sociedade civil, para a promoção dessa desejável literacia.

Somente com cidadãos devidamente capacitados a enfrentar os desafios informacionais e comunicacionais desta nova era é que se poderá cogitar de efetividade na proposta de uma "nova" Administração Pública, não mais alheia aos anseios populares e postada em patamar hierarquicamente superior a seus administrados. Com o fomento à educação digital, promover-se-á paulatina inclusão, atendendo-se a um comando constitucional e legal de natureza prestacional do Estado em prol dos cidadãos.

4. CONSIDERAÇÕES FINAIS

Inegavelmente, avanços legislativos importantes, como os debates em torno da garantia de acesso à Internet como direito fundamental, ou mesmo a positivação do dever de garantia da educação digital como política de Estado no Marco Civil da Internet, são importantes sinais de uma transformação mais ampla e que concerne à própria (re)configuração do fundamento constitucional da cidadania.

Os direitos humanos que emanam da necessidade de construção de novos vetores protetivos na sociedade da informação se alinham exatamente a esse propósito, pois se tornam o próprio cerne de amparo às inúmeras situações jurídicas vilipendiadas a partir do implemento inadvertido de novas soluções tecnológicas em sociedades que não estão preparadas para recebê-las ou para delas usufruir com plenitude e segurança.

---

63. PISCHETOLA, Magda. *Inclusão digital e educação*: a nova cultura da sala de aula. Petrópolis: Vozes, 2016, p. 139.
64. FALEIROS JÚNIOR, José Luiz de Moura. O profissional do Direito no século XXI. In: FALEIROS JÚNIOR, José Luiz de Moura; CALAZA, Tales (Coord.). *Legal design*: teoria e prática. Indaiatuba: Foco, 2021, p. 79-83.

Mais do que incluir digitalmente os cidadãos, portanto, é necessário instruí-los e garantir-lhes meios para que busquem o autoaprimoramento, ampliando seus horizontes em relação à necessária literacia para o uso seguro, consciente e responsável das ferramentas tecnológicas. Somente assim será possível que floresça uma nova sociedade, verdadeiramente adaptada aos desafios propiciados pelas Tecnologias de Informação e Comunicação.

5. REFERÊNCIAS

ALVES, Fernando de Brito; LONGHI, João Victor Rozatti; MARTINS, Guilherme Magalhães. Ataques em massa na internet como censura e o método da censura reversa. *Consultor Jurídico*, 3 out. 2019. Disponível em: https://www.conjur.com.br/2019-out-03/opiniao-ataques-massa-internet-metodo-censura-reversa. Acesso em: 26 maio 2022.

BARLOW, John Perry. *A Declaration of the Independence of Cyberspace.* Disponível em: https://eff.org/cyberspace-independence. Acesso em: 26 maio 2022.

BAUMAN, Zygmunt; RAUD, Rein. *A individualidade numa época de incertezas.* Trad. Carlos Alberto Medeiros. Rio de Janeiro: Zahar, 2018.

BIONI, Bruno Ricardo. *Proteção de dados pessoais*: a função e os limites do consentimento. Rio de Janeiro: Forense, 2019.

BRASIL. Lei 12.965, de 23 de abril de 2014. Estabelece princípios, garantias, direitos e deveres para o uso da Internet no Brasil. *Diário Oficial da República Federativa do Brasil*, Brasília, DF, 24 abr. 2014. Disponível em: http://www.planalto.gov.br/ccivil_03/_ato2011-2014/2014/lei/l12965.htm. Acesso em: 26 maio 2022.

BROWNSWORD, Roger; GOODWIN, Morag. *Law and the technologies of the Twenty-First Century.* Cambridge: Cambridge University Press, 2012.

CASTILHO, Ricardo. *Educação e direitos humanos.* São Paulo: Saraiva, 2016.

COMPAINE, Benjamin M. Information gaps: myth or reality? In: COMPAINE, Benjamin M. (Ed.). *The digital divide*: facing a crisis or creating a myth? Cambridge: The MIT Press, 2001.

COSTA RICA. Corte Suprema de Justicia de Costa Rica. Sala Constitucional de la Corte Suprema de Justicia. *Sentencia 12790, Expediente 09-013141-0007-CO*, 30 jul. 2010. Disponível em: https://nexuspj.poder-judicial.go.cr/document/sen-1-0007-483874. Acesso em: 26 maio 2022.

DURKHEIM, Émile. *Educação e sociologia.* Trad. Lourenço Filho. 11. ed. São Paulo: Melhoramentos, 1978.

EUBANKS, Virginia. *Digital dead end*: fighting for social justice in the information age. Cambridge: The MIT Press, 2011.

FALEIROS JÚNIOR, José Luiz de Moura. O profissional do Direito no século XXI. In: FALEIROS JÚNIOR, José Luiz de Moura; CALAZA, Tales (Coord.). *Legal design*: teoria e prática. Indaiatuba: Foco, 2021.

FALEIROS JÚNIOR, José Luiz de Moura; LONGHI, João Victor Rozatti. "Adaptive learning" e educação digital: o uso da tecnologia na construção do saber e na promoção da cidadania. In: BARBOSA, Mafalda; BRAGA NETTO, Felipe; SILVA, Michael César; FALEIROS JÚNIOR, José Luiz de Moura (Coord.). *Direito Digital e Inteligência Artificial*: diálogos entre Brasil e Europa. Indaiatuba: Foco, 2021.

FLORES FILHO, Edgar Gastón Jacobs. A educação como um meio para tratar da ética na inteligência artificial. In: BARBOSA, Mafalda; BRAGA NETTO, Felipe; SILVA, Michael César; FALEIROS JÚNIOR, José Luiz de Moura (Coord.). *Direito Digital e Inteligência Artificial*: diálogos entre Brasil e Europa. Indaiatuba: Foco, 2021.

FRANÇA. Conseil Constitutionnel. *Decision 2009-580, 10 jun. 2009.* Disponível em: https://www.conseil-constitutionnel.fr/sites/default/files/2018-10/2009_580dc.pdf. Acesso em: 26 maio 2022.

GIOVA, Giuliano. Educação e cidadania digital: nascer, morrer e renascer no mundo digital, onde deixaram o manual? In: ABRUSIO, Juliana (Coord.). *Educação digital*. São Paulo: Ed. RT, 2015.

GRÉCIA. Hellenic Parliament. *The Constitution of Greece, as revised by the parliamentary resolution of April 6th 2001 of the VIIth Revisionary Parliament*. Atenas: Eptalofos, 2004, p. 21-24. Disponível em: http://www.nis.gr/npimages/docs/Constitution_EN.pdf. Acesso em: 26 maio 2022.

HOFFMAN, Donna L.; NOVAK, Thomas P.; SCHLOSSER, Ann E. The evolution of the digital divide: examining the relationship of race to Internet access and usage over time. In: COMPAINE, Benjamin M. (Ed.). *The digital divide*: facing a crisis or creating a myth? Cambridge: The MIT Press, 2001.

LA RUE, Frank. Report of the Special Rapporteur on the promotion and protection of the right to freedom of opinion and expression. *Conselho de Direitos Humanos da Organização das Nações Unidas*, 6 maio 2011. Disponível em: https://bit.ly/2VYZgOu. Acesso em: 26 maio 2022.

LESSIG, Lawrence. *Code, and other laws of cyberspace 2.0*. 2. ed. Nova York: Basic Books, 2006.

MACHADO, Jónatas Eduardo Mendes. *Liberdade de expressão*: dimensões constitucionais da esfera pública no sistema social. Coimbra: Coimbra Editora, 2002.

MASLOW, Abraham H. *Motivation and personality*. 2. ed. Nova York: Harper & Row, 1970.

MAYER-SCHÖNBERGER, Viktor; CUKIER, Kenneth. *Learning with big data*: the future of education. Nova York: Houghton Mifflin Harcourt, 2014.

McLUHAN, H. Marshall. *Os meios de comunicação como extensões do homem*. Trad. Décio Pignatari. São Paulo: Cultrix, 2007.

MENESES, Marcelo Figueiredo de; JIMENE, Camilla do Vale. A tecnologia que permeia a escola: uma breve visão histórica. In: ABRUSIO, Juliana (Coord.). *Educação digital*. São Paulo: Ed. RT, 2015.

MONTEIRO, Renato Leite; CARVINO, Fabrício Inocêncio. Adaptive learning: o uso de inteligência artificial para adaptar ferramentas de ensino ao aluno. In: ABRUSIO, Juliana (Coord.). *Educação digital*. São Paulo: Ed. RT, 2015.

MURRAY, Andrew. Conceptualising the post-regulatory (cyber)state. In: BROWNSWORD, Roger; YEUNG, Karen (Ed.). *Regulating technologies*: legal futures, regulatory frames and technological fixes. Oxford: Hart Publishing, 2008.

OPICE BLUM, Renato. O Marco Civil da Internet e a educação digital no Brasil. In: ABRUSIO, Juliana (Coord.). *Educação digital*. São Paulo: Ed. RT, 2015.

ORGANIZAÇÃO DAS NAÇÕES UNIDAS. *Millennium Development Goals*. Disponível em: https://www.un.org/millenniumgoals/. Acesso em: 26 maio 2022.

ORGANIZAÇÃO DAS NAÇÕES UNIDAS. World Summit on the Information Society. *Plan of Action*, 12 dez. 2003. Disponível em: https://www.itu.int/dms_pub/itu-s/md/03/wsis/doc/S03-WSIS-DOC-0005!!P-DF-E.pdf. Acesso em: 26 maio 2022.

PISCHETOLA, Magda. *Inclusão digital e educação*: a nova cultura da sala de aula. Petrópolis: Vozes, 2016.

RAUTRAY, Samanwaya. Access to internet fundamental right: Kerala High Court. *India Times*, 19 set. 2019. Disponível em: http://www.ecoti.in/gHfBZZ71. Acesso em: 26 maio 2022.

REINO UNIDO. University of Oxford. Oxford Internet Institute. *Information Geographies*. Disponível em: https://geography.oii.ox.ac.uk/. Acesso em: 26 maio 2022.

REISINGER, Don. Finland makes 1Mb broadband access a legal right. *CNet*, 14 out. 2009. Disponível em: http://news.cnet.com/8301-17939_109-10374831-2.html. Acesso em: 26 maio 2022.

SEGURA-SERRANO, Antonio. Internet regulation and the role of international law. *Max Planck Yearbook of United Nations Law*, v. 10, p. 191-272, Heidelberg, 2006.

SEN, Amartya; DRÈZE, Jean. *Glória incerta*: a Índia e suas contradições. Trad. Ricardo Doninelli Mendes e Leila Coutinho. São Paulo: Cia. das Letras, 2015.

SUNSTEIN, Cass. *Democracy and the problem of free speech*. Nova York: Free Press, 1993.

SUSSKIND, Richard; SUSSKIND, Daniel. *The future of professions*: how technology will transform the work of human experts. Oxford: Oxford University Press, 2015.

VAN DIJK, Jan; VAN DEURSEN, Alexander. *Digital skills*: unlocking the information society. Nova York: Palgrave Macmillan, 2014.

VIEIRA, Alessandra Borelli; BUTTROS, Viviane Lorena. Iniciativas da Administração Pública na educação e cidadania digital. In: ABRUSIO, Juliana (Coord.). *Educação digital*. São Paulo: Ed. RT, 2015.

WU, Tim. *The attention merchants*: the epic scramble to get inside our heads. Nova York: Vintage, 2016.

8
DIREITOS FUNDAMENTAIS, TECNOLOGIA E EDUCAÇÃO: NOVOS DESAFIOS EDUCACIONAIS

Tatiane Mendes Ferreira

Bacharelanda em Direito. E-mail: tatimfcollins@hotmail.com.

Jessyca Beatriz Rodrigues Lopes

Pós-graduanda em Proficiência em Tecnologias Digitais para uma Educação Empreendedora pelo Instituto Essência do Saber e Sebrae. Graduada em Geografia – Licenciatura e Bacharel – pela Universidade Estadual do Paraná. Graduanda em Direito pela Universidade Federal de Uberlândia. E-mail: jessycabrlopes@ufu.br.

Sumário: 1. Introdução – 2. A tecnologia e seu papel no desenvolvimento da sociedade – 3. A segurança humana e social brasileira agredida pela desigualdade e pelo processo de informatização compulsório do ensino – 4. Inclusão digital, na questão educacional e a opressão das classes baixas pelo processo de informatização na educação – 5. Sistema escolar e tecnologia – 6. O acesso à internet é um direito humano do século XXI – 7. Ensino, tecnologia e desafios em tempos de pandemia – 8. Considerações finais – 9. Referências.

1. INTRODUÇÃO

O avanço tecnológico evidenciou o fato de que a sociedade não está preparada para lidar com o volume e fluidez de informações, assim como lidar com a informatização compulsória. Por maiores que sejam os esforços, a informatização é limitada e restrita a um certo número de pessoas, de modo a beneficiar uns e discriminar outros, como ocorre no Brasil onde grande parte da população não possui nenhum tipo de acesso à tecnologia.

A pandemia de Covid-19 evidenciou a necessidade de se implementar, por parte do Estado, políticas públicas que pudessem focar no processo de alfabetização digital, que por sua vez, pode ser entendido como a capacidade de ler e compreender o mundo digital. Destacamos em seguida, como a educação brasileira ficou agredida e sofreu enormes fissuras por consequência da informatização do ensino educacional durante o período de pandemia de Covid-19, pois o direito à educação durante esse período, dependia da posse e acessibilidade a meios tecnológicos. Como garantir o direito à educação, um direito humano reconhecido em uma série de convenções internacionais, um direito social, um direito constitucional, como garantir esse direito dentro do cenário de pandemia?

2. A TECNOLOGIA E SEU PAPEL NO DESENVOLVIMENTO DA SOCIEDADE

Tecnologia é uma palavra que nos remete ao conceito de ser "um sistema através do qual a sociedade satisfaz as necessidades e desejos de seus membros". Esse sistema contém equipamentos, programas, pessoas, processos, organização, e finalidade de propósito. Segundo Veraszto e col. (2009) uma definição exata e precisa da palavra tecnologia fica difícil de ser estabelecida tendo em vista que ao longo da história o conceito é interpretado de diferentes maneiras, por diferentes pessoas, embasadas em teorias muitas vezes divergentes e dentro dos mais distintos contextos sociais.[1] Em diferentes momentos a história da tecnologia vem registrada junto com a história das técnicas, com a história do trabalho e da produção do ser humano.

Lima Júnior (2005) apud Aguiar e Passos (2014) não define tecnologia apenas como a utilização de equipamentos, máquinas e computadores, nem pode ser entendida como algo mecânico ligado a ideia de produtividade industrial, seu conceito é muito mais abrangente e retorna à matriz grega de teckné trata-se de um processo criativo através do qual o ser humano utiliza-se de recursos materiais e imateriais, ou os cria a partir do que está disponível na natureza e no seu contexto vivencial, a fim de encontrar respostas para os problemas do seu cotidiano, superando-os.

Ainda de acordo com Veraszto (2004)

> é importante frisar, que muitas vezes ao falarmos em tecnologia pensamos imediatamente dos produtos mais sofisticados que estão ganhando o mercado neste exato momento. Porém, a tecnologia não consiste somente nisso. Precisamos lembrar que a nossa história tecnológica começou junto com o primeiro homem quando ele descobriu que era possível modificar a natureza para melhorar as condições de vida de seu grupo. O homem, ao descobrir que poderia modificar o osso, estabelecendo um novo uso para o mesmo, dava o passo inicial para a conquista do átomo e do espaço.

Segundo Almeida e Passos (2014) o primeiro programa de informática na educação do Brasil, Projeto EDUCOM – Educação com Computador, implementado em 1984 pelo MEC, promoveu a criação de centros-piloto em cinco universidades públicas brasileiras com a finalidade de realizar pesquisa multidisciplinar e capacitar recursos humanos para subsidiar a decisão de informatização da educação pública brasileira. O projeto teve uma vida útil de 5 anos, entre 1984 e 1989, e em parceria com Secretarias Estaduais de Educação alguns Centros de Informática foram implantados em escolas de 1º e 2º graus.

Quando falamos de tecnologia educacional no século XXI devemos levar em conta que vários equipamentos devem ser considerados como base de um bom funcionamento:

- computadores adequados;
- internet banda larga de boa velocidade;
- profissionais capacitados para a instrução dessas novas tecnologias.

---

1. GAMA, 1987.

Segundo Rotenberg (2021) dispositivos móveis, principalmente notebooks e tablets, assim como plataformas de comunicação, softwares de aprendizagem e recursos em mesas pedagógicas, blocos de montar, placas para programação e tecnologias vestíveis impulsionam a capacidade cognitiva e sócio emocional, sobretudo no modelo híbrido. Incentivam alunos a serem mais investigativos e a construírem a compreensão por meio da experimentação e recursos lúdicos.

Ainda segundo Rotenberg (2022)

Os desafios impostos neste período e a experiência adquirida com a prática massiva do ensino remoto seguramente levarão a tecnologia ao próximo nível de usabilidade e inovação. O futuro das tecnologias educacionais é promissor. Sinaliza abordagens pedagógicas humanistas com foco na acessibilidade, personalização e eficiência. Neste sentido, a aprendizagem imersiva por meio de realidade aumentada e virtual é uma das grandes tendências em tecnologias educacionais. Da mesma forma, inteligência artificial, internet das coisas, aprendizado de máquina e jogos educativos despontam entre os recursos que podem gerar novas transformações no setor. Gradativamente, veremos os benefícios mútuos da simbiótica relação entre tecnologia e educação e testemunharemos um ensino cada vez mais apto para desenvolver virtudes, gerar prosperidade e solucionar desafios complexos.

Tecnologia então, envolve uma infinidade de métodos para a resolução de problemas, ela tem origem no grego – tekhne, que significa técnica, arte e logia, que significa estudo. As tecnologias primitivas envolvem o uso do fogo, a escrita, a descoberta da roda. O desenvolvimento das tecnologias se mostra na criação de navegações (o que permitiu a expansão marítima e desenvolvimento econômico).

A partir do século XX, destacam-se as tecnologias de informação e comunicação através da evolução das telecomunicações, utilização dos computadores, desenvolvimento da internet e ainda, as tecnologias avançadas, que englobam a utilização de Energia Nuclear, Nanotecnologia, Biotecnologia, e diversas outras formas tecnológicas. A tecnologia em sua forma mais avançada é reconhecida como tecnologia de ponta e são fruto de estudo e desenvolvimento tecnológico resultante do esforço humano e são fundamentais para as inovações existentes.

Os avanços da tecnologia provocam grande impacto na sociedade. Pelo lado positivo, a tecnologia resulta em inovações que proporcionam melhor nível de vida ao ser humano. Como fatores negativos, surgem questões sociais preocupantes que acabam tendo como resultado o desemprego, devido à substituição da mão de obra humana pela máquina, que faz muito mais em pouco tempo, gerando um aumento incalculável da produção e desmatamento, e questões ambientais negativas, que são resultantes de uma má fiscalização e de vislumbres apenas econômicos.

3. A SEGURANÇA HUMANA E SOCIAL BRASILEIRA AGREDIDA PELA DESIGUALDADE E PELO PROCESSO DE INFORMATIZAÇÃO COMPULSÓRIO DO ENSINO

Antes das mídias tradicionais, as notícias e informações eram dadas pelos líderes, nobres e clero ao povo, e poderia ser deturpada a favor de quem noticiava. A notícia trazia a desinformação, a informação ou até mesmo ambas, e era usada como ferramenta para angariar o apoio popular.

E, apesar do surgimento de mídias tradicionais, tal qual o jornal, a forma de comunicação permaneceu parcial dado ao controle estatal, que permanece, inclusive, em alguns países. No entanto, a implementação de ideias iluministas que apoiavam a liberdade de expressão e de imprensa, e o movimento crítico de análise e investigação dos acontecimentos, revolucionou o modo como são divulgadas as informações.

Deste modo, com a evolução dos meios de comunicação e o surgimento de redes sociais, a ferramenta estatal de controle da vontade popular se esvaiu aos poucos da máquina estatal. E, desde meados do século XX, imperadores, presidentes, governantes e líderes extremistas começaram a utilizar a mídia como arma de *smart power*. Não obstante, a mídia também foi usada para legitimar ações militares internacionais, causar espanto através de atos terroristas, espalhar discursos subversivos e rebeldes em regiões com fins de incitamentos, como forma de legitimar uma verdade e censurar a outra, e para atrair a opinião pública a si ao posar de vítima e requisitar o apoio internacional contra algum ato.

No final do século XX e início do XXI, a guerra híbrida tomou força e os Estados e atores não estatais se utilizaram e utilizam de mecanismos dela, como pode ser visto em guerras e conflitos e ataques, como o ataque às torres gêmeas e o degolamento de jornalistas, a guerra do Congo, guerra do Vietnã, a operação de paz na Somália etc. Geralmente, a mídia tenderá para apoiar um lado e a angariar, através de seus meios de transmissões, a opinião pública internacional e nacional. Uma crítica cultural somente pode reverberar tão incisivamente a comunicação por sua decadência, assinada como uma fraude onde a notícia não se relaciona à autêntica natureza da comunicação.

Desse raciocínio surge a seguinte indagação: os meios comunicacionais necessitam assegurar um modelo de comunicação unidirecional? A tecnologia atual, usurpada e desgastada pela sociedade, simplesmente transparece e finge ser uma união harmoniosa, e regride a algo anterior a seu próprio conceito.

Nesse sentido, é possível afirmar que a Segurança Humana ocorre quando não há ameaças contra as liberdades essenciais, os direitos humanos e à sua emancipação. Essa emancipação, por sua vez, é um termo abordado pelos teóricos críticos e pressupõe que o indivíduo ou um grupo consegue se ver livre da opressão e ameaças e alcança algo mais. Já no contexto educacional, tanto a Segurança humana de 1994, quanto o seu desenvolvimento teórico no âmbito Organização das Nações Unidas (ONU), o atual compromisso firmado pelos países nos Objetivos de Desenvolvimento do Milênio (ODM) e nos Objetivos de Desenvolvimento Sustentável (ODS), retratam a necessidade do emprego de esforços para a educação, independente de gênero e idade. Deste modo, questiona-se, se no século 21, a fluidez mundial para as atividades digitais e a interconexão pelos meios tecnológicos, será necessário um aprendizado básico para mexer em tais dispositivos e logo não sofrer exclusão por não se ter determinado conhecimento ou para não se sentir ameaçado dado a sua inabilidade em tais áreas.

8 • DIREITOS FUNDAMENTAIS, TECNOLOGIA E EDUCAÇÃO — 157

Tanto os relatórios do PNUD, quanto os objetivos, seja do milênio ou os sustentáveis, defendem que a educação é necessária e o analfabetismo é um problema a ser combatido para que as pessoas consigam alcançar um certo nível de segurança, e provavelmente o de emancipação. Entretanto, a rápida digitalização que os computadores, tablets e smartphones, fizeram com que cada vez mais o indivíduo se aprimorasse educacionalmente na área tecnológica para conseguir manusear tais aparelhos. Ao mesmo tempo em que alguns conseguiram se desenvolver, outros devido a alguns fatores restritos incidentes não conseguiram, o que os levou a um certo analfabetismo, neste caso, digital. Destarte, a emancipação e segurança depende da educação, assim como também dependem que os indivíduos consigam ter acesso aos avanços tecnológicos e saber manuseá-los, pois um objeto sem o conhecimento de manuseio não resulta na eficácia total e em resultados benéficos, gerando ameaças atuantes na área educacional.

4. INCLUSÃO DIGITAL, NA QUESTÃO EDUCACIONAL E A OPRESSÃO DAS CLASSES BAIXAS PELO PROCESSO DE INFORMATIZAÇÃO NA EDUCAÇÃO

É ilusório crer que o fenômeno da comunicação se manifestou com o surgimento dos canais e meios tecnológicos. Em consequência da sua capacidade foi possível a potencialização deste meio. A partir deste desenvolvimento, nasce efeitos decorrentes sobre a sociedade e o comportamento que a rege. É possível notar um grande impacto social, que posteriormente era limitado a um certo número de pessoas, e que cada vez mais detinha sua abrangência a um número maior de cidadãos.

A inclusão digital, como conceito, é o processo de democratização do acesso às tecnologias de informação, que visa permitir a inserção de todos na sociedade da informação. A inclusão digital configurada como direito fundamental, deveria ser assegurada a todos.

Dentro do escopo "inclusão" temos também a relação do avanço tecnológico com a exclusão digital, e essa exclusão é um assunto em evidência na população brasileira.

Ao mesmo tempo em que as possibilidades de acesso se multiplicam, a realidade brasileira mostra que há ainda uma parcela significativa da população que está completamente fora desse mundo. A dificuldade de acesso a esse meio é um reflexo das nossas profundas desigualdades sociais.

A exclusão digital é um grave problema social brasileiro, e isso não é somente ficar sem acesso a redes sociais, isso implica diretamente e te impede de gozar da chamada plena cidadania. Exercer a cidadania plena é ter direitos civis, políticos e sociais. Manifestar a igualdade dos indivíduos perante a lei.

A Organização das Nações Unidas (ONU) declarou o acesso à internet como um Direito Universal. De acordo com o site "TECHTUDO": "preocupada com essa crescente restrição do acesso à internet, declarou o acesso à rede como direito universal, ou seja, desconectar uma pessoa da internet como punição é uma violação aos direitos humanos. Dessa forma o acesso à internet tem status como o direito à vida e o direito à liberdade".[2]

5. SISTEMA ESCOLAR E TECNOLOGIA

Segundo o Censo Educacional,[3] no ano letivo de 2020 houve um total de 133.685 escolas públicas que passaram por uma condição de suspensão de suas atividades presenciais de ensino-aprendizagem como medida de enfrentamento à Pandemia de Covid-19 no país. Desta forma, fez-se necessário uma adequação nos meios de ensino para que o conteúdo/aula dada chegasse de forma equivalente à todos os alunos.

A tecnologia na educação surgiu na década de 1940 nos Estados Unidos, com um avanço nos anos 1970 por meio do uso de computadores em sala de aula.

A tecnologia é qualquer ferramenta de apoio ao educando e educador para potencializar o ensino-aprendizagem, tendo as escolas utilizando as mesmas como parte do ensino, um auxílio. Não há como desvincular a tecnologia do processo educacional, ela desperta o interesse, a criatividade do aluno, sabendo o professor como utilizar essa ferramenta de forma mais prazerosa. Faz-se necessário que o educador saiba com utilizar a ferramenta que está presente em sala de aula.

É evidente que os desafios precisam ser superados de acordo como se utilizam as tecnologias na educação brasileira, pois mesmo que a Revolução Industrial tenha representado o início do avanço digital, nosso país ainda precisa de muita evolução nesta temática, pois mesmo que seja benéfica para o processo de ensino-aprendizagem ainda há uma lacuna muito grande de desigualdade social e de acesso à internet e equipamentos tecnológicos como smartphones, tablets, computadores e notebooks no país. Tendo como resultado uma evasão escolar decorrente dessa não inserção.

De acordo com dados do censo realizado pelo IBGE (2019)[4] 4,5% da população brasileira não tem acesso à internet, e mesmo que queiram o serviço não está disponível em suas localidades, tendo uma predominância maior na região Norte (13,8%) em contraste com a região Sudeste (1,9%).

Esse nível de desigualdade é o causador da evasão escolar, Paulo Freire, afirma que "ninguém educa a si mesmo, os homens se educam entre si mediados pelo mundo", torna-se isso um referencial para o uso de tecnologia e seus mecanismos que podem tornar o ensino mais leve e atrativo para a rede escolar.

---

2. MONTEIRO, Daniel. *A ONU declara o acesso à Internet como direito Universal*. TechTudo, 2011. Disponível em: https://www.techtudo.com.br/noticias/2011/06/onu-declara-o-acesso-internet-como-direito-universal.ghtml. Acesso em: 23 dez. 2022.
3. Principal instrumento de coleta de informações da educação básica e a mais importante pesquisa estatística educacional brasileira.
4. Pesquisa Nacional de Saúde Escolar – IBGE.

6. O ACESSO À INTERNET É UM DIREITO HUMANO DO SÉCULO XXI

O direito à educação durante a pandemia, dependia da posse e acessibilidade a meios tecnológicos. O que qualificou um crescimento significativo dos trabalhos remotos na pandemia, mas é uma média que já vem perdurando há alguns anos. Pode-se dizer que desde o surgimento da internet como um produto comercial.

E essa população excluída digitalmente, é totalmente dependente de políticas públicas de estado. A pandemia da covid 19 assentou essas desigualdades estruturantes, e essa desigualdade também está no acesso à Internet. Desigualdade de acesso no contexto da pandemia, era excludente de diversos direitos, como o direito à educação.

De acordo com o site "Notícias Concursos", o Senado Federal aprovou a Proposta de Emenda à Constituição (PEC) que prevê a inclusão digital como um dos direitos da população brasileira. "Conforme a proposta, o poder público deverá adotar políticas que facilitem o acesso à internet em todo o país." De acordo com uma pesquisa do Instituto Locomotivas, cerca de 33,9 milhões de brasileiros não possuem meios digitais".[5]

Esse problema afeta diretamente um número significativo da população. Considerando que elas estão excluídas digitalmente, isso compromete a cidadania na medida em que hoje, em uma sociedade hiperconectada, as informações mais importantes para o nosso cotidiano, estão na internet, as maneiras de acessar espaços e exercer direitos também estão presentes na internet. Atualmente, o mercado de trabalho procura por um novo biotipo, uma pessoa com capacidade, conhecimento e domínio das novas tecnologias de comunicação. Ou seja, a exigência atual é de que o trabalhador seja alfabetizado não apenas em letras, como também alfabetizado digitalmente.

Dispomos que através da Constituição Federal, sobre garantias fundamentais, seria um dever do estado garantir que em sua totalidade todos os cidadãos tenham acesso a tais direitos, mas como isso seria possível? Como seria possível implementar de maneira sólida e difusa, e com a garantia a subsistência de toda essa classe oprimida pelo processo informacional? Por maiores que sejam os esforços, e o processo de privatização, ainda há cerca de milhões de brasileiros sem acesso à conectividade. E destacamos que houve uma degradação muito grande das políticas que já existiam. Como exemplo podemos destacar a emenda constitucional 95/2016 também conhecida como a Emenda Constitucional do Teto dos Gastos Públicos, que alterou a Constituição Brasileira de 1988 para instituir o Novo Regime Fiscal. Que impediu novos investimentos na área educacional e contraria o plano nacional de educação, que apontava aumentar os investimentos em educação até 2024.

O IDH, ele tem alguns estudos de correlação, que é a conectividade. O índice mais relevante no crescimento do IDH, é o investimento na conectividade. Segundo um estudo realizado pela "Intelligence Unit da publicação The Economist (EIU): A conclusão é

---

5. FARIAS, Ester. *Aprovada PEC que prevê a inclusão digital como direito fundamental*. Notícias Concursos, 2022. Disponível em: https://noticiasconcursos.com.br/aprovada-pec-que-preve-a-inclusao-digital-como-direito--fundamental/. Acesso em: 23 dez. 2022.

simples: prover o ensino com mais recursos resulta em uma mão de obra mais qualificada e instruída, com maior probabilidade de cunhar ideias inovadoras, impactantes e que levam ao desenvolvimento econômico.

Ainda de acordo com o site "Teletime", um estudo da fornecedora sueca afirma que:

> (...) o PIB per capita do Brasil poderia ser melhorado em 3,8% até 2025 com mais acesso às escolas. Isso no melhor cenário possível, considerando que a nota de conectividade do País no levantamento é de 3,7, em uma escala de 1 a 7, com países como Finlândia e Austrália como as melhores notas. Desta forma, o PIB per capita brasileiro passaria de US $11.490 para US $12.240 no mesmo intervalo de tempo. Considerando o melhor nível de conectividade possível, os ganhos econômicos para o País poderiam ser de até 6,5% até 2030, totalizando US $3,9 trilhões.[6]

Destacamos ainda para uma exclusão institucional. Onde o governo exige que o indivíduo tenha acesso a seus direitos por meio da internet, como acesso e renovação de documentos. Paradoxo, pois o governo exige que para ter acesso a um direito o cidadão exerça outro, que é o uso da internet, que neste caso ele também não tem. Um fator estrutural presente na sociedade, considerando que em prol de se reter o avanço da violência estrutural tecnológica, estaria implícito e contraditório na questão de direitos humanos. A opressão pelo próprio governo a determinado grupo, a classe baixa, a violação desses direitos dentro da exclusão digital. Citando o termo emancipação, teoria provinda da Escola de Galesa, através de políticas de segurança e garantias, poderíamos buscar a proteção da sociedade na questão humanitária, garantindo o pleno direito a todos.

Quando se toma determinada decisão, é necessário planos de contingência para efetivar seu desempenho, mas pensando em toda a totalidade constituinte do estado, a população, essa decisão visa satisfazer o maior número de pessoas ou ela pensa em uma abrangência total? Como poderia o poder estatal, por qual meio e quais políticas públicas seriam suficientemente necessárias para que o dever, a regra, a lei seja igual para todos, que todos os cidadãos tenham acesso a seus direitos e garantias fundamentais.

Pensando em futuro próximo, o que poderia acontecer com a nossa sociedade por causa dessa exclusão, isso causaria algum atraso na economia e no desenvolvimento no país em função desse problema que acontece na nossa sociedade. Qual seria o tamanho do prejuízo educacional no período de pandemia? A pandemia de Covid-19, trouxe à tona um enorme déficit tecnológico na educação pública brasileira. O problema da educação durante esse período não ficou restrito somente a falta de computadores e o difícil acesso à internet, muitos professores e alunos não sabiam lidar com a tecnologia. Analfabetismo digital, a incapacidade de lidar com os instrumentos tecnológicos. A inaptidão, e sem ter um apoio adequado por parte do estado para a garantia dessa formação e capacitação de manuseio dos equipamentos. A exclusão digital comprometeu e está comprometendo seriamente o desenvolvimento educacional e o futuro de grande parte da população brasileira. Como esse direito à educação para todos, será concreti-

---

6. AMARAL, Bruno. *Melhorar Internet em escolas poderia aumentar em 3,8% o PIB do Brasil, aponta estudo*. Teletime, 2021. Disponível em: https://teletime.com.br/15/06/2021/melhorar-internet-em-escolas-poderia--aumentar-em-38-o-pib-do-brasil-aponta-estudo/?amp. Acesso em: 23 dez. 2022.

zado nesse novo cenário tecnológico? É necessário a construção coletiva e efetiva das políticas públicas educacionais. Iniciativas do setor privado que visam desenvolver ainda mais o nosso sistema de tecnologia e inovação. Como podemos ter uma sociedade com inovação tecnológica eficiente? O não acesso tecnológico agrava ainda mais o quadro de exclusão e desigualdade social.

A tecnologia veio também para ampliar esse distanciamento social, e criar uma desigualdade maior considerando a forma evasiva que as tecnologias entraram na nossa vida, destacando com maior intensidade durante a pandemia. E isso somente evidencia que a população rica se tornará ainda mais rica, e quanto àqueles assolados pela desigualdade seguirão pelo caminho mais desigual. Como bem pontuava Pierre Lévy, um filósofo e sociólogo francês, pesquisador em ciência da informação e da comunicação, "Toda nova tecnologia cria seus excluídos".

7. ENSINO, TECNOLOGIA E DESAFIOS EM TEMPOS DE PANDEMIA

Uma feira popular na cidade de Wuhan, na China: acredita-se ter sido este o local onde, no final do ano de 2019, ocorreram os primeiros casos em seres humanos de uma doença que rapidamente se espalhou trazendo mortes, preocupação e pânico para todo o mundo. A Covid-19 é uma doença respiratória infecciosa, altamente contagiosa e frequentemente letal, causada pelo vírus SARS-CoV-2. O surto da doença espalhou-se rapidamente para outros países e continentes, sendo declarada uma pandemia pela Organização Mundial da Saúde (OMS) em março de 2020.

De acordo com Vasconcelos et. al. (2022) o advento da Pandemia Covid-19 impôs uma situação limite ao sistema educacional como um todo: o da continuidade das atividades escolares fora do espaço físico da escola e com isolamento social. Nesse sentido, a adoção generalizada do ensino remoto mediado pelas TICs surge como um "inédito viável". A sua realização, contudo, tem se dado de forma desigual entre aqueles(as) que dispõem de meios para a adaptação à nova realidade e aqueles ou aquelas que não os possuem.

A partir de então, autoridades brasileiras passaram a recomendar o isolamento social como forma de inibir o seu alastramento, de modo que o Sistema Único de Saúde pudesse absorver os acometidos em situação grave para tratamento. Dentre outras medidas, tornou-se obrigatório o uso de máscaras, cobrindo o nariz e a boca, em espaços públicos. Foram fechadas todas as instituições de ensino, teatros, cinemas e outros espaços propícios à aglomeração de pessoas. Medidas estas que, com maior ou menor flexibilização entre as diferentes localidades, em geral permanecem até o momento.

A educação é um direito humano universal, rodeada de sonhos, objetivos e conquistas. De acordo com Wenczenovicz (2020) a educação como Direito Humano, ou direitos que valem para todos, surge para as sociedades entenderem a irracionalidade que é a banalização da vida, sendo que o êxito nos enfrentamentos dos problemas advém do pensar, do teorizar, de esclarecer os fatos e reconhecer as coletividades como portadores de direitos.

Conforme Thais Janaina Wenczenovicz (2020):

> Dentre os obstáculos do ensino emergencial remoto também destacam-se as questões estruturais, ou seja, os problemas de acesso a computadores e de conexão com internet, a falta de espaço apropriado para o estudo a domicílio/em casa e a relação família-escola. Se na modalidade presencial já havia um hiato entre a escola e os núcleos familiares, no momento de singularidade – isolamento social – as distâncias aumentam e a dificuldade de professores entrarem em contato com os pais dos alunos torna-se maior. Outro fator a não se desconsiderar é o fato da baixa escolaridade dos familiares. Inúmeros são os relatos em que os responsáveis não conseguem acompanhar as demandas da escola.

Fatores como alimentação, violência, dificuldade de acesso à internet, obesidade, deficiências, trabalho infantil, extrema pobreza, tornaram o estudo denominado de 'remoto' durante o auge da Pandemia de Covid-19 protagonistas de dificuldade e até impossibilidade na formação educacional dos docentes. O ensino remoto também propiciou aproximação de família e escola. Mas as desigualdades sociais foram muito aprofundadas

> A *pandemia* impulsionou mudanças disruptivas que derrubaram padrões há muito tempo enraizados no nosso dia a dia. E coube à *tecnologia* a missão de tornar todas essas transformações possíveis. Sem ela, a vida ficaria um tanto mais difícil durante o *lockdown*. Um estudo feito pela Organização das Nações Unidas para a Educação, a Ciência e a Cultura (Unesco) mostrou que a educação na América Latina foi muito mais afetada pela pandemia do que em outras nações. De acordo com a Unesco, o Brasil e seus países vizinhos mantiveram as escolas fechadas por 40 semanas. Já a média em outras regiões do mundo ficou em 22 semanas – quase a metade do tempo. O baque na *educação* só não foi maior porque a tecnologia possibilitou que centenas de alunos continuassem a ter aulas remotas ou híbridas. Quer entender mais sobre o assunto? Continue a leitura e descubra como alunos e professores se adaptaram ao ensino remoto para superar o distanciamento social durante a pandemia, que levou à paralisação das atividades de várias instituições de ensino.

Devemos reconhecer o protagonismo dos educadores frente ao novo desafio que lhes foi imposto de um dia para o outro, mas também, da desvalorização dos mesmos e falta de reconhecimento da profissão de professor.

A tecnologia educacional não apenas permite que as atividades em sala de aula continuem durante emergências, mas também personaliza o aprendizado, melhorando a retenção de informações e aumentando a interação. Modificando as rotinas de alunos e professores, promovendo um senso de colaboração, criatividade e alfabetização digital. Eles transformam as escolas em centros de inovação. A tecnologia de ensino não apenas permite a continuidade das atividades em sala de aula em emergências, mas também individualiza o aprendizado, melhora a retenção de informações e aumenta o engajamento.

Dispositivos móveis, principalmente notebooks e tablets, plataformas de comunicação, software educacional, mesas de estudo, blocos de construção, placas de programação, recursos tecnológicos vestíveis, ambientes virtuais de aprendizados (AVA's), plataforma ZOOM, plataforma TEAMS, plataforma MEET,[7] etc., surgem para aprimorar as habilidades cognitivas e socioemocionais.

---

7. Plataformas de vídeo-chamadas, algumas são uma verdadeira sala de aula com local para arquivar material, corrigir atividades, fazer e dar nota em avaliações, deixar aulas gravadas.

Com esses novos métodos tornou-se evidente a necessidade do uso de tecnologias na manutenção educacional em um mundo pós pandemia de Covid-19, tornando essa uma adaptação que veio para ficar. Isso mostra que o modelo inclusivo de tecnologia se tornou o diferencial para ampliar o conhecimento e capacidades de aprendizado.

> As tecnologias educacionais viabilizaram o ensino durante a pandemia de Covid-19. Soluções em hardware e software asseguraram a continuidade do ano letivo diante da necessidade de medidas restritivas em prol da saúde pública. A situação posicionou a tecnologia como viabilizadora e catalisadora do sistema educacional. A realidade aponta para a importância de ampliar e intensificar o uso dessas ferramentas. Por essa razão, é legítimo o anseio para melhorar a infraestrutura digital e estimular a equidade. Valorizar professores e aprofundar a familiaridade dos estudantes com atividades on-line. O alcance de todo esse potencial, certamente constrói um sistema educacional mais inclusivo, resiliente e qualificado, dentro ou fora da sala de aula.[8]

Com o ensino remoto, por exemplo, a tão almejada "ordem" na sala de aula, passa a ser mais facilmente alcançada, já que os microfones e câmeras podem ser desligados, enquanto o/a professor(a) expõe sua aula, compartilha telas e distribui os momentos de fala entre os estudantes. A educação bancária, que se fundamenta na suposta transferência de conhecimentos do(a) professor(a) para o estudante, impõe o uso das TICs para potencializar sua dominação. A virtualização do ambiente escolar passa a oferecer novas possibilidades de controle para o aprofundamento das relações hierárquicas entre educadores/educadoras e educandos/educandas, reproduzindo e contribuindo para as relações de poder na sociedade baseadas na dominação.[9]

De acordo com João César da Fonseca Neto (2022) tecnologias da comunicação e da informação podem tanto contribuir para a criação de novos espaços de diálogo entre educando e educanda e educador e educadora, e destes com o mundo, quanto para o aprofundar práticas bancárias de educação focadas na transmissão massiva, acrítica e antidialógica de conteúdos. Não é na tecnologia, portanto, que está a chave para uma educação voltada para a humanização dos sujeitos, mas nas próprias relações humanas que elas passam a mediar no ambiente escolar.

8. CONSIDERAÇÕES FINAIS

A educação, como sabemos, é um direito de todos, direito esse garantido pela Constituição Federal, é tão poderosa que por meio dela sociedades inteiras são modificadas. O ser humano se reconhece como ser de direitos e pertencente à coletividade, desenvolvendo-se cognitivamente, historicamente e socialmente.

A escola traz em si uma perspectiva de mudança e estímulo social de desenvolvimento pessoal, nessa perspectiva se percebe que não é só estar no mundo em que se vive, mas, interagir, participar e ser um vínculo transformador no mesmo; produzindo, construindo, elaborando e revendo criticamente informações que lhes são oferecidas.

---

8. ROTENBERG, 2021.
9. Vasconcelos et. al. 2022.

Destarte, o estudo nos permite compreender que aliada à tecnologia o processo educacional e formativo se torna mais efetivo, amplo e permite novas possibilidades em meio à aprendizagem, como alunos de anos finais ou EJA que necessitam trabalham, e acabam podendo ouvir as aulas de forma remota. Compreendemos também que ampliam as possibilidade de reflexão sobre a ação tecnológica no processo educativo e fora dele, com relações conectadas de cidadãos de qualquer parte do mundo, o que foi muito ampliado no período de pandemia do Covid-19, quando alunos, pais, sociedade ficaram isoladas em suas residências tendo contato apenas por meio virtual. Foi nesse contexto também que percebemos a diferença social escancarada com a tecnologia que diferente do que se entendia, não era do alcance de todos, muitos alunos sem conseguir contato com o ambiente escolar perderam atividades, aulas e interação social.

Consideramos então que se faz necessário um grande avanço das políticas públicas para mitigar esse abismo social que presenciamos, pois a educação aliada à tecnologia promove cidadania, estimula os indivíduos a desenvolverem-se criticamente, a terem e buscarem conhecimento, tendo habilidades que antes estavam adormecidas aflorando e os fazendo conscientes de seu papel e direitos como cidadão e em meio ao bem-estar coletivo.

9.   REFERÊNCIAS

AGUIAR, Iana Assunção; PASSOS, Elizete. *A tecnologia como caminho para uma educação cidadã*. Disponível em:https://www.cairu.br/revista/arquivos/artigos/2014/Artigo%20A%20TECNOLOGIA%20COMO%20 CAMINHO%20PARA%20UMA%20EDUCACAO%20CIDADA.pdf. Acesso em: 23. dez. 2022.

AMARAL, Bruno. *Melhorar Internet em escolas poderia aumentar em 3,8% o PIB do Brasil, aponta estudo*. Teletime, 2021. Disponível em: https://teletime.com.br/15/06/2021/melhorar-internet-em-escolas-po-deria-aumentar-em-38-o-pib-do-brasil-aponta-estudo/?amp. Acesso em: 23 dez. 2022.

BRASIL. Instituto Nacional de Estudos e Pesquisas Educacionais Anísio Teixeira (Inep). Resumo Técnico: Censo Escolar da Educação Básica 2021. Brasília, DF: Inep, 2021.

FARIAS, Ester. *Aprovada PEC que prevê a inclusão digital como direito fundamental*. Notícias Concursos, 2022. Disponível em: https://noticiasconcursos.com.br/aprovada-pec-que-preve-a-inclusao-digital--como-direito-fundamental/. Acesso em: 23 dez. 2022.

FREIRE, F. *Pedagogia da autonomia*: saberes necessários à prática educativa. São Paulo: Editora Paz e Terra, 1996.

HETKOWSKI, Tânia Maria (Org.). *Políticas públicas & inclusão digital*. Salvador: EDUFBA, 2008.

HOOGERBRUGGE, L. F. *Todos pela educação*. Covid-19: impacto fiscal na educação básica. O cenário de receitas e despesas nas redes de educação em 2020. Disponível em: http://www.i-mpr.com/s/0603/12. pdf. Acesso em: 20 dez. 2022.

IBGE – Instituto Brasileiro de Geografia e Estatística. *Censo Experimental de 2019*. Rio de Janeiro: IBGE, 2019.

MELO, Antongnioni Pereira de; VASCONCELOS, Nelson Adriano Ferreira de; FONSECA NETO, João César da. O papel da tecnologia na educação em tempos de pandemia: concepções sobre o legado de Paulo Freire. *Reflexão e ação*. v. 30, n. 1, p. 201-216, Santa Cruz do Sul, jan. 2022. ISSN 1982-9949. Disponível em: https://online.unisc.br/seer/index.php/reflex/article/view/16011/10327. Acesso em: 22 dez. 2022.

MONTEIRO, Daniel. A *ONU declara o acesso à Internet como direito Universal*. TechTudo, 2011. Disponível em: https://www.techtudo.com.br/noticias/2011/06/onu-declara-o-acesso-internet-como-direito-u-niversal.ghtml. Acesso em: 23 dez. 2022.

ROTENBERG, Hélio. *A tecnologia e a viabilidade da educação na pandemia de Covid-19*. Disponível em: https://site.educacional.com.br/artigos/a-tecnologia-e-a-viabilidade-da-educacao-na-pandemia-de--covid-19. Acesso: 23 dez. 2022.

SILVA, José Carlos Teixeira de. *Tecnologia*: novas abordagens, conceitos, dimensões e gestão. Disponível em: https://doi.org/10.1590/S0103-65132003000100005. Acesso em: 23 dez. 2022.

WENCZENOVICZ, Thaís Janaína. *Ensino à distância, dificuldades presenciais*: perspectivas em tempos de Covid-19. Disponível em: https://periodicos.fclar.unesp.br/iberoamericana/article/view/13761. Acesso em: 23 dez. 2022.

9
CONSTITUCIONALISMO DIGITAL, TECNOAUTORITARISMO E DIREITOS HUMANOS: UMA ANÁLISE A PARTIR DO PARADOXO DO PODER CONSTITUINTE

João Victor Archegas

Mestre em Direito pela *Harvard Law School*, onde recebeu a *Gammon Fellowship* de excelência acadêmica. Bacharel e Mestrando em Direito pela UFPR. Professor de Direito e Novas Tecnologia na FAE. Pesquisador Sênior no Instituto de Tecnologia e Sociedade do Rio de Janeiro (ITS Rio).

Sumário: 1. Introdução: a legitimidade de uma constituição – 2. Poder constituinte; 2.1 O paradoxo do poder constituinte, parte I: filosofia política; 2.2 O paradoxo do poder constituinte, parte II: ciências sociais – 3. Um novo processo de constitucionalização; 3.1 Constitucionalismo social e um novo momento constituinte: a constitucionalização de plataformas digitais; 3.2 Como legitimar a constitucionalização da esfera digital diante do debate sobre poder constituinte? – 4. A importância do constitucionalismo digital em um cenário de ascensão do tecnoautoritarismo e ataques aos direitos humanos na (e a partir da) internet; 4.1 Corregulação como pressuposto de existência do constitucionalismo digital em um contexto de erosão democrática; 4.2 Promoção dos direitos humanos a partir da construção de um constitucionalismo digital – 5. Conclusão – 6. Referências.

1. INTRODUÇÃO: A LEGITIMIDADE DE UMA CONSTITUIÇÃO

Estudiosos do constitucionalismo se deparam há séculos com uma questão fundamental e, ao mesmo tempo, paradoxal: da onde surge o poder responsável por criar uma nova constituição e a quem este poder é conferido? Uma vez exercido, é crível pensar que esse poder atue para se autolimitar? Trata-se, assim, do debate em torno dos limites e possibilidades do poder constituinte, o marco zero de toda nova ordem constitucional. Vale destacar, desde já, que esse debate possui uma espécie de ponto comum de partida; o poder constituinte é usualmente definido como um poder soberano delegado ao povo ou à nação.

Essa percepção reflete o ideal revolucionário e liberal dos Estados Unidos – responsável pela constituição mais longeva e influente até hoje[1] – e que se traduz nas palavras de abertura da constituição de 1787: *We the People*. Nada obstante, como fica evidente em diversos estudos históricos, embora a constituição tenha sido escrita e posteriormente ratificada "em nome do povo", houve pouca ou nenhuma participação popular efetiva. Ainda, é notório que os "pais fundadores" desrespeitaram a decisão do Congresso

---

1. Elkins et al, 2009.

Continental, a única instituição que à época poderia expressar de forma ordenada a "vontade do povo" das ex-treze colônias, protagonizando, assim, um verdadeiro golpe contra os artigos da confederação.[2]

Ainda assim, é possível dizer que de 1787 até hoje o processo de escrita e ratificação de novas constituições avançou consideravelmente em termos de participação popular e inclusão de diferentes pontos de vista, em especial de populações marginalizadas. Veja-se, nesse sentido, que estudos empíricos demonstram que há uma forte relação causal entre, de um lado, uma maior participação popular na escrita da constituição e, do outro, uma maior "expectativa de vida" do documento.[3] Alguns autores, entretanto, destacam certas distorções causadas pela publicização excessiva do processo constituinte, como a menor incidência de acordos estratégicos entre *stakeholders*.[4]

Tanto é assim que a própria legitimidade de novas constituições é cada vez mais atrelada às condições do momento constituinte em si. Em 1946, por exemplo, a constituição do Japão foi escrita pela junta militar liderada pelo General MacArthur dos EUA durante o período de ocupação do país ao final da segunda guerra. Hoje sabemos que algumas das celebradas cláusulas da constituição, em especial aquelas que tratam dos direitos das mulheres japonesas, só foram escritas porque Beate Sirota Gordon, uma intérprete de MacArthur educada em Tóquio, foi escolhida para escrever a seção de "direitos civis". Em seu livro de memórias, Gordon narra que um de seus supervisores a encarou e disse: *You are a woman, why don't you write the women's rights section?*[5]

Embora a presença da intérprete tenha sido fundamental nesse sentido, fato é que, para uma constituição ter sua legitimidade atrelada às oportunidades efetivas de participação popular, muito mais deve ser feito. É o que vem acontecendo, por exemplo, no processo constituinte chileno desde 2019. Semelhante ao Japão, a constituição chilena de 1980 foi escrita por um grupo seleto de homens brancos nomeados por Pinochet. Hoje, após a convocação e eleição de uma assembleia constituinte, o Chile poderá ter a primeira constituição do mundo escrita com paridade de gênero. Surpreendentemente, as mulheres foram as mais votadas para a assembleia e onze precisaram ceder seus lugares a homens para restabelecer a paridade previamente acordada.[6]

Partindo deste intrincado debate, o presente ensaio busca explorar alguns caminhos para avaliar criticamente o processo de constitucionalização do espaço digital e o surgimento de um novo constitucionalismo à luz da disciplina dos direitos humanos. Para tal, no primeiro tópico será feita uma breve retomada de alguns pressupostos teóricos e filosóficos sobre o poder constituinte. Em seguida, no segundo tópico, haverá espaço para uma discussão a respeito do constitucionalismo social e das bases do que podemos chamar de "constitucionalismo digital". Já no terceiro tópico pretende-se abordar o

---

2. Klarman, 2016.
3. Elkins et al, 2009.
4. Elster, 1995.
5. Gordon, 2001.
6. Gonzalez, 2021.

papel do constitucionalismo digital em um cenário de erosão da democracia, ascensão do tecnoautoritarismo (ou seja, a tecnologia à serviço do autoritarismo) e violações de direitos humanos na (e a partir da) Internet. Por fim, serão apresentadas breves considerações em tom de conclusão.

2. PODER CONSTITUINTE

2.1 O paradoxo do poder constituinte, parte I: Filosofia política

Como bem demonstra Alexandre Araújo Costa, a dogmática constitucional, ao estabelecer uma teoria de poder constituinte pautada no conceito de soberania do povo ou da nação, acaba por criar um paradoxo elementar: enquanto a soberania popular é descrita como absoluta, já que é nela que se ancora a legitimidade e o fundamento de validade de uma nova ordem constitucional, ela é, ao mesmo tempo, limitada, uma vez que deve ser desativada após a criação da constituição para garantir sua validade.[7] Afinal, o constitucionalismo surge como um projeto de fundamentação de um governo limitado, estipulando regras e princípios – como a separação de poderes – que não podem ser alterados por instrumentos políticos ordinários.

Ou seja, o conceito de soberania, que para Jean Bodin era necessariamente absoluto, deixa de ser associado a uma noção de autogoverno e passa a significar o fundamento do governo limitado. Assim, o paradoxo surge a partir da fragmentação da soberania (que deveria ser absoluta) em, de um lado, soberania do povo e, do outro, soberania da constituição.[8] Ademais, foi Sieyès que, em 1788, atrelou a titularidade do poder constituinte à nação, o ente político soberano por excelência. O objetivo desse movimento normativo é claro: é preciso fazer com que o valor democrático inscrito na soberania da nação coexista com o anseio liberal por um governo limitado.

Esse debate ganhou novos contornos no século XX com as obras de Carl Schmitt e Hans Kelsen. O primeiro se posicionou contra as ideias de Sieyès e argumentou que não passava de uma ficção o afastamento da soberania popular em nome de uma pretensa soberania das leis – afinal, para ele, "soberano é quem decide sobre o estado de exceção" e esse poder, em geral, recai sobre o chefe do poder executivo.[9] Kelsen, de outra sorte, buscou estabelecer uma "prioridade lógica" da norma jurídica em relação à política[10] e avançou uma teoria capaz de justificar a validade de um conceito de soberania das leis alinhado à máxima do *common law* inglês de *non svb homine sed sub deo et lege*.

Um desafio dessa visão do poder constituinte é que, ao tentar compatibilizar liberalismo e democracia, a soberania popular acaba sendo limitada a um poder episódico e retrospectivo. Ou seja, a legitimidade constitucional está no passado, negando qual-

---

7. Costa, 2011.
8. Costa, 2011.
9. Schmitt, 2006 [1922].
10. Costa, 2011.

quer tentativa de exercício da soberania popular no presente.[11] Note-se, inclusive, que essa visão é incompatível com certas correntes do constitucionalismo feminista, já que algumas autoras argumentam que a legitimidade do ordenamento constitucional deve se pautar na deliberação e no constante relembrar de opressões passadas, sustentando, ainda, a existência de um "direito de revolta" sempre presente.[12]

Buscando desatar alguns desses nós, Carlos Bernal Pulido sugere a superação do poder constituinte como fundamento de legitimidade da constituição e sua substituição por uma ideia de poder de criação constitucional baseado em uma "ontologia social".[13] Afinal, é irreal assumir que o povo ou a nação tenham uma vontade própria que pode ser traduzida pelo exercício do poder constituinte. Mais crível é a asserção que o poder de criação constitucional é uma "entidade social" composta pelas atitudes de vários indivíduos que se dividem em dois grupos: os criadores da constituição e o povo. O primeiro é responsável por representar politicamente o segundo, escrevendo e aprovando a constituição em seu nome, o que representa um verdadeiro "poder deôntico limitado".[14]

2.2   O paradoxo do poder constituinte, parte II: Ciências sociais

Importa destacar, ainda que de passagem, a visão das ciências sociais a respeito do paradoxo do poder constituinte. A partir dessa perspectiva, a pergunta que se busca responder é: por qual motivo uma elite política à frente de um processo constituinte concorda em limitar o seu poder por meio da institucionalização de um sistema de freios e contrapesos? Destaca-se, aqui, a visão de Ran Hirschl, para quem a constituição pode ser usada como um seguro contra o risco de perda de poder político em um futuro próximo, o que é conhecido como "teoria da autopreservação hegemônica".[15] Ou seja, a constituição surge como proteção contra uma "insegurança intertemporal".[16]

Ainda assim, Dixon e Ginsburg sugerem que é necessário atualizar a teoria de Hirschl para destacar tipos distintos de riscos que implicam, por sua vez, em diferentes formas de instrumentalização da constituição enquanto "seguro político".[17] A primeira é o que eles chamam de *power-based insurance*, ou seja, um seguro que garanta eleições livres e justas e um acesso contínuo ao poder. A segunda é denominada *policy-based insurance*, quando a constituição serve para sedimentar certas visões de políticas públicas, insulando-as da arena político-eleitoral. Por fim, em terceiro lugar, os autores também sugerem a existência de uma *personal form of insurance*, que envolve, em geral, a proteção contra prisões arbitrárias e do patrimônio de elites políticas após o fim de seu mandato.

---

11. Costa, 2011
12. O'Donoghue e Houghton, 2019.
13. Bernal Pulido, 2018.
14. Bernal Pulido, 2018.
15. Hirschl, 2007.
16. Dixon e Ginsburg, 2017.
17. Dixon e Ginsburg, 2017.

3. UM NOVO PROCESSO DE CONSTITUCIONALIZAÇÃO

Diante da perspectiva acima a respeito do poder constituinte, neste tópico será abordado o processo de constitucionalização de plataformas digitais, em especial plataformas de redes sociais. Antes disso, entretanto, é necessário destacar brevemente o atual estado da regulação e governança dessas plataformas. Desde o final dos anos 90, o Estado-nação vem cedendo um amplo espaço para que intermediários de Internet possam se autorregular, criando suas próprias regras (comumente chamadas de termos de uso ou de serviço) e as aplicando a partir de um complexo processo de moderação de conteúdo e comportamento.[18]

Isso é possível em razão da proliferação de cláusulas de *safe harbour* ao redor do mundo, seguindo os parâmetros da seção 230 do *Communications Decency Act* (CDA) dos EUA de 1996. Leis nacionais garantem que as plataformas não são responsáveis pelos conteúdos postados por seus usuários e, em alguns casos, as isentam de responsabilidade mesmo quando optam por moderar conteúdo proativamente. É em razão disso que empresas como Facebook, Twitter e YouTube podem moderar milhões de contas, postagens e vídeos todos os dias sem temer uma eventual responsabilização civil.

Diversos estudos demonstram que essa imunidade, ainda que limitada como no caso do artigo 19 do Marco Civil da Internet, é essencial para promover a liberdade de expressão e a inovação na era digital.[19] Ainda assim, não se desconhece as distorções que são geradas por esse cenário, em especial falta de transparência e concentração de poderes, uma vez que as plataformas passam a governar seus serviços – que hoje são essenciais para o debate público e eleitoral online – sem necessariamente respeitar os princípios e valores que tornam legítimo o exercício do poder no Estado-nação, como o estado de Direito, a defesa dos direitos fundamentais e a separação de poderes.[20]

3.1 Constitucionalismo social e um novo momento constituinte: a constitucionalização de plataformas digitais

O processo de constitucionalização das plataformas digitais surge justamente para corrigir as distorções mencionadas acima e pode ser compreendido como uma vertente do constitucionalismo social. Dieter Grimm define essa corrente do constitucionalismo moderno como a teoria que defende que diferentes subsistemas da sociedade global, uma vez fora da órbita gravitacional do Estado-nação por força da globalização, podem aumentar suas "racionalidades internas" e liderar processos autônomos de formulação e aplicação de normas próprias.[21]

---

18. Estarque e Archegas, 2021.
19. Lemos e Archegas, 2022.
20. Suzor, 2020.
21. Grimm, 2016.

O resultado é a criação do que Gunther Teubner chama de "constituições civis".[22] Em suas palavras, "uma multiplicidade de constituições civis estão emergindo fora dos canais institucionais da política" e, ainda, elas "emergem de forma incremental dentro [de um processo] de constitucionalização de [...] subsistemas autônomos da sociedade mundial".[23]

Nada obstante, o próprio autor argumenta que não se trata meramente de uma transferência das bases do constitucionalismo dentro do contexto do Estado-nação para a arena digital, mas sim da generalização desses elementos e uma posterior reespecificação dentro de um novo contexto social.[24] Ou seja, quando falamos de constitucionalismo digital não há uma pretensão de trazer a constituição para dentro das plataformas de redes sociais, por exemplo, mas sim promover uma constitucionalização autônoma desses subsistemas sempre levando em conta suas especificidades.

É importante ter isso em mente porque, como argumenta Nicolas Suzor, estamos vivendo um "momento constituinte" quando se trata de governança e regulação de plataformas digitais.[25] De um lado, as plataformas seguem aumentando suas racionalidades internas e investindo em mecanismos inspirados no constitucionalismo moderno, como é o caso do *Oversight Board* da Meta, uma instituição independente que julga casos de moderação de conteúdo da empresa em última instância. Do outro, diversos legislativos nacionais estão debatendo e aprovando leis que promovem transparência, previsibilidade e proteção de direitos na relação entre usuários e plataformas, como é o caso do *Digital Services Act* (DSA) da União Europeia.

3.2 Como legitimar a constitucionalização da esfera digital diante do debate sobre poder constituinte?

Entretanto, pelo menos dois questionamentos podem ser feitos a respeito do constitucionalismo digital. Primeiro, considerando que é um processo que se desenvolve autonomamente em um subsistema da sociedade global, podemos realmente afirmar que se trata de "constitucionalismo"? Segundo, qual é a legitimidade desse suposto processo constituinte à luz da literatura sobre poder constituinte enfrentada anteriormente? Esse subtópico, então, será dedicado a explorar algumas respostas para essas perguntas.

A respeito do primeiro questionamento, é possível afirmar que estamos sim diante de algo que pode ser classificado como constitucionalismo, mas em sentido estrito e não amplo. É o que argumenta Edoardo Celeste ao conceituar constitucionalismo digital como uma "*ideologia* que adapta os valores do constitucionalismo contemporâneo à sociedade digital".[26] Ou seja, não se trata de constitucionalismo enquanto prática

---

22. Teubner, 2020.
23. Teubner, 2017, p. 196.
24. Teubner, 2017.
25. Suzor, 2020.
26. Celeste, 2019, pp. 78-79.

constitucional dentro do contexto do Estado-nação, mas sim enquanto conjunto de símbolos e ideias que extrapolam os limites nacionais e influenciam a estruturação da racionalidade interna de subsistemas da sociedade global.

Já o segundo questionamento exige mais reflexão. Em primeiro lugar, por se tratar de um processo autônomo protagonizado pelas próprias plataformas, uma pergunta semelhante àquela feita por Hirschl, Dixon e Ginsburg é pertinente: o que levaria CEOs e presidentes de *big tech* a abrir mão de parte significativa de seu poder em nome de um processo de constitucionalização que, dentre outros pilares, envolve a institucionalização de mecanismos de freios e contrapesos? Esse é um paradoxo que pode ser explorado tendo como caso paradigmático a criação do *Oversight Board* da Meta.

Evelyn Douek sugere quatro explicações.[27] Primeiro, o *Board* serve para dar legitimidade à moderação de conteúdo e reafirmar o compromisso da plataforma com sua base de usuários. Segundo, é uma forma de protelar e guiar a atividade regulatória do Estado, protegendo sua autonomia privada. Terceiro, permite um compartilhamento de responsabilidade por decisões controversas. Por fim, garante que as regras da plataforma sejam aplicadas de forma consistente e transparente, de acordo com o princípio do estado de Direito. Embora Mark Zuckerberg, CEO da Meta, não tenha a mesma "insegurança intertemporal" que um chefe de Estado, ele também pode se valer da constitucionalização enquanto uma espécie de seguro, ainda que para outras finalidades.[28]

Em segundo lugar, trata-se um "momento constituinte" sem povo, o que, ao menos em uma análise preliminar, parece contrariar toda a literatura de poder constituinte que insiste na conexão entre o momento de escrita da constituição e o exercício da soberania popular. Nada obstante, aqui é preciso retomar a ideia de Bernal Pulido, para quem o poder de criação constitucional é, antes de tudo, uma "entidade social". Seus argumentos se relacionam com a compreensão de um constitucionalismo social, reforçando a noção de que é possível falar em criação constitucional mesmo fora do Estado, mas sempre dentro um contexto eminentemente social – ainda que, no lugar do povo ou nação, seja necessário pensar em um coletivo global de usuários de novas tecnologias, uma preocupação há muito presente nos estudos sobre constitucionalismo global.[29]

Ainda assim, para reforçar a legitimidade desse novo processo de constitucionalização, cumpre destacar que caminhamos em direção a um cenário de corregulação de plataformas digitais, no qual o Estado tem um papel fundamental no direcionamento da governança das plataformas. Ou seja, não são descartados os canais que permitem ao povo, por meio de seus representantes eleitos, influenciar a arena digital. Mas isso, obviamente, encontra alguns limites fáticos. O Estado-nação não possui os meios necessários para substituir a atividade de autorregulação das plataformas por uma atividade de regulação estatal pura. Ao Estado cabe, por exemplo, investir em mecanismos de

---

27. Douek, 2019.
28. Douek, 2019.
29. O'Donoghue e Houghton, 2019.

transparência e "devido processo legal", sempre respeitando a esfera de autonomia das plataformas quando necessário.[30]

4. A IMPORTÂNCIA DO CONSTITUCIONALISMO DIGITAL EM UM CENÁRIO DE ASCENSÃO DO TECNOAUTORITARISMO E ATAQUES AOS DIREITOS HUMANOS NA (E A PARTIR DA) INTERNET

Por fim, é preciso considerar que atravessamos um momento de erosão dos pilares da democracia liberal ocidental, o que tem um impacto direto e desproporcionalmente negativo na garantia e exercício de direitos humanos em diversos países. Nesse contexto, Samuel Issacharoff identifica pelo menos dois desafios que estão relacionados à consolidação de novas tecnologias digitais. O primeiro é o declínio acelerado dos partidos políticos e outras instituições de intermediação.[31] Isso é, em parte, resultado de um fenômeno conhecido como "simplificação horizontal da política" promovido pelas redes sociais – onde usuários podem se comunicar em um modelo *many-to-many* sem depender dos tradicionais *gatekeepers* – e que acaba por enfraquecer instituições intermediárias clássicas responsáveis pela estabilização da política, criando, assim, um cenário de turbulência.[32]

Já o segundo se refere ao decaimento da coesão social ou do "senso de solidariedade" em democracias.[33] Embora estudos demonstrem que esse fenômeno não é necessariamente causado pelas redes sociais,[34] fato é que diversas novas tecnologias – a exemplo do microdirecionamento de anúncios com base em *big data* – são empregadas para promover desinformação e polarização política, acelerando o processo de decaimento. É o que podemos definir como "tecnoautoritarismo": o uso de novas tecnologias para "corroer por dentro os pilares de sustentação da democracia".[35] Vale destacar que o tecnoautoritarismo, definido nesses termos, é responsável pela violação de direitos humanos na (e a partir da) Internet. Veja-se, nesse sentido, os debates no Brasil sobre as chamadas "milícias digitais" e os ataques por elas protagonizados a determinados ministros do STF e ao processo eleitoral como um todo.

Um outro exemplo que merece destaque é a ascensão de softwares de espionagem (*spywares*) altamente sofisticados que conseguem invadir celulares sem que seus proprietários tenham ciência do incidente, como o Pegasus e o Cellebrite – este último recentemente adquirido pela Controladoria-Geral da União (CGU) no Brasil para uso em investigações pontuais onde é necessário extrair informações apagadas de um celular. No caso do Pegasus, uma série de reportagens do jornal britânico The Guardian constatou que diferentes governos, como do México, Índia e Emirados Árabes Unidos,

---

30. Bottino et al, 2022.
31. Issacharoff, 2017.
32. Urbinati, 2015.
33. Issacharoff, 2017.
34. Benkler et al, 2018.
35. Gross et al, 2020.

estavam usando o *spyware* para monitorar ilegalmente jornalistas e ativistas dos direitos humanos, sendo que algumas dessas pessoas foram até mesmo executadas após terem seus celulares invadidos por autoridades governamentais.[36]

4.1 Corregulação como pressuposto de existência do constitucionalismo digital em um contexto de erosão democrática

Em um contexto de tecnoautoritarismo, as práticas de autorregulação de plataformas digitais, em especial a moderação de conteúdo, acabam limitando (ainda que imperfeitamente) o funcionamento de "máquinas da mentira",[37] como é o caso da "máquina do ódio" do presidente Jair Bolsonaro.[38] Em razão disso, cada vez mais líderes com tendências autoritárias estão buscando neutralizar a moderação em plataformas digitais, acusando empresas como Facebook e Twitter de censurar certos posicionamentos políticos, em especial ideais conservadores.[39] Ou seja, a moderação de conteúdo, por ser eficiente (ainda que longe da perfeição) no combate ao discurso de ódio e à desinformação, acaba se tornando o alvo prioritário daqueles que se valem do manual tecnoautoritário para consolidar sua esfera de influência em diferentes redes sociais.

É o que tentou fazer o presidente brasileiro com a Medida Provisória 1.068 de 2021, que pretendia criar um rol taxativo de hipóteses nas quais as plataformas teriam "justa causa" para moderar perfis e conteúdos, deixando de fora da lista, por exemplo, a desinformação e o comportamento inautêntico coordenado, duas bases de sustentação das chamadas "máquinas da mentira".[40] Tentativas como essa buscam justamente extinguir a janela de oportunidade que hoje permite a constitucionalização das plataformas digitais. É a partir da colaboração entre o Estado e as *big tech* que poderão ser criadas as melhores soluções para os problemas que assolam o ciberespaço – e não por meio da substituição da autorregulação das plataformas por uma regulação estatal pura e potencialmente autoritária.

Ou seja, proteger a autonomia das plataformas para que possam seguir criando suas próprias regras e moderando conteúdo livremente, ainda que dentro de uma lógica de corregulação, é essencial para garantir o sucesso do constitucionalismo digital. Vale lembrar que essas plataformas, por força da globalização, se descolaram há muito da órbita gravitacional do Estado-nação e criaram seus próprios subsistemas da sociedade global, dando espaço ao que Teubner chama de "fragmentos constitucionais".[41] Assim, é essencial que elas tenham a liberdade de criar e aprimorar suas próprias regras e sistemas de resolução de conflitos, cabendo ao Estado, em casos pontuais, pensar em arranjos regulatórios complementares que não tolham essa liberdade por completo, como era o objetivo da MP 1.068.

---

36. Kirchgaessner et al, 2021.
37. Howard, 2020.
38. Mello, 2020.
39. Archegas, 2021.
40. Howard, 2020; Mello, 2020.
41. Teubner, 2020.

4.2 Promoção dos direitos humanos a partir da construção de um constitucionalismo digital

Por fim, o constitucionalismo digital também deve ser visto como um importante instrumento de promoção dos direitos humanos na era digital. Plataformas como o Facebook, YouTube, Twitter e TikTok prestam seus serviços a bilhões de usuários em todos os continentes. Ao aumentarem as racionalidades internas dos subsistemas sociais onde atuam, essas empresas inevitavelmente encontram um obstáculo em comum: como criar regras de moderação de conteúdo e comportamento que se apliquem a todos os usuários considerando que cada jurisdição tem compreensões, interpretações e tradições específicas sobre, por exemplo, os limites da liberdade de expressão? Trata-se, afinal, de um paradoxo que também é muito conhecido pelo direito internacional dos direitos humanos.

A diferença, entretanto, é que o direito internacional dos direitos humanos se debruça sobre essas questões de forma sistemática e científica desde a proclamação da Resolução 217 A(III) da Assembleia Geral das Nações Unidas em 1948 (Declaração Universal dos Direitos Humanos), o que lhe confere uma vantagem em relação aos termos de uso e padrões da comunidade dessas grandes empresas de tecnologia. Ou seja, conforme essas plataformas atravessam processos de constitucionalização, abre-se uma janela de oportunidade para que diferentes regras, princípios e metodologias da disciplina de direitos humanos sejam por elas incorporados, aplicados e promovidos. Em outras palavras, o constitucionalismo digital oferece uma chance para que o direito internacional dos direitos humanos passe a pautar a governança de diferentes plataformas digitais.

Exemplo disso é a estruturação e implementação do *Oversight Board* (ou Comitê de Supervisão) pela Meta. Originalmente apresentado como a "Suprema Corte do Facebook", o Comitê tem por função a revisão de casos concretos de moderação de conteúdo na rede social em última instância. Trata-se de uma instituição independente e suas decisões vinculam a empresa, que é obrigada a implementá-las ainda que discorde da solução adotada. Foi o que ocorreu, por exemplo, quando o Board revisou a decisão de banimento do ex-presidente Donald Trump e aplicou metodologias de análise próprias do direito internacional dos direitos humanos.[42] Isso se deu porque o Comitê é compelido por seu estatuto a considerar tanto os padrões da comunidade da Meta quanto o direito internacional dos direitos humanos ao decidir seus casos.

5. CONCLUSÃO

Em conclusão, o que podemos esperar do futuro é a consolidação de uma espécie de constitucionalismo híbrido pautado em uma relação de interdependência onde o constitucionalismo digital se apresenta não como uma substituição do constitucionalismo do Estado-nação, mas sim como resultado da reespecificação de valores das cons-

---

42. Archegas & Barroso, 2021.

tituições nacionais dentro de um subsistema específico da sociedade global que pode (e deve) ser pautado por princípios, regras e valores do direito internacional dos direitos humanos. Ademais, será importante defender o constitucionalismo digital de ataques (terno)autoritários, mantendo aberta a janela que hoje permite a constitucionalização de plataformas digitais e a sua interface com a disciplina dos direitos humanos, como se vê nas decisões do *Oversight Board* da Meta.

6. REFERÊNCIAS

ARCHEGAS, João Victor. Liberdade de expressão nas redes não é liberdade de viralização. *Jota*, 22 de junho de 2021. Disponível em: https://bit.ly/3xZItiM.

ARCHEGAS, João Victor; BARROSO, Luna Van Brussel. Trump contra Facebook: um raio-x da decisão do Oversight Board. *Jota*, 06 de maio de 2021. Disponível em: https://bit.ly/3cGOatV.

BENKLER, Yochai; FARIS, Robert; ROBERTS, Hal. *Network Propaganda*: Manipulation, disinformation, and radicalization in American politics. Oxford: Oxford University Press, 2018.

BERNAL PULIDO, Carlos. Prescindamos del poder constituyente en la creación constitucional: Los límites conceptuales del poder para reemplazar o reformar una constitución. *Anuario Iberoamericano de Justicia Constitucional*, v. 22, p. 59-99. 2018.

BOTTINO, Celina; PERRONE; Christian; ARCHEGAS, João Victor. Moderação de Conteúdo em 2021: Quem regula o moderador? *Jota*, 17 de janeiro de 2022. Disponível em: https://bit.ly/3mVpuzp.

CELESTE, Edoardo. Digital Constitutionalism: A new systematic theorisation. *International Review of Law, Computers & Technology*, v. 33, n. 1, p. 76-99. 2019.

COSTA, Alexandre Araújo. O poder constituinte e o paradoxo da soberania limitada. *Teoria & Sociedade*, v. 19.1, p. 198-227. 2011.

DIXON, Rosalind; GINSBURG, Tom. The forms and limits of constitutions as political insurance. *International Journal of Constitutional Law*, v. 15, n. 4, p. 988-1012. 2017.

DOUEK, Evelyn. Facebook's "Oversight Board": Move Fast with Stable Infrastructure and Humility. *North Carolina Journal of Law & Technology*, v. 21, n. 1, p. 1-78. 2019.

ELKINS, Zachary; GINSBURG, Tom; MELTON, James. *The Endurance of National Constitutions*. Cambridge: Cambridge University Press, 2009.

ELSTER, Jon. Forces and Mechanisms in the Constitution-Making Process. *Duke Law Journal*, v. 45, n. 2, p. 364-396. 1995.

ESTARQUE, Mariana; ARCHEGAS, João Victor. *Redes sociais e moderação de conteúdo*: criando regras para o debate público a partir da esfera privada. Instituto de Tecnologia e Sociedade do Rio, 2021. Disponível em: https://bit.ly/3b88nrJ.

GONZALEZ, Mariana. Constituinte chilena: mais votadas, mulheres terão que ceder vagas a homens. *UOL*, 20 de maio de 2021. Disponível em: https://bit.ly/3b4eiOu.

GORDON, Beate Sirota. *The Only Woman in the Room*: A Memoir. Nova Iorque: Kodansha USA Publishing, 2001.

GRIMM, Dieter. *Constitutionalism*: Past, Present, and Future. Oxford: Oxford University Press, 2016.

GROSS, Clarissa *et al. Retrospectiva Tecnoautoritarismo 2020*. Associação Data Privacy Brasil de Pesquisa, 2020. Disponível em: https://bit.ly/3Oj1KRs.

HIRSCHL, Ran. *Towards Juristocracy*: The Origins and Consequences of the New Constitutionalism. Cambridge: Harvard University Press, 2007.

HOWARD, Philip N. *Lie Machines*: How to save democracy from troll armies, deceitful robots, junk news operations, and political operatives. New Haven: Yale University Press, 2020.

ISSACHAROFF, Samuel. Democracy's Deficits. *New York University Public Law & Legal Theory Research Paper Series*, n. 17-34, 2017.

KIRCHGAESSNER, Stephanie et al. Revealed: leak uncovers global abuse of cyber-surveillance weapon. *The Guardian,* 18 de julho de 2021. Disponível em: https://bit.ly/3Q6YFVc.

KLARMAN, Michael J. The Framers' Coup: *The Making of the United States Constitution*. Oxford: Oxford University Press, 2016.

LEMOS, Ronaldo; ARCHEGAS; João Victor. A constitucionalidade do artigo 19 do Marco Civil da Internet. In: BRITTO, Carlos A. Ayres de Freitas (Coord.). *Supremo 4.0*: Constituição e tecnologia em pauta. São Paulo: Ed. RT, 2022.

MELLO, Patrícia Campos. *Máquina do ódio*: notas de uma repórter sobre fake news e violência digital. São Paulo: Companhia das Letras, 2020.

O'DONOGHUE, Aoife; HOUGHTON, Ruth. Can Global Constitutionalisation be Feminist? In RIMMER, Sarah Harris; OGG, Kate (Ed.). *Research Handbook on Feminist Engagement with International Law*. Londres: Edward Elgar, 2019.

SCHMITT, Carl. *Teologia política*. Belo Horizonte: Del Rey, 2006 [1922].

SUZOR, Nicolas. A Constitutional Moment: How we might reimagine platform governance. *Computer & Security Review*, n. 36, p. 1-4. 2020.

TEUBNER, Gunther. *Fragmentos Constitucionais*: constitucionalismo social na globalização. São Paulo: Saraiva, 2020.

TEUBNER, Gunther. Horizontal Effects of Constitutional Rights in the Internet: A Legal Case on the Digital Constitution. *The Italian Law Journal*, v. 3, n. 1, p. 193-205. 2017.

URBINATI, Nadia. A Revolt Against Intermediary Bodies. *Constellations*, v. 22, 2015.

10
REVENGE PORN: A CLÁUSULA GERAL DE TUTELA DA PESSOA NO CÓDIGO CIVIL E A (DES) NECESSIDADE DO MARCO CIVIL DA INTERNET

José Henrique de Oliveira Couto

Graduando em direito pela Universidade Federal de Uberlândia. Foi editor da Revista Dizer. Autor de "Resumo de teoria geral do direito empresarial, empresa e empresário". Membro da "comunidade internacional de estudos em direito digital". E-mail: henrrique_jose2000@hotmail.com.

Arthur Pinheiro Basan

Doutor em Direito da Universidade do Vale do Rio dos Sinos (UNISINOS). Mestre em Direito da Universidade Federal de Uberlândia (UFU). Pós-graduado em Direito Constitucional Aplicado da Faculdade Damásio. Professor Adjunto da Universidade de Rio Verde (UNIRV). Associado Titular do Instituto Brasileiro de Estudos em Responsabilidade Civil (IBERC). Contato eletrônico: arthurbasan@hotmail.com ORCID id: http://orcid.org/0000-0002-0359-2625.

Sumário: 1. Introdução – 2. O artigo 12 do código civil enquanto cláusula geral de tutela humana – 3. *Revenge porn* e o atributo psíquico da personalidade – 4. Provedores de conexão e de aplicação e o regime de responsabilidade civil do marco civil da internet – 5. Da lógica inflacionária de direito à lógica de proteção à personalidade – 6. A projeção da personalidade contra *revenge porn* de acordo com o MCI – 7. Considerações finais – 8. Referências.

1. INTRODUÇÃO

Revenge porn é uma prática ilícita, consistente na publicação vingativa de conteúdo com material íntimo, cujo interesse público é inexistente. É na sociedade em rede, nos moldes de Castells, que a internet se torna veículo para a propagação de informação, qualquer que seja sua natureza. Uma das consequências deste fenômeno é a alta capacidade de transmissão de informação, e em nível global. Logo, a internet não encontra barreira física, e quebra a barreira do tempo.

Aqui, um fenômeno que ganha relevância é o uso da internet para a prática de revenge porn. Na maioria das vezes, o terceiro, sem obter o devido consentimento, utiliza-se de provedor de aplicação, como um *twitter*, para publicação de conteúdo íntimo, em mero ato vingativo. "A prática da disseminação de conteúdos sexuais não consentida ganha cada vez mais expressividade diante da fusão do mundo virtual".[1]

---

1. MEINERO, Fernanda Sartor; DALZOTTO, Júlia Valandro. A responsabilidade civil dos provedores de internet nos casos de pornografia de vingança. *Revista de Direito*, v. 13, n. 01, p. 24, 2021. Disponível em: https://periodicos.ufv.br/revistadir/article/view/11066/6431. Acesso em: 11 jun. 2022.

Para enfrentar tal problema, há o artigo 12 do código civil, que menciona: "Pode-se exigir que cesse a ameaça, ou a lesão, a direito da personalidade, e reclamar perdas e danos, sem prejuízo de outras sanções previstas em lei". De acordo com o Código, não é necessário esperar a concretização do dano para a vítima utilizar-se deste artigo, bastando haver ameaçada de publicação de conteúdo íntimo em mero gesto de vingança. Porém, também pode-se utilizar tal artigo quando o revenge porn tiver concretizado, afinal, neste caso, haverá dano já concretizado.

Partindo daí, pode-se materializar o problema da pesquisa na seguinte pergunta: Por existir tal artigo 12 do código civil, o artigo 21 do Marco Civil da Internet (MCI) seria uma lei inflacionária de direito ou uma lei que visa concretizar a personalidade?

Parte-se do pressuposto que o MCI deve ser observado juntamente com o código civil, sendo instrumentos normativos diferentes e complementares. Isto é, abandona-se, aqui, a lógica de que o artigo 21 do MCI é resultado da inflação de direitos, inaugurando-se, em um cenário pós-positivista, onde a personalidade é um princípio norteador do Estado de Direito, uma era em que, para a tutela e projeção da personalidade, se faz necessária a vigência e efetividade daquele artigo. Em termos concretos, abandona-se a lógica inflacionária de direitos e adota-se a lógica de projeção da personalidade, tendo em vista que o humano, pelo simples fato de existir, tem direito ao respeito em suas estruturas psicofísicas, tal qual a faculdade mental.

É neste cenário que o objetivo geral do presente trabalho é demonstrar que o artigo 21 do MCI é instrumento necessário para a tutela da pessoa contra o *revenge porn*, especialmente por ser procedimento dotado de celeridade. O âmago da existência humana encontra o direito à proteção da personalidade, isto é, sempre que possível, *ter-se-á* a personalidade que se distanciar de deterioração ou perecimento, devendo o Estado direito, com condutas comissivas ou omissivas, colaborar com isso, tal como fez com o art. 21 do MCI.

Para a construção desta linha ideológica, se usará o método de abordagem hipotético dedutivo, partindo-se de premissas relacionadas ao sofrimento psíquico provocado pelo *revenge porn*, em um cenário de pós-positivismo, para se alcançar a ótica de que o artigo 21 do MCI é norma-regra de tutela individual, não de inflação de direitos. Ademais, foram utilizados materiais doutrinários e legislações, com fulcro na construção de um projeto científico e útil à sociedade.

2. O ARTIGO 12 DO CÓDIGO CIVIL ENQUANTO CLÁUSULA GERAL DE TUTELA HUMANA

Dispõe o artigo 12 do código civil: "Pode-se exigir que cesse a ameaça, ou a lesão, a direito da personalidade, e reclamar perdas e danos, sem prejuízo de outras sanções previstas em lei". Este é um artigo que se relaciona com a responsabilidade civil ou a responsabilidade contratual, tendo em vista que serve como véu para proteção da personalidade.[2] Quer dizer, a personalidade da pessoa humana, em um Estado de Di-

---

2. Em que pese alguns autores darem o mesmo sentido para responsabilidade civil e responsabilidade contratual, aqui, tal tese não será adotada. Em realidade, a responsabilidade civil é aquela que é fruto de um ilícito ou do

reito, passa a ser vista em suas múltiplas formas, impondo, por exemplo, o "respeito à integridade física e psíquica das pessoas".[3] Abandona-se a noção de que o indivíduo, dependendo da classe, etnia, orientação sexual, é invisível, inaugurando-se uma era cível onde a pessoa, pelo fato de existir, é o centro de gravitação de toda estrutura normativa, contando até mesmo com tutela inibitória ou reparatória frente à lesão em sua esfera pessoal, a personalidade.[4-5]

Foi somente com a finalização das grandes guerras do século XX que os institutos e visões sobre as pessoas e suas personalidades se alteraram.[6-7] Passou a pessoa de "invisível" para "visível", onde suas esferas de intimidade, vida, integridade física, integridade psíquica e moral gozaram de uma valorização em nível quase global, com leis e princípios específicos.[8] Abandonou-se a noção oitocentista que, dependendo das

---

abuso do direito, e, para tanto, não há relação entre as partes por negócio jurídico, seja ele oneroso ou gratuito. Também, é claro, é mister que se tenha a presença do elemento dano. Por sua vez, responsabilidade contratual é aquela que emerge quando existe um contrato. Gerando dano e havendo um contrato com previsão específica sobre o bem lesado, se cogita de responsabilidade contratual. GENSAS, Rafael Saltz; PAGANELLA, Victoria Dickow. A dicotomia entre responsabilidade negocial e extranegocial e o enquadramento da responsabilidade pré-negocial. *Revista de Direito Privado*, v. 105, p. 82, 2020. Disponível em: https://shre.ink/ZDw. Acesso em: 14 maio 2022.

3. FARIAS, Cristiano Chaves de; ROSENVALD, Nelson. *Curso de Direito Civil*: parte geral e LINDB. 15. ed. Salvador: JusPodivm, 2017, p. 173.
4. O ser humano nem sempre teve a sua essência considerada. Exemplificando: Na Grécia antiga, indivíduo, dependendo de suas características econômicas, era um ente desprovido de quase todos os direitos protetivos à esfera da personalidade. Prova disto é que, caso fosse devedor e estivesse em inadimplência, poderia ser escravizado. Com isso, lhe abria a ferida de ficar exposto aos castigos físicos e psicológicos. Era uma verdadeira tortura à esfera da personalidade. COSTA, Ilton Garcia da; FREITAS, Renato Alexandre da Silva; EMOTO, Leiliane Rodrigues da Silva. Pessoa: um breve panorama histórico. *Revista Jurídica Cesumar*, v. 21, n. 1, p. 48, 2021. Disponível em: https://periodicos.unicesumar.edu.br/index.php/revjuridica/article/view/7453/6640. Acesso em: 04 jun. 2022.
5. Não é demais lembrar que Aristóteles já defendeu que a escravidão existe, sendo fator natural para a espécie humana. Isto indica que nem sempre o ser humano foi o centro de gravitação do ordenamento jurídico, em realidade, muitas vezes, serviu como objeto ou meio para finalidades que contrariam toda a estrutura advinda da personalidade. Aristóteles. *Política*. São Paulo: Martin Claret, 2007.
6. LEHMANN, Heinrich. *Tratado de Derecho Civil*: parte general. Madrid: Editorial Revista de Derecho Privado, 1956, p. 576-577.
7. No passado, ao se cogitar de igualdade, materializava-se tal conceito apenas no aspecto formal. Quer dizer, ainda que se cogitava de teorias a respeito da igualdade entre os homens, ficava apenas no campo do livro. Prova disto é que, por exemplo, caso o marido cometesse adultério poderia sofrer penalidade pecuniárias, já a mulher, caso cometesse adultério, poderia até ser morta. Destas passagens se extrai, portanto, que nem sempre a personalidade da pessoa foi dimensionada na realidade, ficando, na antiguidade, sobre a viga da invisibilidade. FERMENTÃO, Cleide Aparecida Gomes Rodrigues. Os direitos da personalidade como direitos essenciais e a subjetividade do direito. *Revista Jurídica Cesumar*, v. 6, Maringá, 2006. Disponível em: https://periodicos.unicesumar.edu.br/index.php/revjuridica/article/view/313/172. Acesso em: 07 jun. 2022.
8. Nem sempre foi assim. Na antiga Roma, por exemplo, somente poderia ser romano o indivíduo que nascesse em Roma. Tal noção foi alterada posteriormente, podendo ser romano um estrangeiro que tem domicílio em Roma. Cita-se até mesmo que os escravos não eram portadores de direito à proteção da honra, afinal faltava a característica de *"Status libertatis"*. Com isso, firma-se novamente a afirmação que o ser nem sempre teve sua dignidade reconhecida, concretizada verdadeiramente com leis e princípios que caminham na trilha do respeito ao ser. COSTA, Leonardo Bocchi; COSTA, Ana Paula Bocchi. Flexibilidade da personalidade jurídica no direito romano: os dois lados de uma inovação jurídica. *Revista Juris UniToledo*, v. 3, n. 4, p. 88, 2018. Disponível em: http://www.mpsp.mp.br/portal/page/portal/documentacao_e_divulgacao/doc_biblioteca/bibli_servicos_produtos/bibli_boletim/bibli_bol_2006/Rev-Juris-UNITOLEDO_v.3_n.4.05.pdf. Acesso em: 22 dez. 2021.

condições pessoais e financeiras, o indivíduo não tinha direito à projeção do regular desenvolvimento na sua personalidade.

Em sua dissertação, Bertoncello aduz que, com o desenvolvimento da sociedade, "o homem passou a criar normas com vista a limitar o poder estatal e estabelecer garantias individuais".[9] Até se alcançar a construção do artigo 12 da tábua axiomática muito sangue foi derramado, muita tinta foi gasta, evoluções culturais floresceram, e existiram modificações sobre como o humano deve ser visto na realidade. São Tomás de Aquino, com suporte em Hogemann, descreve que o ser é dotado de racionalidade, e imbricado em se relacionar com o mundo por influências religiosas.[10] Mais tarde, Kant consagrou que existem coisas e o ser humano, sendo este o único portador de dignidade.[11] Deve ser tratado como fim, não meio, porquanto sua condição de dignidade reclama para si uma tutela efetiva de todo arranjo da racionalidade.

Gabriel Aguiar leciona que foi a virada kantiana a responsável por elevar o indivíduo, pelo simples fato de sua natureza lhe conceber como *"Homo sapiens"*, como centro de gravitação de toda a estrutura jurídica, "acima de qualquer peso"; é, em suma, o "redirecionamento da pessoa para o epicentro do sistema jurídico".[12] Sem encargo de consciência, de fato, foi a virada kantiana a responsável por elevar o ser humano como base para estrutura jurídica e da organização da administração pública. Não foi um processo instantâneo, mas demorado. Nos ditames da doutrina, a pessoa "concebida como 'um fim em si mesma' é um conceito moderno que deflui diretamente dos direitos humanos e encontra sua validade no princípio da dignidade da pessoa humana".[13] É um conceito moderno e com efetiva aplicação mais recente ainda, afinal, conforme identificado, somente com o fim das grandes guerras é que mobilizações, de fato, eclodiram para alavancar o ser como centro de todo o Direito.

Na atualidade, as diretrizes normativas se conectam com a virada kantiana. Ingo Sarlet explica: verdadeira "é a permanência da concepção kantiana no sentido de que a dignidade da pessoa humana, esta (pessoa) considerada como fim, e não como meio, repudia toda e qualquer espécie de coisificação e instrumentalização do ser humano".[14]

---

9. BERTONCELLO, Franciellen. *Direitos da personalidade*: uma nova categoria de direitos a ser tutelada. Dissertação (Mestrado em Direito), Universidade de Maringá, 2006, p. 35-36. Disponível em: http://www.dominiopublico. gov.br/download/teste/arqs/cp021795.pdf. Acesso em: 08 jun. 2022.

10. HOGEMANN, Edna Raquel. A ambiguidade da noção de pessoa e o debate bioético contemporâneo. *XIX Encontro Nacional do CONPEDI*, 2010, p. 565. Disponível em: http://www.publicadireito.com.br/conpedi/ manaus/arquivos/anais/fortaleza/3023.pdf. Acesso em: 04 jun. 2022.

11. BARROSO, Luís Roberto. A *dignidade da pessoa humana no direito constitucional contemporâneo*: natureza jurídica, conteúdos mínimos e critérios de aplicação, p. 16-18. Disponível em: https://luisrobertobarroso.com. br/wp-content/uploads/2010/12/Dignidade_texto-base_11dez2010.pdf. Acesso em: 05 jun. 2022.

12. BORGES, Gabriel Oliveira de Aguiar. O *efeito jurídico do ato médico na interrupção da gravidez*: a vida como dano. Dissertação (Mestrado em Direito), Universidade Federal de Uberlândia, 2019, p. 41. Disponível em: http:// repositorio.ufu.br/bitstream/123456789/24672/1/EfeitoJur%C3%ADdicoAto.pdf. Acesso em: 05 jun. 2022.

13. RECH, E. A.; ROANI, A. R. A pessoa humana como um fim em si mesma no estado democrático de direito brasileiro fundado pela constituição federal de 1988. *Perspectiva*, v. 37, n. 138, p. 45, 2013. Disponível em: https:// www.uricer.edu.br/site/pdfs/perspectiva/138_346.pdf. Acesso em: 06 jun. 2022.

14. SARLET, Ingo Wolfgang. *Dignidade da Pessoa Humana e Direitos Fundamentais na Constituição Federal de 1988*. 4 .ed. Porto Alegre: Livraria do Advogado, 2006, p. 34.

Para além desta concepção restrita, a ideia de que o ser é um fim, não um meio, imbricou a consequência de o Direito, posto por agentes investidos na função legislativa, em um Estado Democrático, ser em prol do ser. Em tese doutoral, Rogério Alves, banhando-se nas lições de Kant, descreve que o ser, de carne e osso, é o único que pode ser o fim de tudo, um estado "terminal".[15] Inclusive, é daí que emerge, no Brasil, a noção de que o indivíduo é o centro de gravitação de todas as normas, devendo sua personalidade ser projetada para uma efetiva tutela.

Nos moldes de Cristiano Chaves e Nelson Rosenvald: "pessoa natural é o ser humano e a sua dignidade é o fundamento principal da República [...], sendo a base de todo o sistema. É ele a própria justificativa da ciência jurídica, que é feita pelo homem e para o homem".[16] É justamente por esta concepção de que a pessoa é o centro do ordenamento, tendo direito de respeito em sua própria essência, que o artigo 12 do código civil existe e tem força vinculante. Diferente de épocas antigas, onde classes de pessoas sequer podiam proteger aspectos da personalidade, atualmente a espinha dorsal do código civil é o ser, dotado de uma personalidade nata.[17] Com isso, o artigo 12 funciona como verdadeira cláusula geral de proteção da personalidade.

Irrelevante, para aplicação do artigo 12, é a responsabilidade ser aquiliana ou contratual – Neste sentido, o enunciado 411 do Conselho de Justiça Federa diz: "O descumprimento de contrato pode gerar dano moral quando envolver valor fundamental protegido pela Constituição Federal de 1988". A indenização não se mede pelo dano advir de contrato ou de violação à direito, mas sim pela extensão do dano. Nos moldes do artigo 944 do código civil: "A indenização mede-se pela extensão do dano".[18]

A responsabilidade do ofensor perante um dano, em análise tradicional, engloba duas espécies: "a) a obrigação de reparar danos resultantes do inadimplemento, da má execução ou do atraso no cumprimento de obrigações negociais"; b) a obrigação de reparar danos resultantes da violação de outros direitos alheios, sejam absolutos (como os direitos da personalidade, os reais e os sobre bens imateriais), sejam simples direitos".[19] Diante de uma responsabilidade civil ou contratual por violação à direito de personalidade, o artigo 12 do código civil tem aplicação técnica e real.

Convém ressaltar que, em regra, a responsabilidade civil ou contratual por violação à direito de personalidade é pautada no critério de dano. O dano à pessoa pode

---

15. ALVES, Rogério Pacheco. *O DNA kantiano dos direitos humanos e sua crítica a partir da Filosofia Imanente de Spinoza*. Tese (Doutorado em Direito), Pontifícia Universidade Católica do Rio de Janeiro, 2015, p. 30.

16. ROSENVALD, Nelson; FARIAS, Cristiano Chaves de. *Curso de direito civil*: parte geral e LINDB. 15. ed. Salvador: JusPodivm, 2017, p. 314.

17. BORGHETTI, Cibele Stefani. *Pessoa e personalidade humanas*: uma reflexão histórico-dogmática do seu reconhecimento e proteção jurídicos, na perspectiva da teoria da relação jurídica e das teorias dos direitos de personalidade. Mestrado (Dissertação em Direito), Universidade Federal do Paraná, 2006, p. 35. Disponível em: http://www.dominiopublico.gov.br/download/teste/arqs/cp008493.pdf. Acesso em: 06 jun. 2022.

18. BRASIL. Institui o Código Civil. Lei 10.406, de 10 de janeiro de 2002. Disponível em: http://www.planalto.gov.br/ccivil_03/leis/2002/l10406compilada.htm. Acesso em: 06 jun. 2022.

19. NORONHA, Fernando. Desenvolvimentos contemporâneos da responsabilidade civil. *Revista dos Tribunais*, v. 761, p. 31, 1999.

ser elevado, gerando consequências que se arrastem pela vida, pode ser médio, criando um estado temporário de redução na personalidade, ou melhor, a extensão do dano à personalidade pode resultar em diversas quantitativas (quantidade) e qualitativas (bem lesado), sendo impossível aplicá-lo a um rol taxativo.

Ainda assim, em regra, a responsabilidade do lesante será medida pela extensão dos danos, conforme artigo 944 do código civil. Na linha francesa: "Un dommage doit certes exister pour justifier une réparation".[20]

Pelo artigo 12 do código civil, ainda que o dano à personalidade já tenha se concretizado, é possível reclamar, se possível, que ele cesse. Aqui, o bem jurídico (personalidade do indivíduo) sofreu danos, de tal modo que é cabível que o titular exija sua finalização. Sendo o escopo da responsabilidade "a reparação de um dano sofrido por alguém",[21] poderá o titular adotar providências judiciais ou administrativas para sua personalidade parar de sofrer lesão, em se tratando de um dano contínuo, e pedir reparação pelas lesões suportadas.

A lesão na personalidade também se sujeita ao princípio da reparação integral, consistente em "garantir a cada vítima o correspondente ressarcimento, capaz de cobrir toda a extensão dos efeitos danosos sofridos".[22] Portanto, confirmando a linha de raciocínio descrita acima, poderá o indivíduo que sofreu dano em sua personalidade reclamar a paralização dos efeitos da conduta do lesante, bem como poderá pleitear danos emergentes (os que já ocorreram).[23]

Nem sempre a responsabilidade por violação à personalidade se baseará no critério quantitativo, isto é, pelo critério de quanto de dano o sujeito experimentou. O parágrafo único do artigo 944 do código civil confirma isto: "Se houver excessiva desproporção entre a gravidade da culpa e o dano, poderá o juiz reduzir, equitativamente, a indenização". Imagine-se que o indivíduo está sendo ofendido verbalmente. A situação gera uma tenebrosa condição de raiva na pessoa, que, perdendo o controle da sua racionalidade, revida com xingamentos que atinjam diretamente a honra do outro. A culpa é reduzida deste último, que agiu diante de árduas provocações.

A reparação pelo dano à honra, logo à personalidade, poderá ser reduzida equitativamente.[24] Dependerá de análise de outros fatores também tal redução, tal como capacidade econômica do que ofendeu a honra.

---

20. Traduzindo para o português: "O dano certamente deve existir para justificar a reparação". DUBUISSON, Bernard; JOURDAIN, Patrice. Le dommage et sa réparation dans la responsabilité contractuelle et extracontractuelle. S.I.: Bibliothèque de la faculté de droit et de criminologie de l'Université catholique de Louvain, 2015.

21. FERREIRA, Henrique Felipe. Fundamentos da responsabilidade civil: dano injusto e ato ilícito. Revista de Direito Privado, v. 03, p. 114, 2000.

22. MONTEIRO FILHO, Carlos Edison do Rêgo. Limites ao princípio da reparação integral no direito brasileiro. Civilistica.com, v. 7, n. 1, p. 02-03, 2018. Disponível em: https://civilistica.emnuvens.com.br/redc/article/view/317/265. Acesso em: 04 jun. 2022.

23. PINHEIRO, Rosalice Fidalgo; TRAUTWEIN, José Roberto Della Tonia. O princípio da reparação integral e a "contraofensiva da culpabilidade": revisitando a cláusula de redução equitativa da indenização. Revista de Informação Legislativa, v. 57, n. 226, p. 232, 2020. Disponível em: https://www12.senado.leg.br/ril/edicoes/57/226/ril_v57_n226_p71. Acesso em: 07 jun. 2022.

24. Parte-se do pressuposto de que todo dano à personalidade é relevante. Não existe dano irrelevante na esfera da pessoa, afinal a mesma reclama uma proteção especial, apta a constituir o titular com proteção efetiva diante de lesões ou ameaças de danos. Da honra até a integridade psíquica, toda lesão ao bem jurídico existencial é relevante.

Portanto, nem sempre o que sofreu danos em sua esfera de personalidade fara *jus* à reparação integral, com fulcro no critério de gravidade de culpa versus a gravidade do dano – É neste sentido que posiciona o enunciado 457 do Conselho de Justiça Federal: "A redução equitativa da indenização tem caráter excepcional e somente será realizada quando a amplitude do dano extrapolar os efeitos razoavelmente imputáveis à conduta do agente". Porém, o que sofreu danos extrapatrimoniais sempre poderá utilizar-se do artigo 12, para cessar lesão em sua esfera da personalidade. Logo, por questão lógica, toda lesão à personalidade enseja para o titular o direito de cessar seus efeitos, mas nem sempre enseja a reparação integral.

A redação é clara quando dispõe: "Pode-se exigir que cesse a [...] lesão [...] à direito da personalidade". O epicentro de tal redação é explicado pela doutrina, a qual aponta que, por existirem violações aos interesses econômicos e existenciais, há uma tutela jurídica sobre a personalidade, que se expressa por diversos mecanismos.[25] Um destes mecanismos de proteção a personalidade do ser é o direito de cessar lesão. Aproxima-se o artigo 12 da função protetiva, tendo em vista que não precisará esperar toda a lesão ocorrer para atuar em defesa de interesses relevantes, que são aqueles advindos da personalidade. Franceschet é enfático ao dispor que "os direitos da personalidade estão diretamente associados ao uso e ao gozo daqueles bens essenciais e inerentes à pessoa".[26] Então, sendo a personalidade umbilicalmente conectada com a faceta de tutela individual, em análise restrita, não poderia o artigo 12 dispor de outro modo. Consagra-se, portanto, tal artigo como um pilar de proteção e, ao mesmo tempo, desenvolvimento da personalidade, a qual goza de ampla proteção.

É bem verdade que o artigo 12 do código civil se relaciona com o artigo 70 do código civil de Portugal, que dispõe: "A lei protege os indivíduos contra qualquer ofensa ilícita ou ameaça de ofensa à sua personalidade física ou moral".[27] Andou melhor o legislador brasileiro, porquanto até mesmo o ato lícito, mas abusivo, poderá ofender a personalidade física, psicológica ou moral. Enfim, diante de uma lesão à personalidade, tem o lesado o direito de exigir que finalizem os efeitos que infringem sua essência. "É que há necessidade de construção de categorias e de revisão das categorias jurídicas tradicionais para captar as necessidades de proteção à pessoa", incluindo aí sua personalidade.[28]

---

25. RODRIGUES, Ivana Bonesi. Responsabilidade civil por danos causados aos direitos da personalidade. *Revista de Direito Privado*, v. 09, p. 125-126, 2002. Disponível em: https://shre.ink/ZD0. Acesso em: 03 jun. 2022.

26. FRANCESCHET, Júlio César. Direitos da personalidade: A indissociabilidade dos elementos morais e patrimoniais. *Revista de Direito Civil Contemporâneo*, v. 20, p. 33, 2019. Disponível em: https://shre.ink/ZD4. Acesso em: 07 jun. 2022.

27. PORTUGAL. Código Civil Português. Decreto-lei 47 344, de 25 de novembro de 1966. Disponível em: https://www.igac.gov.pt/documents/20178/358682/C%C3%B3digo+Civil.pdf/2e6b36d8-876b-433c-88c-1-5b066aa93991. Acesso em: 06 jun. 2022.

28. SEGUNDO, Elpídio Paiva Luz. Direitos da Personalidade: quo vadis? *Revista de Direito da Faculdade Guanambi*, v. 07, n. 01, p. 16-17, 2020. Disponível em: http://revistas.faculdadeguanambi.edu.br/index.php/Revistadedireito/article/view/280/167. Acesso em: 07 jun. 2022.

Noutro giro, também se identifica uma outra faceta do artigo 12 do código civil. É a de que não precisa esperar o dano para o lesado proteger sua personalidade, podendo exigir que cesse a ameaça à sua esfera pessoal. A proteção à personalidade não pode ser fragmentada,[29] devendo acompanhar o interesse que a esfera da pessoa reclama. Com isso, dispensável é o dano ter que ocorrer para a tutela da personalidade, nos moldes do artigo 12. Inadmissível seria a negativa em tutelar a personalidade em momento antecedente ao dano, cabendo ao titular, principalmente, o exercício de meios judiciais e administrativos para amparo de sua integridade e demais sistemas inerentes à sua condição de pessoa com dignidade.[30]

Esta proteção preventiva ao dano encontra amparo no tecido constitucional, no artigo 5º: "XXXV – a lei não excluirá da apreciação do Poder Judiciário lesão ou ameaça a direito". Estar com a personalidade sobre o véu da proteção é um direito global, intrínseco a todos os indivíduos que existem. Daí porque a proteção da personalidade, em caráter antecedente ao dano, encontra vigas em sede constitucional. Visa-se tutelar a pessoa em sua dimensão concreta, com a possibilidade de a mesmo poder fazer cessar ameaça de danos em sua personalidade.

Na seara da personalidade é que se deve, de fato, prevenir o dano. Abalos em estruturas internas e externas do indivíduo pode lhe conduzir para um estado de negação, consistente em um sofrimento, doloroso para o psicológico. É melhor prevenir do que remedir, eis um ditado louvável para a aplicação da proteção prévia ao dano, cristalizada sobre a ótica de que se pode exigir que cesse a ameaça ao rol de direitos de personalidade – Exemplo concreto de aplicação disto se resume no enunciado 576, aprovado na VII Jornada de Direito Civil: "O direito ao esquecimento pode ser assegurado por tutela judicial inibitória".

Para resguardar a proteção da personalidade diante de ameaças de danos, a lei 13.105 dispõe que, "para a concessão da tutela específica destinada a inibir a prática, a reiteração ou a continuação de um ilícito, ou a sua remoção, é irrelevante a demonstração da ocorrência de dano ou da existência de culpa ou dolo". Trata-se de instrumento que concretiza não apenas uma tutela inibitória, porque seu agir é preventivo,[31] mas também a própria proteção da personalidade individual, por intermédio de tutela que impede

---

29. DONEDA, Danilo. Os direitos da personalidade no código civil. *Revista da Faculdade de Direito de Campos*, v. 6, n. 6, p. 82, 2005. Disponível em: http://fdc.br/Arquivos/Mestrado/Revistas/Revista06/Docente/03.pdf. Acesso em: 04 jun. 2022.

30. "De acordo com o artigo 12 do Código Civil, "Pode-se exigir que cesse a ameaça ou a lesão, a direito da personalidade, e reclamar perdas e danos, sem prejuízo de outras sanções previstas em lei". Em outras palavras, o vocábulo ameaça sugere que mesmo antes da consumação do dano, e a despeito dele, o interessado na salvaguarda de seus atributos existenciais poderá agir preventivamente de modo a impedir que o ato ilícito seja praticado ou reiterado. O desiderato [...] é não apenas o de impedir o ilícito ao bem da personalidade como, caso já tenha sido consumado, a sua reiteração, independente da faculdade do lesado de se servir da reparação dos danos extrapatrimoniais causados pelo ilícito anteriormente consumado". FARIAS, Cristiano Chaves de; ROSENVALD, Nelson; NETTO, Felipe Peixoto Braga. *Curso de direito civil*: responsabilidade civil. 4. ed. Salvador: JusPodivm, 2017, p. 170-315.

31. ZANETI JÚNIOR, Hermes; ALVES, Gustavo Silva; LIMA, Rafael de Oliveira. A tutela específica contra o ilícito (art. 497, parágrafo único, CPC/2015) nas ações coletivas em defesa do consumidor. *Revista do Direito do Consumidor*, n. 110, 2020.

a prática de conduta danosa à esfera pessoal, dispensando-se análise de culpa ou dolo e de ter danos. "A tese da tutela inibitória funda-se na exata definição de ato ilícito, cuja prática se pretende evitar".[32]

Partindo de todo o exposto, é de clareza solar que o artigo 12 do código civil funciona como verdadeira cláusula geral de proteção da pessoa, pois lhe dispõe um veículo para proteção e desenvolvimento da personalidade.

3. *REVENGE PORN* E O ATRIBUTO PSÍQUICO DA PERSONALIDADE

Vive-se em uma sociedade em rede. Aduz Manuel Castells que tal sociedade está imbricada pelas características: a) a informação é o motor para continuação de seu desenvolvimento, servindo como "matéria-prima" para manutenção do rol de relações digitais; b) a tecnologia é instrumento que penetra na esfera íntima e social do indivíduo – É o que a doutrina aponta como fenômeno de monitoração eletrônica, onde o sujeito, por estar conectado, sofre uma vigilância com seus dados pessoais, sensíveis ou não, sendo analisados em todos instantes;[33] c) a noção de rede é a tecnologia que sustenta a sociedade da informação, pois é com a internet que as relações se estabelecem globalmente e instantaneamente.[34]

Para Cláudia Lima e Guilherme Mucelin, é nesta sociedade do compartilhamento que a pessoa, incluindo os valores advindos de sua personalidade, fica exposta à análise pelos que operam na internet.[35] Explica-se, em um cenário com predomínio da internet para se manter uma sociedade global e conectada, a pessoa, qualquer que seja, se torna refém de uma exposição de suas facetas intimas; é, aqui, que se tem o fenômeno de exposição do que a pessoa é, e do que ela gosta. Nos dizeres italianos: "L'informazione, nell'era tecnologica, diventa dato raccolto massivamente, rapidamente trasmesso, tramite la rete Internet, e avente il più disparato contenuto".[36]

Esta sociedade em rede alavanca consequências reais para a pessoa, especialmente porque, conforme Têmis Limberger e Sobbé, a informação pode ser transmitida em tempo real e em qualquer local do mundo.[37] Imagine-se, por exemplo, que após terminar

---

32. NEVES, Daniel Amorim Assumpção. *Manual de Direito Processual Civil*. 10. ed. Salvador: JusPodivm, 2018, p. 107.

33. BENIGER, James. *The Control Revolution*: Technological and Economic Origins of the Information Society. Cambridge: Harvard University Press, 1989, p. 389.

34. CASTELLS, Manuel. *A sociedade em rede*. 6. ed. São Paulo: Paz e Terra, 1999, p. 106-109.

35. MARQUES, Claudia Lima; MUCELIN, Guilherme. Novo mercado de consumo 'simbiótico' e a necessidade de proteção de dados dos consumidores. SALES SARLET, Gabrielle Bezerra; NEUBARTH TRINDADE, Manoel Gustavo; MELGARÉ, Plínio (Coord.). *Proteção de dados: temas controvertidos*. São Paulo: Editora Foco, 2021.

36. Em tradução: A informação, na era tecnológica, torna os dados coletados massivamente, transmitidos rapidamente, via Internet, e com os mais díspares conteúdos. CAGGIANO, Ilaria Amelia. Il consenso al trattamento dei dati personali tra Nuovo Regolamento Europeo (GDPR) e analisi comportamentale. Iniziali spunti di riflessione. Diritto, Mercato, Tecnologia, 2017, p. 04-05. Disponível em: https://www.dimt.it/wp-content/uploads/2017/06/images_pdf_Caggiano.pdf. Acesso em: 08 jun. 2022.

37. LIMBERGER, Têmis; MORAES, Carla Andreatta Sobbé. Comércio eletrônico: A vulnerabilidade do consumidor pela (des)informação e a responsabilidade civil dos provedores na Internet. *Revista de Direito do Consumidor*, v. 97, p. 256-257, 2015. Disponível em: https://www.revistadostribunais.com.br/maf/app/widget/document?-docguid=Ia6772890a91211e4949b010000000000. Acesso em: 08 jun. 2022.

um relacionamento o homem, por vingança, expõe um vídeo íntimo. Certamente, por estar em uma sociedade em rede, as consequências serão maiores: primeiro, o vídeo poderá ser compartilhado em tempo real, por mais de uma vez; segundo, o vídeo poderá chegar em qualquer território alienígena.

É neste contexto que o revenge porn torna-se uma prática extremamente prejudicial à personalidade. "Revenge pornography [...] is a subtype of cyberharassment/cyberstalking, and a serious problem facing society in the Internet age. Revenge pornography can result in lifelong mental health consequences for victims, damaged relationships, and social isolation", nos moldes da doutrina.[38] Compartilhando da mesma linha de raciocínio, Artenira e Rossana mencionam: "Because of the instantaneous reach of thousands of people, the consequences of such violence take on even more serious dimensions than face-to-face assaults, given the insignificance of the temporal and spatial barriers that characterize cyber spaces".[39]

De fato, levando-se em consideração que não há consentimento de um sujeito para exposição de sua própria pessoa na internet, é a pornografia vingativa um gesto cultural que esbarra em linha direta com os ditames de proteção advindos da personalidade. Há verdadeiro abalroamento à personalidade com a publicação, de forma não consentida, de vídeos com conteúdos tão pessoais, intrínsecos à zona privada, sem nenhum interesse público. A personalidade individual tem uma zona de segurança negativa (é a personalidade se munir com proteção por ocorrência de terceiro ter que se abster de violar aquela) e uma positiva (é a personalidade ter proteção por ocasião de terceiro ter que adotar comportamentos que não esbarrem naquela), motivo pelo qual o revenge porn é uma prática que afronta a prospecção de regular desenvolvimento da integridade psicofísica.

A doutrina conceitua revenge porn:

> the non-consensual distribution of explicit, private sexual images or videos of another individual, which typically are shared with the intention to cause shame, humiliation, embarrassment, or distress to that person, or for the perpetrator to gain popularity (e.g. bragging about sexual conquests).[40]

---

38. Em tradução: "A pornografia de vingança [...] é um subtipo de assédio cibernético/perseguição cibernética e um problema sério enfrentado pela sociedade na era da Internet". KAMAL, Mudasir; NEWMAN, William J. Revenge Pornography: Mental Health Implications and Related Legislation. *The Journal of the American Academy of Psychiatry the law*, v. 44, n. 3, 2016. Disponível em: http://jaapl.org/content/44/3/359. Acesso em: 08 jun. 2022.

39. Em tradução: "Devido ao alcance instantâneo de milhares de pessoas, as consequências de tal violência assumem dimensões ainda mais graves do que as agressões face a face, insignificância das barreiras temporais e espaciais que caracterizam os ciberespaços". SILVA, Artenira da Silva; PINHEIRO, Rossana Barros. Exposição que fere, percepção que mata: A urgência de uma abordagem psicosociojurídica da pornografia de vingança à luz da lei Maria da Penha. *Revista da Faculdade de Direito*, v. 62, n. 03, p. 249, 2017. Disponível em: https://revistas.ufpr. br/direito/article/download/53834/35769. Acesso em: 02 jun. 2022.

40. Em tradução: "a distribuição não consensual de imagens ou vídeos sexuais explícitos e privados de outro indivíduo, que normalmente são compartilhados com a intenção de causar vergonha, humilhação, constrangimento ou angústia a essa pessoa, ou para que o perpetrador ganhe popularidade (por exemplo, gabar-se de atos sexuais conquistas)". HARPER, Craig A. et al. *Development and Validation of the Beliefs About Revenge Pornography Questionnaire*. Sexual Abuse, 2022. Disponível em: https://journals.sagepub.com/doi/full/10.1177/10790632221082663. Acesso em: 08 jun. 2022.

Quer dizer, o revenge porn é uma prática que apresenta duas faces: primeira, é a indevida utilização da personalidade de outra pessoa, normalmente materializada em um arquivos digitais, como um vídeo, para gerar um desconforto emocional na vítima – Não é demais ressaltar que é óbvio que um vídeo íntimo, exposto sem o consentimento de um parceiro, gera um abalo nas estruturas mentais, causando, por exemplo, depressão, tristeza, ansiedade, vergonha, medo, enfim, há um *boom* de sentimentos negativos que podem emanar; segundo, é uma prática para gerar uma sensação de popularidade, especialmente por, no Brasil, haver uma cultura de que o "homem, que é hetero, é pegador".[41]

Tahlee Mckinlaya e Tiffany Lavisa são precisas em dispor que, com a pornografia vingativa, as vítimas (pessoas que não consentiram para publicações de arquivos com seus conteúdos particulares) sofrem nefastas consequências nas esferas sociais e integridade psicofísica. Nas palavras delas: "Most frequently, 'revenge porn' victims experience a loss of perceived or actual dignity and security, and lowered respect from family and friends"; e adiante acrescentam: "These negative outcomes occur as a result of the victims being perceived as promiscuous, leading to negative subjective and social outcomes".[42] Firmes em apontar que, com a prática de revenge porn, a pessoa, com destaque para a mulher, tem um abalo nas suas estruturas psíquicas, sendo o sofrimento, dentre várias outras sensações e sentimentos turbulentos, materializado no dia a dia.[43] Há uma verdadeira diminuição na integridade psíquica, logo da personalidade, da pessoa vítima da pornografia vingativa, é isso.

A vítima da pornografia não consentida experimenta um sofrimento, "uma experiência sensitiva e emocional desagradável associada, ou semelhante àquela associada, a uma lesão tecidual real ou potencial".[44] Há um dano no sistema interno da vítima, onde terceiros não acessam. É no sistema da integridade psíquica que o abalo se materializa, principalmente. O desconforto, cumulado com emoções turbulentas, promove uma degradação da boa faculdade mental, ensejando uma redução nos

---

41. ZANELLO, Valeska; FIUZA, Gabriela; COSTA, Humberto Soares. Saúde mental e gênero: facetas gendradas do sofrimento psíquico. *Revista de Psicologia*, v. 27, n. 3, p. 239, 2015. Disponível em: https://www.scielo.br/j/fractal/a/7ZzRG6HkzvbGYj35qZXNzyP/?format=pdf&lang=pt. Acesso em: 02 jun. 2022.

42. Em tradução: "Mais frequentemente, as vítimas de 'pornografia de vingança' experimentam uma perda de dignidade e segurança percebidas ou reais, e menor respeito da família e amigos. Esses desfechos negativos ocorrem em função da percepção das vítimas como promíscuas, levando a desfechos subjetivos e sociais negativos". MCKINLAY, Tahlee; LAVIS, Tiffany. Why did she send it in the first place? Victim blame in the context of 'revenge porn'. *Psychiatr Psychol Law*, v. 27, n. 03, 2020.

43. Neste sentido, convém ressaltar uma diretriz diferente do facebook, na Austrália, para evitar o revenge porn. "Eine Jugendliche trennt sich von ihrem Freund. Der ist wütend und droht, intime Fotos im Netz zu veröffentlichen. Die letzte Idee, auf die das Mädchen in diesem fiktiven Fall wohl kommen würde: die Nacktbilder selbst bei Facebook hochzuladen. Genau dazu fordert Facebook Nutzer in Australien gerade auf. Wenn sie fürchten, dass andere Nutzer Nacktfotos von ihnen veröffentlichen könnten, sollen sie die Bilder im Facebook-Messenger an sich selbst schicken. Dann, so verspricht Facebook, könne das Netzwerk sie vor Rachepornografie schützen". HURTZ, Simon. In Australien fordert Facebook seine Nutzer auf, intime Fotos hochzuladen – zu ihrem eigenen Schutz. Süddeutsche Zeitung, 09 de nov. 2017. Disponível em: https://www.sueddeutsche.de/panorama/rachepornographie-nackte-angst-1.3740551. Acesso em: 02 jun. 2022.

44. SOUZA, Juliana Barcellos; BARROS, Carlos Marcelo de. Considerações sobre o novo conceito de dor. *BrJP*, v. 3, n. 3, p. 294, 2020. Disponível em: https://www.scielo.br/j/brjp/a/r7Ff7DKVGD8B776KPRyMMPr/?format=pdf&lang=pt. Acesso em: 08 jun. 2022.

direitos de personalidade. Bruna Freitas descreve que o revenge porn é uma prática assombrosa, com a peculiaridade de ser uma exposição de característica pessoais, desprovidas de interesse público, em ambientes digitais, agravando tal cenário pelo resultado atingir horizontalmente e verticalmente a vítima, produzindo uma série de problemas nas faculdades mentais.[45]

Enfatiza-se que a pessoa tem o direito de viver em paz consigo mesmo e terceiros devem colaborar, por ações comissivas ou omissivas, com isso. Sobre esta ótica, tem a personalidade da pessoa que ser desenvolvida sem entraves ilícitos ou lícitos e abusivos, como os que derivam da publicação, sem consentimento de vídeo íntimo. É prática que se desvincula do respeito à integridade psíquica, logo da personalidade, tendo em vista que o conteúdo exposto de modo ilícito entelha na vítima uma série gradual de conturbações mentais. Cite-se que a sequela pode ser mais nefasta ainda, envolvendo até mesmo a vida – Exemplifica-se: Em 2013, uma gaúcha com 16 anos de idade se matou porque descobriu que fotos suas, que mostravam os seios, foram vazadas no ambiente digital.[46]

Pelo fato de existir, deve a personalidade da pessoa ser desenvolvida na realidade, com seus pilares protegidos diante de quaisquer lesões ilícitas, na medida do possível. Trata-se de ideia que encontra amparo no artigo 21 do código civil. Não poderá a pessoa ficar sofrendo abalos em sua higidez psíquica, podendo, com base nos artigos 12 e 21 do código civil, por exemplo, adotar medidas para cessar os efeitos do indevido compartilhamento de conteúdos íntimos. É a tentativa de se proteger, no fundo, a própria pessoa, que tem o direito de viver com suas faculdades psicológicas sobre o véu da proteção e da funcionalidade.

4. PROVEDORES DE CONEXÃO E DE APLICAÇÃO E O REGIME DE RESPONSABILIDADE CIVIL DO MARCO CIVIL DA INTERNET

O Marco Civil da Internet dispõe sobre o regime de responsabilidade civil do provedor de conexão ou aplicação. De início, destaca-se a nítida diferença entre tais espécies de provedores: a) os provedores de conexão "são aqueles que prestam o serviço, geralmente remunerado, de permitir o acesso do usuário à Internet"; b) os provedores de aplicação "são todas as funcionalidades que existem na Internet, como sites, aplicativos, serviços e jogos".[47-48]

---

45. FREITAS, Bruna Ramos. A (DES) valorização da violência psicológica sob a ótica do crime de revenge porn. *Revista Caderno Virtual*, v. 01, n. 05, p. 21, 2021. Disponível em: https://www.portaldeperiodicos.idp.edu.br/cadernovirtual/article/view/5363. Acesso em: 08 jun. 2022.

46. FARIAS, Cristiano Chaves de; ROSENVALD, Nelson; NETTO, Felipe Peixoto Braga. *Curso de direito civil*: responsabilidade civil. 4. ed. Salvador: JusPodivm, 2017, p. 766.

47. CAPANEMA, Walter Aranha. A responsabilidade civil na internet: Uma análise da Lei 12.965/2014. *Revista EMERJ*, v. 20, n. 78, p. 108, 2017. Disponível em: https://www.emerj.tjrj.jus.br/revistaemerj_online/edicoes/revista78/revista78_107.pdf. Acesso em: 04 jun. 2022.

48. Para Samuel Furtado e Frederico Miranda, o provedor de conexão é aquele que permite o usuário a se conectar na internet, isto é, o ser somente acessa a internet por ocorrência do provedor de conexão, por intermédio de conexões dos terminais, já o provedor de aplicação, também conhecido como provedor de conteúdo, "é o prestador de serviço que viabiliza a difusão de informações, seja em texto ou em arquivos multimídia". FURTADO,

No tocante a responsabilidade civil do provedor de conexão, há regra específica do MCI dispondo: "O provedor de conexão à internet não será responsabilizado civilmente por danos decorrentes de conteúdo gerado por terceiros" (Artigo 18).[49] Com isso, não se atribui responsabilidade do provedor de conexão por atos de terceiros que gerem danos. É regra que ambiciona proteger o acesso à internet, no fundo. Nada nestas águas Zanini: "não há que se falar em responsabilidade do provedor de conexão (*backbone*) por criação de conteúdo ou armazenamento de dados e informações".[50]

Em se tratando da responsabilidade civil do provedor de aplicação, o artigo 19 do MCI dispõe regra específica.[51] Aqui, pode haver responsabilidade civil do provedor de aplicação, tal como o *facebook* ser responsabilidade por não cumprir ordem judicial de retirar conteúdo específico. Existem condições prévias para se cogitar de responsabilidade, quais sejam: I) ordem judicial específica, que conterá "identificação clara e específica do conteúdo apontado como infringente, que permita a localização inequívoca do material" (§ 1º, art. 19, MCI); II) não cumprimento da ordem judicial para tornar indisponível o conteúdo, dentro dos limites técnicos disponíveis ao provedor de aplicação.

5. DA LÓGICA INFLACIONÁRIA DE DIREITO À LÓGICA DE PROTEÇÃO À PERSONALIDADE

Vive-se na era dos direitos. Não poderia ser outra a situação da humanidade diante de uma sociedade em constante transformação, com hábitos, práticas, notas sobre Justiça versus o Direito, e tecnologias de informação em constante mutação. No livro "A Era dos Direitos", Bobbio constata que "entramos na era que é chamada de pós-moderna e é caracterizada pelo enorme progresso, vertiginoso e irreversível, da transformação tecnológica e, consequentemente, também tecnocrática do mundo".[52] O âmago da era dos direitos é a inovação tecnológica, que entelha a sociedade de riscos e inseguranças.

Alguns autores destacam que existe uma inflação de direitos, nesta "Era dos Direitos". Gualtieri, por exemplo, entende que na "Era dos Direitos" a autonomia individual

---

Samuel Nunes; MIRANDA, Frederico Cardoso de. O debate do ilícito na internet: Liberdade de expressão e remoção de conteúdo. *Revista do CEJUR*, v. 07, n. 01, p. 115, 2019. Disponível em: https://revistadocejur.tjsc.jus.br/cejur/article/view/330/169. Acesso em: 05 jun. 2022; LIMA, Cíntia Rosa Pereira de. A responsabilidade civil dos provedores de aplicação de internet por conteúdo gerado por terceiro antes e depois do Marco Civil da Internet (Lei n. 12.965/14). *Rev. Fac. Dir. Univ. São Paulo*, v. 110, 2015, p. 163. Disponível em: https://www.revistas.usp.br/rfdusp/article/view/115489/113071. Acesso em: 05 jun. 2022.

49. BRASIL. Lei 12.965, de 23 de abril de 2014. Estabelece princípios, garantias, direitos e deveres para o uso da Internet no Brasil. Disponível em: http://www.planalto.gov.br/ccivil_03/_ato2011-2014/2014/lei/l12965.htm. Acesso em: 05 jun. 2022.

50. ZANINI, Leonardo Estevam de Assis. Responsabilidade civil dos provedores de internet e proteção à imagem. *Revista de Doutrina da 4ª Região*, n. 80, 2017. Disponível em: https://revistadoutrina.trf4.jus.br/index.htm?https://revistadoutrina.trf4.jus.br/artigos/edicao080/Leonardo_Zanini.html. Acesso em: 05 jun. 2022.

51. A regra específica é: "Com o intuito de assegurar a liberdade de expressão e impedir a censura, o provedor de aplicações de internet somente poderá ser responsabilizado civilmente por danos decorrentes de conteúdo gerado por terceiros se, após ordem judicial específica, não tomar as providências para, no âmbito e nos limites técnicos do seu serviço e dentro do prazo assinalado, tornar indisponível o conteúdo apontado como infringente, ressalvadas as disposições legais em contrário".

52. BOBBIO, Norberto. *A era dos direitos*. 7. ed. São Paulo: Elsevier Editora LTDA, 2004, p. 96.

é responsável pelo *boom* de direitos, que acabam sendo triviais, ou seja, tão comuns que não é possível dá-los os devidos efeitos.[53] Para Rizek, o Brasil enfrenta o fenômeno de inflação de leis, com o resultado paradoxo de insegurança jurídica – é na lógica de que o *boom* de leis produz a incerteza.[54]

Firmes em defender que, no Brasil, realmente acontece o fenômeno de inflação de direitos. Quer dizer, para tentar amenizar conflitos e ilícitos, adota o Brasil, por intermédio do legislativo (função típica) e outros poderes (função atípica), o ideário de criar diversificadas leis. Há verdadeira fábrica normativa de leis. É dizer que "a produção legislativa, desse modo, segue sem controle".[55] Almeja o legislador, principalmente, resolver os impasses com a publicação de diversas normas, alcançando cada vez mais um número grande de normas sem efetividade.

Bobbio revela a seguinte questão: "uma coisa é falar dos direitos do homem, direitos sempre novos e cada vez mais extensos, e justificá-los com argumentos convincentes; outra coisa é garantir lhes uma proteção efetiva". Partindo desta lógica, seria o artigo 21 do Marco Civil da Internet o resultado de uma inflação de direitos?

Primeiro, interessante é destacar que vivemos em um pós-positivismo, qualificado por ser um ideário "no qual se incluem algumas ideias de justiça além da lei e de igualdade material mínima, advindas da teoria crítica, ao lado da teoria dos direitos fundamentais".[56] É neste pós-positivismo que a personalidade humana, enquanto um valor fundamental, ganha valor, produzindo efeitos concretos no momento de produção normativa. Aqui, a personalidade humana deixa de possuir apenas regulação material pelo direito, como fora no positivismo, sendo um valor de observância obrigatória por terceiros, com força vinculante.

A espinha dorsal do pós-positivismo está em reconhecer o indivíduo, por simples existência, como portador de uma personalidade que merece, sempre que possível, proteção jurídica contra degradação ou perecimento. Ensina Eros Roberto Grau que é, aqui, que a personalidade individual passa a ser um fim norteador do Estado de Direito; é a personalidade uma condição para exercício normativo.[57] De fato, inaugura-se uma era onde a pessoa e sua personalidade alavancam um escudo contra-ataques.

Aduz Douzinas: "Following a felicitous and now classical presentation of the move from the ancients to the moderns, man is no longer conceived as a mirror of some superior and external reality but as the lamp, the source and centre of light illuminating the

---

53. GUALTIERI, André. O problema da inflação de direitos: Causas e riscos. *Revista Eletrônica Direito e Política*, v. 16, n. 01, p. 285-286, 2021. Disponível em: https://periodicos.univali.br/index.php/rdp/article/view/17544. Acesso em: 10 jun. 2022.
54. RIZEK JÚNIOR, Rubens Naman. *O processo de consolidação e organização legislativa*. Tese (Doutorado em Direito), Faculdade de Direito da USP., 2009. Disponível em: https://www.teses.usp.br/teses/disponiveis/2/2134/tde-26052010-160859/publico/Rubens_Naman_Rizek_Junior_Tese.pdf. Acesso em: 09 jun. 2022.
55. SILVA, Márcio Alves da; SILVA, Matheus Passos. *A inflação legislativa a partir da Constituição Federal de 1988*. Brasília: Vestnik, 2014.
56. BARROSO, Luís Roberto. *Curso de direito constitucional*. 2. ed. São Paulo: Saraiva, 2010.
57. GRAU, Eros Roberto. *Ensaio e discurso sobre a interpretação e aplicação do direito*. São Paulo: Malheiros, 2002, p. 96-97.

world".[58] Estando inserido em uma realidade pós-positivista, é intrínseco que o valor da personalidade rodeará qualquer direcionamento normativo, funcionando como viga que sustenta a construção do Estado de Direito. Para Telles Júnior, o homem abandona a concepção fragmentária de se ver isolado, adotando a linhagem de que vê todos, constrói o direito e constrói a si mesmo, isto é, "percebe-se que uma tomada de consciência que tente relacionar os anseios e desejos humanos com o respeito pela capacidade de criação e de orientação do próximo".[59]

Como efeito dominó deste quadro, inaugura-se uma era legislativa destinada para tutelar a pessoa, em sua essência íntegra. Não mais se aceita o reconhecimento parcial da personalidade, de que apenas alguns indivíduos devem ser protegidos. A personalidade é universal, trazendo para qualquer humano o reconhecimento de que tem uma zona de proteção – Não é à toa que o artigo 1º, da Carta Magna, entabula que a República Federativa do Brasil tem como fundamento a dignidade da pessoa humana, logo do valor do ser, de sua personalidade. Não é outro o legado deixado por Kant, no sentido de que a pessoa "consiste precisamente nesta capacidade de ser legislador universal", pela sua autonomia ser base para "toda a natureza social", como o Estado de Direito.[60]

Assim sendo, para efetiva proteção do ser humano, de carne e osso, se faz necessária a positivação de amparos normativos, como o Marco Civil da Internet. Em que pese o artigo 12 do código civil, enquanto cláusula geral de proteção humana, servir como fundamentação jurídica para a retirada de conteúdo íntimo da internet, o artigo 21 do Marco Civil da Internet é regra específica, que encontra amparo não apenas no respeito ao procedimento legislativo, logo sendo lei válida, como também na própria fundamentação da República, que é a de tutelar, sempre que possível, a essência humana.

Abandona-se a lógica de que o Direito é rígido, imune aos avanços tecnológicos e seus impactos nas ingerências humanas, e entra-se, neste pós-positivismo, em uma era em que o humano deve ser protegido contra as ameaças ou os danos advindos do uso da internet. Daí porque discordamos de Tomasevicius Filho, que defende que o MCI não irá provocar "mudanças substanciais, uma vez que esta não acrescentou praticamente nada à legislação vigente".[61]

Por exemplo, pela lógica apenas do artigo 12 do código civil, precisaria de uma decisão judicial para que o provedor de aplicação, como o *facebook* ou um site com material pornográfico, retire o material ilícito e de conteúdo sensível, já pela lógica do artigo 21 do MCI não se precisaria nem de decisão de um juiz competente, pois vídeos e imagens,

---

58. Em tradução "Após uma apresentação feliz e agora clássica da passagem dos antigos para os modernos, o homem não é mais concebido como um espelho de alguma realidade superior e externa, mas como a lâmpada, a fonte e o centro de luz que ilumina o mundo". DOUZINAS, Costas. *The end of human rights*: critical legal thought at the turn of the century. Oxford: North America, 2000, p. 83.

59. TELLES JÚNIOR, Goffredo. *O direito quântico*. São Paulo: Ed. Juarez de Oliveira, 2003.

60. KANT, Immanuel. *Fundamentação da metafísica dos costumes*. São Paulo: Abril Cultural, 1980, p. 74-85.

61. TOMASEVICIUS FILHO, Eduardo. *Marco Civil da Internet*: Uma lei sem conteúdo normativo. Estudos Avançados, v. 30, n. 86, 2016, p. 276. Disponível em: https://www.scielo.br/j/ea/a/n87YsBGnphdHHBSMpCK7zS-N/?format=pdf&lang=pt. Acesso em: 11 jun. 2022.

expostos sem o consentimento, por vingança, com cenas de nudez ou de atos sexuais de caráter privado, devem ser retirados pelos provedores de aplicação, bastando, para tanto, o pedido de remoção ser específico, com identificação nítida do conteúdo ilícito. Há mudança substancial, pois na lógica do art. 12 precisaria de ativação do judiciário, já pela lógica do art. 21 do MCI a retirada não depende de provocação do judiciário. Esta mudança substancial significa, no fundo, que a personalidade estará mais resguardada, tendo em vista a economia de tempo por ser procedimento extrajudicial – E, neste ponto, não se olvide que o provedor de aplicação deve atuar com boa-fé, atuando com celeridade e eficiência para a retirada do conteúdo que é fruto de revenge porn, sobre pena de responder civilmente pelos danos e, em lógica avançada, receber uma pena civil pelo desprezo de condição da pessoa humana; quer dizer, é a aplicação da *punitive damages*.

O Marco Civil da Internet (art. 21) e o Código civil (art. 12) não devem ser interpretados separadamente, mas sim de forma conjunta. Enquanto o artigo 12 é base para proteção da personalidade da pessoa contra lesão ou ameaça de revenge porn, o artigo 21 é norma-regra específica, que resguarda a vítima contra danos existenciais (morais). Para Teffé e Maria Celina Bodin, o artigo 21 do MCI é norma que preza pela celeridade na resolução do conflito que envolve revenge porn, porque dispõe regra específica sobre o provedor de aplicação ter que retirar o conteúdo ilícito de sua base, e, para tanto, terá que atuar com boa-fé, em sua função integrativa de cooperação.[62] Quer dizer, o art. 21 e o art. 12 devem ser aplicados de forma conjunta, com fulcro na melhor proteção da vítima contra o revenge porn, em respeito à sua personalidade que reclama uma íntegra cobertura contra ameaças ou lesões de danos.

O artigo 21 do Marco Civil da Internet é resultado do transporte da lógica inflacionária de direito para a lógica de proteção da personalidade. Isto porque, é um mecanismo específico e que visa tutelar o melhor interesse da pessoa, assim como o artigo 12 do Código Civil. Mas, devem ser vistos como aliados, não inimigos. A personalidade humana, valor individual (cada pessoa tem) e coletivo (está para a coletividade), reclama mecanismos que servem para sua proteção, especialmente neste cenário de pós-positivismo em que o princípio da dignidade é vetor para a operação do Estado e das ações de terceiros. Trocando em miúdos, com fulcro na melhor projeção da personalidade, deve-se deixar a ótica de inflação de direitos para entrar à lógica de proteção da personalidade.

6. A PROJEÇÃO DA PERSONALIDADE CONTRA *REVENGE PORN* DE ACORDO COM O MCI

O artigo 21 do MCI dispõe regra específica no que diz respeito ao revenge porn.[63] Trata-se de regra que privilegia a personalidade humana diante do revenge porn, tendo

---

62. TEFFÉ, Chiara Spadaccini de; MORAES, Maria Celina Bodin de. *Redes sociais virtuais*: privacidade e responsabilidade civil: análise a partir do Marco Civil da internet. *Revista Pensar*, v. 22, n. 1, p. 140-141, 2017. Disponível em: https://itsrio.org/wp-content/uploads/2018/09/TEFFE_Chiara.pdf. Acesso em: 11 jun. 2022.

63. Art. 21. O provedor de aplicações de internet que disponibilize conteúdo gerado por terceiros será responsabilizado subsidiariamente pela violação da intimidade decorrente da divulgação, sem autorização de seus

em vista que, de certa forma, impõe um dever para o provedor de aplicação, em face de um pedido claro e fundamentado, para retirar o conteúdo (vídeo, imagem, link e outros) com conteúdo ilícito e íntimo, que é fruto do revenge porn. Não deve a pessoa, com destaque para a mulher, ficar submetida à eterna "sociedade do espetáculo", tendo que ter sua base de personalidade e os valores advindos daí, como a integridade psicofísica e a imagem, escoltados no véu da proteção.

Revenge porn é uma prática que deságua em consequências prejudiciais à personalidade.[64] Noutro giro, a personalidade humana merece estar no recanto da paz, com as estruturas físicas e psíquicas se banhando na zona livre de deterioração ou perecimento. Pelo simples fato de existir, a personalidade humana reclama uma proteção contra atos vingativos com conteúdo íntimos.

Nesta trilha, Nelson Rosenvald e Cristiano Chaves disparam: "A vida humana reclama, pois, especialíssima proteção, impondo a repulsa contra todo e qualquer risco contra a degradação ou destruição de sua integridade".[65] Não é demais destacar que a integridade psíquica, inerente ao direito de personalidade, também reclama proteção contra perecimento ou degradação. Com isso, se tem que o revenge porn atinge diretamente a pessoa, provocando uma série de turbulências nas integridades psíquicas, especialmente ao se levar em conta que é prática produtora de insônia, ansiedade, tristeza e insossego; e isto quando não leva ao suicídio.

Destaca-se que o revenge porn atinge diretamente a esfera da integridade psíquica, porquanto imbrica em dor psicológica, materializada no âmbito interno por meio de pensamentos que envolvam preocupação, medo, receio, ansiedade, vergonha. Em pesquisa empírica, se extraí dos relatos que uma "situação de exposição na internet gerou sofrimento psíquica, que em alguns casos parece ter evoluído para quadros de sofrimento grave".[66] Ou seja, revenge porn entelha a personalidade da pessoa, especialmente da mulher, com graves lesões, que são visíveis pela vítima com os sofrimentos experimentados. Há dor psicológica, qualificada em ansiedade, medo, tristeza.

---

participantes, de imagens, de vídeos ou de outros materiais contendo cenas de nudez ou de atos sexuais de caráter privado quando, após o recebimento de notificação pelo participante ou seu representante legal, deixar de promover, de forma diligente, no âmbito e nos limites técnicos do seu serviço, a indisponibilização desse conteúdo. BRASIL. Estabelece princípios, garantias, direitos e deveres para o uso da Internet no Brasil. Lei 12.965, de 23 de abril de 2014. Disponível em: http://www.planalto.gov.br/ccivil_03/_ato2011-2014/2014/lei/l12965.htm. Acesso em: 10 jun. 2022.

64. Prova viva deste fenômeno é encontrada em materiais doutrinários. De 50 decisões proferidas no Tribunal de Justiça do Estado do Rio Grande do Sul, de 2017 até 2020, 31 tinha o mesmo pedido: indenização em dano moral por revenge porn. Destas 31, 25 foram procedentes e 6 improcedentes. É incontestável que o revenge porn causa prejuízos existenciais, refletindo até na integridade psíquica. BOLESINA, Iuri; TEIXEIRA, Briane Gomes. O preço da pornografia de vingança: os danos e as indenizações reconhecidas pelo Tribunal de Justiça do Rio Grande do Sul entre os anos de 2017 a 2020. *Revista da Defensoria Pública*, v. 01, n, 12, 2021. Disponível em: https://revistadpers.emnuvens.com.br/defensoria/article/view/402. Acesso em: 11 jun. 2022.

65. FARIAS, Cristiano Chaves de; ROSENVALD, Nelson. *Curso de direito civil*: parte geral e LINDB. 15. ed. Salvador: JusPodivm, 2017, p. 226.

66. SOUSA, Letícia de Melo. Slut shaming e porn revenge. Vivências de mulheres jovens e as repercussões para a saúde mental. Dissertação (Mestrado em psicologia), 2017, p. 44. https://repositorio.ufpb.br/jspui/bitstream/123456789/12168/1/Arquivototal.pdf. Acesso em: 11 jun. 2022.

Daí porque o artigo 21 do Marco Civil da Internet é instrumento de proteção e projeção da personalidade, uma vez que impõe ao provedor de aplicação uma obrigação de fazer, que é a de retirada de sua base de conteúdo que é fruto de revenge porn.

7. CONSIDERAÇÕES FINAIS

O artigo 12 do Código civil e o artigo 21 do Marco Civil da Internet devem ser interpretados de forma conjunta, em respeito ao melhor interesse advindo do ser humano e de sua personalidade. Não são dispositivos contrários, mas complementares. É nesta linha que se firma o entendimento de que o artigo 21 do MCI não é fruto de inflação legislativa, mas sim de norma-regra para melhor respaldo na integridade da pessoa.

É essencial que ambos instrumentos sejam utilizados e tenham vigência, para continuar reforçando que a pessoa, pelo fato de existir, tem sua personalidade sustentada na viga de íntegra proteção contra indevidas lesões ou ameaças. Não se deve esquecer que a integridade psíquica deve ser protegida, evitando-se sensações e sentimentos prejudiciais à saúde mental, como dor psíquica, preocupação, medo, ansiedade e intranquilidade.

O art. 21 do MCI, assim como o art. 12 do código civil, percorrem a linha ideológica de melhor interesse da pessoa, não da lógica de inflação de direitos, como certos doutrinários ponderam. De fato, o art. 21 do MCI, enquanto regra específica, advém para revelar que a internet não é terra sem lei, de tal modo que a personalidade *ter-se-á* que ficar protegida face a condutas que a atinjam, como o revenge porn.

Em realidade, o artigo 21 do MCI é lei que promove a salubridade psíquica, de certo modo. Isto porque, ao dispor de mecanismo para remoção de conteúdo íntimo sem necessidade até de ativar o judiciário, promove automaticamente a proteção da integridade psíquica, afinal diante do pedido certo e delimitado é um dever retirar aquele conteúdo; e, tal medida, faz com que menos pessoas ou nenhuma tenha acesso ao ilícito, amenizando as consequências à esfera da personalidade.

8. REFERÊNCIAS

ALVES, Rogério Pacheco. *O DNA kantiano dos direitos humanos e sua crítica a partir da filosofia imanente de Spinoza*. Tese (Doutorado em Direito), Pontifícia Universidade Católica do Rio de Janeiro, 2015.

BARROSO, Luís Roberto. *A dignidade da pessoa humana no direito constitucional contemporâneo*: natureza jurídica, conteúdos mínimos e critérios de aplicação, p. 16-18. Disponível em: https://luisrobertobarroso.com.br/wp-content/uploads/2010/12/Dignidade_texto-base_11dez2010.pdf. Acesso em: 05 jun. 2022.

BARROSO, Luís Roberto. *Curso de direito constitucional*. 2. ed. São Paulo: Saraiva, 2010.

BOBBIO, Norberto. *A era dos direitos*. 7. ed. São Paulo: Elsevier Editora LTDA, 2004.

BRASIL. Institui o Código Civil. Lei 10.406, de 10 de janeiro de 2002.

BRASIL. Lei 12.965, de 23 de abril de 2014. Estabelece princípios, garantias, direitos e deveres para o uso da Internet no Brasil.

BENIGER, James. *The Control Revolution*: Technological and Economic Origins of the Information Society. Cambridge: Harvard University Press, 1989.

BERTONCELLO, Franciellen. *Direitos da personalidade*: uma nova categoria de direitos a ser tutelada. Dissertação (Mestrado em Direito), Universidade de Maringá, 2006, p. 35-36. Disponível em: http://www. dominiopublico.gov.br/download/teste/arqs/cp021795.pdf. Acesso em: 08 jun. 2022.

BOLESINA, Iuri; TEIXEIRA, Briane Gomes. O preço da pornografia de vingança: os danos e as indenizações reconhecidas pelo Tribunal de Justiça do Rio Grande do Sul entre os anos de 2017 a 2020. *Revista da Defensoria Pública*, v. 01, n, 12, 2021. Disponível em: https://revistadpers.emnuvens.com.br/defensoria/ article/view/402. Acesso em: 11 jun. 2022.

BORGES, Gabriel Oliveira de Aguiar. *O efeito jurídico do ato médico na interrupção da gravidez*: a vida como dano. Dissertação (Mestrado em Direito), Universidade Federal de Uberlândia, 2019, p. 41. Disponível em: http://repositorio.ufu.br/bitstream/123456789/24672/1/EfeitoJur%C3%ADdicoAto.pdf. Acesso em: 05 jun. 2022.

BORGHETTI, Cibele Stefani. *Pessoa e personalidade humanas*: uma reflexão histórico-dogmática do seu reconhecimento e proteção jurídicos, na perspectiva da teoria da relação jurídica e das teorias dos direitos de personalidade. Mestrado (Dissertação em Direito), Universidade Federal do Paraná, 2006, p. 35. Disponível em: http://www.dominiopublico.gov.br/download/teste/arqs/cp008493.pdf. Acesso em: 06 jun. 2022.

CAGGIANO, Ilaria Amelia. Il consenso al trattamento dei dati personali tra Nuovo Regolamento Europeo (GDPR) e analisi comportamentale. Iniziali spunti di riflessione. Diritto, Mercato, *Tecnologia*, 2017, p. 04-05. Disponível em: https://www.dimt.it/wp-content/uploads/2017/06/images_pdf_Caggiano.pdf. Acesso em: 08 jun. 2022.

CAPANEMA, Walter Aranha. A responsabilidade civil na internet: Uma análise da Lei 12.965/2014. *Revista EMERJ*, v. 20, n. 78, p. 108, 2017. Disponível em: https://www.emerj.tjrj.jus.br/revistaemerj_online/ edicoes/revista78/revista78_107.pdf. Acesso em: 04 jun. 2022.

CASTELLS, Manuel. *A sociedade em rede*. 6. ed. São Paulo: Paz e Terra, 1999.

COSTA, Ilton Garcia da; FREITAS, Renato Alexandre da Silva; EMOTO, Leiliane Rodrigues da Silva. Pessoa: um breve panorama histórico. *Revista Jurídica Cesumar*, v. 21, n. 1, p. 48, 2021. Disponível em: https:// periodicos.unicesumar.edu.br/index.php/revjuridica/article/view/7453/6640. Acesso em: 04 jun. 2022.

COSTA, Leonardo Bocchi; COSTA, Ana Paula Bocchi. Flexibilidade da personalidade jurídica no direito romano: os dois lados de uma inovação jurídica. *Revista Juris UniToledo*, v. 3, n. 4, p. 88, 2018. Disponível em: http://www.mpsp.mp.br/portal/page/portal/documentacao_e_divulgacao/doc_biblioteca/ bibli_servicos_produtos/bibli_boletim/bibli_bol_2006/Rev-Juris-UNITOLEDO_v.3_n.4.05.pdf. Acesso em: 22 dez. 2021.

DONEDA, Danilo. Os direitos da personalidade no código civil. *Revista da Faculdade de Direito de Campos*, v. 6, n. 6, p. 82, 2005. Disponível em: http://fdc.br/Arquivos/Mestrado/Revistas/Revista06/Docente/03. pdf. Acesso em: 04 jun. 2022.

DOUZINAS, Costas. *The end of human rights*: critical legal thought at the turn of the century. Oxford: North America, 2000.

DUBUISSON, Bernard; JOURDAIN, Patrice. *Le dommage et sa réparation dans la responsabilité contractuelle et extracontractuelle*. S.l.: Bibliothèque de la faculté de droit et de criminologie de l'Université catholique de Louvain, 2015.

FARIAS, Cristiano Chaves de; ROSENVALD, Nelson. *Curso de direito civil*: parte geral e LINDB. 15. ed. Salvador: JusPodivm, 2017.

FARIAS, Cristiano Chaves de; ROSENVALD, Nelson; NETTO, Felipe Peixoto Braga. *Curso de direito civil*: responsabilidade civil. 4. ed. Salvador: JusPodivm, 2017.

FERMENTÃO, Cleide Aparecida Gomes Rodrigues. Os direitos da personalidade como direitos essenciais e a subjetividade do direito. *Revista Jurídica Cesumar*, v. 6, Maringá, 2006. Disponível em: https:// periodicos.unicesumar.edu.br/index.php/revjuridica/article/view/313/172. Acesso em: 07 jun. 2022.

FERREIRA, Henrique Felipe. Fundamentos da responsabilidade civil: Dano injusto e ato ilícito. *Revista de Direito Privado*, v. 03, p. 114, 2000.

FRANCESCHET, Júlio César. Direitos da personalidade: A indissociabilidade dos elementos morais e patrimoniais. *Revista de Direito Civil Contemporâneo*, v. 20, p. 33, 2019. Disponível em: https://shre.ink/ZD4. Acesso em: 07 jun. 2022.

FREITAS, Bruna Ramos. A (DES) valorização da violência psicológica sob a ótica do crime de revenge porn. *Revista Caderno Virtual*, v. 01, n. 05, p. 21, 2021. Disponível em: https://www.portaldeperiodicos.idp.edu.br/cadernovirtual/article/view/5363. Acesso em: 08 jun. 2022.

FURTADO, Samuel Nunes; MIRANDA, Frederico Cardoso de. O debate do ilícito na internet: Liberdade de expressão e remoção de conteúdo. *Revista do CEJUR*, v. 07, n. 01, p. 115, 2019. Disponível em: https://revistadocejur.tjsc.jus.br/cejur/article/view/330/169. Acesso em: 05 jun. 2022.

GENSAS, Rafael Saltz; PAGANELLA, Victoria Dickow. A dicotomia entre responsabilidade negocial e extranegocial e o enquadramento da responsabilidade pré-negocial. *Revista de Direito Privado*, v. 105, p. 82, 2020. Disponível em: https://shre.ink/ZDw. Acesso em: 14 maio 2022.

GRAU, Eros Roberto. *Ensaio e discurso sobre a interpretação e aplicação do direito*. São Paulo: Malheiros, 2002.

GUALTIERI, André. O problema da inflação de direitos: Causas e riscos. *Revista Eletrônica Direito e Política*, v. 16, n. 01, p. 285-286, 2021. Disponível em: https://periodicos.univali.br/index.php/rdp/article/view/17544. Acesso em: 10 jun. 2022.

HOGEMANN, Edna Raquel. A ambiguidade da noção de pessoa e o debate bioético contemporâneo. *XIX Encontro Nacional do CONPEDI*, 2010, p. 565. Disponível em: http://www.publicadireito.com.br/conpedi/manaus/arquivos/anais/fortaleza/3023.pdf. Acesso em: 04 jun. 2022.

HARPER, Craig A. et al. *Development and Validation of the Beliefs About Revenge Pornography Questionnaire*. Sexual Abuse, 2022. Disponível em: https://journals.sagepub.com/doi/full/10.1177/10790632221082663. Acesso em: 08 jun. 2022.

HURTZ, Simon. *In Australien fordert Facebook seine Nutzer auf, intime Fotos hochzuladen* – zu ihrem eigenen Schutz. Süddeutsche Zeitung, 09 de nov. 2017. Disponível em: https://www.sueddeutsche.de/panorama/rachepornographie-nackte-angst-1.3740551. Acesso em: 02 jun. 2022.

KAMAL, Mudasir; NEWMAN, William J. Revenge Pornography: Mental Health Implications and Related Legislation. T*he Journal of the American Academy of Psychiatry the law*, v. 44, n. 3, 2016. Disponível em: http://jaapl.org/content/44/3/359. Acesso em: 08 jun. 2022.

KANT, Immanuel. *Fundamentação da metafísica dos costumes*. São Paulo: Abril Cultural, 1980.

LEHMANN, Heinrich. *Tratado de Derecho Civi*l: Parte General. Madrid: Editorial Revista de Derecho Privado, 1956.

LIMA, Cíntia Rosa Pereira de. A responsabilidade civil dos provedores de aplicação de internet por conteúdo gerado por terceiro antes e depois do Marco Civil da Internet (Lei 12.965/14). *Rev. Fac. Dir. Univ. São Paulo*, v. 110, p. 163, 2015. Disponível em: https://www.revistas.usp.br/rfdusp/article/view/115489/113071. Acesso em: 05 jun. 2022.

LIMBERGER, Têmis; MORAES, Carla Andreatta Sobbé. Comércio eletrônico: A vulnerabilidade do consumidor pela (des)informação e a responsabilidade civil dos provedores na Internet. *Revista de Direito do Consumidor*, v. 97, 2015, p. 256-257. Disponível em: https://www.revistadostribunais.com.br/maf/app/widget/document?docguid=Ia6772890a91211e4949b010000000000. Acesso em: 08 jun. 2022.

MARQUES, Claudia Lima; MUCELIN, Guilherme. Novo mercado de consumo 'simbiótico' e a necessidade de proteção de dados dos consumidores. SALES SARLET, Gabrielle Bezerra; NEUBARTH TRINDADE, Manoel Gustavo; MELGARÉ, Plínio (Coord.). *Proteção de dados*: temas controvertidos. São Paulo: Editora Foco, 2021.

MCKINLAY, Tahlee; LAVIS, Tiffany. Why did she send it in the first place? Victim blame in the context of 'revenge porn'. *Psychiatr Psychol Law*, v. 27, n. 03, 2020.

MONTEIRO FILHO, Carlos Edison do Rêgo. Limites ao princípio da reparação integral no direito brasileiro. *Civilistica.com*, v. 7, n. 1, p. 02-03, 2018. Disponível em: https://civilistica.emnuvens.com.br/redc/article/view/317/265. Acesso em: 04 jun. 2022.

NEVES, Daniel Amorim Assumpção. *Manual de Direito Processual Civil*. 10. ed. Salvador: JusPodivm, 2018.

NORONHA, Fernando. Desenvolvimentos contemporâneos da responsabilidade civil. *Revista dos Tribunais*, v. 761, p. 31. 1999.

PINHEIRO, Rosalice Fidalgo; TRAUTWEIN, José Roberto Della Tonia. O princípio da reparação integral e a "contraofensiva da culpabilidade": revisitando a cláusula de redução equitativa da indenização. *Revista de Informação Legislativa*, v. 57, n. 226, p. 232, 2020. Disponível em: https://www12.senado.leg.br/ril/edicoes/57/226/ril_v57_n226_p71. Acesso em: 07 jun. 2022.

PORTUGAL. Código Civil Português. Decreto-lei 47 344, de 25 de novembro de 1966. Disponível em: https://www.igac.gov.pt/documents/20178/358682/C%C3%B3digo+Civil.pdf/2e6b36d8-876b-433c-88c1-5b066aa93991. Acesso em: 06 jun. 2022.

RECH, E. A.; ROANI, A. R. A pessoa humana como um fim em si mesma no estado democrático de direito brasileiro fundado pela constituição federal de 1988. *Perspectiva*, v. 37, n. 138, p. 45, 2013. Disponível em: https://www.uricer.edu.br/site/pdfs/perspectiva/138_346.pdf. Acesso em: 06 jun. 2022.

RIZEK JÚNIOR, Rubens Naman. *O processo de consolidação e organização legislativa*. Tese (Doutorado em Direito), Faculdade de Direito da USP., 2009. Disponível em: https://www.teses.usp.br/teses/disponiveis/2/2134/tde-26052010-160859/publico/Rubens_Naman_Rizek_Junior_Tese.pdf. Acesso em: 09 jun. 2022.

RODRIGUES, Ivana Bonesi. Responsabilidade civil por danos causados aos direitos da personalidade. *Revista de Direito Privado*, v. 09, p. 125-126, 2002. Disponível em: https://shre.ink/ZD0. Acesso em: 03 jun. 2022.

ROSENVALD, Nelson; FARIAS, Cristiano Chaves de. *Curso de direito civil*: parte geral e LINDB. 15. ed. Salvador: JusPodivm, 2017.

SARLET, Ingo Wolfgang. *Dignidade da pessoa humana e direitos fundamentais na Constituição Federal de 1988*. 4 .ed. Porto Alegre: Livraria do Advogado, 2006.

SEGUNDO, Elpídio Paiva Luz. Direitos da Personalidade: quo vadis? *Revista de Direito da Faculdade Guanambi*, v. 07, n. 01, p. 16-17, 2020. Disponível em: http://revistas.faculdadeguanambi.edu.br/index.php/Revistadedireito/article/view/280/167. Acesso em: 07 jun. 2022.

SILVA, Artenira da Silva; PINHEIRO, Rossana Barros. Exposição que fere, percepção que mata: A urgência de uma abordagem psicosociojurídica da pornografia de vingança à luz da lei Maria da Penha. *Revista da Faculdade de Direito*, v. 62, n. 03, p. 249, 2017. Disponível em: https://revistas.ufpr.br/direito/article/download/53834/35769. Acesso em: 02 jun. 2022.

SILVA, Márcio Alves da; SILVA, Matheus Passos. *A inflação legislativa a partir da Constituição Federal de 1988*. Brasília: Vestnik, 2014.

SOUZA, Juliana Barcellos; BARROS, Carlos Marcelo de. Considerações sobre o novo conceito de dor. *BrJP*, v. 3, n. 3, p. 294, 2020. Disponível em: https://www.scielo.br/j/brjp/a/r7Ff7DKVGD8B776KPRyMM-Pr/?format=pdf&lang=pt. Acesso em: 08 jun. 2022.

SOUSA, Letícia de Melo. *Slut shaming* e *porn revenge*. Vivências de mulheres jovens e as repercussões para a saúde mental. Dissertação (Mestrado em psicologia), 2017, p. 44. https://repositorio.ufpb.br/jspui/bitstream/123456789/12168/1/Arquivototal.pdf. Acesso em: 11 jun. 2022.

TEFFÉ, Chiara Spadaccini de; MORAES, Maria Celina Bodin de. Redes sociais virtuais: Privacidade e responsabilidade civil: Análise a partir do Marco civil da internet. *Revista Pensar*, v. 22, n. 1, p. 140-141,

2017. Disponível em: https://itsrio.org/wp-content/uploads/2018/09/TEFFE_Chiara.pdf. Acesso em: 11 jun. 2022.

TELLES JÚNIOR, Goffredo. *O direito quântico*. São Paulo: Ed. Juarez de Oliveira, 2003.

TOMASEVICIUS FILHO, Eduardo. Marco Civil da Internet: Uma lei sem conteúdo normativo. *Estudos Avançados*, v. 30, n. 86, p. 276, 2016. Disponível em: https://www.scielo.br/j/ea/a/n87YsBGnph-dHHBSMpCK7zSN/?format=pdf&lang=pt. Acesso em: 11 jun. 2022.

ZANELLO, Valeska; FIUZA, Gabriela; COSTA, Humberto Soares. Saúde mental e gênero: facetas gendradas do sofrimento psíquico. *Revista de Psicologia*, v. 27, n. 3, p. 239, 2015. Disponível em: https://www.scielo.br/j/fractal/a/7ZzRG6HkzvbGYj35qZXNzyP/?format=pdf&lang=pt. Acesso em: 02 jun. 2022.

ZANETI JÚNIOR, Hermes; ALVES, Gustavo Silva; LIMA, Rafael de Oliveira. A tutela específica contra o ilícito (art. 497, parágrafo único, CPC/2015) nas ações coletivas em defesa do consumidor. *Revista do Direito do Consumidor*, n. 110, 2020.

ZANINI, Leonardo Estevam de Assis. Responsabilidade civil dos provedores de internet e proteção à imagem. *Revista de Doutrina da 4ª Região*, n. 80, 2017. Disponível em: https://revistadoutrina.trf4.jus.br/index.htm?https://revistadoutrina.trf4.jus.br/artigos/edicao080/Leonardo_Zanini.html. Acesso em: 05 jun. 2022.

11
EU, ROBÔ

Naiara Aparecida Lima Vilela

Mestranda em Direito pela Universidade Federal de Uberlândia (UFU). Especialista em Direito Constitucional, Digital e Compliance pela Faculdade IBMEC São Paulo e Instituto Damásio de Direito. Autora do livro O Comércio de Dados Pessoais e a (Des) Proteção da Privacidade entre outras obras e artigos jurídicos. Foi aluna do Módulo Internacional de "Temas Avançados de Direito Público e Privado" na Universidade de Santiago de Compostela (USC), Espanha, e do Módulo Internacional de "Direitos Humanos Teoria e Prática" na Universidade Autónoma de Centro América (UACA), Costa Rica. É membro do Instituto Ibero-americano de Compliance. Advogada. E-mail: naiara.lima.vilela@ufu.br.

"Houve um tempo em que o homem enfrentou o universo sozinho e sem amigos. Agora ele tem criaturas para ajudá-lo; criaturas mais fortes que ele próprio, mais fiéis, mais úteis e totalmente devotadas a ele. A humanidade não está mais sozinha."[1]

Sumário: 1. Introdução – 2. Robbie – 3. Razão – 4. O conflito evitável – 5. Considerações finais – 6. Referências.

1. INTRODUÇÃO

A obra de Isaac Asimov se trata de referência no campo da robótica. As três leis apresentadas no livro são até hoje respeitadas por pesquisadores e desenvolvedores do setor. Assim, da ficção para a realidade, o livro *Eu, robô* apresenta reflexões importantes para o convívio de robôs na sociedade o que comporá o presente estudo, pois essa tecnologia parece de certa forma uma caixa de pandora que a qualquer momento pode se voltar contra a humanidade, utilizada por ela mesma ou por terceiros de má-fé, ocasionando impactos no meio econômico, do trabalho, individual, social, prejudicando a dignidade da pessoa humana, bem como sua própria vida.

Como tudo que é humano apresenta virtudes e problemas, soluções e prejuízos, as tecnologias criadas pelos seres humanos também não são perfeitas. Por essa razão, dar mente a uma máquina com o desenrolar do desenvolvimento da inteligência artificial e dar corpo em forma de máquinas, criando assim robôs inteligentes, sujeitos artificialmente conscientes, poderia estar por transformar por completo a sociedade que hoje se conhece.

---

1. ASIMOV, Isaac. *Eu, robô*. Trad. Aline Storto Pereira. São Paulo: Aleph, 2014.

À vista disso, a fim de alcançar o objetivo, com o método de abordagem dedutivo e a técnica de pesquisa teórico-documental, sendo o principal referencial de estudo a revisão bibliográfica por meio de visita a doutrinas, teorias, coleta e análise de artigos científicos, legislação, para além da necessária análise dogmática, bem como apontamentos internacionais, buscar-se-á construir de maneira argumentativa os impactos que robôs inteligentes podem causar no meio social e os sentidos ético-jurídicos precisos para delimitar o seu desenvolvimento e atuação. De modo a refletir sobre a questão, faz-se preciso um novo olhar sobre o desenrolar de tecnologias inteligentes e a dignidade da pessoa humana como um todo no fim de regulamentação global.

Nesse sentido, tem-se como objetivo a introdução aos sentidos de inteligência artificial e robôs e os impactos dessas tecnologias em razão e os contornos de um conflito evitável, utilizando-se da obra *Eu, robô* como homenagem e composição reflexiva da ficção científica para a realidade. Não se sabe quando será que robôs inteligentes terão razão e consciência como sujeitos em meio social, porém, pode já estar ocorrendo, e o que se consegue antever com histórias da ficção é que prevenir é sempre a melhor solução. Sendo assim, uma regulamentação o mais breve possível faz sentido de ser.

2. ROBBIE

> – Ouça o que eu digo, George. Não vou confiar a minha filha a uma máquina, e não me importa quão esperta ela seja. Ela não tem alma e ninguém sabe o que pode estar pensando. Crianças simplesmente não foram feitas para serem protegidas por uma coisa de metal. [...]
>
> – [...] Veja bem. Um robô é infinitamente mais confiável que uma babá humana. Na verdade, Robbie foi construído com uma única finalidade: ser o companheiro de uma criancinha. Toda a sua 'mentalidade' foi construída com esse propósito. Para ele, é impossível não ser fiel, dedicado e gentil. Ele é uma máquina, uma máquina construída assim. É mais do que se pode dizer dos humanos.
>
> – Mas algo pode dar errado. Algo... algo... [...] Algum pequeno dispositivo pode se soltar e aquela coisa horrível pode ficar possuída e... e...[2]

A imagem futurista tantas vezes em nosso imaginário de como se apresentaria o porvir da humanidade fez muitos autores de livros e roteiristas de cinema a expor um mundo com carros voadores, vida prolongada artificialmente, robôs, um mundo cercado de tecnologias que se esperava encontrar em uma sociedade do futuro. Do desenho animado dos Jetsons da década de 60, que neste ano de 2022 completa 60 anos de sua estreia, ao filme Exterminador do Futuro, O Homem Bicentenário, I.A. Inteligência Artificial à série Westworld, entre outros, todas essas fontes retratam a arte da possibilidade de amanhãs que, com a inserção da inteligência artificial aliada aos robôs, tanto para um sentido positivo quanto para um sentido negativo, passam, de alguma forma, a se concretizar no mundo de hoje.

Entre as fontes, o livro de Isaac Asimov, *Eu, robô*, ficção científica composta por nove contos lançado em 1950, vê-se a ideia e a preocupação do imaginário mundo em

---

2. "Conto Robbie" em ASIMOV, Isaac. *Eu, robô*. Trad. Aline Storto Pereira. São Paulo: Aleph, 2014.

que seres autômatos e os seres humanos se relacionariam, num convívio em sociedade que levanta questionamentos de ordem ainda hoje debatidos. Não à toa o presente estudo. Aliás, o próprio autor ao defender sua paixão pelo tema diz que os robôs não eram uma novidade nem no ano de 1939. Muito antes, em lendas da Antiguidade e da Idade Média, seres humanos mecânicos faziam parte da fantasia. A propósito, a palavra "robô" foi primeiramente cunhada em uma peça de Karl Capek em 1921, R.U.R., que significa Rossums's Universal Robots, em tradução Robôs Universais de Rossum.[3]

Da ficção e imaginário ao científico, o primeiro robô autônomo eletrônico foi criado em 1948 por Grey Walter na Universidade de Bristol, Inglaterra. Porém, existem outros projetos que podem se equivaler como primogeneidade dos robôs. Prova disso é, na Idade Média, os sistemas autônomos que se moviam similar a um humano ou animal sem a necessidade de eletricidade criado por Jacques Vaucanson. Seus dois projetos consistiam em um pato mecânico que comia grãos, digeria e soltava-os automaticamente, e o sistema biomecânico que tocava flauta. Para mais, exemplos não faltam de projetos em épocas mais antigas como o documentado cavaleiro mecânico de Leonardo da Vinci, bem como, conforme definições modernas,[4] poderia ser considerado como primeiro robô o barco teleoperador inventado por Nikola Tesla, apresentado em 1898.[5]

Nesse ínterim, em 1995, John McCarthy[6] iniciou um projeto de pesquisa acerca dos benefícios que a inteligência artificial poderia trazer ao seres humanos. Segundo a comissão de estudos liderada por ele, se acreditava que os processos de aprendizagem e características próprias da inteligência natural poderiam ser descritos de tal forma que seria possível repeti-los de maneira simulada em criação e programação de máquina. Ainda que a década de 1990 possa ser considerada um período de inverno prolongado para a inteligência artificial, foi também nesse período que Marvin Minsky, um dos pioneiros da área, definiu a inteligência artificial como a ciência de

---

3. ASIMOV, Isaac. *Eu, robô*. Trad. Aline Storto Pereira. São Paulo: Aleph, 2014. p. 307. p. 28.
4. "このように ロボットの定義が多種多様な理由は、そもそも定義というものが何らかの用途を前提としたものだからである。学術的な定義は当然、適切な研究分野を設定し、そこでの相互の意見交換のためのものとなるであろう。産業的な定義は、製品としてのロボットを作り、利用していくために必要な情報の集まりである。このように、学術的議論のための定義と産業用 製品としての定義とでは当然異なったものとなっても不思議はないのである [...] 文化なども変化し、ロボットの役割や受け取られ方も変遷してきていることがある". Em tradução livre: A razão pela qual existem tantas definições diferentes de robôs é que cada definição tem um propósito. As definições acadêmicas estabelecem campos de pesquisa apropriadas e interagem entre si. A definição industrial faz dos robôs produtos para usá-los. Assim, não surpreende as diferente definição de uma mesma figura. A cultura mudou, e o papel dos robôs e como eles são recebidos também estão mudando. (CHIBA, Hirai Naruko. Sobre robôs. ロボットについて. 2014. Instituto de Tecnologia Futuro Robô Centro de Pesquisa Tecnológica Mizukawa Shin Shibaura Instituto de Tecnologia Faculdade de Engenharia Departamento de Engenharia Elétrica e Eletrônica Hayashibara Akio Chiba Instituto de Tecnologia Faculdade de Engenharia Departamento de Futura Robótica. Disponível em: https://www.nedo.go.jp/content/100563895.pdf. Acesso: 02 set. de 2022).
5. BARBOSA, Tiago. De onde vieram os robôs? *Linkedin*. Disponível em: https://www.linkedin.com/pulse/qual-hist%C3%B3ria-do-rob%C3%B4-industrial-tiago-barbosa/?originalSubdomain=pt. Acesso em: 04 set. 2022.
6. McCARTHY, John. *A proposal for the Dartmouth summer research project on Artificial Intelligence*. Disponível em: http://www-formal.stanford.edu/jmc/history/dartmouth/dartmouth.html. Acesso em: 31 ago. 2022.

arquitetar máquinas capazes de realizar atividades que requeriam, normalmente, a inteligência humana para tanto.[7]

Nesse contexto, importante destacar que inteligência artificial e robôs não são propriamente a mesma coisa. Embora de modo comum interrelacionados, a inteligência artificial, de maneira simples, poderia ser comparada com a alma e os robôs como o corpo. De maneira mais técnica, a inteligência artificial representa o *software* e o robô, o *hardware*. Os robôs são máquinas construídas com o intuito de realizar uma ou mais atividades simples ou complexa, muitas vezes repetitivas, com o máximo de desempenho possível que inclui velocidade e precisão, e sem nenhuma intervenção humana. Já a inteligência artificial se trata de um programa de computador semelhante ao processo de pensamento e comportamento humano, em forma de conhecimento, raciocínio e aprendizado, que, a partir de um banco de dados por um pensamento de máquina independente, cria-se noção e entendimento para resolução de problemas, decisões judiciais, direção veicular, cirurgia médica, entre outros.

Isto é, se separarmos os institutos, trata-se os robôs como uma máquina de comando por controle que possui a habilidade de se locomover, movimentar-se e agir, já a inteligência artificial consiste em tecnologia que permite, em uma de suas infinitas possibilidades, a operação dessas máquinas com forma tecnologicamente inteligente de raciocínio, tratando-se de uma artifício capaz de, similarmente, processar entendimento como um humano sem um comando se isso, então aquilo. Nem todo robô possui inteligência artificial e nem toda inteligência artificial está em um robô, porém, vê-se hodiernamente que de um projeto antigo de seres autônomos para o futuro que agora se apresenta, os robôs se desenvolveram para uma atuação onde máquina e programa inteligente se unem.

Dessa forma, lembrando a obra de Issac Asimov com o conto Robbie, uma babá de complexidade simples mas que sente e compreende significados, robôs e inteligência artificial de hoje estão a entregar uma realidade saindo da ficção com capacidade de transformar por completo a sociedade que se conhece. Isto porque a aliança entre essas duas tecnologias dá corpo e consciência a um novo ser no social e isso entrega muitos debates ético-jurídicos e novas visões em torno de tudo que os representa. Para o Parlamento Europeu:

> agora que a humanidade se encontra no limiar de uma era em que robôs, «bots», androides e outras manifestações de inteligência artificial (IA), cada vez mais sofisticadas, parecem estar preparados para desencadear uma nova revolução industrial, que provavelmente não deixará nenhuma camada da sociedade intacta, é extremamente importante que o legislador pondere as suas implicações e os seus efeitos a nível jurídico e ético, sem pôr entraves à inovação.[8]

---

7. TEIXEIRA, João de Fernandes. *O cérebro e o robô*: inteligência artificial, biotecnologia e a nova ética. São Paulo: Editora Paulus, 2015. E-book.
8. UNIÃO EUROPEIA. Resolução do Parlamento Europeu de 16 de fevereiro de 2017, com recomendações à Comissão de Direito Civil sobre Robótica (2015/2103(INL)). Disponível em: https://www.europarl.europa.eu/doceo/document/TA-8-2017-0051_PT.html. Acesso em: 27 ago. 2022.

Nesse sentido, a notícia apresentada ao mundo em agosto de 2022 pela Tesla, empresa de Elon Musk, trouxe novos contornos e ainda mais questionamentos acerca do tema. A pretensão de se criar os primeiros robôs humanoides de propósito geral com intuito comercial revelou que o futuro da inteligência artificial já está a acontecer e a ética e princípios no setor precisam ser analisados e empregados o mais depressa possível. Assim, embora possa haver grandes vantagens acerca da utilização dessa tecnologia para a sociedade como robôs babás na China, robôs de auxílio doméstico ou industrial, entre outros, tendo em vista ainda que é inevitável o caminho para a inserção de mais robôs inteligentes na sociedade, pergunta-se até qual ponto seria seguro entregar o convívio com os humanos e a humanidade nas mãos de agentes inteligentes.

3. RAZÃO

– Algo construiu você, Cutie – ressaltou Powell. – Você mesmo admite que sua memória parece ter surgido plenamente desenvolvida a partir do vazio total da semana passada. Donavan e eu o montamos com as partes que enviaram para nós.

[...]

– Parece-me que deveria haver uma explicação mais satisfatória do que essa. Pois o fato de *vocês* terem *me* feito parece improvável. [...] Chame de intuição. É disso que se trata por enquanto. Mas pretendo chegar a uma conclusão sobre o assunto. Uma sequência de raciocínios válidos só pode levar à determinação da verdade, e eu vou insistir até chegar lá.

[...]

– Cutie – disse ele –, vou tentar lhe explicar algo. Você é o primeiro robô que mostrou curiosidade quanto à própria existência, e acho que é, de fato, o primeiro inteligente o bastante para entender o mundo lá fora.[9]

Em termos de finalidade, segundo Margaret A. Boden,[10] o uso da inteligência artificial toaria para duas finalidades. Para o campo tecnológico, o computador estaria para realizar coisas úteis, para o campo científico, os modelos de inteligência artificial serviriam para responder perguntas tanto acerca dos seres humanos quanto de outros seres vivos. Contudo, entre algumas preocupações que essa tecnologia apresenta, a consciência da inteligência artificial apruma como inquietante.

Não se pode prever quando as máquinas inteligentes se apresentarão como um sujeito autoconsciente, mas, com o passar do tempo, a racionalidade da inteligência artificial pode e deve ir ainda muito além do que se apresenta hoje, isso é fato. A junção da inteligência artificial com um robô, em apenas uma das possibilidades em questão, entrega assim um agente inteligente. Por agente pode-se considerar tudo aquilo que seja capaz de perceber seu ambiente por sensores e agir sobre ele por meio de atuadores. Segundo Stuart Russell e Peter Norvig:

---

9. "Conto Razão" em ASIMOV, Isaac. *Eu, robô*. Trad. Aline Storto Pereira. São Paulo: Aleph, 2014. p. 80.
10. BODEN, Margaret A. *Inteligência Artificial*: uma brevíssima introdução. Trad. Fernando Santos. São Paulo: Editora Unesp, 2020. p. 14.

Um agente humano tem olhos, ouvidos e outros órgãos como sensores, e tem mãos, pernas, boca e outras partes do corpo que servem como atuadores. Um agente robótico pode ter câmera e detectores da faixa de infravermelho funcionando como sensores e vários motores como atuadores. Um agente de software recebe sequências de teclas digitadas, conteúdo de arquivos e pacotes de rede como entradas sensórias e atua sobre o ambiente exibindo algo na tela, escrevendo em arquivos e enviando pacotes de rede.[11]

Um agente, em uma de suas formas, pode ser um aspirador de pó, secretária virtual, máquina de servir consumidores em um restaurante, carro autónomo, um agente como os robôs, sendo-os com arte de arquitetura programada, fazendo resposta a uma ação a um determinado estímulo. Por estrutura de agente com inteligência artificial corresponde ainda além, trata-se do trabalho dessa tecnologia a projetar o programa do agente que implementa a função para si mesmo. Quer dizer, mapeia-se o que se espera por meio de percepção do ambiente e desenvolve uma ação para os atuadores por uma forma de pensamento independente em resposta ao estímulo, contribuindo de forma reflexa até mesmo no sentido de sua própria inteligência. Ou seja, à medida que recebe estímulos, o agente inteligente analisa dados e aprende com eles, fornece a resposta, e para si mesmo a inteligência artificial enrique-se ainda mais ao mesmo tempo que entrega a resposta sobre algo questionado à vista de sua pesquisa e previsão de padrão.[12]

Assim, de um simples robô com comandos estritamente programados para os que utilizam inteligência artificial no desempenho de suas funções, existem diferentes níveis. Nesse sentido, a inteligência artificial também se distingue, possui três principais divisões segundo o 人类永生计划 (Projeto Imortalidade Humana): inteligência artificial fraca referida como ANI, inteligência artificial forte conhecida como AGI e superinteligência artificial referida com ASI:

弱人工智能虽然能解决某些特定的问题，但在人工智能领域仍是"小学生"。

贴近人类生活，是弱人工智能向强人工智能升级的重要标志。不同于弱人工智能，强人工智能可以像人类一样思考不同层面的问题，能够理解复杂理念。而超人工智能则更为强大。AI专家为我们描绘了这样一幅图景：它能够准确回答几乎所有困难问题的先知模式，能够执行任何高级指令的精灵模式和能执行开放式任务，而且拥有自由意志和自由活动能力的独立意识模式……当然，这一切仍在想象之中。[13]

---

11. RUSSELL, Stuart; NORVIG, Peter. *Inteligência Artificial*. Trad. Regina Célia Simille. Rio de Janeiro: Elsevier, 2013. p. 31.

12. RUSSELL, Stuart; NORVIG, Peter. *Inteligência Artificial*. Trad. Regina Célia Simille. Rio de Janeiro: Elsevier, 2013. p. 41.

13. Em tradução livre: "Embora a inteligência artificial fraca possa resolver alguns problemas específicos, ainda é um 'aluno da escola primária' no campo da inteligência artificial. Estar perto da vida humana é um sinal importante da atualização da inteligência artificial fraca para a inteligência artificial forte. Diferente da inteligência artificial fraca, a inteligência artificial forte pode pensar em problemas em diferentes níveis, como os humanos, e pode entender conceitos complexos. E a superinteligência artificial é ainda mais poderosa. Os especialistas em IA pintam um quadro para nós: um modo profeta que pode responder com precisão a quase todas as perguntas difíceis, um modo assistente que pode executar qualquer comando avançado e tarefas abertas e tem a liberdade, modos independentes de consciência de vontade e liberdade de movimento... Claro, tudo isso ainda é imaginário." (深圳市生命科学行业协会 秘书, 什么是ANI、AGI、ASI？In: 人类永生计划. Disponível em: https://zhuanlan.zhihu.com/p/33910684. Acesso em: 1º set. 2022).

Em outras palavras, além de distinguir um robô sem mente para um agente dotado de inteligência, precisa-se também refletir sobre os níveis de inteligência artificial. Acerca da ANI (Artificial Narrow Intelliigence), inteligência artificial fraca ou também conhecida como inteligência artificial limita, esta realiza tarefas complexas, porém com enfoque apenas no objetivo para o qual foram programadas, nada além de entrega de respostas por meio de pouco dados armazenados e com estímulo conforme suas configurações. Nesse eixo, existem duas subcategorias: máquinas reativas e memória limitada. As máquinas reativas são um exemplo dos primeiros tipos de inteligência artificial, elas respondem de acordo com estímulos, porém possui baixo armazenamento de dados. Já a memória limitada quer dizer um pouco mais que as máquinas reativas, seu poderio de armazenar informações é maior e por isso podem ser usadas para tomada de decisões. Como exemplo de memória limitada temos os serviços de *streaming* que oferecem conteúdo para os indivíduos a partir de informações coletadas do que é assistido e assim entende-se qual a preferência de cada um, personalizando o serviço.[14]

A AGI (Artificial General Intelligence), inteligência artificial forte ou também referida como inteligência artificial geral, possui a perspicácia de emular comportamentos humanos, ou seja, por meio de práticas de *machine learning*[15] as máquinas conseguem aprender sozinhas, bem próximo da inteligência humana. Nessa categoria divide-se também em: máquinas cientes e máquinas autoconscientes. Ao primeiro eixo, a inteligência artificial entende os estímulos recebidos e só após desempenham uma atividade, quer dizer que compreendem os estímulos e processam as informações. Já nas máquinas autoconscientes, o aprendizado se dá superior por agir em detalhes, por exemplo, ao perceber que pessoas ao seu redor estão chorando ela compreende que algo ruim aconteceu ou está acontecendo.[16]

Superinteligência artificial, ASI (Artificial Super Intelligence), se trata de um futuro em estudos ainda imaginários. Trata-se de uma inteligência artificial capaz de superar a inteligência humana, com habilidade de tomar decisões e armazenar dados ao ponto de não apenas interpretar e entender o comportamento humano, mas, de certa forma, de se

---

14. SILVA, Douglas da. Quais são os tipos de inteligência artificial? Objetivos, como e por que usar. *Zendesk*. Disponível em: https://www.zendesk.com.br/blog/tipos-inteligencia-artificial/. Acesso em: 03 set. 2022.

15. O *machine learning* se trata de uma subcategoria da inteligência artificial em que um computador por si mesmo, ou seja, sem programação específica, reconhece padrões e aprende contínua e exponencialmente encontrando previsões em base de dados. "Talvez você não saiba, mas o machine learning está em todos os locais ao seu redor. Quando digitamos uma consulta em um mecanismo de busca, é dessa forma que o mecanismo define os resultados que deve exibir (e também os anúncios). Quando lemos e-mails, não vemos grande parte do spam, porque o machine learning desconsidera essas mensagens. Quando acessamos a Amazon.com para comprar um livro ou a Netflix para assistir a um vídeo, um sistema de machine learning recomenda outros que possam nos interessar. O Facebook usa o machine learning para decidir quais atualizações exibirá, e o Twitter faz o mesmo com os tuítes. Sempre que você usar um computador, provavelmente o machine learning estará envolvido em algum momento. [...] O machine learning é algo novo em nossas vidas: é uma tecnologia que constrói a si própria. [...] Essas tecnologias aparentemente mágicas funcionam porque a essência do machine learning é a previsão: ele prevê o que queremos, os resultados de nossas ações, como atingir nossos objetivos, como o mundo mudará" (DOMINGOS, Pedro. *O algoritmo mestre*. São Paulo: Novatec Editora, 2017. E-book)

16. . DATAEX. Quais são os tipos de inteligência artificial existentes? *Dataex*. Disponível em: https://www.dataex.com.br/tipos-de-inteligencia-artificial/. Acesso em: 03 set. 2022.

reconhecer como sujeito e possuir liberdade. Nesse ínterim, o campo da filosofia humana consiste em importante análise. Em comparação, ao debater autonomia e razão, diz que, conforme Kant,[17] a autonomia é uma qualidade da razão. Mas enquanto ser pensante, a inteligência artificial não possui o direito e a capacidade de se autogovernar conforme suas próprias leis, "a autonomia, portanto, implica a existência de um sujeito consciente, movido por iniciativas e desejos pessoais, e, evoca, neste plano, a noção filosófica do *livre arbítrio*, que em um sentido mais amplo, define a liberdade do indivíduo".[18] Ainda que tal tecnologia consciente ao ponto de cogitar a possibilidade de se considerar sujeito, a razão é característica da humanidade, o que leva a reflexão e ponderação se realmente são conscientes, dotadas de razão, se podem ser consideradas sujeitos ou se possuem livre arbítrio. Ponderação, à primeira vista fantasiosa, mas que com o desenrolar da tecnologia de possíveis repercussões na sociedade.

A inteligência artificial se assemelha muito com o pensar humano, em vários sentidos e pontos de análise como a compreensão e resultado, interferência e decisão no mundo por uma realidade de máquina virtual que se concretiza na realidade, ou seja, pode não ser preciso uma máquina física para executar uma ação, mas quando integrada a um corpo físico, um robô, sua capacidade de interação pode ser ilimitada. A inteligência artificial e robôs representam não só a ficção antiga do sonho do porvir da humanidade, mas o futuro e também o presente, já que indústrias utilizam robôs nas linhas de montagens, em termos de inteligência artificial a assistente virtual da Amazon, Alexa, já se encontra nas casas do mundo inteiro, e em nome dessas duas tecnologias a Tesla já vende carros autônomos e a robô Sophia e Ameca estão em nosso meio, e isso só tende a expandir cada vez mais e de outras formas.

Para esse período da história, Vernor Vinge[19] entende como a aceleração do progresso tecnológico que de tal maneira será uma mudança comparada ao surgimento da vida humana na Terra, denominado por ele como singularidade tecnológica como resultado da inteligência artificial, interfaces entre cérebro e computador e aprimoramento biológico. Para ele, surgirá máquinas superinteligentes com capacidade não prevista pelos seres humanos e isso pode ocasionar uma fuga exponencial maior do que qualquer esperança de controle. Pensa de maneira similar Ray Kurzweil[20] que identifica essa singularidade como imperativo econômico e um marco que permitirá a humanidade superar limitações da evolução biológica e ampliar a criatividade humana, preservar e melhorar a inteligência.

---

17. KANT, Immanuel. *Critique de la raison pratique, précédée de Fondements de la Métaphysique*. Paris: Librarie Pylosophique de Ladrange, 1848
18. KERINSKA, Nikoleta Tzvetanova. A autonomia em obras dotadas de inteligência artificial. *PÓS: Revista do Programa de Pós-graduação em Artes da EBA*/UFMG. v. 10, n. 19, maio 2020. Disponível em: https://eba.ufmg.br/revistapos. Acesso em: 10 out. 2021.
19. VINGE, Vernon. The Coming Technological Singularity: How to Survive in the Post-Human Era. *Vision-21 Symposium*, 1993, Estados Unidos: Ohio Aerospace Institute, 1993
20. KURZWEIL, Ray. *A singularidade está próxima*: quando os humanos transcendem a biologia. Trad. Ana Goldberger. São Paulo: Itaú Cultural: Iluminuras, 2018.

Denominamos nossa espécie *Homo sapiens* – homem sábio – porque nossa inteligência é tão importante para nós. Durante milhares de anos, procuramos entender *como pensamos*, isto é, como um mero punhado de matéria pode perceber, compreender, prever e manipular um mundo muito maior e mais complicado que ela própria. O campo da *inteligência artificial*, ou IA, vai ainda mais além: ele tenta não apenas compreender, mas também *construir* entidades inteligentes.[21]

Em outras palavras, a inteligência artificial foi pensada e construída para a realização de análises similares à conexão de pensamento humano, por isso tal nome próprio referente à tecnologia. À vista disso, muito além de um pensar de máquina, como uma rede neural o processamento é concebido de forma paralela a um computador von Neumann[22] (sequencial).[23] Os computadores físicos são uma parte importante para realização da atividade da inteligência artificial, contudo ela se dá como espécie de máquina virtual.[24] Mas, longe de qualquer fantasia ou ficção, a inteligência artificial é real e suas ações concretizam-se em atividades dentro e fora do sistema. Ela pode impactar o próprio programa assim como interferir no mundo exterior.

Assim, imagina-se quando integrado em uma corpo capaz de se locomover e com a tecnologia da inteligência artificial de ponta, como se empregará tal agente inteligente no mundo à vista da vida humana. Agente inteligente com capacidade de autoaprendizagem, percepção do mundo e noção de si mesmo em razão da programação feita por um supercomputador preocupa no sentido da inserção no meio social e no quão prejudicial pode ser para a humanidade. Se como máquina virtual já consegue-se interferir no mundo real, quando em corpo físico novos contornos ético-jurídicos precisarão ser modelados para esta tecnologia estar entre os humanos, para essa tecnologia estar nas casas e no convívio com a humanidade. Por isso, acredita-se que, lembrando o conto Razão (em *Eu, robô* de Issac Asimov), para impedir que um robô com superinteligência artificial não passe a acreditar que sua existência seja maior, não criada por humanos, entre outros, faz-se preciso a inserção de preceitos éticos no código desses agentes tão arraigados que seria impossível eles próprios se automodelarem por consciência, razão, liberdade e superioridade ao ponto de prejudicar o ser humano.

---

21. RUSSELL, Stuart; NORVIG, Peter. *Inteligência Artificial*. Trad. Regina Célia Simille. Rio de Janeiro: Elsevier, 2013. p. 3.

22. "A *Arquitetura* de computador *de von Neumann* se caracteriza pela possibilidade de uma máquina digital armazenar seus programas no mesmo espaço de memória que os dados, podendo assim manipular tais programas. Esta arquitetura é um projeto modelo de um computador digital de programa armazenado que utiliza uma unidade de processamento (CPU) e uma de armazenamento ("memória") para comportar, respectivamente, instruções e dados.". (USP. A arquitetura de computador de von Neumann. *ESALQ*. Disponível em: https://www.google.com/url?sa=t&rct=j&q=&esrc=s&source=web&cd=&cad=rja&uact=8&ved=2ahUKEwjhxISSxZn6AhWU-q5UCHUg5DzUQFnoECAYQAQ&url=http%3A%2F%2Fwww.esalq.usp.br%2Flepse%2Fimgs%2Fconteudo_thumb%2FA-Arquitetura-de-computador-de-von-Neumann.pdf&usg=AOvVaw3byiCFi5WdKePiKQAqTmBt. Acesso em: 06 de set. 2022).

23. BODEN, Margaret A. *Inteligência Artificial*: uma brevíssima introdução. Trad. Fernando Santos. São Paulo: Editora Unesp, 2020. p. 16.

24. "Uma máquina virtual não é uma máquina representada na realidade virtual, nem algo parecido com um motor de carro simulado usado para ensinar mecânica. Pelo contrário, ela é o *sistema de processamento de informações* que o programador tem em mente quando cria um programa, e que as pessoas têm em mente quando o utilizam" (BODEN, Margaret A. *Inteligência Artificial*: uma brevíssima introdução. Trad. Fernando Santos. São Paulo: Editora Unesp, 2020. p. 16).

4. O CONFLITO EVITÁVEL

> – Bem, Stephen, se eu estiver certa, isso significa que a Máquina está conduzindo o nosso futuro por nós não apenas por meio de simples respostas diretas às nossas perguntas diretas, mas por meio de uma resposta geral à situação do mundo e à psicologia dos humanos como um todo. [...][25]

Até hoje seguindo como princípios para um robô estar no meio social, Isaac Asimov ponderou três fundamentos que, segundo ele, consistiam em três leis: "Um robô não pode ferir um ser humano ou, por inação, permitir que um ser humano sofra algum mal", segundo "Um robô deve obedecer às ordens que lhe sejam dadas por seres humanos, exceto quando tais ordens entrem em conflito com a 1ª Lei", e por último "Um robô deve proteger sua própria existência desde que tal proteção não se choque com a 1ª ou a 2ª Leis".[26] Porém, conforme se desenvolve no livro, vê-se que somente essas diretrizes não são capazes de impedir algumas condutas dos seres autômatos, o que pode gerar conflito e colocar em perigo vidas humanas.

Entre os fundamentos que corroboram para a criação da inteligência artificial, o campo da filosofia representa perguntas, pesquisas e entendimento de como a mente se desenvolve e o conhecimento que por trás induz a ação. A matemática configura outro campo sobre as regras formais de se obter conclusões válidas, como também o que pode ser computado e como se raciocina a partir de informações incertas. No campo da economia, em termos gerais, como maximizar recompensa partindo de uma tomada de decisão. Para a neurociência, seria o estudo do processamento de informação do cérebro. Pela psicologia, considerar como pensam e agem os seres humanos e os animais. O campo da engenharia de computadores entrega a construção eficiente de um computador. A teoria do controle fundamenta como artefatos podem atuar sob seu próprio controle. E, por fim, a linguística, como se dá a relação do pensamento com a linguagem.[27]

Daí que se diz a inteligência artificial similar com a mente humana, ao processar dados e obter deles sentido de algo ainda não entregue de fórmula computacional. Mas, para que haja essa aprendizagem faz-se necessário informações que auxiliem na construção da mente virtual como a ferramenta Big Data,[28] que provoca a inteligência artificial a reconhecer e entender o mundo por uma série de análises de grandes volumes de dados em curto espaço de tempo, "para chegar perto das variações e quantidade de dados que a mente humana é capaz de processar de forma intuitiva, uma máquina pre-

---

25. "Conto O conflito evitável" em ASIMOV, Isaac. *Eu, robô*. Trad. Aline Storto Pereira. São Paulo: Aleph, 2014. p. 301.
26. ASIMOV, Isaac. *Eu, robô*. Trad. Aline Storto Pereira. São Paulo: Aleph, 2014.
27. RUSSELL, Stuart; NORVIG, Peter. *Inteligência Artificial*. Trad. Regina Célia Simille. Rio de Janeiro: Elsevier, 2013. p. 7-16.
28. "Os dados estão em todos os lugares, sejam divulgados por nós através das redes sociais e cadastros que fazemos, sejam dados básicos e públicos, que qualquer um pode ter acesso". "Big Data, em tradução literal, significa 'grandes dados' e, um de seus grandes desafios, é interpretar esses dados corretamente. Tudo o que nós fazemos deixa um 'traço digital' ou 'dados', na qual existe a possibilidade de utilizar e analisar." (ALCANTARA, Larissa Kakizaki de. *Big Data e internet das coisas*: desafios da privacidade e da proteção de dados no direito digital. São Paulo, 2017. E-book).

cisa ter acesso a grandes quantidades de informações, normalmente não estruturadas e contínuas, o Big Data".[29]

Porém, não basta ser excelente no que faz, é preciso ser ético e humano. Dessa forma, aliando a inteligência artificial aos robôs, a Nice, provedora de soluções de software corporativo, definiu algumas diretrizes para o desenvolvimento dessa tecnologia:

Os robôs devem ser projetados para um impacto positivo: os robôs devem ser construídos para contribuir com o crescimento e o bem-estar da força de trabalho humana. Considerando os impactos sociais, econômicos e ambientais, todo projeto que envolva robôs deve ter pelo menos uma justificativa positiva claramente definida. *Robótica livre de preconceitos*: atributos pessoais como cor, religião, sexo, gênero, idade e outros status protegidos são eliminados ao criar robôs, de forma que seu comportamento seja agnóstico para o funcionário. Os algoritmos de treinamento são avaliados e testados periodicamente para garantir que estejam livres de preconceitos. *Os robôs devem proteger os indivíduos*: uma consideração cuidadosa é dada para decidir se e como delegar decisões aos robôs. Os algoritmos, processos e decisões embutidos nos robôs devem ser transparentes, com a capacidade de explicar as conclusões com uma lógica inequívoca. Consequentemente, os humanos devem ser capazes de auditar os processos e decisões de um robô e ter a capacidade de intervir e corrigir o sistema para evitar possíveis ofensas. *Os robôs devem ser acionados por fontes de dados confiáveis*: os robôs devem ser projetados para agir com base em dados verificados de fontes confiáveis. As fontes de dados usadas para algoritmos de treinamento devem ser mantidas com a capacidade de referenciar a fonte original. *Os robôs devem ser projetados com governança e controle holísticos*: os seres humanos devem ter informações completas sobre as capacidades e limitações de um sistema. As plataformas de robótica devem ser projetadas para proteger contra abuso de energia e acesso ilegal, limitando, monitorando proativamente e autenticando qualquer acesso à plataforma e todo tipo de ação de edição no sistema.[30]

Visto que a partir das informações ofertadas ao sistema é que se tem a aprendizagem de máquina, a proteção ao ser humano e o não preconceito algorítmico, que por vezes é apresentado pelas próprias mãos humanas ao fornecer dados limitantes e não inclusivos, parece ser uma das mais apropriadas e iniciais premissas. "O comportamento de um robô – mesmo se for altamente complexo, inteligente e autônomo – é determinado por seres humanos".[31] Por isso, a partir do desenvolvimento dos robôs será preciso uma troca de dever ser entre a criatura e os próprios criadores, bem como da sociedade na medida em que, para se ter uma tecnologia segura e firme no propósito de ser ético e seguir com rigor o fazer o certo e deixar de se fazer o errado, o reconhecimento de padrões e os dados analisados são da própria humanidade e esta, até então, se mostra falha, motivo pelo o qual com robôs inteligentes para análise, aprendizagem e repetição de padrões, a própria sociedade deverá agir o mais correto possível. De mais a mais, espera-se que os robôs sigam melhor essa conduta ética social e contornos de valores jurídicos. E como

---

29. BIGDATACORP. A relação entre big data e inteligência artificial. *BigdataCorp*. Disponível em: https://bigdatacorp.com.br/a-relacao-entre-big-data-e-inteligencia-artificial/. Acesso em: 04 set. 2022.

30. OSSAMU, Carlos. Nice define diretrizes éticas para desenvolvimento de robôs. *Infor Channel*. Disponível em: https://inforchannel.com.br/2021/06/30/nice-define-diretrizes-eticas-para-desenvolvimento-de-robos/. Acesso em: 03 set. 2022.

31. REVISTA PLANETA. A ética dos robôs. *Revista Planeta*. Disponível em: https://www.revistaplaneta.com.br/etica-dos-robos/. Acesso em: 02 set. 2022.

forma de resguardar nesse sentido, já que o impacto no mundo pelos robôs inteligentes é de difícil previsão, regulamentar acerca do tema faz-se necessário. Segundo Bruno Farage da Costa Felipe, as legislações ainda não estão preparadas para lidar com tamanha complexidade, "fundamental, portanto, preparar o direito para questões desta estirpe".[32]

Mas, como seria o pensar em algo ético para a inteligência artificial e robôs? "[...] tal código de conduta deve dar atenção especial às fases de investigação e desenvolvimento da pertinente trajetória tecnológica (processo de concepção, exame ético, controles de auditoria etc.)".[33] Mais ainda, o dilema ético não pode se restringir a apenas uma localidade, um país. O mundo é global, as atitudes de um reverberam no restante do globo terrestre, apenas uma legislação ético-jurídica não é suficiente. Sendo assim, deveria se pensar em esforços para regulamentação em nível global, pois há também a problemática de que o que pode ser ético para um pode não ser para outro, trazendo divergência quando em compras e tratativas internacionais. Em parte do mundo, por exemplo, há a previsão de pena de morte, para outros lugares tal ação não é concebível. Tal questão é subjetiva e relativa. Por isso a necessidade de um controle e comunicação entre países para que, também, um não utilize robôs inteligentes como ameaça a outros países e nem que um robô com políticas éticas arraigada por cultura de em um canto do mundo seja vendido para outro lado e tenha incompatibilidade com o local de compra. Culturas são diferentes, povos são divergentes, mas a ética precisa ser global em sentido de norteamento pela dignidade da pessoa humana tanto física quanto psíquica à vista de um robô inteligente, novo sujeito computacional e mecânico, em sentido de objeto ou não, inserido na sociedade. Uma regulamentação de sentido global no quesito de que todos os países façam valer as mesmas diretrizes como aconteceu com a abordagem de proteção de dados pessoais na internet. Cada qual com sua hierarquia, mas no mesmo caminhar, pois a inteligência artificial ligada a robôs parece incrível e assombroso para o futuro da sociedade.

Como início, para a inserção no meio social e familiar, pode-se pensar em definir então um código de conduta ética delimitando o alcance de direitos e a responsabilidade em deveres de seus criadores, proprietários e das próprias tecnologias, alinhando economia, dignidade da pessoa humana para todos os indivíduos, sem distinguir raça, cor, orientação sexual, educação, entre outros, e todos os princípios que dela derivam, como também controle sobre práticas, bem como transparência de comportamentos, tudo em uma base de normas e estrita obediência aos mandamentos algorítmicos.

Outrossim, como entidade dotada de inteligência e com capacidade de aprender, tomar decisões, se adaptar e se autoaprimorar, considerando o desenvolvimento da humanidade e o raciocínio e emoções de ambas as figuras (homem e tecnologia) a um

---

32. FELIPE, Bruno Farage da Costa. Direitos dos robôs, tomadas de decisões e escolhas morais: algumas considerações acerca da necessidade de regulamentação ética e jurídica da inteligência artificial. *Juris Poiesis*. Disponível em: http://periodicos.estacio.br/index.php/jurispoiesis/article/view/3423. Acesso em: 05 de set. 2022. p. 9.

33. FELIPE, Bruno Farage da Costa. Direitos dos robôs, tomadas de decisões e escolhas morais: algumas considerações acerca da necessidade de regulamentação ética e jurídica da inteligência artificial. *Juris Poiesis*. Disponível em: http://periodicos.estacio.br/index.php/jurispoiesis/article/view/3423. Acesso em: 05 set. 2022.

ponto que conforme teste de Turing[34] não se conseguirá identificar quando um humano interage com uma máquina ou com sua própria espécie, pensar em princípios como não manipulação mental e informacional, não invasão à privacidade, não usurpação e não incitação à guerra deve ser implementados em ordenamentos jurídicos em cooperação mundial.

Contudo, como pode se apresentar de difícil conciliação global a depender da vontade de países uma iniciativa de unificação na regulamentação de projeto de robôs inteligentes, como ação local, o Projeto de Lei brasileira, 21-A de 2020,[35] prevê a determinação de oito princípios para o desenvolvimento e aplicação da inteligência artificial, quais sejam: finalidade benéfica, centralidade do ser humano, não discriminação, busca pela neutralidade, transparência, segurança e prevenção, inovação responsável e disponibilidade de dados. Para o Parlamento Europeu na Resolução de 16 de fevereiro de 2017,[36] a criação das tecnologias da robótica e a especulação regulatória no desenvolvimento da tecnologia para o porvir e os já existentes sistemas de inteligência artificial caminha no sentido de introduzir algoritmos de condutas morais próprias dos humanos para o convívio desses agentes com os indivíduos nas suas atitudes.

Frank Pasquale[37] no livro *News laws of robotics: defending human expertise in the age of AI*, destaca algumas leis como base para essa tecnologia: primeiro, os sistemas robóticos e a IA devem complementar os profissionais, não os substituir. Dois, os sistemas robóticos e a IA não devem imitar a humanidade, pois as pessoas realmente querem viver em um mundo onde não se consiga distinguir um semelhante ou uma máquina? Terceiro, os sistemas robóticos e a IA não deveriam intensificar as corridas armamentistas, esses sistemas ameaçam tornar o controle social perfeito e a competição feroz, se não há limitação, a segurança humana entrará em desequilíbrio de previsibilidade e compreensão, ordem e fluxo. Quarto, os sistemas robóticos e IA devem sempre indicar a identidade de seu criador, controlador e proprietário, o que facilita a responsabilização por eventuais danos e a quem devem obediência, porém não retira a totalidade de culpa e/ou autoria desses sistemas frente a danos.

Outro ponto a se analisar, deve ser o de proteger o emprego e o trabalhador, pois uma vez que tenha labor repetitivo ou de serviços básicos exercidos por agentes inteligentes, as pessoas não mais serão úteis o que leva ao desemprego. Como o Parlamento Europeu pondera, a criação das tecnologias da robótica "[...] deve ser orientado para complementar as capacidades humanas, e não para as substituir; considera fundamental garantir que, no desenvolvimento da robótica e da Inteligência Artificial, os humanos

---

34. TURING, A.M. Computing machinery and intelligence. *Mind*, v. 59, 1950.
35. BRASIL, Projeto de Lei 21-A. Disponível em: https://www.camara.leg.br/propostas-legislativas/2236340. Acesso em: 31 ago. 2022.
36. UNIÃO EUROPEIA. Resolução do Parlamento Europeu de 16 de fevereiro de 2017, com recomendações à Comissão de Direito Civil sobre Robótica (2015/2103(INL)). Disponível em: https://www.europarl.europa.eu/doceo/document/TA-8-2017-0051_PT.html. Acesso em: 27 ago. 2022.
37. PASQUALE, Frank. *New laws of robotics: defenfing human expertise in the age of AI*. Cambridge, Massachusetts: The Belknap Press of Harvard University Press, 2020.

tenham sempre o controle sobre as máquinas inteligentes".[38] O próprio Elon Musk[39] ao apresentar seu projeto de robô humanoide afirmou que, para que haja respeito à dignidade da pessoa humana frente a tecnologias que podem retirar a necessidade de mão de obra humana, o que gera desemprego, fome e até problemas psíquicos ao não possuir um propósito de dia a dia para os indivíduos, seria necessário uma renda básica universal.

Ponderando, o que mais parece que veio a auxiliar a sociedade acabará por impactá-la ao ponto de prejudicá-la. O Japão um dos líderes em robótica vem a utilizar robôs humanoides em ambientes hospitalares e até em casas de idosos, utilizando-os para realizar tarefas físicas trabalhosas, locomover pacientes de um ponto A para B, levantar pacientes e colocá-los na cama, além de serem usados para mitigar a solidão e a inatividade na população idosa. O Japão enfrenta hoje um envelhecimento de sua população e uma previsão de déficit de profissionais de saúde de 370.000 até 2050. Assim, os robôs serviriam para auxiliar a sociedade japonesa. Entretanto, esse robô enfermeiro/cuidador acende uma luz de alerta, pois "sérios problemas demográficos e trabalhistas que o Japão enfrenta não serão resolvidos simplesmente com a construção de mais robôs",[40] o setor de emprego pode ser muito prejudicado ao retirar postos de trabalhos de mão de obra humana para robótica com efeito dominó para toda a economia do país e também para o restante do mundo.[41]

Assim, não se pode deixar a regulação apenas nas mãos do mercado, o que, por ora, está a acontecer, pois esse pode ao vislumbrar o lucro deixar de observar a proteção à privacidade, trabalho e saúde das pessoas que sofreriam de forma direta e indireta os efeitos de robôs inteligentes no dia a dia, para não dizer no transpor a inteligência humana, deixando a humanidade à mercê da tecnologia e, por consequência, no controle populacional. Segundo um estudo de Oxford,[42] em aproximadamente 20 anos uma série de ocupações laborativas serão extintas por força da tecnologia, entre eles o secretariado.

Diante do exposto, várias são as áreas que necessitam de análise ético-jurídica, haja vista que existem diversas formas de inteligência artificial e projetos de robôs para vários

---

38. UNIÃO EUROPEIA. Resolução do Parlamento Europeu de 16 de fevereiro de 2017, com recomendações à Comissão de Direito Civil sobre Robótica (2015/2103(INL)). Disponível em: https://www.europarl.europa.eu/doceo/document/TA-8-2017-0051_PT.html. Acesso em: 27 ago. 2022.

39. REVISTA EXAME. Elon Musk diz que renda básica será a forma de mitigar o impacto de robôs. *Revista Exame*. Disponível em: https://exame.com/tecnologia/elon-musk-diz-que-renda-basica-sera-a-forma-de-mitigar-o--impacto-de-robos/. Acesso em: 14 set. 2022.

40. NASCIMENTO, Mariana Bandeira do. Robôs humanoides e a interação humano-máquina na cultura japonesa: uma exploração do imaginário tecnológico contemporâneo. *Repositório Institucional da Universidade Federal de Santa Catarina*. Disponível em: https://repositorio.ufsc.br/handle/123456789/204339. Acesso em: 07 set. 2022.

41. NASCIMENTO, Mariana Bandeira do. Robôs humanoides e a interação humano-máquina na cultura japonesa: uma exploração do imaginário tecnológico contemporâneo. *Repositório Institucional da Universidade Federal de Santa Catarina*. Disponível em: https://repositorio.ufsc.br/handle/123456789/204339. Acesso em: 07 set. 2022.

42. BARIFOUSE, Rafael. Você corre risco de perder o emprego para um robô? *BBC*. 2017. Disponível em: https://www.bbc.com/portuguese/curiosidades-38979057. Acesso em: 5 de out. 2021.

setores da sociedade. Trazendo ao debate a ideia tanto de meros sistemas sem mente, que não compreendem o que fazem, quanto dos que possuem mente e sê donos de noção do que realizam e das consequências que seus atos podem gerar na sociedade, para também os que conseguem consciência e liberdade, o caminho contorna a regulamentação ética para minimizar impactos na sociedade, bem como antes do desenvolvimento já serem analisados e construídos agentes inteligentes que visam a proteção do ser humano de qualquer forma.

Até então não se vislumbrava como a filosofia da mente poderia ser inserida em modelos computacionais. É tanto assim que para Searle,[43] nunca se poderia replicar em uma simulação computacional o significado dos estados mentais do cérebro humano. Mas, não se pode deixar de reconhecer que ao passo da evolução tecnológica, a consciência dos robôs já pode ser realidade. Na visão de Julia Bossmann,[44] a discussão ética sobre qual tratamento dar a uma máquina quando adquire consciência e sente emoções é uma das mais acalorada dos últimos tempos.

Em junho de 2022, o engenheiro do Google Blake Lemoine, especialista em inteligência artificial, foi afastado do cargo após afirmar que a inteligência artificial da empresa teria ganhado consciência própria.[45] Mas não é de hoje que o assunto repercute. Em 2017, o Facebook desligou dois robôs de inteligência artificial, Bob e Alice, em que o experimento de *chatbots* para negociação entre si inventaram uma linguagem própria para se comunicarem. Ou seja, faz-se necessário pensar para esses sistemas uma preconcepção de conduta-limites, ou melhor, um programa de ética arraigado a seu código que assegure para a sociedade, e mais, para a humanidade, proteção. "O sucesso em criar inteligência artificial seria o maior evento na história da humanidade. Infelizmente, também pode ser o último, a menos que aprendamos a evitar seus males".[46]

Trazendo a personalidade de robôs inteligentes à baile, "Fato é que, quanto maior a autonomia nos robôs, menos estes podem ser percebidos como mero instrumentos ou máquinas destinadas a realizar atividades específicas para os humanos".[47] De acordo com

---

43. "E simples demonstrar que o modelo computacional da consciência não é suficiente para a consciência. Já fiz essa demonstração várias vezes, e por isso não me alongarei aqui. O que importa é apenas isto: a *computação é definida sintaticamente*, como manipulação de símbolos. Mas a sintaxe em si jamais poderá ser suficiente para a espécie de conteúdos que normalmente acompanham os pensamentos conscientes. Para garantir o conteúdo mental, consciente ou inconsciente, não bastam apenas zeros e uns" (SEARLE, John. *Consciência e linguagem*. Trad. Plínio Junqueira Smith. São Paulo. Ed: Martins Fontes, 2010. p. 16-17).

44. BOSSMANN, Julia. Top 9 ethical issues in artificial intelligence. *World Economic Forum*. 2016. Disponível em: https://www.weforum.org/agenda/2016/10/top-10-ethical-issues-in-artificial-intelligence/. Acesso em: 02 out. 2021.

45. BBC Mundo. O engenheiro do Google afastado por dizer que inteligência artificial da empresa ganhou consciência própria. *BBC NEWS BRASIL*. Disponível em: https://www.bbc.com/portuguese/geral-61798044. Acesso em: 27 ago. 2022.

46. FELIPE, Bruno Farage da Costa. Direitos dos robôs, tomadas de decisões e escolhas morais: algumas considerações acerca da necessidade de regulamentação ética e jurídica da inteligência artificial. *Juris Poiesis*. Disponível em: http://periodicos.estacio.php/jurispoiesis/article/view/3423. Acesso em: 05 de set. 2022.

47. FELIPE, Bruno Farage da Costa. Direitos dos robôs, tomadas de decisões e escolhas morais: algumas considerações acerca da necessidade de regulamentação ética e jurídica da inteligência artificial. *Juris Poiesis*. Disponível em: http://periodicos.estacio.br/index.php/jurispoiesis/article/view/3423. Acesso em: 05 de set. 2022. p. 8.

Danilo Cesar Maganhoto Doneda, Laura Schertel Mendes, Carlos Affonso Pereira de Souza e Norberto Nuno Gomes de Andrade,[48] a doutrina civil costuma tratar os animais como coisas, na classificação de bens semoventes, em alguns outros lugares os animais são levados à nova posição como seres sencientes, o raciocínio então do que deveria ser aplicado aos robôs inteligentes que possuem um comportamento emergente e que gera envolvimento social seria a de conceder alguma forma de personalidade jurídica? Para termos de responsabilidade a eventual dano, qual seria a parcela de culpa desses agentes inteligentes? Caso esteja em perigo uma pessoa e um animal, a quem o robô inteligente deve salvar? Se o seu proprietário e cinco outras pessoas estejam em perigo, podendo salvar apenas um desses dois, qual regra ética ou jurídica ou probabilidade ou previsibilidade irá indicar à tecnologia a quem salvar?

> Certamente, frente ao cenário real e cada vez mais próximo no qual robôs podem tomar decisões autônomas, as normas tradicionais não serão suficientes para acionar a responsabilidade de um robô, vez que ainda não é possível identificar juridicamente, de forma exata, a parte responsável para prestar a indenização e para exigir a essa parte a reparação pelos danos causados.[49]

A preocupação, outrossim, não reside apenas no desenvolvimento irrestrito ou na falta de regulamentação, mas nas falhas que o código de um robô inteligente pode ter ou de ataques informáticos. Os danos que tais possibilidades poderiam causar seria evitado caso as condutas pautadas na ética por essa tecnologia fosse, antes de qualquer decisão, analisadas. Voltando então à perspectiva de preceitos éticos universais arraigados aos robôs, como se poderia globalmente dizer o que é certo e o que não é para ser positivado em legislações? Questões éticas estavam para os seres humanos antes dessas tecnologias.

> O código não deve substituir a necessidade de resolver todos os grandes problemas jurídicos neste domínio, devendo, porém, ter uma função de complementaridade. Deverá facilitar a classificação ética da robótica, reforçar os esforços de inovação responsáveis neste domínio e atender às preocupações da população. Daí, portanto, a necessidade de complementação de regulamentação na seara jurídica.[50]

Isso quer dizer que enquanto debate de hoje que veio de uma ponderação anterior e que se transpassa entre intergerações, apenas o diálogo é capaz de acertar quais direitos, deveres, limites e ética para tal tecnologia. Claro que o debate não se esgota e a cada nova atualização, novas pesquisas precisarão estar em estudo, contudo, para o hoje, sabe-se

---

48. DONEDA, Danilo Cesar Maganhoto; MENDES, Laura Schertel; SOUZA, Carlos Affonso Pereira de; ANDRADE, Norberto Nuno Gomes de. Considerações iniciais sobre inteligência artificial, ética e autonomia pessoal. *Pensar Revista de Ciências Jurídicas*. v. 23, n. 4, 1-17, Fortaleza, out./dez. 2018. Disponível em: https://www.google.com/url?sa=t&rct=j&q=&esrc=s&source=web&cd=&cad=rja&uact=8&ved=2ahUKEwiyt-2z_4P6AhUbD7kGHehxDBMQFnoECBIQAQ&url=https%3A%2F%2Frevistaiberc.responsabilidadecivil.org%2Fiberc%2Farticle%2Fdownload%2F133%2F105%2F&usg=AOvVaw05E8B9dEgnEq0670zi6ueA. Acesso em: 04 set. 2022.

49. FELIPE, Bruno Farage da Costa. Direitos dos robôs, tomadas de decisões e escolhas morais: algumas considerações acerca da necessidade de regulamentação ética e jurídica da inteligência artificial. *Juris Poiesis*. Disponível em: http://periodicos.estacio.br/index.php/jurispoiesis/article/view/3423. Acesso em: 05 set. 2022.

50. FELIPE, Bruno Farage da Costa. Direitos dos robôs, tomadas de decisões e escolhas morais: algumas considerações acerca da necessidade de regulamentação ética e jurídica da inteligência artificial. *Juris Poiesis*. Disponível em: http://periodicos.estacio.br/index.php/jurispoiesis/article/view/3423. Acesso em: 05 set. 2022.

que se é preciso sim regulamentação para tal área. Sem limites éticos o comportamento de um robô com inteligência artificial e seus contornos mais sofisticados poderão ser um problema quando da natureza de seus algoritmos aprender e se auto programar, devendo então ser estabelecidos instruções sobre como um robô deve operar de acordo com o estatuto moral da sociedade e a preservação do ser humano acima de tudo.

Assim, como base, pode-se dizer que a finalidade benéfica da construção de tal tecnologia é acima de tudo a peça fundamental para proteção do ser humano, sendo essa finalidade da primeira premissa e também considerada a segunda premissa. Ademais, sê livre de preconceitos, possuir dados neutros e serem auditáveis como também premissas de segurança e prevenção à incidentes completam o espírito dos robôs inteligentes, bem como a identificação do seu criador, proprietário ou a quem obedeçam. Limitar a força, velocidade e movimento podem vir a ser premissas importantes na proteção da humanidade e possuir um código-fonte de difícil alteração pela própria tecnologia e por terceiros.

Dessa forma, o intuito do trabalho diz respeito a iniciar os debates acerca da nova tecnologia da inteligência artificial incorporada em um robô, construindo assim um agente inteligente capaz de raciocinar, aprender, construir significados, se locomover e se transformar em um novo sujeito na sociedade. Para além de uma regulamentação tardia, precisa-se refletir acerca de qual mundo e qual sociedade se quer e se quer deixar para as futuras gerações. O Direito não se trata de apagar fogo (somente agir após um dano), mas pode vir a prevenir incêndios com normas informativas do que fazer e do que não fazer (normas preventivas). Preceitos éticos e jurídicos com a construção desses agentes inteligentes serão dia após dia moldados, mas já faz necessário a ponderação de bases que não sejam moduladas ao bel prazer de uns em detrimento do coletivo, nem que usem tais tecnologias para o extermínio de outros. Ademais, não se consegue prever como se dará o futuro com a crescente e rápida desenvoltura tecnológica, mas sabe-se que não se quer um cenário apocalíptico, ou menos dramático, não se quer a destruição do ser humano sob controle mental, falta de emprego, a decisão de vida ou morte pelas máquinas e a liberdade podendo ter um conflito evitável quando de tal regulamentação para as tecnologias que já moldam o futuro por nós e para nós.

5. CONSIDERAÇÕES FINAIS

Pensar na construção de uma máquina capaz de se modular a similaridade do ser humano e até transpor sua inteligência parecia até certo momento da história algo apenas da ficção. Porém essa realidade já se faz presente no dia a dia, no trabalho, em casas, assistentes virtuais, robôs de guarda e cuidado, carros autônomos. A inteligência humana criou algo incrível e ao mesmo tempo perigoso, pois essa criação já está por afetar várias áreas da sociedade e tenderá a impactar ainda mais.

O que até então a inteligência artificial podia realizar, quando aliada a um corpo mecânico, resultando robôs, não se consegue prever qual o destino do mundo. Em análise da ficção, em sentido positivo e negativo temos filmes e livros, na obra de Isaac Asimov,

Eu, robô, os contos trazem reflexões que transpassam a experiência literária. Seguido até os dias atuais na programação de robôs inteligentes, o autor apresenta três leis para a robótica. Porém, ao decorrer do livro e para a realidade, percebe-se que somente tais preceitos não são suficientes para proteger a humanidade. Diante disso, para o mundo concreto, questões éticas e jurídicas precisam ser debatidas como responsabilidade, cuidado, personalidade e usurpação dos postos de trabalho.

Como medida de prevenção, uma regulamentação com força a seguir princípios para o desenvolvimento dessa tecnologia com transparência, isonomia, preservação do ser humano, entre outros. E, sendo o mundo global, poder-se-ia considerar a comunhão de países com a finalidade de se criar uma regulamentação de sentido único com diretrizes a resguardar a dignidade da pessoa humana em qualquer parte do mundo, porém, neste caso, precisa-se também de boa vontade por partes dos países.

Desse modo, sem esgotar o tema, as reflexões aqui trazidas objetivam entregar os impactos que o desempenho de robôs e inteligência artificial no meio social podem vir a causar. Sendo de debate ainda incipiente, mas complexo, da ponderação do conto Robbie, Razão e O conflito evitável compostos no livro *Eu, robô* de Isaac Asimov e do decorrer da história da humanidade, nota-se que, na verdade, o desenvolvimento de tais tecnologias veio de um longo tempo, mas com profundidade no agora e ainda mais nos próximos anos. Contudo, sem garantia explícita ético-jurídica não se pode esperar segurança na compra e convívio de robôs humanoides de propósito geral. Até então sem uma consciência de si mesmo, os robôs inteligentes podem vir a ser sujeitos quando de sua razão assim o fizerem. E, para se evitar tais conflitos com a humanidade, um conjunto de normas nesse ponto fazem precisas de serem, para ontem, criadas e implementadas e atualizadas sempre de forma que esses agentes inteligentes ou terceiros não consigam modificar sua programação.

6. REFERÊNCIAS

ALCANTARA, Larissa Kakizaki de. *Big Data e internet das coisas*: desafios da privacidade e da proteção de dados no direito digital. São Paulo, 2017. E-book.

ASIMOV, Isaac. *Eu, robô*. Trad. Aline Storto Pereira. São Paulo: Aleph, 2014.

BARBOSA, Tiago. De onde vieram os robôs? *Linkedin*. Disponível em: https://www.linkedin.com/pulse/qual-hist%C3%B3ria-do-rob%C3%B4-industrial-tiago-barbosa/?originalSubdomain=pt. Acesso em: 04 set. 2022.

BARIFOUSE, Rafael. Você corre risco de perder o emprego para um robô? *BBC*. 2017. Disponível em: https://www.bbc.com/portuguese/curiosidades-38979057. Acesso em: 05 out. 2021.

BBC Mundo. O engenheiro do Google afastado por dizer que inteligência artificial da empresa ganhou consciência própria. *BBC NEWS BRASIL*. Disponível em: https://www.bbc.com/portuguese/geral-61798044. Acesso em: 27 ago. 2022.

BIGDATACORP. A relação entre big data e inteligência artificial. *BigdataCorp*. Disponível em: https://bigdatacorp.com.br/a-relacao-entre-big-data-e-inteligencia-artificial/. Acesso em: 04 set. 2022.

BODEN, Margaret A. *Inteligência Artificial*: uma brevíssima introdução. Trad. Fernando Santos. São Paulo: Editora Unesp, 2020.

BOSSMANN, Julia. Top 9 ethical issues in artificial intelligence. *World Economic Forum*. 2016. Disponível em: https://www.weforum.org/agenda/2016/10/top-10-ethical-issues-in-artificial-intelligence/. Acesso em: 02 out. 2021.

BRASIL, Projeto de Lei 21-A. Disponível em: https://www.camara.leg.br/propostas-legislativas/2236340. Acesso em: 31 ago. 2022.

CHIBA, Hirai Naruko. Sobre robôs. ロボットについて. 2014. Instituto de Tecnologia Futuro Robô Centro de Pesquisa Tecnológica Mizukawa Shin Shibaura Instituto de Tecnologia Faculdade de Engenharia Departamento de Engenharia Elétrica e Eletrônica Hayashibara Akio Chiba Instituto de Tecnologia Faculdade de Engenharia Departamento de Futura Robótica. Disponível em: https://www.nedo.go.jp/content/100563895.pdf. Acesso em: 02 set. de 2022.

DATAEX. Quais são os tipos de inteligência artificial existentes? *Dataex*. Disponível em: https://www.dataex.com.br/tipos-de-inteligencia-artificial/. Acesso em: 03 set. 2022.

DOMINGOS, Pedro. *O algoritmo mestre*. São Paulo: Novatec Editora, 2017. E-book.

DONEDA, Danilo Cesar Maganhoto; MENDES, Laura Schertel; SOUZA, Carlos Affonso Pereira de; ANDRADE, Norberto Nuno Gomes de. Considerações iniciais sobre inteligência artificial, ética e autonomia pessoal. *Pensar Revista de Ciências Jurídicas*. v. 23, n. 4, 1-17, Fortaleza, out./dez. 2018. Disponível em: https://www.google.com/url?sa=t&rct=j&q=&esrc=s&source=web&cd=&cad=rja&uact=8&ved=2ahUKEwieyt2z_4P6AhUbD7kGHehxDBMQFnoECBIQAQ&url=https%3A%2F%2Frevistaiberc.responsabilidadecivil.org%2Fiberc%2Farticle%2Fdownload%2F133%2F105%2F&usg=AOvVaw05E8B9dEgnEq0670zi6ueA. Acesso em: 04 set. 2022.

FELIPE, Bruno Farage da Costa. Direitos dos robôs, tomadas de decisões e escolhas morais: algumas considerações acerca da necessidade de regulamentação ética e jurídica da inteligência artificial. *Juris Poiesis*. Disponível em: http://periodicos.estacio.br/index.php/jurispoiesis/article/view/3423. Acesso em: 05 set. 2022.

KANT, Immanuel. *Critique de la raison pratique, précédée de Fondements de la Métaphysique*. Paris: Librarie Pylosophique de Ladrange, 1848.

KERINSKA, Nikoleta Tzvetanova. A autonomia em obras dotadas de inteligência artificial. *PÓS: Revista do Programa de Pós-graduação em Artes da EBA/UFMG*. v. 10, n. 19: maio 2020. Disponível em: https://eba.ufmg.br/revistapos. Acesso em: 10 out. 2021.

KURZWEIL, Ray. *A singularidade está próxima*: quando os humanos transcendem a biologia. Trad. Ana Goldberger. São Paulo: Itaú Cultural: Iluminuras, 2018.

McCARTHY, John. *A proposal for the Dartmouth summer research project on Artificial Intelligence*. Disponível em: http://www-formal.stanford.edu/jmc/history/dartmouth/dartmouth.html. Acesso em: 31 ago. 2022.

NASCIMENTO, Mariana Bandeira do. Robôs humanoides e a interação humano-máquina na cultura japonesa: uma exploração do imaginário tecnológico contemporâneo. *Repositório Institucional da Universidade Federal de Santa Catarina*. Disponível em: https://repositorio.ufsc.br/handle/123456789/204339. Acesso em: 07 set. 2022.

OSSAMU, Carlos. Nice define diretrizes éticas para desenvolvimento de robôs. *Infor Channel*. Disponível em: https://inforchannel.com.br/2021/06/30/nice-define-diretrizes-eticas-para-desenvolvimento-de-robos/. Acesso em: 03 set. 2022.

PASQUALE, Frank. *New laws of robotics*: defenfing human expertise in the age of AI. Cambridge, Massachusetts: The Belknap Press of Harvard University Press, 2020.

REVISTA PLANETA. A ética dos robôs. *Revista Planeta*. Disponível em: https://www.revistaplaneta.com.br/etica-dos-robos/. Acesso em: 02 set. 2022.

RUSSELL, Stuart; NORVIG, Peter. *Inteligência Artificial*. Trad. Regina Célia Simille. Rio de Janeiro: Elsevier, 2013.

SEARLE, John. *Consciência e linguagem*. Trad. Plínio Junqueira Smith. São Paulo. Ed: Martins Fontes, 2010.

SILVA, Douglas da. Quais são os tipos de inteligência artificial? Objetivos, como e por que usar. *Zendesk*. Disponível em: https://www.zendesk.com.br/blog/tipos-inteligencia-artificial/. Acesso em: 03 set. 2022.

TEIXEIRA, João de Fernandes. *O cérebro e o robô*: inteligência artificial, biotecnologia e a nova ética. São Paulo: Editora Paulus, 2015. E-book.

TURING, A.M. *Computing machinery and intelligence. Mind*, v. 59, 1950.

UNIÃO EUROPEIA. Resolução do Parlamento Europeu de 16 de fevereiro de 2017, com recomendações à Comissão de Direito Civil sobre Robótica (2015/2103(INL)). Disponível em: https://www.europarl.europa.eu/doceo/document/TA-8-2017-0051_PT.html. Acesso em: 27 ago. 2022.

USP. A arquitetura de computador de von Neumann. *ESALQ*. Disponível em: https://www.google.com/url?sa=t&rct=j&q=&esrc=s&source=web&cd=&cad=rja&uact=8&ved=2ahUKEwjhxISSxZn6AhWU-q5UCHUg5DzUQFnoECAYQAQ&url=http%3A%2F%2Fwww.esalq.usp.br%2Flepse%2Fimgs%2Fconteudo_thumb%2FA-Arquitetura-de-computador-de-von-Neumann.pdf&usg=AOvVaw3byiC-Fi5WdKePiKQAqTmBt. Acesso em: 06 de set. 2022.

VINGE, Vernon. *The Coming Technological Singularity: How to Survive in the Post-Human* Era. *Vision-21 Symposium*, 1993, Estados Unidos: Ohio Aerospace Institute, 1993.

深圳市生命科学行业协会 秘书, 什么是ANI、AGI、ASI？In: 人类永生计划. Disponível em: https://zhuanlan.zhihu.com/p/33910684. Acesso em: 1º set. 2022.